**포스트
코로나
경제학**

가보지 않은 길―뉴노멀 대안 경제 원리
포스트 코로나 경제학
ⓒ 백일, 2021

초판 1쇄 2021년 11월 23일
초판 3쇄 2024년 3월 14일

지은이   백일
펴낸이   황규관
펴낸곳   (주)삶창
출판등록 2010년 11월 30일 제2010-000168호
주소   서울시 마포구 대흥로 84-6, 302호
전화   02-848-3097
팩스   02-848-3094
전자우편 samchang06@samchang.or.kr
ISBN   978-89-6655-143-9 03320

* 이 책의 전부 또는 일부를 재사용하려면
  반드시 지은이와 삶창 양측의 동의를 받아야 합니다.
* 책값은 뒤표지에 표시되어 있습니다.

UNEXPERIENCED POST CORONA PRINCIPLE OF ECONOMICS

포스트
코로나
경제학

가보지 않은 길 – 뉴노멀 대안 경제 원리

백 일

삶창

| 책머리에 |

수억만 명이 감염되고 수백만 명이 사망했다. 고도성장을 상징하는 지구촌이라는 말이 무색하게 초연결 사회는 거꾸로 인류에게 독이 되어 가장 빠른 속도로 치명적인 감염병을 전 세계에 퍼트렸다. 회복은 더디며 또 다른 변종 감염병이 속속 출현한다. 기존의 경제 원리로는 더 이상 갈 수 없다. 전염과 재난의 반복 상설화가 인류의 번영을 위협한다. 봉쇄와 방역이 답일까.

포스트 코로나 경제학은 '안정성장(stable and reasonable growth)'을 지향한다.

'위기는 기회다'라는 식의 개인의 부나 처세술, 혹은 고속성장 같은 장밋빛 구호는 오히려 코로나 이전 시대 과거의 낡은 것으로 간주한다. 경기후퇴를 운명적으로 받아들여야 하는 이 시대에는 성장보다 안정과 지속이 더 높은 가치이며, 이제까지 제1 경제법칙으로 숭상받던 '최소 비용 최대 효과'는 '적정 비용 적정 효과'로 바꿀 것을 요구한다. 생산방법을 몰라서 빈곤한 시대가 아니라 너무 많이 생산하고 소비해서 문제다. 선택의 자유가 아니라 선택의 여지가 거의 없어서 문제다. 시대가 바뀌었다. 위기 상황에서 벗어나고픈 사람들을 위한 새로운 생존 지침, 대안 경제 원리, 새 경제학의 출현을 요청한다.

그런데도 돈이 뭉텅이로 몰려다닌다. 위험자산인 주식, 부동산 등에 한 발 안 담그면 낙오자로 치부된다. 이 재난 상황에 이래도 되나. 빚이라도 져서 개인 치부 전선에 뛰어들어야 하나. 이 책은 포스트 코로나 시대 가장 위험 요소로 '시장'이 아니라 돈독 오른 '투기화'와 '전체'의 실패, 즉 재난 상황에 정부에 전권을 쥐여줬더니 결과적으로 위기 탈출과 '성장'이라는 명분하에, 금융자본 이해에 복무하는 국가자본주의 정부 실패를 지목한다. 이 책이 강조하는 중심 주제어는 '시장실패', '정부실패', '연결(Network) 실패'의 3가지이다. 한마디로 코로나 이전 시대 가계-기업-시장-정부-연결의 '개인주의와 선택의 자유, 성장' 중심의 가치는 포스트 코로나 시대의 '저성장·역성장'과 '방역, 공존, 지속' 가치에 부적절하므로 코로나 사태와 같은 꼴을 계속 반복할 건지, 아니면 '함께 살길을 모색하자'는 안정과 공존 가치로 전환하던지 양자 선택의 갈림길에 서 있다는 것이다. 똑같은 실수를 반복하는 사람을 우리는 바보라고 부른다. 많은 사람들이 고통스럽고 죽어나가는데 다른 한쪽은 부와 향유를 누리는 차별화 현상, 빈부격차가 더 심해진다면 이건 뭔가 단단히 잘못된 것 아닌가. 이 책은 코로나 이전 시대, 성장제일주의 경제 교과서 및 금융자본 찬양론, 정부 역할 과중론과 많은 부분에서 충돌할 것이다. 그러나 이 암울한 시대에는 느리지만 천천히 전진하는 '안정'과 '전체'의 가치에 눈뜨는 사람이 늘어날 것으로 생각한다. 가보지 않은 길이다. 불편하지만 불가피하다.

'포스트 코로나 경제'란 간단히 말해서 코로나 이전 지구촌 경제를 구축했던 초연결 경제사회가 거리 두기 또는 느슨한 연결로, 혹은 전염 강도에 따른 인적 교류의 감소를 넘어 심지어 봉쇄경제나 폐쇄경제로 후퇴해야 하는 생존 환경으로 전환하는 경제를 말한다. 대안의 우선순위를 말하자면, 떨어져 사는 법, 흔히 언택트(Untact, 비접촉 또는 비대면) 경제가 먼저 떠오른다. 종래의 시장과 성장과 연결은 전면 봉쇄되기보다 경로를 바꾼다. 가상공간과 비대면 방식의 교류가 기회를 맞는다. 금융, 유통, 교육, 학술, 의료, 행정, 문화콘텐츠 등 간접 접촉으로도 가능한 서비스 분야의 비대면 연결 의존도가 높아지며, 실제의 상품 거래도 비대면 유통 방식으로 훨씬 빨리 이전할 것이다. 아마존, 구글 등의 인터넷 기반 플랫폼 기업들의 주가가 천정부지로 뛰는 이유다. 인공지능, 드론, 자율주행차 등 인간 간 접촉을 피하고 기계에 의존하는 방식도 유망하다. 일부에서는 자족자급경제 가치의 부활, 최소 연결의 소규모 공동체, 친환경 소생산·소소비가 꿈틀한다. 그런데 이를 원리론적으로 접근하면 어떤가. 극단적으로 아바타가 모든 인간 행위를 대행하는 영화 〈써로게이트(Surrogates)〉(2009)처럼 인간 간 접촉을 전면 중단하고 완전 비대면 인터넷 유통 중심(메타버스)으로 경제가 운용될 수 있을까. 그렇다면 놀고먹고 누워 있으며 일하지 않는 인간은 누가 비용을 지불할 것인가. 불과 몇 개월 전만 하더라도 수많은 교통이나 통신수단으로 실시간 단일경제로 연결되었던 글로벌 네트워크 교류·교역 전성시대를 배척하고 이제 알아서 각자도생하자는 취지가 먹힐 수 있는가. 이른바 백신이 투여되고, 항바이러스제가 대량생산되기 시작하면 시간이 문제일 뿐 모두 원위치 되는 것 아닌가에 각종 대안이 답하지 못한다면, 단언하건데 이는 일반 경제 원론이 될 수 없다. 인간의 생존 능력이란 어느 종보다 우수함을 수백만 년의 인류사가 증명한다. 중세의 흑사병, 1920년대 최대 1억 명 사상으로 추정되는 일명 스페인독감, 그리고 근자의 홍콩독감, 사스, 메르스에도 인간은 살아남고 생산을 재개하였다. 시간의 문제이고 똑같은 실수를 반복하는 바보짓의 문제일 뿐이다. 그러므로 우리는 냉정하게 포스트 코로나 시대 경제 환경의 변화를 정리할 필요가 있는데, 이는 유행과 유행 후라는 시점에 따른 단기, 장기로 구분할 때 보다 선명해진다. 단기란 방역(백신, 항바이러스제, 집단면역 등)이 완성되기 전까지 팬데믹이 지속되는 상황을 말한다. 이 기간(대략 1~3년) 동안 지구촌 단위의 초연결 경제는 물론 종교, 공연 등 일상 집합 행위조차도 봉쇄가 불가피하고, 기간의 지속에 따라 방역 비용의 증가와 적어도 느슨한 연결 상태에 의한 경기수축을 피할 수 없다. 장기란 방역이 완성되어 다시 집합·초연결 경제사회로 복귀하는 과정을 말한다. 단기 봉쇄에 따라 집중 피해 산업이었던 항공, 자동차, 관광, 종교, 문화 등이 다시 재개될 것이다. 한편 백신이 완성되더라도 이미 확산이 전 세계로 진행된 이상 지구촌 전 인구를 동시 면역시킬 수 없는 시차가 불가피하다. 즉, 유행의 장기화 또는 새 유행의 주기화, 환경, 지속가능 등의 주제어가 각성되고, 전기·수소차, LNG선 등 무·저공해 교통수단, 친환경 에너지 개발이 영향 받게 될 것이다. 교육, 유통, 의료 등 비대면 초연결 방식 전환이 강점인 산업 분야는 단기 코로나 성과에 힘입어 오히려 선도 산업의 기틀을 공고히 할 것이다. 반면, 백신 등 방역·

제약산업은 예상과 달리 딜레마에 빠질 것이다. 먼저 개발한 기업부터 막대한 '특별잉여'가 기대되지만, 그러나 후발 주자들의 대체기술 속도에 따라 이익이 분산되는 것을 피할 수 없다. 영구 독점 로열티가 불가능하다면 특허권 개방, 공유 요구가 확장될 것이고, 갈등 기간에 따라 세계는 그 후유증에 직면할 것이다. 문제는 금융, 재정, 인플레이션과 실업이다. 코로나19는 상품경제를 위축시키지만, 한편에서는 긴급재난 대책 명분하의 막대한 소비 기금 남발과 통화팽창으로 금융자산시장이 오히려 성장하는 역설의 경제를 특징으로 한다. 경제 교과서를 전면 다시 써야 할 판이다. 경기위축은 금융자산의 거품을 붕괴시킨다에서, 경기위축은 금융자산의 거품을 오히려 키우고 금융시장과 실물시장의 격차를 더 키운다로. 이 흥행은 어디까지인가. 17세기 튤립 광풍 때처럼 광적인 기대가 한순간 붕괴되고 과도한 재정적자로 정부 기능이 무력화될 때까지일까. 달라진 것이 많다. 이전 시대에는 상상도 못 했던 마이너스 금리 세계화와, 국내총생산(GDP) 대비 100%를 넘는 초재정적자의 전 지구화, 이에 따른 통화·재정정책의 전 지구적 무기력화가 코로나의 후유증이자 인간이 새롭게 직면하는 경제 환경이다. 인류는 이 달라진 세상을 인정하고 받아들일 준비가 되어 있는가. 안타깝게도 그렇지 못할 확률이 높다. '승자독식', '먼저 치고 나가는 놈이 낫다', '위기는 기회다' 등등의 '구태' 구호가 예상된다. 언택트 등 포스트 코로나 선도 산업에 대한 국경 없는 무한 경쟁이 눈에 선하다. 그런데 산업구조조정으로 보면 언택트 산업은 전 인류의 구세주가 아니라, 높은 기대만큼 금융자본과 융합하는 산업 재편의 한 과정일 뿐이다. 금융자본이 산업자본을, 부자 나라가 가난한 나라를 침범하는 21세기 판 신냉전, 신제국주의의 출현이라면 어떤가. 인류사적으로 전례가 없는 이 과도한 채무는 결국 누군가에 떠넘겨지고 빚잔치가 벌어져야 탈출구가 보일 것이다. 익히 알려진 탈출구는 세 가지다. 통화팽창을 선도적으로 재개하거나, 세금을 확대해서 재정적자를 보수하는 것, 자국 시장 보호·해외 시장 개척·채무 전가. 즉 증세, 통화팽창 새 먹거리(디지털 가상화폐), 글로벌 지역주의(보호무역)가 당장에 눈에 띄는 탈출 수단들이다. 급기야 세계 전쟁으로까지 확산되지 않으면 다행이다. 효과는 국가 역량의 크기에 따라 갈라설 것이다. 힘 약한 자, 재정 능력이 먼저 부실해지는 한계 국가부터 파산해서 전 세계로 감염되는 경로가 그려진다. 최악의 시나리오는 바이러스에서 시작된 연쇄 부도가 얼마 전의 그리스, 이탈리아, 스페인, 아르헨티나, 베네수엘라, 짐바브웨 사태처럼 한계 재정 국가부터 차례로 넘어가는 도미노 현상이다. 그런데 세계에서 양적으로 빚이 가장 많은 나라는 미국이고, 비율상으로 가장 높은 나라는 일본이다. 취약 국가를 굳이 줄 세우지 않아도 안전한 공간이란 없다. 우리라고 예외는 아니다. 즉 포스트 코로나 시대 해결되어야 할 가장 시급한 경제문제란 경기회복 시기를 남보다 빠르게 얼마나 정확하게 예측하는가가 아니라, 전 지구적 국가자본주의 실패에 누가 잘 대처하는가의 문제로 귀착한다. 한마디로 국경 없는 경제 전쟁, 신냉전 시대의 출현이다.

    극단적 시장주의자라면 이에 대해 '망할 자본은 도태되고 살 자본만 사는 합리적 시장에 맡기면 된다'고 주장할지 모른다. 케인스와 뉴딜 신봉자라면 '무슨 소리여? 재정 팽창으로 위기를 극복해야지' 하고 마치 새로운 탈출구라도 발견한 것처럼 눈을 빛낼지도 모른다. 코로나19 사태에 오히려 쏠쏠하게 한몫 챙긴 금융자본들로 보면 두 손 들고 환영할 소리다. 그런데 코로나로부터 가장 혹독한 시련을 겪는 사람들이 가장 많은 나라는 이러한 개인 선택과 재정 팽창에 모든 것을 거는 경제 교서의 나라, 미국이다. 그들도 과연 이 주장을 따라갈까.

2010년경 세계적으로 저명한 하버드대학의 맨큐 경제학이 한국어로 번역되어 유행한 적이 있다. 흥행의 키워드는 경제의 10대 원칙이며, 전통 교과서의 수식 위주 편제에서 벗어나는 노력이 돋보인다는 것이다. 아마도 하버드라는 이름값이 한몫 거들었을지 모른다. 그러나 그 내용까지 혁신적인지는 의문이다. 한마디로 '공짜점심은 없다'라는 말로 압축되는 이 책의 주요 논지란, 경제 재화 선택 시 타 재화와 비교해 최고 이익을 쟁취하라는 기회비용의 사고를 강조한다. 개인 선택과 시장의 합리적 조정을 강조하는 이 구조는 아마도 금융시장 투자자들의 지침서쯤으로는 적정하다. 그런데 약육강식에 숙련된 대형 금융자본이라면 모르지만 절대다수 개인 소액 투자자들이 투자에 성공한 비율이 얼마나 되나. 폄하하자면, 이는 4달러짜리로 점심을 때우고 '빠찡코'에 몰두하는 라스베이거스 중독증 환자들에게나 어울린다. 맨큐는 오늘날 인류 공동의 키워드인 자연 자원 낭비, 빈부격차, 환경, 화폐의 디지털화, 금융시장 투기, 감염, 시장실패와 정부실패를 주제어로 다루지 않는다. 이 주제들의 생략은 매우 심각하고 심지어 비양심적이기까지 하다. 그러니까 머리 좀 돌아가서 월가(Wall Street)

진출에 눈독 들이는 증시 예비군 학생들에게나 딱 어울리는 맞춤형 교재라고나 할까. 필자는 이를 주저 없이 금융공학 광신도 모집용 '신고전파 케인스 융합'(이하 '신고전파 융합') 교과서의 전형이라고 부른다. '영끌'(영혼까지 끌어 팔기)과 '빚투'를 주저하지 않는 이 맨큐의 아이들은 과연 얼마나 성공할 수 있을까. 문제는 봉쇄 방역의 일상화를 가정해야 하는 포스트 코로나 시대에 그럴 형편이 못 되는 대다수 보통 사람들은 이 도박사 지망생들이 버는 만큼 밑천을 까먹게 된다는 것이다. 게다가 이 미친 금융자본의 독주로부터 각자 알아서 살아남는 어려운 공부도 독학으로 해내야 한다. 그게 가능한 사람은 얼마나 되나? 그러므로 이 신고전학파 융합 교과서는 미국 전용 로컬 교과서이거나, 소수자(금융소득자)를 위한 경제학으로 호명하는 편이 나을 것이다. 이것이 포스트 코로나 시대 살아남기 경제 교과서를 다시 써야 한다고 믿는 이유다. 간단히 말해서 이 책은 시대를 아우르는 대안 경제 교과서의 독보적 존재 운운하며, 어깨에 힘 들어가는 구호는 포기한다. 다만, 그저 소박하게라도 더 이상 대자본과 금융자본에 휘둘리기 싫고, 국가자본주의 정부에 실망하고, 그저 먹고살 정도라도 새 사업이나 취업의 기회가 주어진다면 이 한 몸 바쳐 헌신할 수 있고, 최소한 나와 내 가족이라도 살아남아 안정적 삶의 지속을 계속하려는 사람들을 위한 소소한 대안 경제 원리 구현이 편집 목표이다.

그러한 이유로 첫째, 이 책의 독자 범위는 이 취지에 공감하는 경제 입문자부터 전문가까지를 포괄한다. 입문자라면 왜 이런 일이 발생했고 어찌해야 하는가를, 기존의 경제 질서에 익숙한 전문가라면 무엇이 잘못됐으며 바뀐 세상에 새로 도입되는 경제법칙을 설명한다. 즉 지식 수준에 관계없이 이런 살아남기 경제 지침이 필요한 사람들과 공감하기를 바라며 집필했다. 그러므로 서술 방식도 전문 개념보다는 용어의 대중적 접근 우선, 가급적 쉽게 이해하도록 어려운 수식 통계보다는 말로 풀고자 하며, 입문 단계부터 당장에 부딪혀야 하는 코로나 이후 시대의 살아남기 원리, 당면의 현실 경제 접목에 최대한 집중코자 하였다. 언제나 초미의 현실적 관심사인 부동산과 지대는 물론, 실업과 임금, 자본과 기업, 디지털화폐와 증권, 사회보장, 첨단산업, 국제경제, 경제체제, 지역과 환경, 재정 및 기본소득, 대안 국내총생산(GDP), 특수성을 갖는 한국 경제의 미래와 통일 경제 등등 막상 당면하면 머리 아프고 피해갈 수 없는 핵심 소주제를 중심으로 한다. 둘째, 입문자를 위하여 포스트 코로나 시대 10대 경제원칙과 비전을 약식으로 구성하여 지침으로 하고자 하였다. 무슨 대단한 타이틀이라도 뽑아내기 위한 것이 아니라 가뜩이나 잊어버리기 쉬운 복잡한 경제 주제의 선명화, 간략화의 한 방편으로 생각해주었으면 한다. 셋째, 이 책은 가보지 않은 길, 코로나 이후 세상이라는 미지의 세계를 다루기 때문에 처음부터 완벽을 목표로 하지 못한다. 그러나 세상에 처음부터 완벽은 없다. 좌충우돌해도 변증법적으로 조금씩 만들어가는 것도 방법이라는 생각이다. 나중에 다른 누가 참고해서 지도를 완성할지도 모른다. '숲속의 작은 이정표'가 이 책의 현재 위치다. 이게 이 책의 집필을 북돋는 작은 용기로 작용했다. 넷째, 근본주의(fundamentalism)나 법치주의, 좌익소아병 같은 주관적 신념에 빠지는 적지 않은 사람들에 의해 자극되었다. 조절이라는 단어가 유행하던 시절, 어느 학회에서든가 그게 유일한 답이라고 열변하는 일련의 사람들에게서 나는 또 하나의 조절되지 않는 광기를 보았다. 경제문제가 인간의 문제인 한 의식과 신념이 작용하지 않을 수 없지만, 지나친 신념 과잉은 종종 문제를 더 꼬이게 한다. 경제문제란 신념이기 전에 물질적 풍요를 근간으로 존립할 수밖에 없다. 물질적 풍요란, 사실 그 수준의 적정성이 문제일 뿐 수많은 사람이 안고 있는 보편적 문제이며, 그들 간 경제 이해로 뒤덮여 있다. 획일적 기준을 책정하는 것으로 모든 문제가 명쾌하게 해결되지 않으며, 새로운 기준은 또 다른 누군가에 대한 억압과 불공평을 낳는다. 많은 사상가 경제학자들이 경제의 최고 이상을 자유방임, 야경국가, 무정부주의에 놓았음에도 불구하고, 일련의 사상가, 정치가, 법률가들은 종종 '자유보다는 통제'라는 단편적 신념으로 대중을 설파하는 근본주의를 거침없이 전개한다. 복잡한 것은 복잡하게 풀어야 한다는 것이 이 책의 주된 논거다. 본고는 현대사회에서 개인의 자유가 곧 모든 경제문제의 대안은 아닐지라도, '기본'이라는 자리는 잡아야 되며, 개인의 자유로운 의지가 창발적으로 발휘될 때 가장 높은 경제 효율이 발휘된다고 생각한다. 국가나 정부 역할이란 남을 지나치게 침해하지 않는 선에서 이를 보호하고 자유로운 의지가 발현되도록 돕는 토양 수준이 아닐까. 특히 포스트 코로나 시대에는 '아홉의 죄인을 놓치더라도 한 명의 억울한 사람을 만들지 말자'는 근대법의 정신으로 단 한 명까지 구조하며, 다수의 명분으로 소수를 지나치게 억압하지 않으며, 부족할진 몰라도 가능한 한 만인의 다양한 물질적 풍요 구현이라는 방어와 지속가능 우선의 경제 지침이 적정하다고 생각한다. 이렇게 생각이 모이고 탈고를 결정하기까지 나름 참으로 오랜 시간을 돌아왔다.

밤하늘의 반짝이는 별이 지침이 되던 시절도 있었지만, 하늘 가득 회색 구름 드리운 포스트 코로나 시대에는 주어진 현상을 다른 눈으로 새롭게 관찰하고 가보지 않은 길을 더듬어가면서 길을 만들어가야 하지 않을까. 그나마 선대들이 경험하고 논파했던 다양한 자취들을 케케묵은 기록관이나 수백 년 역사의 대영 도서관이 아니라, 언제 어디서나 비대면으로 연결되는 디지털 가상공간 환경에서 마주할 수 있다는 것이 다행이다. 인터넷 재택 시대에 많은 독자들에게도 마찬가지로 개방되어 있는 그 정보의 바다를 통해 십시일반으로 자유로운 의견이 더해진다면 이 불완전한 책은 빈자리를 채워가고, 완성도를 점차 높여갈 수 있다고 믿는다. 스스로 물어본다. 우리가 무엇을 놓쳤고 놓치고 있는가. 실현 가능한 다음의 경제 세계란 어떤 것인가.

추신: 코로나라는 인재(人災)의 현실을 함께 겪고 있는 동시대의 독자들, 느리게라도 살아남기를 기대하는 이 책의 미래 독자들에게 남기는 응원의 한마디, 앞이 안 보일 때는 '현실에 묻고 답하라'. 이 말에 과감하게 용기를 얻던 젊은 날의 그 한창때를 기억하면서…

2021년 늦가을
백일

| 프롤로그 |

포스트 코로나 시대 10대 경제원칙

경제활동의 기본 원칙

첫 번째 원칙. 인간의 부(富)란 자연 자원에 대한 인간 노동의 산물이다. 자연(노동대상)의 쓸모(사용가치)를 증가시키는 인간의 노동 행위를 부의 생산 행위라 부른다. 인간 부의 실체란 돈이나 귀금속, 자산의 증가가 아니라 더 많은 노동으로 더 많은 쓸모를 생산하거나, 적은 노동으로 더 많이 생산하는 효율 증가를 통해 발생한다. 돈이나 자산은 인간 부의 생산물을 달리 표현한 매개 수단에 불과하다.

두 번째 원칙. 생태주의 경고를 존중하라. 이전 시대 인간은 자연 자원 개발 위주 방식으로 성장의 고점을 달성하였다. 그러나 지구 자원 고갈과 환경파괴로 인한 자연의 역습과 재난, 감염, 성장의 한계에 직면했다. 탈출구는 인간의 노력에 달렸다. 자연 자원은 유한하지만 인간 노동의 생산성은 무한하다. 양자컴퓨터, 무한 동력 인공 태양, 심지어 만능 백신도 가시권에 있는 시대다. 가장 높은 인간의 생산성은 자유로운 인간의 창발력으로부터 발휘되며, 이는 생산수단으로부터 소외되지 않는 노동, 노동 의욕을 자극할 유인(incentive), 생산물의 자기 귀속으로부터 나온다.

세 번째 원칙. 경제의 일반 법칙은 등가교환이다. 생산된 가치는 시장에서 가치의 객관화(교환) 과정을 통해 재평가(등가교환)되며, 경쟁 과정을 통과한 시장가치는 일반적으로 최고의 경제 효율을 발생시킨다. 그러나 힘 있는 한쪽이 다른 쪽을 잡아먹는 폭력적 두 얼굴을 가지며, 갑이 을을 강력하게 지배한다. 이 양면성이 시장의 본질이다. 오늘날 경제학의 당면 과제란, 효율적 시장과 그렇지 않은 분야를 구분해서 총체적으로 시장의 긍정성을 어떻게 유도할 것인가에 달려 있다. 다수의 생산자와 소비자가 만들어내는 평균가격은 가치의 조정자와 시장교환의 기준 역할을 하지만, 지나치게 편중된 독점과 빈부격차는 부등가교환과 가치 교란, 즉 시장실패를 일으켜 주기적 공황으로 귀결된다.

계획과 정부

네 번째 원칙. 계획은 일반적으로 시장의 폭력과 비효율을 대체하는 가장 효율적인 방법이다. 인간은 합목적적 의식으로 미리 계획하여 시행착오 여지를 줄이고 높은 성과를 달성해왔다. 세상은 계획대로만 돌아가지 않지만, 계획이 없다면 인간은 더 많은 시행착오 비용을 지출했을 것이다. 고대 로마의 관개수로, 메소포타미아의 계획도시, 위로부터 개혁의 근대 독일, 혁명 후 러시아의 계획사회주의, 한국형 고성장 경제개발계획 등에 이르기까지 동서양 고금을 막론한 계획경제는 시장의 불확실성을 넘어 인류의 생산성을 급성장시킨 효율적인 방법이다. 시장과 계획의 구분, 사유경제와 공유경제의 구분 등등, 광의의 계획은 최초의 계획 그 자체뿐만 아니라 조정 비용, 즉 시행착오를 통과하는 '시장을 포함한 계획'을 포괄한다.

다섯 번째 원칙. 지나친 계획에 의한 정부실패를 대비해야 한다. 정부실패란 시장실패를 정부가 개입해서 교정하고자 했는데 그게 문제를 더 키운 상태를 말한다. 정부를 하나의 커다란 국가독점기업체로 보면 경쟁자가 없기 때문에 거드름 피기, 예산 낭비, 탁상행정, 방만한 운영 등 비대 조직 특유의 관료제 또는 'X-비효율'이 발생한다. 이 문제는 정부도 하나의 사회 기구에 불과한 것이고 인간 사회의 모든 경제활동을 다 조정할 전능한 신은 아니다라는 것이 요점이다. 정부도 실수할 수 있다는 것을 전제하면, '공유자의 비극'보다 내 집, 내 물건을 아끼는 원리처럼 하부 단위가 자율 책임지는 경제 결정권 분산, 시스템 소경영의 할당 비중이 초점으로 부각된다. 보통 정부가 잘하는 분야는 국방, 치안, 일반 행정, 외교, 민간 단위가 하기 힘든 이해관계 조정, 사회보장과 2차 분배. 생활필수재 관리, 혹은 자본의 응집이 필요한 기간사업 개발, 정치적 결단 등등 시장 단위에서는 엄청난 시행착오 비용이 발생하는 부분이다. 잘 못하는 부분은 대중추수주의(populism), 시시때때로 변하는 당사자들의 자기 이해에 의한 시장거래 영역 등이며, 이런 영역까지 정부가 일일이 개입하면 자율적 시장의 활력은 상실되고 눈치 보기와 지하 시장이 발달한다.

포스트 코로나 시대 경제 원리

여섯 번째 원칙. 포스트 코로나 시대 경제의 제1 원리는 '적정 비용 적정 효과'이다. 이제까지 경제의 일반 원리인 '최소 비용 최대 효과'란, 그 종식을 선언한다고 저절로 사라지는 것은 아니지만, 궁극적으로 누군가의 희생을 통한 성장이기 때문에 경고를 받고 안정성장에 자리를 양보해야 할 처지다. 눈앞의 이익, 빠른 성장이 목표가 아니라 느리게 성장하더라도 줄 건 주고, 받을 건 받는 공정 경제, 윤리경영이 더 존중받아야 할 시대가 도래했다. 포스트 코로나 시대는 자연정화 수준을 넘는 과잉생산과 과잉폐기, 파멸적 자원순환의 결과에 대한 자연의 경고다.

일곱 번째 원칙. 관리통화주의의 몰락을 기억하라. 코로나 사태가 발발하자 각국 정부는 사상 유례없는 제로금리와 국내총생산(GDP)의 수배가 넘는 엄청난 재정적자를 발생시켰다. 다급한 재난기금은 경기 선순환 효과로 불가피하다지만, 지나친 경기부양 남발이 문제를 일으킨다. 이미 그 과도함은 재래식 관리통화주의 거시경제 수단으로 통제할 경지를 넘어섰다. 당대에 해결되지 않고 다음 세대로 미루면 세대 차 착취, 다른 나라로 전가되면 국가 간 통화 재정 격차와 외환 수탈, 세금 증가로 나타나면 2차 침체(더블딥)와 디플레이션이다. 투매가 시작되면 약한 나라부터 파괴되는 국가부도 수순은 오랜 역사의 교훈이다. 관리통화주의가 더 이상 기능하지 못하는 코로나 이후를 위한 준비가 필요하다. 기축통화국과 그렇지 않은 형편의 분리와 자각, 장기적으로 살아남기 위한 보수적 경제 운용이 선택 가능한 차선의 수칙으로 떠오른다.

여덟 번째 원칙. 금융 거품과 부의 양극화를 경계해야 한다. 경제 교과서를 다시 써야 한다. '불황은 경제를 파탄시킨다'가 아니라, '불황은 결코 죽지 않는다. 재정적자를 낳고 증권시장과 금융 거품을 키운다'로…. 금융투자의 한끝에 무한대의 모기지로 쪼개져 채권화한 부동산이 일조하고, 일본의 잃어버린 30년, 혹은 미국의 리먼 사태 때 같은 금융 파국이나 복합 불황이 닥칠 때까지 멈추지 않는다. 역사는 반복한다. 금융자본이 산업자본을 지배한다. 수법이 더 영악하고, 판돈이 더 커지고 더 화려하게 변신했을 뿐이다. 먼 훗날 미래의 교과서에는 이렇게 쓰일 것이다. 코로나 불황은 거품경제와 국가자본주의를 부활시키고 후대에 감당하기 어려운 빚을 물려주었다. 거품경제, 고용 없는 성장, 금융자본 그들만의 리그, 그 대안을 고민하지 않으면 우리는 파국으로 간다.

아홉 번째 원칙. 재난의 상시화가 주요 경제변수로 격상되며, 시기별, 경제 구간별 다른 경제 원리가 적용된다. 단기(1~3년)는 방역의 완성 전까지 팬데믹 상황, 불가피한 봉쇄 경제를 말한다. 지구촌 단위의 초연결 경제, 종교, 공연 등 모든 집합 행위의 봉쇄, 기간의 연장에 따라 방역 비용 증가와 경기수축을 피할 수 없다. 장기란 방역 완성, 집합·초연결 경제사회로 복귀하는 과정을 말한다. 봉쇄에 따라 집중 피해 산업이었던 항공, 자동차, 관광, 종교, 문화 등이 다시 재개된다. 한편 백신이 완성되더라도 지구촌 전 인구를 동시 면역시킬 수 없는 시차와 바이러스 변형에 따른 독감화, 사스, 메르스 같은 새로운 바이러스의 재출현과 상시화를 가정해야 한다. 재난 감염의 장기화와 주기화, 환경, 지속가능 등의 주제어가 각성되고, 전기차나 수소차, 액화천연가스(LNG)선 등 무·저공해 교통수단, 친환경 에너지 개발이 영향 받는다. 교육, 유통, 의료 등 비대면 초연결 방식 전환이 강점인 산업 분야는 단기 코로나 성과에 힘입어 선도 산업의 기틀을 공고히 할 것이다. 반면, 백신 등 방역·제약산업은 딜레마에 빠질 수 있다. 후발 주자들의 대체 기술 속도에 따라 이익 분산과 과잉자본의 적폐가 출현한다.

세계화 경제 원리

열 번째 원칙. 세계화 판도가 신세계지역화(neoglocal)로 더 많이 이전한다. 세계무역은 세계무역기구(WTO) 다자간 자유무역에서 양자 간 자유무역협정(FTA)과 지역별 보호무역주의로 더 경사된다. 가치사슬은 크게 보아 지역 이해관계의 변화를 따르지만, 연결 상태에 따라 달리 발달한다. 감염에 직접 영향 받지 않는 네트워크 초연결 환경 의존도가 더 증가하는 온라인 경제자유화, 그 반대쪽에 오프라인 경제블록 간 자기 지역 결속 및 배타적 무역 전쟁이 다각적인 '신경제 냉전' 현상을 구성한다. 한편 기존의 자본시장과 척을 지는 반세계주의(antiglobal) 탈글로벌 지역화 현상도 한몫한다. 문화적 다양성, 소생산·소소비, 환경, 생명, 각자도생, 현지화, 기본소득, 디지털 지역화폐 등의 반글로벌 요소들이 신글로컬 현상의 또 한 축을 장식한다.

| 목차 |

책머리에 ———————————————————————————— 5

프롤로그 포스트 코로나 시대 10대 경제원칙 ———————————— 16

1장 경제 기초 터 닦기

1. 경제란 무엇인가 ———————————————————————— 28
2. 현대 경제를 일으킨 원동력 – **인본주의의 힘** ———————————— 30
3. 부(富)란 무엇인가 – **무적함대의 귀환** —————————————— 43
4. 가치와 가격의 계산 – **시장은 두 번 계산한다** ——————————— 51
5. 경제학의 기원 – **부끄러운 경제학** ———————————————— 60
6. '적정 비용 적정 효과' – **새로운 경제 원리** ————————————— 69
7. 경제통계 처리와 경제학 방법론 – **존재가 의식을 결정한다** —————— 73

2장 경제철학과 경제체제

1. 희소성과 기회비용 – **맨큐의 아이들** ——————————————— 84
2. 세상의 모든 경제체제 – **유토피아를 향한 각개약진** ————————— 89
3. 한국 경제의 앞날 – **장밋빛 혹은 회색빛** —————————————— 103

3장 시장과 화폐의 이해

1. 시장의 기원과 종류 — 물물교환에서 인터넷 쇼핑몰까지 —— 110
2. 시장의 역사 — 칭기즈칸의 영화와 몰락 —— 115
3. 화폐와 환율의 신(新)기준 — 비트코인 시대 —— 120

4장 시장이론

1. 시장의 기초 원리 — 수요공급의 법칙 —— 128
2. 균형가격과 평균가격 — 한계가 아니라 평균이다 —— 134
3. 무차별곡선 — 주관적 욕망의 계산 —— 138
4. 이중가격과 탄력성 — 현명한 시장 읽기 —— 143
5. 가치의 역설 — 다이아몬드 가격은 얼마인가 —— 147
6. 모두가 만족하는 후생경제 — 파레토 최적, 그 허접함 —— 150
7. 투기시장 원리와 시장 안정 수단 — 계획가격은 살아 있다 —— 153

5장 시장의 종류와 미래

1. 기업의 종류와 활동 지표 — 비용과 노동생산성 —— 162
2. 완전경쟁시장 — '을'들의 전쟁에서 살아남기 —— 167
3. 독점시장과 경쟁력 — 현실 시장의 지배자는 어떻게 버나 —— 171
4. 글로컬 시장과 세계화 — 초연결 세계와 지역화의 경제학 —— 185
5. 하이테크 시장과 디지털 네트워크 — 기업 조직 혁신 이론 —— 199

6장 시장의 두 얼굴

1. 독점의 두 얼굴 – 프로메테우스, 혹은 프랑켄슈타인 ——— 212
2. 게임의 법칙 – 나비효과와 죄수의 딜레마 ——— 218
3. 시장실패 – 뒤끝 있는 경제 ——— 224
4. 정부실패 – 관료제의 종말 ——— 232

7장 이윤과 소득

1. 홍당무 경제학 – 소득과 유인 ——— 238
2. 이윤 분배의 법칙 – 이윤, 이자, 투자 자본의 몫은 얼마인가 ——— 240
3. 기업활동의 이정표 – 기업 재무제표 ——— 253
4. 자본시장의 꽃 – 증권시장과 파생금융상품 ——— 262

8장 지대와 지가

1. 도시 지대 경제학 – 금융자본 지대와 토지 가격 ——— 276
2. 재산권과 주거서비스 경제학 – 내 집 마련은 어떻게 ——— 291
3. 디지털 가상공간의 경제학 – 달을 팝니다 ——— 299

9장 임금과 노동

1. 소득과 소득격차 — 누가, 얼마나 버나 — 308
2. 미래 직업과 임금 — 미래는 이런 직업이 뜬다 — 324
3. 합리적 노사관계 — 쟁의와 협상의 예술 — 333
4. 시민권과 파업권 — 공무원 중립은 어떻게 가능한가 — 342
5. 일터에서 권리(비정규직과 사회보장) — 우리를 기억하라 — 349
6. 청년실업 — '이구백' 구하기 — 360
7. 인공지능(AI)과 기본소득 — 고용 없는 성장의 대안인가 — 367

10장 국민경제와 환경

1. 대안 국내총생산(GDP)과 국민경제 — 국민행복지수 높이기 — 388
2. 환경경제와 규제의 신기원 — 노벨경제학상은 죽었다 — 397
3. 포스트 코로나 재정 준칙 — 거품왕을 구원할 신의 한 수 — 408

11장 한반도의 미래 — 평화와 통일경제

1. 무기시장과 군산복합체 — 동북아시아의 힘 — 424
2. 한반도의 미래 — 경제연합형 통일경제 — 435

Unexperienced Post Corona Principle of Economics

1장 경제 기초 터 닦기

# 1. 경제란 무엇인가

경제란 한마디로 보다 윤택하고 행복한 생활을 꾸려나가는 행위라고 말할 수 있다. 사람에 따라서는 정신적 행복을 최상의 선으로 추구하기도 하지만, 그러나 대부분의 사람들은 물질적으로 윤택한 생활을 누리려고 하며 그러기 위해서는 구체적으로 많은 물자가 필요하다. 밤이슬을 피하려면 따뜻한 집이 있어야 하고, 먹을거리가 있어야 한다. 춥지 않으려면 옷이, 아프면 의사의 도움을 받아야 한다. 경제학에서는 이렇게 인간에게 유용한 물품들을 일반적으로 통칭해서 재화(財貨, goods), 의사의 치료처럼 인간에게 유용한 행위를 용역(用役, services)이라고 부른다. 그런데 이러한 재화와 용역은 지천에 널려 있는 것이 아니어서, 이것들을 얻으려면 일정한 노력을 기울여야 한다. 이러한 과정을 우리는 생산(生産, produce)이라고 부른다. 그러므로 경제란 일차적으로 이러한 재화와 용역을 얻으려는 생산 행위라고 말할 수 있다.

일반적으로 경제를 잘한다고 하는 것은, 생활을 윤택하게 하기 위해 생산을 잘한다는 말과 같다. 그런데 왜 아무렇게 해서는 안 되고 꼭 잘해야 할까. 무조건 생산만 열심히 한다고 되는 것이 아니기 때문이다. 일반적으로 생산을 잘못하면 경제가 망할 것이라고 생각할지 모르지만, 생산을 잘해도 경제가 파탄 나는 수가 있다. 이것은 가장 간단한 생산 행위인 채취 행위와는 다른 무엇이 경제라는 개념에 포함되어 있음을 가리킨다.

  재화를 얻는 행위는 인간과 동식물이 다르다. 예컨대 초식동물은 풀과 열매 채취를, 육식동물은 초식동물을 사냥하고, 풀과 나무는 햇볕과 물과 자양분을 얻기 위해 잎을 피우고 뿌리를 내린다. 그러나 이것은 생존 행위일지언정 경제행위라고는 하지 않는다. 경제란 인간만의 고유 행위다. 이것은 경제(經濟, economy)라는 말의 어원이 동양에서는 경세제민(經世濟民, 『장자莊子』의 「제물론齊物論」에 수록), 즉 세상을 다스리고 '민'을 구제한다든지, 가정을 관리(oikonomia)한다는 그리스 말에서 기원했다든지 하는 언어발생학적인 면에서도 그 사실을 알 수 있다. 동물 세계에서는 자연의 수많은 대상물들을 채취하고 저장할 수는 있어도 경작하거나 관리해서 더 많이 생산하거나 재분배하며 구제하지는 않는다. 인간의 경제행위란 자연을 대상으로 한 개개인의 단순 채취 생활만이 아니라 사회생활까지를 포괄하는 목적의식적인 행동, 즉 '함께 살자'라는 보다 진보적인 생산·분배 활동의 개념이 개입되어 있다. 생산, 교환, 분배, 소비 활동은 이러한 인간의 기본적인 경제활동이며 이를 약칭해서 '경제의 4대과정'이라고 부른다.

2. 현대 경제를 일으킨 원동력 – 인본주의의 힘

현대 경제와 생산

현대적 의미에서 경제라는 용어를 이해하려면 시대의 변화라는 개념을 도입해야 한다. 과거에는 경세제민 같은 말들이 경제라는 용어를 거의 대변한 것이 분명하다. 예컨대 수신제가치국평천하(修身齊家治國平天下)라는 말이 있다. 몸을 수련하고 가정을 다스리고 나라를 잘 통치하면 평화로운 세상이 된다는 공자님 말씀인데, 이를 경제적으로 풀이하면 '개인경제와 가정경제를 잘 관리하면 나라 경제가 잘된다'는 뜻으로도 해석된다. 그러나 오늘날에는 개인경제나 가정경제를 아무리 잘 다스리고 열심히 일해도 나라 경제가 잘못되어 개인이 파산하고 가정이 해체되는 수가 있다. 1997~1998년의 세계 동시 불황과 우리나라의 국제통화기금(IMF) 외환위기에 대한 이야기를 들어본 적이 있을 것이다. 많은 사람들이 직장에서 쫓겨나고 숱한 회사가 문을 닫았다. 오늘날 세계 각 나라들의 경기 불황은 아직도 진행 중이어서 툭하면 블랙먼데이니, 하늘도 놀랄 '마틴 루서 킹 데이'(2008년 1월 21일, 흑인 인권운동가 마틴 루서 킹을 기념하는 날 발생한 세계 동시적 경기침체 및 주가 폭락)니 하면서 하루도 안심할 수가 없는 형편이다. 생산은 그

전 시대보다 훨씬 나아졌다고들 하는데 왜 이런 일이 발생할까.

직장에서나 가정에서 쉬엄쉬엄 일하고 낭비를 해서 집안이 풍비박산 난 경우가 없다고 말할 수 없지만, 모두가 태만해서 불황이 발생했다고 추궁한다면 그야말로 터무니없는 소리일 것이다. 이것은 개인경제나 가정경제와는 무관한 어떤 다른 경제 논리가 현대 경제에 흐르고 있다는 사실을 의미한다.

개인경제와 가정경제가 나라 경제보다 중요한 때는 봉건제 시대였다. 이 시대는 교통과 통신이 발달하지 않아 촌락 간 이동이 쉽지 않고 물자 교류가 어려웠으며, 무엇보다도 유럽의 봉건 군주나 아시아의 지주가 지역공동체를 장악하고, 대부분의 생산은 지역공동체를 중심으로 하는 소생산(小生産), 소경영, 자급자족 제도로 운영되었다. 봉건 제후(諸侯, lord)의 토지를 경작하는 농노 또는 소작인은 땅을 부치는 대가로 지대를 제공하며, 따라서 봉건 제후는 자신의 가신들과 토지를 잘 다스리는 것이 최고의 생산, 즉 경제를 잘하는 것이었으며, 농노는 나름대로 자신의 경작지에서 개인경영과 가족경영을 잘하는 것이 경제를 잘하는 것이었다.

백성을 구제한다는 의미가 동양의 경제라는 어원에 삽입된 것은 가뭄, 홍수 등의 자연재해에 의한 궁핍보다는 왕과 제후의 농노에 대한 경제적 압박이 가혹했기 때문이다. 서양에서는 제후가 농노 처녀의 초야권을 요구한다든가 하는 오늘날에는 상상하기 어려운 가혹 행위가 있었으며, 일반적으로는 경제 외적인 노역이나 강제, 그리고 무엇보다도 가혹한 지대 추구가 농노의 생활을 갈수록 궁핍하게 했다. 가난은 나라도 못 구한다든가 하는 등의 속담이 유행한 것은 이러한 인간 경제 제도의 불합리에 대한 봉건 군주 쪽의 책임 회피나 또는 그를 비난하는 농노들의 뜻이 담겨 있었을 것이다. 어느 쪽으로 사용되었든 간에 동서양을 막론하고 신분제도와 봉건제도의 핍박에 대항하는 각종 민란이 봉건제 후기로 갈수록 빈번했던 것은 이러한 봉건제의 가혹한 지대 추구 행위 때문이다. 우리가 흔히 봉건제의 가혹행위에 대한 저항을 '근대를 향한 여명'이라고 부르는 것은 거기에 근대로 전진하는 계기가 숨어 있기 때문이다.

그렇다면 오늘날의 경제란 어떻게 해석해야 할까. 현대적 의미에서 경제라는 용어를 이해하는 가장 빠른 지름길은 전근대와 근대의 생산 차이를 이해하는 것이다. 왜냐하면 과거의 경제행위와 현대의 경제행위를 구분하는 가장 중요한 특징은 두 시대의 생산력 차이이기 때문이다. 현생인류의 출현은 500만 년 전후라고 한다. 네안데르탈인, 혹은 현대 인류의 계보로서 자바나 북경원인 등에 대한 쟁점과 소개를 역사 교과서에서 들은 기억이 있을 것이다. 물론 여기서 인류의 출현 시기가 중요한 것은 아니다. 그보다는 인류와 다른 동물 간의 근본적인 생산력 격차와 시대를 두고 차이가 나는 인류의 생산력 발달의 역사를 시간의 흐름에 따라 이해하는 것이 관건이다. 고대 원시인류와 문명인류의 차이 또한 생산력으로 구분하며 마찬가지로 현대인과 근대 이전 인류의 차이도 생산력 격차로 구분하는 것이 경제 발달사를 이해하는 지름길이다. 인류의 경제사는 생산력 발달의 역사이며, 그것을 증명하는 것은 생산도구의 발달사다.

인본주의와 생산의 사회화

근대사회의 여명, 인간의 창의성 개화는 봉건 압박으로부터 자유로운 의식과 사상, 제도, 문화의 변화가 있었기에 가능했다. 즉 절대왕정 및 봉건귀족의 문화와 사상에 더 이상 개의치 않는 자아 발견 시대가 개화한 것이다. 중세의 정신사적 여명은 르네상스, 즉 인본주의의 출현이다. 사람들은 인본주의가 개화하면서 비로소 신분제도와 종교를 초월하는 인간 본성을 발견하기 시작했으며, 자유로운 토론과 표현을 철학, 과학, 음악, 미술 등의 분야에서 전개하고 전통적인 기득권과 충돌했다. 시민주의, 부르주아 계몽주의, 유토피아, 공상적 사회주의 등의 여러 사상이 연이어 출현하였다. 더 이상 살지고 권태로운 귀족들이 아니라 농부, 씨름꾼, 머리 감는 동네 아낙네로 표현과 예술의 주제가 바뀌었고, 종교와 귀족의 권위는 보편적인 인간과 인간 생활로 대체되면서 이전과는 확연히 다른 창의로운 지식이 폭발적으로 개화되기 시작했다.

모나리자
(레오나르도 다빈치, 1503~1506년경)

만종(밀레, 1857)

씨름(김홍도, 18세기경)

그러나 언제 어디서나 기득권을 사수하기 위한 저항은 간단치 않아서 전쟁, 폭동, 혁명, 봉건반동 등의 사건이 그치지 않았으나 사회사상사적 개화의 큰 흐름을 바꿀 수는 없었다. '역사의 수레바퀴란 뒤로 돌지 않는다'라는 말은 봉건반동의 헛됨을 상징적으로 표현한 말이다. 인류사에서 근대 200여 년에 사람들이 보다 창의적이고 적극적 사고를 하게 된 것은 그들이 구인류에 비해서 갑자기 지능 수준이 높아졌기 때문이 아니라, 낡은 사회제도에 저항하는 인간 본연의 발견, 사상의 자유 때문이다. 그것은 낡고 가혹한 인간 사회 제도의 태내로부터 성숙해서 세상에 나왔다.

분업

분업(分業, division of labor)이란 '총생산과정이 몇 개의 작은 부분 과정으로 독립, 분할되어서 전문화되고, 이 분할된 작업이 총생산과정으로 결합되는 노동과정'이라고 정의할 수 있다. 분업은 협업(協業)의 일반 과정이며 연장이지만 협업이 곧 분업은 아니다. 협업이란 단독 작업보다 월등히 생산성을 향상시키는 공동 작업이다. 한 사람이 한 시간에 하나의 책상을 나르면, 두 사람은 2개를 나른다. 그러나 백지장도 맞들면 낫다는 속담처럼 두 사람이 협업하면, 시간당 4개 또는 8개로 생산력이 배가된다. 협업은 이처럼 일정한 수준의 개인 생산성을 일거에 도약시키는 노동 방법이다.

그런데 협업은 인간만의 생산방식이 아니다. 우리는 사자, 개미나 벌 등의 자연생태계에서도 협동 작업이 활발히 일어남을 관찰할 수 있다. 그러나 작업을 의식적으로 자르고 전문화하는 분업은 인간만의 고유한 생산방식이다. 분업을 통해서 인간은 비로소 동물적 노동 수준을 벗어나 전근대의 인류보다 월등한 생산방식의 혁명을 이루어 내었다. 분업의 놀라운 생산성을 입증하는 단골 사례로 유명한 옷핀 생산공정에 의하면, 대장장이 한 명이 하루에 한 개의 핀을 만들 때 1000명의 대장장이는 하루에 1000개의 핀을 만들지만, 이들을 한군데 모아 담금질, 망치질 등 공정을 독립 분할시켜 각각 전문화된 1000명에 의해서 만들면 10만 개, 100만 개를 만든다.

근대 이후 기계의 발달과 직업 분화 과정은 이와 같은 생산공정 분화 과정과 일치한다. 분업의 발달은 수공업자들의 결합인 매뉴팩처의 발달 과정에서 기원하며, 이것이야말로 전근대 생산방식과 근본적으로 다른 것이다. 물론 현대의 분업은 이보다 훨씬 더 많이 분화된 것이며. 이제는 특정한 단독 공정으로 완성품을 생산하는 예란 거의 없다. 각각은 자기 담당의 생산 공정만 책임지며, 이는 중간 단계에서는 완성품을 전혀 생각할 수 없는 부분 공정이기도 하다. 하나의 볼펜이 만들어지기 위해서는 합성수지 재료와 볼펜 심과 스프링을 구성하는 합금 제품과 잉크 등의 부분품이 필요하며, 이러한 재료들이 수집되고 공장에서 조립 가공되기 위해서는 내외적으로 매우 복잡한 분업 과정, 구체적으로 구분하면 사회적 분업 공정과, 작업장 분업 공정이라는 2단계를 거쳐야 한다. 석유 발굴 공정과 철광석 채취 공정과 제련 공정 등이 부분품을 만들기 위한 사회적 분업 공정이라면, 볼펜 공장 안의 작업 분화는 최종 완성품을 위한 작업장 분업 공정이 되는 것이다.

경제학에서는 이처럼 수많은 생산공정으로 분할되어 하나의 완성품을 만들기 위해 멀리 돌아가는 생산방식을 직접생산에 대비해서 '우회생산(迂回生産, circuitous production)'이라고 표현한다. 생산공정이 세분화될수록, 더 멀리 우회할수록 생산성이 더 높은 진보된 생산방식이며 이를 '생산의 사회화(socialization of products) 과제'라고 부른다.

현대 경제와 교환

생산을 기왕이면 가장 많이 하는 방법은 무엇인가. 자본주의 이전 시대에는 생산력 증강이 최고의 경제 목표였는데, 근대 이후 일정한 궤도에 오른 자본주의경제(에서)는 생산을 못 해서 고민이 아니라 너무 많은 생산이 일어나서 고민이다. 뭔가 또 다른 일이 일어났음이 분명하다.

상품 사회와 시장

생산을 폭발적인 양상으로 전환시킨 것은 생산방식의 내부만이 아니라 생산방식을 자극하는 외부 조건의 변화에도 기인한다. 그것은 교환 양식(mode of exchange)의 변화다.

전근대의 재화들은 대개가 그것을 생산한 지역에서 소화되었다. 대장장이나 상인, 방물장수들이 없었던 것은 아니지만, 대부분의 생산은 자가소비용이었지 교환을 주목적으로 이루어지지 않았다. 그러나 근대 이후의 생산은 처음부터 교환을 전제로 한다. 전근대의 그것이 자신이 사용하기 위한 생산이라면, 근대 이후는 다른 사람을 위한 노동이며 생산이고, 시장에서 교환을 전제로 한 생산이다. 처음부터 교환을 전제로 생산한 생산물(products)을 '상품(commodities)'이라고 부른다. 상품 사회의 출현, 그것은 새로운 시대를 여는 신호탄이었다.

비교우위와 사회적 분업

상품생산과 교환경제의 발달은 근대 생산력을 혁명시킨 또 하나의 원천이다. 예컨대 갑과 을이라는 두 농부가 있어, 갑은 1년에 쌀 10kg, 보리 5kg을 생산하며 을은 쌀 5kg, 보리 10kg을 생산할 수 있다고 하자. 갑은 쌀농사로 특화되어 있으며, 을은 보리농사에 더 재능이 있다. 이제 갑은 비교열위인 보리농사 기간 6개월을 포기하고 장기인 쌀농사에 전념하며, 을은 보리농사만 전념한다고 하자. 갑의 연간 쌀 생산량은 20kg으로 늘어나며, 을의 보리 생산량도 20kg으로 늘어난다. 각각 추가 생산된 쌀 10kg, 보리 10kg을 서로 교환하면, 갑은 쌀과 보리를 함께 농사할 때보다 보리 5kg을, 을은 쌀 5kg을 추가로 더 얻은 격이 된다. 농사에 필요한 총시간은 여전히 1년이므로 추가 노동이 없으며, 각각 소모한 시간이 같은 등가교환임에도 불구하고 갑자기 생산량이 늘어났다. 추가된 행동은 오직 교환 행위일 뿐이다. 그러므로 이것은 전적으로 교환에 의한 증식 효과라고 말할 수 있다. 경제학에서는 이와 같은 효과를 '비교우위 효과'라고 부른다.

교환의 비교우위 효과

		갑		을			계		병
		6개월	1년	6개월	1년		6개월	1년	1년
					갑과 교환	병과 교환			
교환 전	쌀	10	20	5	0	0	15	20	30
	보리	5	0	10	20	20	15	20	0
교환 후	쌀	10	10	5	10(△5)	15(△10)	15	20	15
	보리	5	10(△5)	10	10	10	15	20	10

비교우위는 교환경제를 전제로 한 효과다. 자급자족경제 시대처럼 교환을 전제로 하지 않으면 비교우위 효과는 일어나지 않는다. 그런데 교환경제라면, 두 사람만의 교환이라는 제약에 묶일 필요가 없다. 이제 연간 30kg의 쌀 수확 능력을 가진 제3자, 병을 등장시켜 보자. 갑, 을, 병이 교환하면 가장 손해를 보는 쪽은 누구인가. 갑이다. 을의 입장에서 보면, 갑보다 병의 쌀 생산량이 더 많으므로, 반년 치 보리 10kg과 병의 반년 치 쌀 15kg을 기꺼이 교환할 것이다. 갑은 교환에서 소외되며, 3인 교환경제에서는 가장 먼저 퇴장당한다. 갑이 살아남으려면 병의 생산방식을 도입하거나 어떡하든지 새로운 수를 내는 수밖에 없다. 갑이 도태되든 병만큼 생산성을 상승시키든, 이 경제는 결국 생산성이 높은 병의 생산방식으로 통일(상승)될 것이다. 물론 교환경제가 아니라면, 갑이 도태될 이유도, 병의 생산방식이 지배적 생산방식이 될 필연적인 이유도 없다. 그러므로 이러한 생산성 상승 효과(생산방법의 상향 평균화)의 배후에는 교환경제의 발달이 있다.

그런데 이 과정을 차근차근 살펴보면, 앞의 생산방식의 혁명적 변화라고 하는 분업의 발달과 교환의 발달이 지향하는 점이 같다는 사실을 알 수 있다. 갑, 을, 병의 관계는 각각의 생산방식의 장점이 사회적으로 특화, 전문화되어가고 있음을 볼 수 있는데, 교환이란 결국 사회적 분업의 발달 과정, 생산의 사회화를 달리 표현한 것이라 할 수 있는 것이다.

현대 경제와 분배

분배 문제는 왜 생길까.

우리의 3인 경제에서 도태될 운명에 처한 갑이 살아남는 방법은 비용을 더 들여 병의 생산방식을 도입하든가, 아니면 생산을 포기하고 병에게 고용되는 길뿐이다. 한 경제에서 투입할 수 있는 돈은 단기적으로 대개 제한되어 있기 때문에, 갑이 피고용인으로 전락한다고 하자. 병은 갑을 고용했으므로 연간 쌀 60kg을 생산할 수 있다. 그러나 이 중 갑의 임금 몫으로 수확량의 반인 30kg을 제공할 것인가. 갑은 기껏해야 최초의 자기 수확량만큼만 받아도 다행이며 그 이하 심지어 먹고살 수 있을 만큼만 받아도, 망한 처지이기 때문에 저항할 수 없다. 이 경제에서 증가한 생산성은 모두 생산수단을 독점한 병의 몫이다. 병은 증가한 생산량을 모두 흡수해서 계속 부유해지며, 갑은 상대적으로 점차 빈곤해질 것이다. 이것은 자본주의경제 양식인 자본과 임금노동, 고용주와 피고용인 관계에서는 빈부격차가 '원리적'으로 발생하고 분배 불평등이 필연적임을 가리키는 것이다.

　분배의 왜곡이 계속되면 사회적 갈등이 고조된다. 더 심각한 것은 경제순환이 안 돼서 불황과 공황의 원인이 된다는 것이다. 많은 가난한 갑들의 주머니 사정으로는 생산된 재화를 소비할 수 없다. 소비될 수 없는 재화, 즉 재고가 증가하면 가격이 폭락하고 생산이 더 어려워지는 악순환이 시작된다. 이를 해결하는 기본적인 방법은 무엇일까. 첫째는 분배의 왜곡 시정, 둘째는 소비를 강제로 증가시키는 길이다. 분배의 왜곡을 시정하려면 생산성 상승분에 대한 고용주 병의 양보가 필요하다. 병이 사해동포주의자나 자선사업가가 아니라면, 잘 양보하려 하지 않는다. 그러나 욕심을 내다가는 재고라는 함정에 걸린다. 그러므로 이 모순을 해결하려면 생산성 증가 몫 중 일부를 병이 양보하는 수밖에 없다. 그러나 이것은 자본주의경제 원리인 자기 이해의 문제이기 때문에 원리적으로는 해결되지 않는다. 소득비례누진세를 적용한다든가, 사회복지 비용 증대, 계획 분배를 시행하는 등등 후기자본주의로 갈수록 국가의 강제적인 분배 시정 역할이 점차 중요해지는 것은 이로부터 기원한다.

　그러나 시장이 기본적으로 존속하는 한, 분배의 왜곡과 시장실패를 영원히 근절시키기는 어렵다. 그리하여 자본주의 시장경제에서는 수많은 보완책의 개발에도 불구하고 불황 또는 공황이 법칙적으로 일어난다. 19세기는 물론 21세기에도 이러한 경기침체가 끊임없이 발생해 콘드라티예프(N. D. Kondratiev) 같은 학자들은 경기침체의 장단기 주기설을 만들어냈다. 가장 유명한 공황은 유명한 1929년의 세계

대공황이며, 기록에 의하면 이 공황은 자본주의 최대 공황으로서 그 여파가 10여 년에 이르는 최장기 공황이었다.

현대 경제와 소비

공황을 근절시키는 또 다른 방법은 소비를 강제로 늘리는 방법이다. 이른바 '소비가 미덕이다'라는 말은 이래서 나온 말이다. 정부는 국·공채를 발행하여 재정적자를 늘리고, 이 돈으로 각종 경기부양과 건설, 고용 증진, 사회복지 등의 정책을 실시한다. 재정적자를 통한 경기부양은 고용 촉진과 투자 증진, 무엇보다 소비가 활성화되는 효과를 발휘한다. 그러므로 현대적 의미에서 소비를 잘한다는 것은 절약이 아니라 오히려 소비를 많이 하라는 뜻이고, 사회적 유효수요를 자극해서 경기를 부양하는 정책으로 해석되었다. 그러나 소비 부흥이란 언젠가는 다시 갚아야 할 일종의 외상거래다. 자본주의국가들의 경쟁적인 적자재정의 결과 21세기 들어 미국, 일본 등 주요 선진국들의 재정적자는 무려 국내총생산(GDP) 대비 100%에서 200%를 넘어섰으며, 그에 따른 막대한 이자비용과 정부 채권의 추가 발행 압력에 시달리게 되었다. 재정적자의 악순환은 후반부로 갈수록 이 경기부양 정책의 효과를 점점 약화시켜서 끝도 없이 올라가는 물가, 스태그플레이션에 속수무책이 되었다. 경제학자가 아니더라도 누구나 물가는 계속 올라간다고 생각하는 것은, 이런 현상이 수십 년 동안 반복되니까 자본주의 물가는 아예 그러려니 하는 학습효과 때문이다.

소비 부흥의 두 번째 결과는 이른바 환경경제의 등장이다. 지구 자원의 재생산 한계를 넘어선 막대한 화석자원의 소비와 과도한 폐기 물질의 자연 방출은 대기와 물을 오염시켰으며, 급기야 이산화탄소 규제와 같은 국제 환경 규약, 환경라운드가 개최되기에 이르렀다. 그러나 새로운 국제 환경 규약 발동이 환경 개선에 기여하는 긍정적 측면에도 불구하고, 다른 한편으로는 환경 기술이 발전 안 된 국가들로부터 환경 기술이 발전한 나라들에게로 환경 기술 로열티가 이동하는 새로운 격차를 낳았다. 21세기의 뜨는 산업으로 환경산업이 선두를 달리는 것을 나쁘다 할 수는 없지만 그 뒷면, 즉 자기 배설물까지 돈벌이로 만드는 자본주의의 추악함도 볼 수 있어야 하는 것이다.

3. 부(富)란 무엇인가 – **무적함대의 귀환**

인간에게 이로운 재화를 통칭해서 부(富, wealth)라고도 부른다. 그럼 어떡하면 부를 많이 얻을 수 있을까. 어떤 사람들은 군사력과 힘으로 부를 얻는다고 생각한다. 다른 사람들은 더 넓은 땅, 또는 금은보화를 부의 원천이라고 생각한다. 과연 그럴까?

중상주의의 몰락

16세기 에스파냐(스페인)는 중남미 일대에 거대한 식민지 제국을 건설하고, 대서양 무역 패권을 장악하였다. 에스파냐는 유럽 내륙의 지배보다는 바닷길 장악에 주력함으로써 15~16세기의 패자가 될 수 있었다. 육로보다 쉬운 해상무역, 즉 상업을 통해 패권을 잡은 것이다. 그러나 에스파냐가 자랑하는 무적함대가 1588년 영국과의 전쟁에서 처참하게 패퇴함으로써 에스파냐의 대서양 시대는 사양길로 접어들게 된다. 아름다운 니카라과의 푸른 앞바다를 배경으로 한 영화 〈캐리비언의 해적〉은 해적과 영국 해군의 에피소드를 엮은 것으로 대략 이 시기 어디쯤에 해당하는 시대 배경을 가지고 있다. 재미있는 사실은 해적 선장과 영국군이 결탁하는 장면은 영국군 하워드(Charles

Howard) 제독과 해적 출신인 드레이크(Francis Drake)가 함께 함대 사령부를 구성한 실제 역사와 관련 있다는 것이다.

에스파냐 잉글랜드 해전도 (《아르마다의 패배》, 루테르부르, 1796).
1588년 잉글랜드 남서부 해안에서 당대 최강인 스페인 무적함대와
영국 해군이 맞붙었다. 근접전을 예상한 무적함대는 무거운 단거리포를
장착했으나, 영국군은 장거리포와 해상 게릴라전으로 응수해
무적함대를 궤멸했다.

에스파냐의 무적함대는 치고 빠지는 영국 해군의 게릴라식 전술에 고전했고, 어떤 사료는 영국군의 장거리포를 승리 요인으로 꼽기도 한다. 그러나 문제는 단 한 번의 전쟁이 에스파냐를 무너뜨린 것은 아니며 영국 해군력이 대서양을 완전히 장악한 것도 아닌데, 왜 에스파냐가 이를 기점으로 역사에서 급격히 몰락해갔을까, 하는 점이다. 에스파냐 군대의 구조적인 약점이었을까? 그렇다면 부(富)란 곧 군대인가?

우리는 이 시점에서 나라의 부(富)란 무엇으로 만들어지는가를 물어보자. 그 시대에는 '부란 전쟁과 무력으로 만들어진다'라는 사조가 유행했었다. 틀린 말은 아니다. 그러나 무적함대가 승리했다면, 혹은 에스파냐가 무적함대를 복구하고 부국강병에 전력했다면 영국을 패퇴시키고 다시 대서양을 장악할 수 있었을까. 그럴 가능성도 있지만, 그렇다고 해서 에스파냐가 다시 대서양의 주인이 되었을 것이라고는 단언할 수 없다. 에스파냐의 몰락은 단순히 전쟁 패배의 결과만이 아니라 중상주의[1]의 몰락이었기 때문이다. 중상주의란 부국강병과 상업을 나라 부(wealth)의 원천으로 간주하는 사조인데, 에스파냐는 이러한 중상주의에 충실해서 중남미를 식민지화하고 막대한 금은을 축적했는데도 불구하고 사태를 바꿀 수 없었던 것이다. 에스파냐가 이겼다면 에스파냐의 영화는 좀 더 연장되었을지 모른다. 그러나 날로 커지는 물가 상승(Inflation)은 무력으로 막을 수 있는 게 아니다. 금은은 부를 상징하지만 그를 직접 먹을 수 없다. 즉 재화의 대체 상징물일 뿐이다. 16세기 에스파냐의 물가상승은 대단했다. 이 시기는 신대륙과 인도 등지에서부터 금은 수입이 폭발해서 유럽 전역의 물가가 1세기 동안 2~3배나 상승했던 시기인데 에스파냐가 그를 넘어 3~4배의 물가상승률 및 인건비 상승률을 보인 것은 중남미로부터 막대한 금

---

[1] 중상주의(Mercantilism): 군비를 강화하고 보호무역을 통해서 금은 등의 귀금속을 축적해야 나라가 부강해진다고 생각하는 사조. 국가의 주요 부로 간주되는 금은의 유출 불가냐 아니냐에 따라서 중금주의와 중상주의로 분류된다. 영국의 크롬웰(O. Cromwell)과 프랑스의 콜베르(J. B. Colbert)가 대표적인 사상가.

은 수입의 독점 때문이었다. 즉 더 많은 금은이 오히려 인플레를 재촉해서 다른 나라보다 더 많이 에스파냐를 곤경에 빠뜨린 것이다. 이 시대에 생각할 수 있는 탈출구는 대략 세 가지다. 금의 수출, 금은에 상응하는 재화 생산 증대, 식민지 개발. 그러나 당시 환경에서 금과 은의 가격 차이를 노린 수출도 어려웠거니와 에스파냐의 강력한 중금주의(重金主義)는 금은의 유출을 곧 부의 유출로 생각했다. 새로운 식민지 확보는 제국 열강과 군사비 경쟁이라는 부담을 늘리고, 주 식민지였던 네덜란드의 독립과 임금 상승은 주력 산업인 모직산업의 경쟁력을 파괴했다. 이제 에스파냐는 막다른 골목에 몰린 것이다. 부국강병과 금은과 중상주의가 거꾸로 에스파냐의 발목을 잡았다. 재화의 생산에 어둡고 금은만 밝히던 그들의 배에 어느새 물이 새기 시작했다. 캐리비언, 그 눈부신 중남미의 바닷가를 뒤로하고 무적함대는 중상주의의 무게를 이기지 못한 채 그렇게 침몰해갔다. 군대로도 안 된다니 그렇다면 도대체 인간의 부란 무엇인가.

사용가치와 교환가치

금은은 언제나 사람들의 이목을 현혹하며, 서울 강남에는 수십억 원이나 하는 아파트를 수십 채씩 가진 땅 부자들이 득세한다. 아마도 이들에게 부란 무엇인가를 물었을 때 수 세기 전의 중상·중농주의자의 주장을 다시 듣는 것은 어려운 일이 아닐 것이다. 그런데 값이 떨어지기 시작하면, 그때부터 토지는 결코 부라고 부를 수 없다. 우리나라 사람들의 부동산 애착이 아무리 강하다고 해도 일본처럼 30여 년의 부동산 침체가 일어난다면, 그때도 땅을 붙잡고 있을 수 있을까. 이것은 부를 뒷받침하는 다른 무언가가 있다는 말과 같다.

간단히 말해서 토지나 금은과 같은 자산은 인간의 생산 행위가 뒷받침될 때만 가치를 갖는다. 예를 들어 무인도에서 살아남으려면 금은보석은 전혀 무용지물이며, 오직 팔다리를 부지런히 놀려야 한다. 고기를 먹으려면 고기 잡는 노동을, 밥을 먹으려면 쌀농사를 지어야 한다. 그는 자연을 대상으로 노동을 해야 한다. 그가 얻는 모든 부는 자연으로부터 온 것이며, 인간은 오직 자연을 이용하고 변형할 뿐이다. 즉 그의 모든 부는 그가 자연을 대상으로 노동한 시간만큼만 온다. 그렇다면 노동시간이 부인가? 그건 아니다. 노동시간은 부의 일부를 구성할 뿐이다. 정확히 말해서 그가 획득한 부는 자연물(소재, 재료)에다 투여한 노동시간을 더한 값으로 구성된다.

부(富, wealth) = 자연 자원 + 노동시간

소재에 따라 부는 석유 제품 또는 대나무 제품으로 달라지며, 노동시간이 더 투여되면 대나무 제품은 더 높은 가치를 갖는 죽세공품으로 바뀐다. 그렇다면 가치와 부는 어떤 관계일까.

사과와 배라는 부는 각각 자기만의 고유한 가치, 즉 쓸모를 가지고 있다. 우리는 이를 사용가치(use value, 쓸모)라 부른다. 그러나 그것은 측정하기가 곤란하다. 삼각관계인 갑돌이와 을돌이가 이쁜이를 각각 얼마나 사랑하는지, 그 크기를 잴 수 없는 것과 같다. 측정할 수 없다면 소재만 가지고 그 가치의 크기를 논할 수 없다는 말이 된다. 그러므로 우리는 다른 대책이 필요한데, 이때 그 기준은 사용가치를 아예 무시하고 그를 만드는 데 들어간 노동시간만큼으로만 가치를 판단하는 것이다. 예컨대 공기와 물은 인간의 생존에 무엇보다도 중요해서 사용가치가 높지만 부존량(賦存量)이 많고 그것을 얻으려는 특별한 노력(노동시간)이 없더라도 쉽게 얻을 수 있기 때문에 가치가 작다. 금은은 공기보다는 작은 사용가치이지만 적은 부존량 때문에 얻으려면 많은 노동시간이 들어가며, 따라서 가치가 크다. 이때 말하는 가치란 공기나 물이라는 소재의 사용가치가 아니라 그것을 얻는 데 들어간 노동시간, 즉 교환가치(exchange value)로 바뀐다.

가치＝노동시간(교환가치)

그런데 세상의 모든 재화는 그 크기와 중량 때문에 이를 일일이 들고 다니며 교환할 수 없다. 교환이 빈번해질수록 작고 귀중한 가치를 가진 대용 수단이 필요하다. 그리하여 교환 수단으로 금은의 사용가치가 증가한다. 이 말이 이해된다면 여러분은 이제 가치와 화폐의 본질 문제에 익숙해진 것이다. 즉 부(재화)는 자연 소재와 노동시간의 결합이며 부의 가치(=교환가치)는, 사용가치가 좋은 소재의 부존량과 노동시간에 따라 결정된다.

부의 가치 = 교환가치 = (사용가치가 좋은) 소재의 부존량 + 노동시간

그러나 길거리에 굴러다니는 돌처럼 별로 쓸모가 없으면 그게 아무리 많아도 가치가 작다. 내가 많은 시간을 들여서 뭔가를 만들어내도 다른 사람한테 쓸모가 없으면 그 또한 교환가치가 없다. 부가 교환가치(화폐)로 거래되는 것은 거래의 편의 때문이지만 사람들은 교환가치 속에 있는 재화의 참가치 즉 실제로는 그 쓸모를 거래하는 것이다. '노동시간(교환가치)으로 거래되지만, 실제 거래되는 것은 그 속의 사용가치다'라는 것은 가치라는 말속에 들어 있는 복잡한 이중성이다. 우리는 그 의미를 헛갈리지 말고 잘 음미해두어야 한다. 즉 쓸만한 것을 생산해야 교환도 할 수 있는 것이다. 이때 금은이란 인간의 부를 서로 교환하게 해주는 매개체로서 부를 상징할 뿐이다. 예컨대 재화의 생산에 중요한 문제가 발생한다면 금은의 가치는 하루아침에 땅에 떨어지거나 폭등한다. 부자가 되고 싶다면 이와 같은 부의 계산 방법의 유래를 알아야 한다. 조사해보자. 금은이나 증권, 토지 같은 인간의 부를 상징하는 자산들은 실물경제의 실적에 따라서 어떻게 그 가치가 변하는지를.

생/각/해/보/기

잉카제국의 몰락

중남미는 신대륙 발견 이전부터 잉카, 아스테카 등 많은 문명이 있었다. 이들은 중세 유럽에 비해서 결코 뒤지지 않는 고도 문명이었다. 그러나 에스파냐의 공격으로 이 제국들은 하루아침에 허망하게 무너졌다. 허망하다는 표현은, 에스파냐의 피사로가 이끄는 부대 168명이 잉카제국의 7000명을 살해하고 제국을 정복했기 때문이다. 기록에 의하면 그들은 나팔과 딸랑이를 불며 공격해서 잉카인의 혼을 뺐다고 하는데, 그래도 그렇지 수백만 인구에 8만여 대군의 제국이 고작 100여 명의 군대에 의해서 무너질 수 있을까. 이것은 단순히 무력의 우위와 탁월한 전술, 전투 기백의 승리라고 보기 어려운 뭔가가 있는 것이다. 그들은 왜 무너졌는가.

잉카제국은 일종의 절대왕정이었다. 거의 신격화한 왕의 명령에 절대복종하는 관계였는데, 피사로 부대는 이 왕을 집중 공격하여 생포하는 전술을 구사하였다. 잉카의 제왕 아타우알파는 에스파냐 군대에게 자신이 포로가 된 방을 가득 채울 만큼의 황금을 주고도 사형당했다. 절대군주가 사라진 제국은 명령 체계가 무너졌음에도 절대 권력을 대체할 다른 수단이 없어서 급격히 몰락했던 것이다. 이런 예는 중국을 최초로 통일했던 진시황 사례에서도 나타난다. 진시황은 살아생전에 분서갱유 같은 만행을 저지르고, 만리장성과 병마총 건설에 수많은 인력을 동원하는 절대 권력을 누렸지만 죽어서는 환관 조고의 간책으로 시신이 썩어가도록 길바닥을 전전하였으며, 진나라는 천하를 통일한 지 불과 12년 만에 멸망하였다. 나는 새도 떨어뜨릴 절대 권력의 약점은 위로부터 명령이 아니면 움직이지 않는 복지부동 체제의 경직성, 권력 공백 상태를 방지하는 비상 체제의 부재, 뒤를 이을 건강한 후계의 싹을 잘라버리는 절대군주의 이기적인 근시안에 있지 않을까.

4. 가치와 가격의 계산 – 시장은 두 번 계산한다

노동과정과 노동가치

인간의 노동과정은 아주 간단하다. 노동력, 노동수단, 노동대상이 노동과정의 3요소다. 사람은 톱이나 칼 같은 도구(노동수단)를 사용해서 토지나 각종 자연 자원을 대상(노동대상)으로 노동한다. 두뇌에 의해서 신체가 반응하는 이 단순 구조는 시대의 변화와 전혀 상관없다. 원시인이 돌도끼를 쓰든, 요즈음처럼 컴퓨터를 가지고 디지털음악을 만들든 인간은 두뇌와 육체 작용으로 노동한다. 변하는 것은 생산수단과 소재, 그를 이용하는 노동 기술의 차이일 뿐이다. 그런데 원시인과 현대인의 노동값의 차이를 알 수 있을까. 경제학자는 별 쓸데없는 걸 다 계산하는 사람으로 회자되곤 하지만 자원봉사 할 게 아닌 바에야 돌 깨는 일이 얼마인지, 컴퓨터 두들기는 일이 얼마인지를 알아야 일을 할 것 아닌가. 쉽지 않은 일이다. 그렇기 때문에 노동가치의 정당한 가격을 찾는 일이 바로 노동문제의 첫걸음이다.

노동가치의 계산

원시인과 현대인이 돌을 깨는 효율은 다르다. 원시인이 하루에 돌을 한 개 다듬는다면 현대인은 기계를 이용해서 수백 수천 개의 돌을 다듬는다. 생산력이 다르다. 그것은 발달한 생산도구, 기술, 조직(분업)의 차이다. 그러면 생산도구와 노동의 값어치는 각각 얼마인가? 먼저 노동가치를 계산해보자. 가령 원시인은 한 시간에 10원이고 현대인은 1만 원인가. 동일 노동은 그래도 계산하기 낫다. 서로 다른 질의 노동, 예컨대 사과를 따는 노동과 고기를 잡는 노동은 어떻게 계산하지? 간단하다. 하루에 물고기를 2마리 잡았다면 하루치 노동값은 고기 2마리다. 다음 날 실력이 늘어서 3마리를 잡았다면 그의 노동 가격은 하루에 3마리다. 그가 노동으로 생산한 부, 노동의 대가를 계산하는 일은 전혀 어려울 것이 없다. 서로 다른 노동이든 뭐든 자신이 노동한 시간으로 계산하면 그게 노동가치(=노동생산물가치)가 되는 것이다. 예컨대 다른 원시인이 한나절에 돌창 하나를 만든다면, 고기 3마리와 돌창 하나는 서로 다른 노동(사용가치)임에도 불구하고 동일한 노동시간을 들였으므로 같은 값으로 교환될 수 있다. 가치란 이렇게 처음의 사용가치에서 노동시간을 기준으로 한 교환용(교환가치)으로 바뀌며, 오늘날의 시급, 일급, 주급, 월급, 연봉은 곧 이런 시간 전통의 산물이다. 이제 우리는 세상의 모든 가치란 노동에 의해서 창출되고 노동시간(노동가치)을 기준으로 교환된다는 노동가치론의 역사적 의미를 알 수 있다. 그런데 다른 종족의 노동생산물가치가 3시간짜리인지, 닷새

짜리인지 어떻게 알고 교환하나? 아, 이게 골칫거리고 문제다. 이처럼 상대방의 가치를 알 수 없는 데서 오는 계산의 혼란이 노동가치 계산의 제1 문제이며 이는 교환과정에서 발생하는 혼란이다. 물물교환 시대에서 화폐교환 시대로 넘어오면 모든 노동생산물의 가치는 화폐로 은폐되어 계산은 더 헷갈린다. 고민해보자. 자장면값이 5000원이라니까 먹기는 먹는데, 이거 제대로 된 값이 맞는 건가? 나의 노동 생산물 가치를 사회에서 제대로 인정받으려면 어떻게 하지.

노동력가치의 계산

이번에는 기술의 차이를 계산해보자. 같은 시간에 현대인이 100개, 원시인은 1개의 돌을 깨면, 이 노동가치는 같은 가치로 교환될 수 있는가. 그렇지 않다. 원시인과 현대인은 같은 노동을 했어도 시대와 기술이 다르기 때문에 동일 노동량이더라도 원시인의 것은 현대에서 인정하지 않는다. 즉 노동가치의 시간당 평균적인 생산성이 변하였기 때문에 원시인의 하루치 노동량은 현대인의 표준(평균 노동가치)에 맞지 않는 것이다. 같은 노동량에도 불구하고 원시인의 노동가치를 현대인의 100분의 1로 다시 표시할 수 있는 이유는 이처럼 기준(하루에 100개를 생산하는 현대인의 평균 노동생산성)이 생겼기 때문이다.

그럼 이번엔 노동력가치[2]로 계산해보자. 현대인의 100분의 1에 불

---

2   노동력가치와 노동가치 : 노동가치는 인간이 노동해서 생산한 가치(고기 2마리

과한 생산력(노동가치)을 가지고 있는 원시인이므로 그의 노동력가치를 현대인의 100분의 1로 쳐서 임금을 주면 되는가? 그렇게 줄 수 없다. 아무리 원시인이더라도 데려다 일을 시키려면, 최소한 그가 굶어죽지 않을 만큼의 임금을 주어야 한다. 경제학에서는 이를 노동력가치(재생산비). 또는 최소생계비라고 부르며 노동가치와 구별한다. 따라서 인간의 노동력가치는 어떻게, 얼마를 일하든 최소한 그의 최소생계비 이상이다. 그럼 원시인의 100배 생산력을 가지고 있는 현대인의 노동력가치는 얼마인가. 안타깝지만 그 역시 최소생계비 정도의 임금을 받는다. 고용되었기 때문이다. 현대에서 생활 가능한 임금수준이어야 한다는 것은 시대와 공간이 다르기 때문에 생기는 차이다. 고용되지 않았다면 노동가치는 곧 노동력가치다. 일해서 번 것은 자기가 다 갖는 포장마차 주인을 생각해보라. 그러나 포장마차에 고용된 아르바이트생이 받는 것은 계약된 임금일 뿐이다. 그러므로 두 번째 노동가치 계산 문제란 원시인과는 달리 고용 노동의 문제, 즉 '노동생산물의 값'(노동가치)과 '고용 노동의 값'(노동력가치)이 달라서 생기는 문제다. 가령 물가가 올라 최저 생계가 위협받으면 노동쟁의가 격렬해지고, 해고되면 당장에 먹고사는 문제가 달린 만큼 난리가 난다.

또는 노동시간)이며, 노동력가치는 개별의 인간 노동력을 그 자체로 하나의 단위로 평가한 개념이다. 노동가치가 생산물 자체를 지칭한다면 노동력가치는 노동하는 힘을 가진 사람의 가치(또는 노동력 재생산 가치=임금)로 구분된다. 자본주의 경제에서는 노동하는 자와 그 생산물을 처분하는 자, 즉 노동자와 자본가가 다르므로 이를 구분할 필요가 생겼다. 노동력가치의 기본 공식은 인간의 노동력가치≥최소생계비이다.

현대자본주의 노동문제의 본류는 바로 이 노동력가치 계산을 둘러싼 갈등으로부터 나온다.

자본, 토지, 노동력가치의 계산

애덤 스미스(Adam Smith)는 시장가격을 결정하는 요인은 자본, 노동, 토지라고 하였다. 이를 생산의 3요소라고도 하는데 시장에서 이것들의 등락에 따라 결정되는 가격을 스미스는 '자연가격'이라 불렀다. 더하고 뺄 것도 없이 스미스는 시장가격 결정 과정 그 자체를 자연스러운 것으로 신봉한다. 그러면 종종 일어나는 시장가격 혼란은 어떻게 설명해야 할까. 리카도(D. Ricardo)와 마르크스(K. Marx)[3]는 이 점에서 스미스가 가치와 가격[4] 관계를 정확히 구분하고 있지 못하다고 비

---

[3] 마르크스와 잉여가치설: 노동을 노동자의 입장에서 분석하기 시작한 사람은 마르크스(K. Marx)이다. 그의 학설은 잉여가치설로 불리며, 스미스가 혼동하고 있는 노동가치의 이중성, 즉 노동가치와 노동력가치의 차이를 분리해내는 데 주력하였다. 이윤, 즉 최초의 투자액보다 더 크게 증식된 자본의 정체는 노동이 생산한 잉여가치다. 노동은 필요노동과 잉여노동으로 구분된다. 필요노동의 크기는 자신의 노동력을 재생하는 데 필요한 만큼의 노동량이며 이는 사회적으로 결정된다. 노동력가치란 노동생산물가치에서 잉여가치를 제외한 필요노동가치(최저생계비)를 말하며 그 차이가 빈부격차의 원인이다. 필요노동가치는 자본의 크기가 커질수록 작아지는데, 생산수단 투자가 늘어나는 자본 운동, 즉 이윤율 저하 경향 때문이며 이것이 자본주의 공황의 근본 원인이다.

[4] 가치와 가격: 가격이란 상품 1단위와 교환되는 화폐액으로 정의된다. 가치란 화폐와 상관없이 재화가 가지고 있는 본연의 값어치(사용가치)를 말하며, 고전학파는 이를 측정할 수 없다 하여 측정 가능한 노동시간만을 구체적인 가치(=교환

판한다. 이들은 스미스의 무엇을 비판하는 것일까.

우리가 어떤 가치를 생산하려면 당연히 노동을 해야 한다. 이때 자본과 토지는 어떤 역할을 하는가. 태초의 토지는 자연 자원 그 자체일 뿐 인간의 노력과는 관계없다. 즉 인간 노동의 산물이 아니므로 노동가치가 아니다. 그런데 언제부터인가 내 땅 네 땅을 구분하는 소유권이 발달하면서부터 누군가의 땅을 이용하려면 그에 대한 대가를 요구받는다. 그러므로 땅에 지불되는 가치란 땅을 경작해서 얻은 수확물(노동가치)의 일부를 땅 주인에게 지대 형태로 할당하는 부의 이전이다. 지대를 불로소득으로 간주하는 사상은 이와 같이 자연 자체는 인간의 노력과는 아무런 관계없는 것이라는 역사적 관점에 근거한다.

그렇다면 자본이란 무엇인가.[5] 자본은 가치를 낳는가, 아닌가. 편의상 생산도구를 자본이라고 생각하자. 노동자의 손에 주어진 생산도구는 전 단계에서 이미 생산해놓은 죽은 (노동)가치다. 그는 이 도

가치)로 사용하였다. 즉 가치란 다른 재화를 구매할 수 있는 구매력(=노동시간)이다. 시장에서 가치는 화폐를 매개 수단으로 해서 시장가격으로 전환(이를 전형문제라 함)하는 두 번째 과정을 거치는데 이 과정은 정확하지 않아 종종 가격 혼란의 원인이 된다. 반면 효용학파는 인간의 주관적 만족도인 효용가치를 사용하며 이를 측정할 수 있다고 주장하여 논란을 일으킨다.

5 자본(capital): 공장, 기계 같은 생산과 판매를 위한 설비나 시설. 이 시설들은 돈으로 구매해야 하므로, 자본은 곧 화폐이다. 또한 재화의 개념을 강조하면 자본재가 된다. 어느 경우든 자본이 되려면 반드시 다음 회기에 처음 자본보다 더 많은 자본으로 증식되어야 한다. 마르크스에 의하면 이 순환은 M(화폐)-C(상품)-M′(=M+△M)으로 표시된다. 같은 돈이더라도 원금을 까먹으면 자본이 아니라 손실, 증식할 필요 없이 그냥 쓰는 돈은 용돈일 뿐이다.

구를 이용해서 새로운 가치를 생산하지만, 도구 자체가 새로운 가치를 생산하는 것은 아니다. 만약 도구를 사용한 만큼 파손이 일어났다면 복구 비용이 들어가지만, 그것은 전 단계에서 생산한 가치의 원상복구(감가상각)에 불과할 뿐 가치 크기의 변화는 없다. 도구가 가치를 가질 때는 토지와 마찬가지로 도구를 소유한 주인에게 도구 사용료를 내는 때일 뿐이다. 도구의 주인은 도구를 빌려줄 때, 도구 사용의 복구비 이상을 요구하는데 이 몫은 도구의 사용자가 노동해서 만든 노동가치의 일부로 갚아야 한다. 만약 자본에 소유권이 없거나 도구 주인이 직접노동을 한다면 새로 만든 노동가치는 모두 노동한 사람이 직접 가져갈 것이다. 결론적으로 말해서 토지와 자본 그 자체는 새로운 가치를 생산하지 않는다. 그 소유권 때문에 새로운 산 노동으로부터 가치를 이전받을 뿐이다. 그렇다면 그 이전받는 몫의 크기는 얼마인가.

현대자본주의에서는 임금 몫과 이윤 몫, 지대 몫의 비중 중 보통 이윤 몫과 지대 몫이 월등하다. 땅값 상승, 주식가격 상승 등 이윤과 지대 인상은 전체 물가에 영향을 미쳐 임금소득을 압박한다. 강남의 평범한 20억 원짜리 아파트를 월 200만 원을 받는 도시 노동자가 구입하려면 한 푼도 안 쓰고 모아도 80년이 걸린다. 빚을 져서라도 아파트를 사야 한다는 말은 임금 상승률이 지가 상승률을 못 쫓아가는 세태를 자조하는 소리이다. 그렇다면 땅과 생산수단의 소유권에 지불되는 가치가 얼마쯤이면 적당할까. 소유권자는 무지하게 높게 부를 것이고, 없는 자는 제발 좀 깎았으면 할 것이다. 자본주의 시장가격을 지배하는 힘은 서로 다른 이해의 충돌, 힘의 격돌, 그게 정답이다. 가치 계산의 세 번째 문제란 바로 이와 같은 자본, 토지, 노동력의 가치 계산을 둘러싼 이해관계와 갈등으로부터 나온다.

노동가치설과 효용가치설

노동가치설에 이견을 제기한 그룹은 오스트리아의 멩거(C. Menger) 등 효용학파(=한계효용학파)이다. 노동가치설이 객관적 가치설이라면, 효용가치설은 주관적 가치설로 불린다. 효용학파에 의하면 상품의 가치는 인간의 주관적 만족도인 효용(utility)에 의해서 결정된다. 한편 이 주장의 논리적 모순은, 자장면을 먹는 데 배고픈 정도에 따라 돈을 내는 것이 과연 가능하냐는 것이다. 효용이란 고전학파의 개념으로 보면 상품의 쓸모(사용가치)쯤 되는데, 고전학파는 이를 도저히 측정할 방법이 없기 때문에 측정 가능한 노동시간(교환가치)으로 대체하였다. 결론적으로 말해서 한계효용학파 역시 주관적 만족도를 측정하는 데는 실패하였고 그냥 주관적 효용가치를 측정하는 단위(가령 U)가 있다 하자고 무데뽀로 넘어갔다. 인간 사회에서는 목소리 큰 놈이 이기는 경우가 얼마나 많은가. 그러니 이 주장에 대해서 왈가왈부할 게 아니라 도대체 뭘 주장하는지에 집중하는 수밖에 없다. 효용학파에게 노동력의 가치란 시장평가, 그 자체이다. 고용주는 자신의 주관적 만족도에 의해서 고용한 것이고, 피고용인은 자기만족하에 자신의 노동을 거래한 것뿐이다. 그렇다면 고용주와 피고용인 사이에 주관적 만족도 계산을 놓고 갈등이 생기면 어떻게 될까. 이 시점에서 효용학파는 노동력가치를 여가와 노동 사이의 선택으로 대체한다. 쉴 것인가 일할 것인가, 즉 시장에 던져진 임금의 선택 여부는 노동자의 몫이며, 그를 채택할 것인가 말 것인가는 순전히 기업의 몫이라는 것이다. 각자가 결정했다면 각각은 만족한다. 시장에서 결정된 노동력가치에 불만을 갖지 말라. 이것이 효용학파가 바라보는 노동력가치의 결론이다. 효용학파는 애덤 스미스로 대표되는 고전학파의 노동가치설을 부정하면서도 시장이론만큼은 나름의 새로운 방법으로 계승하고 있음을 알 수 있는데 이런 의미에서 효용학파는 고전학파와 차별되는 신고전학파로 불린다. 어떻게 생각하시나요. 고용의 칼자루는 기업이 쥐고 있을까. 내가 쥐고 있을까.

5. 경제학의 기원 – 부끄러운 경제학

경제학(Economics)이란 무엇인가

경제학이란 인간 생활의 가장 기초적인 먹고사는 바의 기틀, 그 지침을 만드는 학문이다. 경제 현상을 잘 연구해서 생산이 잘되도록 생산성 상승 방법을 개발한다든가, 그게 시중에 잘 유통될 수 있도록 하는 판매·유통망을 연구한다든가, 각종 경제문제를 분석·치유하는 방책을 내놓는다든가 하는 것들이 모두 경제학의 연구 대상이다. 인간은 누구나 경제생활을 하지 않고서는 살아갈 수 없으므로 경제학은 기초과학[6]이다. 경제학을 사회과학의 여왕이라고 부르는 이유는 이 때문이다. 그러나 경제학은 이렇게 건강한 경제사회의 달성을 목표로만 하지 않은 부끄러운 역사도 가지고 있다. 어떤 경제학자들은 정치권과 타협해서 그 입이 되기를 주저하지 않았으며, 심지어 미국의

---

[6] 경제학과 경영학: 경제학이 기초과학이라면 경영학은 응용과학이다. 경제학이 인간 사회의 모든 경제 현상들을 포괄한다면, 경영학은 그중 한 부문, 특히 기업 혹은 조직을 실질적으로 운영하는 관리 기술이나 소식 효율, 판매·투자 기법 등을 다루므로 경제학보다 범위가 좁으면서 그로부터 파생된 실용 학문이라고 정의할 수 있다.

일부 학자들은 베트남전쟁 당시 1인당 살상비를 계산하는 등 몰인간적인 행태도 서슴지 않았다. 경제학이 세상의 아픈 상처를 치유하지 못하고 숫자와 통계 놀음에 정신없을 때, 생각 있는 경제학자들은 '경제학은 죽었다'라는 자조의 소리를 내기 시작하였다. 자본주의 대국들의 본격적 경기침체가 시작되는 1960~1970년대경, 미국의 주류 경제학을 비판하는 물결이 빈곤 국가들인 제3세계부터 일어나기 시작하였으며, 유럽 역시 자본주의경제를 비판하는 학술적 조류가 크게 유행하였다.

물론 경제학자 역시 사람인 이상, 경제 현상을 객관적으로만 분석하고 기술할 수는 없다. 오히려 경제학은 주장하는 사람에 따라 치우친다고 하는 것이 솔직한 표현일 것이다. 우리가 알아야 할 사실은 경제학은 경제의 어려움을 처방하는 유용한 학문이면서 다른 한편으로는 특정한 계급과 계층의 주의, 주장이 녹아 있는 주관적 학문이라는 것이다. 사회과학은 이처럼 인간 사회를 다루기 때문에 자연과학과는 달리 같은 현상을 전혀 다르게 볼 수 있는 양면성을 가지고 있다. 심지어 어떤 학자들은 사회갈등 쪽에 초점을 맞추어 경제학을 아예 서로 다른 경제적 이해를 조정하는 조절 기능으로 정의하기도 한다.

경제학은 어떻게 시작되었는가

유럽에서도 경제학이 하나의 학문으로 독립한 것은 최근세의 일이다. 일반적으로 경제학 학위 소지자를 말할 때는 경제학박사(Doctor of Economics)라고 말하지 않고 철학박사(Doctor of Philosophy, Ph. D.)라고 부른다. 물론 대개의 다른 인문사회과학도 철학이라는 학위명이 붙는다. 이런 호칭이 생긴 것은 현대의 인문사회과학이란 과거에는 모두 철학에서 시작되었기 때문이다. '철학'[7]을 알기 쉽게 풀이하자면 '자연과 인간, 혹은 인간과 인간 사이에 일어나는 여러 관계를 풀이한 인간의 생각'쯤으로 정의할 수 있다. 경제학이란 학문도 따지고 보면 자연과 인간의 관계(자연을 얼마나 이용할 것인가)와 인간들끼리의 관계(사장과 종업원, 지주와 소작인 등 사회적 관계)를 다룬다는 의미에서는 결국 철학이라는 큰 범주에 속한다고 할 수 있다. 그러나 18세기 산업혁명 이후 경제학은 철학이라는 광범위한 개념에서 벗어나 인간들의 경제적 관계를 다루는 것에 집중하는 쪽으로 특화하기 시작했다. 철학의 범주에서 자연과학과 인문사회과학이 분리하며 각각 전문적인 학문으로 발달하기 시작한 것이다. 이것은 인간의 사회생활 중 더 복잡하게 분화한 근대의 사회 발달 현상이 학문에 반영된 것이라고 할 수 있다. 그러나 이 시기 경제학은 경제 현상만을 독립적으로 다루는 오늘날과 같은 경제학(Economics)이 아니라 정치경제적 현상을 함께 다루는 정치경제학[8]이라는 개념으로 더 폭넓게 사용되었다.

---

[7] 철학(philosophy): 그리스어가 유래로 'philos'는 '사랑', 'sophia'는 '지혜' 즉 지(知)를 사랑하는 학문이라는 뜻이다. 서양에서는 소크라테스, 플라톤, 아리스토텔레스가 철학의 기틀을 삼기 시작하였으며, 본래의 철학은 자연과 인간 또는 인간과 인간 간의 관계와 원리, 즉 사물의 궁극원리를 탐구하는 사변(思辨, speculation)에 초점이 맞추어져 있었다.

정치와 경제를 완전히 분리할 수 없다면 경제학의 진정한 정의란 오히려 이 시기의 것에 사실상 가깝다. 하지만 오늘날에는 통상 경제학이라는 용어가 경제를 다루는 전 학문적 영역을 포괄하는 개념으로 사용되고 있다. 근대경제학의 시조가 된 정치경제학을 최초로 집대성한 사람은 애덤 스미스[9]였다. 그의 대표 저작은 『국부론(國富論)』(*An Inquiry into the Nature and Causes of the Wealth of Nations*, 1776)이다.

스미스는 『국부론』에서 무엇을 썼을까, 아니 무엇을 고민했을까. 수 세기가 지난 오늘날에 다시 물어보자. 국부란 무엇인가?

이런 질문에 대해, 명쾌하게 대답할 사람은 많지 않을 것이다. 대신 스미스는 왜 하필이면 국부(國富)를 고민했을까를 생각해보자. 내 생활도 바쁜데 "웬 국부?"라고 할지 모르지만 나라가 가난한데 나만 부자가 될 확률이 과연 얼마나 있을까. 흥망성쇠의 변혁기에는 나라 경제의 틀을 어떤 방향으로 잡을 것인가가 대단히 중요한 문제가 아닐 수 없었다. 그런데 다른 경제 사조가 상업과 금은, 또는 토지(지대)를

---

8 정치경제학(political economy): 정치경제학이란 개념은 경제는 주로 정치 행위에 의해서 결정된다는 폭넓은 사고를 의미한다. 중농주의가 지주, 귀족의 이해를 대변하는 것처럼 이 시대의 각 계급은 각자의 경제적 이해가 달린 사상을 정치적으로 표출하였다. 그 시대를 대표하는 사상의 명분은 나라의 부의 근원을 묻는 것이며 그를 누가 설득력 있게 제시하는가로 초점이 모아졌다. 1800년대 영국의 곡물법 논쟁에서 리카도는 부르주아 편을 들어 곡물 수입 자유화를, 맬서스는 지주 편을 들어 수입 제한을 주장하였다.

9 애덤 스미스(A. Smith): 영국의 경제학자. 고전경제학의 교본인 『국부론』을 저술하고 '보이지 않는 손' 현상으로 대표되는 시장이론과 노동가치설을 주장해 경제학의 아버지로 불린다.

부의 원천으로 생각할 때, 스미스는 전혀 다른 각도에서 생산의 중요성에 눈을 뜨고 '국부'의 근원으로 노동을 지목한다. 그는 왜 노동을 국부의 '근원'으로 지목했을까?

18세기는 산업혁명기다. 산업이 성장하려면 공장을 돌릴 양질의 싼 노동력이 필요하다. 이 노동력은 어디서 나오는가. 교통과 교환이 발달하지 않은 그 시대의 주요 노동력 공급처는 농민이었다. 농민이 토지로부터 벗어나려면 그들을 땅에 붙들어 매는 지주의 지대가 더 이상 국부의 원천이 되어서는 안 되는 것이다. 금은을 중시하는 중금주의는 보호무역에만 열을 올려서 근본 경쟁력인 산업을 발달시키지 못했다. 그리하여 그는 국부의 크기는 금은의 양이 아니라 1년에 소비되는 생필품의 양으로 측정되어야 하며, 이를 만드는 노동이 국부의 원천이라고 주장했던 것이다. 경제학 사조로는 중상주의와 중농주의에 대한 반대 선언이며 근대경제학의 시조인 고전학파의 노동가치설[10]은 이렇게 출현하였다.

또 한 가지 유명한 스미스의 학설은 '보이지 않는 손'(invisible hand), 혹은 시장이론이다. 극장이 끝난 뒤 공공화장실에서 줄을 서본 경험이 있을 것이다. 그런데 지키는 사람도 없는데 왜 모든 줄의 끝이

---

10 노동가치설(labour value theory): 애덤 스미스로 시작하여 카를 마르크스에서 이론적 정점을 이룬 학설. 인간이 만든 상품의 가치는 그것을 만드는 데 들어간 노동시간으로 측정하며, 노동가치가 곧 상품의 교환 척도이다. 세상의 사물은 사용가치와 교환가치로 구분하는데, 물은 사용가치가 크지만 교환가치가 삭으며 다이아몬드는 그 반대다. 노동가치설은 상품의 생산비를 중시함으로써 오늘날 생산비설의 기원이라고 할 수 있으며 객관적 가치설이라고도 한다.

비슷할까. 여기서는 모든 사람이 자신의 급한 볼일을 위해 자기 이해를 다 부리는데도 마치 '보이지 않는 손'이 있는 것처럼 최선의 줄서기가 이루어진다는 사실이 중요하다. 스미스는 시장에서 자유로운 경쟁이 벌어지더라도 경제는 최선을 향해 간다라는 것을 '보이지 않는 손'으로 표현하려 했던 것이다. 이것을 우리는 스미스의 자유방임주의 사상이라고 부르는데 이와 같은 스미스의 사상은 봉건귀족이 득세했던 당시 사회에서는 상당히 진보적인 것으로 오늘날 시장이론의 뿌리이기도 하다.

음울한 경제학

맬서스[11]는 18세기 인구학자이며 『인구론』(*An Essay on the Principle of Population*, 1798)을 저술한 것으로 유명하다. 그의 또 다른 별명은 '음울한 경제학자'인데, 그의 경제학이 음울한 이유는 즐거운 세상에 대한 전망이 아니라 넘쳐나는 인구로 세계가 멸망할 것을 걱정하는 음울한 경제 전망을 쏟아냈기 때문이다.

맬서스는 왜 세계를 부정적으로 보았을까. 맬서스는 고드윈(W. Godwin, 무정부주의 사상가)의 사회제도적인 구휼 같은 평등분배론으

---

[11] 맬서스(T. Malthus): 『인구론』의 내용은 '인구는 기하급수로 식량은 산술급수로'라는 명제로 압축된다. 그 시대 대부분의 경제학은 근대의 행복과 유토피아적 사고가 중심이었던 데 반해 맬서스는 인류의 불행, 즉 디스토피아를 우려하는 대립적인 세계관으로 후대에 영향을 미쳤다.

로는 인구와 빈곤 문제를 해결할 수 없다고 주장한다. 그의 해법은 자연법칙 즉 전쟁, 아동 유기, 기아, 저출산 등의 방법으로 인구를 줄이는 것이었다. 요즈음 같으면 미성년자 학대를 공공연하게 주장한 것인데 '음울한 경제학자'라는 호칭이 그래서 붙은 것이다. 그가 이런 극단적인 방법을 고안한 것은 당시 빈민 문제의 사회제도적 해결이 거의 속수무책이었기 때문이다. 1815년 당시의 영국은 모직산업이 중심인 시절이었다. 지주들은 식량 생산을 걷어치우고 양모 생산을 위한 목초 재배에 나섰으며, 토지에서 쫓겨난 농민들이 대거 도시의 빈민이 되었다. 영화 〈양들의 침묵〉에서는 양이 아니라 사람이 사람을 먹지만 이 시기는 정말로 양이 사람을 잡아먹는 시절이었다. 또 한 가지는 곡물법(수입 금지)을 관철시킨 지주들의 이해관계였는데 이로 말미암아 곡물값은 폭등하고 빈민은 더 가난해졌으며, 구빈법은 무용지물인 상태였다. 그렇다면 맬서스처럼 강제적인 인구 감소 정책으로 돌아섰다면 문제가 해결되었을까?

　지주와 부르주아의 경제적 이해관계가 빈곤 문제의 근원인 한에서 아동학대나 저출산 방법으로는 문제 해결에 접근하기가 쉽지 않았을 것이다. 먼저 이런 반인권적인 방법의 대상물을 결정해야 하는데 사회 지배층부터 선착순이 되지는 않을 것이기 때문이다. 맬서스의 방법론은 황당하지만 실제로 전 세계에 미친 영향은 지대한 것이었다. 우리나라도 물론 1960년대부터 수십 년간 강제 산아제한 정책을 실시하는 등 맬서스의 흔적이 곳곳에 남아 있다.

생/각/해/보/기

맬서스 인구론은 교과서에서 퇴출되어야 하는가

맬서스의 예언대로라면 대다수 인구는 식량 부족으로 멸망에 직면해야 한다. 그러나 아직 인류 멸망 사태는 도래하지 않았다. 왜 그럴까. 어떤 인구학자는 식량 생산 증가율이 인구 증가율을 능가했기 때문이라고 주장한다. 또 베네수엘라의 코르데이로(Jose Cordeiro) 같은 미래학자는 저출산과 인구 감소 때문이며, 이는 텔로미어 같은 노화의 비밀 해제, 과학기술의 발달로 점점 연장되는 수명과 관계있다고 주장한다. 이 주장대로 인류의 수명이 140세가 되고, 1세기 후 30억 명으로 인구가 감소하면 맬서스와 인구문제는 교과서에서 퇴출될까?

맬서스가 인류의 생산력을 과소평가한 것은 어느 정도 근거 있는 사실이다. 그러나 노화의 비밀이 완전히 풀릴지 다른 문제가 발생할지는 알 수 없으며, 또 설령 그것이 해결된다고 한들 그 혜택이 누구에게 돌아가는가는 별개의 문제다.

오늘날 미래 농법의 상징인 유전자변형식품(GMO)은 식품 안전성이라는 새로운 문제를 야기하고, 21세기에도 하루 1달러 미만의 소득으로 살아가는 기아 인구는 10억 명, 세계 인구의 반은 겨우겨우 하루를 살아가는 절대빈곤에 허덕이고 있다. 세계의 빈곤층은 점점 더 늘어만 가는데, 인구 고령화와 선진국의 저출산으로 인구가 감소한다고 해서 인구문제가 없어지는 것은 아니다. 미래학자들의 한계는 과학의 혜택만 강조한 나머지 세상의 어두운 면을 잘 못 본다는 것이다. 저출산은 사실 일부 선진국들의 문제이면서 또한 빈곤의 문제다. 오늘날 선진국의 빈부격차가 점점 더 심해지면서 그로 인한 고령 혼인이 저출산과 상호 연관되어 있기 때문이다.

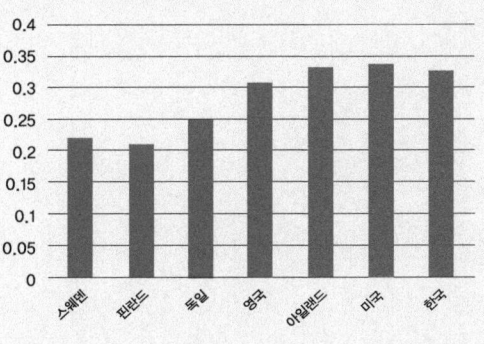

주) 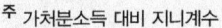 가처분소득 대비 지니계수

주요 국가의 소득격차 지수 (OECD, 소득불평등도)

생활이 불안해 결혼과 출산이 늦어진다는 말이다. 빈곤 국가들은 반대로 오래된 빈곤과 낮은 의료 수준 때문에 많이 낳고 많이 죽는다. 그렇다면 빈곤과 낮은 문명, 다산이 이 악순환의 연결고리인가. 빈곤 국가들이 처음부터 빈곤했던 것은 아니다. 이른바 빈곤국들은 식물이 잘 자라는 천연의 기후와 풍부한 지하자원이라는 풍요로운 환경에도 불구하고, 수 세기 동안 선진국의 식민지 노예로 지내면서 수탈당한 전력을 가지고 있다. 이들 나라에서는 지금도 다국적기업이 판을 쳐서 프랑크(A. G. Frank) 같은 경제학자는 제3세계의 빈곤 문제는 인구가 아니라 남북문제, 즉 선진국이 후진국을 약탈해서 생기는 문제라고 단언할 정도다. 현대 인구문제의 핵심이 저출산인가, 아니면 여전히 저 음울한 맬서스가 예언한 기아와 빈곤 문제인가를 생각해보자.

6. '적정 비용 적정 효과' – 새로운 경제 원리

경제문제란 무엇인가

미국의 경제학자 새뮤얼슨(Paul A. Samuelson)에 따르면 경제문제란 무엇을 얼마나(What & How much), 어떻게(How), 누구를 위하여(For Whom) 생산할 것인가(To produce)의 문제다. 우리가 어떤 경제 행위를 할 때는 생산 대상과 규모부터 결정해야 한다. 생산하려는 물품이 사람들의 필요에 맞지 않는다면, 또 당장 팔리지 않아 너무 많거나 적으면 재고 문제로 괴롭게 된다. 다음으로는 기계를 쓸 것인가 사람을 쓸 것인가, 인건비, 자재비, 수송비의 효율적 배치 등등 최상의 생산방법(How)을 찾아야 한다. 효율이란 비용 절감과 효과를 동시에 감안한 상태를 말한다. 고급 인력이 필요한 자리에 저급 인력을 배치한다고 될 일이 아니며, 빠른 수송이 필요할 때는 수송비가 비싸도 항공편을 이용할 수밖에 없는 것이다. 셋째는 누구를 위한 생산인가 하는 것이다. 노인용인가 아동용인가, 사치품인가 생필품인가, 생산재인가 중간재인가 또는 소비재인가 등등이 여기에 해당한다. 상품의 실제 사용자를 최종 소비자라고 하며, 그 중간중간의 각 생산단계는 최종 소비로부터 파생한 파생수요라고 부른다. 만약에 생산 규모와 생산방법, 소비 대상을 가리지 않고 생산에 들어간다면 모든 생산과정은 뒤죽박죽이 되고 말 것이다. 시장조사를 계획하지 않아 망한 사례를 주변에서 흔히 볼 수 있는데, 이는 대개 이런 기본적인 경제문제에 대한 학습과 훈련이 충분하지 않은 까닭이다.

이런 경우를 한마디로 아우르는 말, 즉 '최소 비용으로 최대 효과'는 경제원칙을 대표하는 문구로 종종 소개된다. 얼마나 효율적으로 자원을 사용하는가를 묻는 것인데, 그러나 새뮤얼슨의 방법이 모든 경제문제나 경제학적 사고를 포괄하는 것은 아니다. 새뮤얼슨이 경제문제를 분석하는 방법은 미시경제학[12] 전통에 충실한 생산자 입장이다. 하지만 대부분의 사람들은 새뮤얼슨 같은 경제학자나 생산자의 입장에서만 사고하지 않는다. 그들은 생산자이기 전에 소비자이고, 경제행위를 하지 않는 실업자이거나 학생이거나 노약자도 있다. 이런 사람들은 경제문제를 어떻게 고민할까. 아기 엄마가 분윳값을 고민하는 것은 경제문제인가 아닌가. 물론 당연히 경제문제다. 다만 이것은 생

---

[12] 미시(micro)경제학과 거시(macro)경제학: 미시·거시경제학이란 미국의 주류 경제학을 분류할 때 쓰는 말이다. 미시란 경제의 작은 부문, 즉 기업의 생산과 개인의 소비가 시장에서 만나는 가격 현상을 집중 분석하는 조류를 일컫는다. 마셜(A. Marshall)과 같은 신고전파의 이론가들이 주로 여기에 해당하며, 시장의 수요와 공급으로 모든 경제 현상을 설명하는 경향이 있어 가격론이라고도 부른다. 거시란 '시장의 자유'로만 경제 현상을 보지 않고 정부가 개입하는 경제, 즉 정부, 기업, 가계의 삼각구도를 도입하는 또 하나의 경제학 조류이며, 국민총생산, 고용, 물가 등을 주로 다룬다. 케인스(J. M. Keynes)가 대표적 학자이며 현대 수성사본주의의 이론적 모태가 된다. 나무만 봐서는 숲의 생태를 알 수 없는 이치와 같다. 국민소득에 집중한다고 해서 국민소득론이라고도 부른다.

산의 문제가 아니고 분배 또는 소비의 문제라는 차이가 있을 뿐이다. 이런 문제는 도처에 널려 있다. 노동자는 임금을 걱정하고, 주부는 물가를 걱정하고, 거리의 노숙자는 잠자리를 걱정한다. 이것들은 모두 경제문제의 영역이며, 경제학의 대상이다. 그러므로 새뮤얼슨의 경제문제는 생산의 입장에서 바라본 것이지 분배나 교환 같은 경제순환을 생각하지 않은 것이라고 할 수 있다. 너무 많이 생산하면 재고가, 너무 적게 생산하면 극심한 사재기가 발생한다. 잘못된 교환은 다른 쪽의 손해를, 한쪽으로 편중된 분배는 사회적 갈등을, 소비 과잉은 낭비와 환경문제를 낳는다. 그러므로 경제문제란 생산만의 문제가 아니라 무엇을 얼마나, 어떻게, 누구를 위하여 생산·교환·분배·소비하는가라는 경제순환의 문제라고 종합해서 말해야 한다. 새뮤얼슨 같은 학자는 크게 보아 신고전파(종합)라고도 하는데 주로 시장을 종교적으로 신봉하며, 경제의 미시적인 부문을 집중해서 다룬다는 한계가 있다.

적정 비용 적정 효과

흔히 경제의 기본 원칙이라고 하는 '최소 비용 최대 효과'가 만능은 아니다. 오히려 최근에는 이 법칙이 야기한 많은 문제 때문에 '적정 비용 적정 효과'를 제1 경제원칙으로 부르짖어야 할 판이다. 최대 이윤을 위해서라면 뭐든지 할 수 있다는 도덕 불감증 경제는 어느 누군가에게는 문제를 일으킨다. 당장은 조금 덜 벌더라도 정당하게 줄 만큼 주고, 받을 만큼 받는 적정 경제라면 시간이 좀 더 걸릴지 모르지만 부침이 최소화되므로 결국에는 신뢰가 쌓여 최적 성장으로 돌아올 것이다. 계산법을 고민한다면 그렇게 어렵지 않다. 현대 경제는 생산비용, 혹은 상품 가격 정보가 과거보다는 훨씬 많이 공개되어 있다. 가령 인건비는 그 업종의 평균적인 임금, 재료나 원료는 평균적 구매 가격으로 견적이 가능하다. 인터넷 공간에서 활용되고 있는 가격 비교 사이트를 생각해보라. 이윤 책정 수준이 문제일 것이지만 자주 거래되는 상품이나 서비스일수록 평균적인 이윤은 어렵지 않게 구할 수 있다. 특허료가 종종 문제를 일으키나 대체 기술과 유효 시간 규정의 문제이다. 모든 경우에 일괄 적용할 수 없더라도 투명성 정도가 요구되는 분야부터 '적정 비용 적정 효과'의 우선 적용이 가능한 빅데이터 시대다. 이게 포스트 코로나 시대의 경제 해법이 아닐까? 선택은 미래 세대의 몫이다. 미국의 미니애폴리스 다리 붕괴[13]나 한국의 성수대교 붕괴(1994) 사건은 부실 공사가 부른 극단적인 예로 최소 비용 효과의 부도덕성을 잘 드러낸다.

---

13 2007년 8월 미국 미네소타주 미니애폴리스에서 발생한 다리 붕괴 사건. 미시시피강을 연결하는 이 다리 붕괴 사고로 9명이 사망하고 20명이 실종되었다.

7. 경제통계 처리와 경제학 방법론
— 존재가 의식을 결정한다

요즈음은 의상디자인에도 인공지능(AI)을 쓴다. 비결은 인공지능이 딥러닝(deep Learning) 과정을 학습 후 직접 디자인을 할 정도로 인간 지능을 넘어선 게 아니라, 수십만 가지 의류 디자인의 빅데이터를 컴퓨터에 입력 후, 가장 많이 판매되는 디자인, 색상, 소재나 유행, 연령대 등의 데이터를 통계화하여 다양하게 디자인을 조합하고 선별화하는 것이다. 과거 경험치를 무차별하게 기록하는 것을 데이터화, 이를 조합해서 유의미한 통계로 가공하는 것을 정보화라고 부른다. 결과에 대한 책임은 기계가 아니라 방법론을 결정한 인간이 진다. 가장 기본적인 경제학 방법론은 정량과 정성으로 상징되는 귀납법과 연역법이다.

경험론과 귀납법

경험론적 방식은 먼저 정량적으로 실측된 데이터를 모으고 그를 종합해서 결론을 세우는 것이다. 데이터란 과거의 경험치나 통계치이므로 이는 실증 자료를 통해서 아래로부터 근거를 만들고 이론을 세우는 절차라고 할 수 있다. 이러한 방식을 귀납법[14]이라고 부르는데,

대단히 좋은 방법임에는 틀림없다. 그러나 이 방법이 만사는 아니다. '까마귀 날자 배 떨어진다'라는 속담이 있다. 까마귀가 나는데 마침 배가 떨어진 것을 본 관찰자가, '아, 까마귀가 날면 배가 떨어지는구나. 이제부터 이 경험을 살려 까마귀가 날면 배밭으로 가야지' 하고 결론을 내렸다면 이게 맞는 말일까. 이는 '인과의 오류'라고 부르는 것으로 전제(까마귀가 난다)는 맞아도 결론(배 떨어진다)이 틀리는 귀납법의 대표적인 오류다. 수정 방법은 조사 표본수를 늘려 객관성을 확보하는 것이다. 주사위를 6번 던지면 1이 나올 확률은 6분의 1이 아니다. 그러나 수백 수천 번을 던지면 그 확률은 6분의 1에 접근한다. 문제는 매사에 그렇게 많은 실험을 반복할 수가 없으므로 적은 실험 수로 모수를 추정하는 효율적 방법의 개발이 필요한 것이다.

합리론과 연역법

귀납법과 쌍을 이루는 또 하나의 방법론 짝은 연역법(deduction)이다. 귀납법이 경험적 데이터로부터 이론을 만든다면, 연역법은 가설을 먼저 결론으로 전제하고, 이 결론의 참과 거짓을 맞히기 위해 데이터 검증과 이론을 추론해가는 방법이다. 귀납법에서는 전제가 맞아

---

14 귀납법(歸納法, induction): 관측된 경험치를 이론화하는 추리 방법. 고대의 아리스토텔레스, 근대 영국의 베이컨, 밀 등이 애용하는 논리학으로 현대 과학 발전에 기여. 귀납법의 논리 오류는 관찰 허위, 부당 개괄(잘못된 관찰값을 보편 법칙으로 함), 인과 허위, 오류 유추가 있다. 근대 통계학의 이론적 기원이다.

도 결론이 틀릴 수 있지만, 연역법에서는 전제가 참이면 결론도 참이어야 한다. 왜 그럴까. 귀납법은 아직 결론을 모르기 때문에 시행착오를 거치면서 아래로부터 자료를 쌓아 결론에 이르기 때문에 불완전하다. 그러나 연역법은 결론을 이미 예상하고 전제에서 출발하기 때문에 틀릴 수가 없는 것이다. 복제인간을 예로 들어보자. 귀납법에 따르면 아직 결론을 모르기 때문에 복제인간이 가능한가를 밝히기 위해서 많은 배아를 만들고 그 규칙성을 찾아내는 것이 목표가 된다. 그러나 연역법에 의하면 왜 복제인간을 만들어야 하는가부터 먼저 고민해야 한다. 만약 그로부터 논리 연역되는 다양한 문제(복제인간과 실제 인간 간의 갈등 등)를 해결할 수 없다고 결론짓는다면 '복제인간을 만들면 실제 인간이 불행해진다'가 연역법의 전제이고 이를 다양한 방법으로 검증하는 것이 연역법의 결론이 되는 것이다. 처음의 전제에 대한 논리적 연역의 중요성을 귀납법의 실용성은 담아낼 수 없는 것이다. 이러한 까닭으로 합리주의 철학자들은 연역의 기초가 되는 세상에 맞는 이치를 전제(절대 이론)로 인식하려고 애를 썼고, 이를 진리 추구의 참된 방법으로 생각했던 것이다. 물론 세상에 모르는 지식이 얼마든지 있는 만큼 연역법이 모든 진리를 포괄할 수 있는 것은 아니다. 야구장에서 자기만 일어나면 당연히 경기를 잘 볼 수 있다. 그러나 다른 사람도 다 일어나면 과연 그럴까. 부분이 옳다고 전체가 다 옳지 않을 수 있는 것이다. 갈릴레오는 지구는 돈다고 했다가 감옥에 갔다. 전체가 틀릴 수도 있는 것이다. 이런 연역법의 논리적 함정을 우리는 구성의 오류(fallacy of composition)라고 부른다. 과학 탐구의 또 다른 방법으로 더듬더듬 짚어가는 귀납법도 필요한 이유이다.

주관과 객관

"저를 낭떠러지로 밀어내지 마세요. 저도 살고 싶습니다."

이 글은 분당의 모 증권사 앞에서 분신한 떡볶이 노점상이 남긴 유서이다. 사업이 망한 전형적 생계형 노점상인 40대 가장에게 모 증권사가 회사 앞 미관을 해친다는 이유로 구청에 민원을 넣어 벌어진 사건이다. 우리는 약자에 대한 동정심을 떨구고 냉철한 이성으로 이 사건을 객관적으로 분석해보자. 어떤 경제적 이해가 있으며 누가 잘못했을까. 사건의 빌미를 제공한 증권사의 이해는 노점상이 자기 건물의 미관을 해쳐 영업 방해라는 것이다. 증권사 입장에서는 연역적으로 옳다. 구청은 민원과 공공질서를 위해 단속하는 입장이므로 법적 잘못이 없다. 노점상은 공공 영역인 도로에서 노점을 운영하였고, 생계를 위협하는 단속에 대해 살기 위해 저항한 것이므로 도덕적으로 역시 옳다. 아무도 잘못한 사람이 없다. 각각은 자기 입장에서 주관적으로 옳다. 그러나 상대방의 입장에서도 그 주장이 옳은 것일까. 우리는 이 사실에서 경제적 이해란 객관화[15]시키기가 대단히 어렵다는 사

---

15 객관(object)과 주관(subject): 변증법에서 객관이란 의식의 외부에 존재하는 사물로 정의한다. 즉 개인의 의식인 주관과는 독립된 세상의 이치라고 할 수 있다. 개인의 주장이 주관이라면 다른 여러 사람의 시각이 곧 객관이다. 문제는 코페르니쿠스의 지동설처럼 만인이 옳다고 생각하는 객관도 틀릴 수 있다는 것이다. 그

실을 알 수 있다.

그렇다면 이 사태를 분석할 수 있는 객관적 실체는 없을까. 사회과학 방법론에서 만고의 진리로 전해 내려오는 대표적인 문구가 있다.

'존재가 의식을 결정한다'는 말이다. 경제적 토대는 하부구조를 이루고, 그 위에 사람의 인식과 정치, 문화가 좌우된다는 뜻이다. 장사꾼은 장사꾼 처지에서, 거지는 거지의 처지에서 먼저 사고한다. 이해가 부딪치면 해결 방법은 무엇인가. 법인가. 공권력인가. 법은 만인 앞에 평등인가 혹은 '유전무죄, 무전유죄'인가. 정답은 없다. 어쩌면 17세기 중상주의의 부국강병론, 억울하면 출세하라는 힘의 논리가 정답일지도 모른다. 그러나 법에 호소할 힘이 없고 출세할 수 없는 사회 미적응의 열등아들이 전부 죽어야 한다면 히틀러의 인종주의와 무엇이 다른가. 만약 이 문제에 대한 철학적인 해답이 있다면 아마도 '쥐도 퇴로를 열고 몰라'는 속담일 것이다. 사회과학에서 객관과 주관은 종이 한 장의 차이다. 그러나 헤겔(Georg W. F. Hegel, 변증법을 주장한 독일의 철학자)이 말하는 것과 같은 세상의 절대적인 객관이 있다면 그 객관을 만드는 힘은, 세상은 내가 강할 때 상대방을 몰아붙이는 격투기 정신과 같은 경험주의만 있는 게 아니라, 그 힘이 무엇으로부터 기원하는가를 논리 연역하는 따뜻한 합리론적 사고를 인식하려고 노력할 때 조금씩 발휘되지 않을까.

러므로 헤겔 같은 철학자는 주관과는 상대적 개념인 '객관'을 특별히 따로 개념화하지 않고 이를 주관을 초월한 '절대정신'으로 해석하려 하였다.

생/각/해/보/기

베트남의 노점상

베트남을 여행하다 보면 거리의 수많은 노점상을 볼 수 있다. 재산권에 근거한 자본주의 시장이 덜 발달한 까닭도 있겠지만, 생계를 위해 달라붙는 사람들을 관용하는 이 나라 사회적 분위기도 일조한다. 사회적 약자들을 관용하는 사회와, 거리 질서와 도시 경쟁력을 위해 불법 노점상을 단속하는 사회라는 두 개의 주관에 대한 자신의 생각을 정리해보자.

평균과 분산

아기 돼지 삼 형제가 시냇물을 건넌다. 냇물의 평균 깊이는 30cm이고 돼지들의 평균 키는 40cm이다. 돼지 삼 형제 중 몇 마리나 냇물을 건너갔을까. 바보는 "다 건너간다", 조금 수재는 "다 물에 빠져 죽는다", 천재는 "그때그때 달라요"라고 답한다. 평균 30cm란 똑같이 평평한 냇물 바닥이 아니라 울퉁불퉁한데 평균적으로 30cm라는 말이다. 이쪽 바닥 10cm, 저쪽 바닥 50cm이면 평균은 30cm이지만 50cm 바닥 부분에서 40cm 돼지들은 몰사한다. 그러나 25cm와 35cm의 평균도 30cm이므로 이때는 무사히 건널 수도 있다. 이렇게 부정확하면 평균이란 도대체 뭣 때문에 필요할까. 한 집단의 특성을 한마디로 표현하기 위해서이다. 평균 1m의 냇물과 평균 30cm의 냇물은 그 깊이의 차원이 다르다. 평균 30cm 물에서 돼지 형제들은 살 수도 있지만, 평균 1m의 물에서는 절대로 건널 수 없는 것이다.

수학적으로 평균이란 여러 변수의 합계를 그 개체수로 나눈 값으로 정의한다.

$$평균 = \frac{1}{n}(X_1+X_2+\cdots+X_n)$$

즉 평균이란 모집단의 특징을 한마디로 표현하는 대푯값을 의미하는 것이다. 가령 '가' 학급과 '나' 학급의 특징을 단체로 표현하기 위해서는 성적의 평균값을 이용하는 것이 적절하다. 실제 경제 세계에서 평균이 사용되는 경우를 보자. '가' 기업의 평균 연봉이 2000만 원이고, '나' 기업의 평균 연봉이 1800만 원이라면 어떤 직장을 택하겠는가. 당연히 '가' 기업을 택하려 할 것이다. 여기서 평균 연봉이란 각 기업의 임금수준을 대표한다.

그런데 갑동이는 평균 연봉이 열등한 '나' 기업을 택했다. '나' 기업의 김 대리와 박 전무의 연봉은 각각 1600만 원과 2000만 원인데, '가' 기업의 고 대리와 강 전무의 연봉은 1400만 원과 2600만 원으로 격차가 1200만 원이나 나기 때문이다. 평균 연봉은 '가' 기업이 좋지만 말단 사원이 임원이 된다는 것은 대단히 어려운 확률이기 때문에, 임금 격차가 적고 대리의 임금이 좋은 '나' 기업을 더 실용적으로 생각한 것이다. 평균값이 같더라도 임금 간 격차가 문제임을 알 수 있는데, 이는 수학적으로 표준편차 혹은 분산으로 표현되는 것이다. 돼지 삼 형제의 냇물 깊이 차도 마찬가지다.

평균값 $m = \dfrac{1}{n} \sum_{i=1}^{n} x_i$

분산 $V = \dfrac{1}{n} \sum_{i=1}^{n} (x_i - m)^2$

분산 수식 항목 중 변수 $(x_i-m)^2$는 각 변수(x_i)에서 평균(m)을 뺀 수, 즉 편차를 그냥 전부 더하면 총계가 0이 되어 무의미한 값으로 되는 것을 방지하기 위해서 제곱을 취한 것이고, 그 편차들의 평균을 계산하기 위해서 다시 모집단의 수인 n으로 나눈 값이 분산이 되는 것이다. 평균편차라면 제곱을 사용하지 않고 절댓값인 $|x_i-m|$을 사용한다. 결과는 표준편차, 분산의 의미와 유사하다.

평균편차(平均偏差, mean deviation) $\sigma = \dfrac{1}{N} \sum_{i=1}^{N} |x_i - m|$

평균과 편차 계산의 예

	A반	B반
a	30	55
b	60	60
c	90	65
평균	$60=\dfrac{30+60+90}{3}$	$60=\dfrac{55+60+65}{3}$
일반편차	$0=\dfrac{(30-60)+(60-60)+(90-60)}{3}$	$0=\dfrac{(55-60)+(60-60)+(65-60)}{3}$
평균편차	$20=\dfrac{|30-60|+|60-60|+|90-60|}{3}$	$3.3=\dfrac{|55-60|+|60-60|+|65-60|}{3}$

평균, 분산, 평균편차는 어떤 집단의 성격을 통계적으로 표현할 때 반드시 필요한 방법이므로 꼭 유념해야 한다. 시장과 교환의 세계란 누가 누구를 속이는지 알 수 없어 마치 망망 바다와 같다. 익스플로러나 크롬 같은 검색엔진이 없으면 인터넷과 같은 정보의 바다를 항해할 수 없는 것처럼 경제의 세계에서 평균이란 나침반이며, 편차란 뱃길을 밝혀주는 등대 역할을 한다. 모든 상품 가치의 기본 이정표는 평균과 편차라는 사실에 유의하자.

평균과 한계

경제학에서 평균과 대조되는 집단의 특성값으로 자주 쓰이는 말은 한계(marginal)라는 개념이다. '한 단위 더' 추가한다는 개념인데, 이를 개발한 한계효용학파는 한계효용, 한계생산 등의 용어를 적극적으로 개발해서 사용하고 있다. 그러나 이는 측정 단위가 없는 효용가치를 측정하기 위해서 임의로 'U'라는 단위를 만들어 사용하는 이 학파의 전통 때문에 발달한 것으로 실제 경제적 가치로 사용하기 곤란하다는 문제점이 있다. 다만 한계효용학파의 주관적 가치 선택 이론을 이해하려는 목적이거나, 경제적 동향 또는 경향성을 기하학적으로 설명(예: 물가 곡선의 가파르기와 탄력성)하는 목적에서 한계라는 개념을 사용하면 도움을 받을 수 있다. 미적분을 배운 학생들은 기억할 것이다. 곡선과 만나는 직선의 접점을 구하는 해법, 즉 두 방정식을 연립이차방정식으로 만들어서 이를 미분하면 곡선과 직선의 접점과 기울기를 구할 수 있는데 실제로 한계효용학파는 이 난해한 해법의 수학식을 구하는 데 많은 노력을 기울인다. 한계효용학파 계통의 석박사급 논문을 보면 일반인들이 전혀 이해할 수 없는 엄청나게 복잡한 수식을 만나게 된다. 이것이 주관적 가치를 한 단위씩 더(한계효용) 잴 수 있다고 믿는 한계효용학파의 세계인 것이다.

Unexperienced Post Corona Principle of Economics

2장 경제철학과 경제체제

1. 희소성과 기회비용 – 맨큐의 아이들

공짜 점심은 없다는 말이 있다. 경제 원리를 한마디로 압축하는 말이 뭐 있을까를 고민하던 맨큐(N. G. Mankiw) 같은 미국의 주류 경제학자들이 고안해낸 말이라는데, 그 고심의 흔적이 역력하다. 누가 점심을 산다면 즐겁지 않을 수 없지만, 그게 부담인 것은 다 청탁이 있고 대가를 요구하는 까닭이다. 그러나 '공짜점심론'만으로 세상의 경제 이치를 논하는 것에는 몇 가지 함정이 있다. 먼저 A의 대가는 B라는 시장의 공평함과 개인의 만족. 선택의 논리다. 틀릴 것도 없지만 색깔을 바꿔보면 맞을 것도 없다. 시장은 과연 공평하기만 한가? 대기업과 중소기업이 경쟁하면 주로 누가 이길까? 약육강식만이 세상의 기본 경제 이치라면, 순응하는 것도 살아가기 위한 방편이다. 그러나 남을 밟지 않으면 내가 밟히는 질서에 체념하는 그 순간, 언젠가 자신도 남에게 밟힐 수 있는 것이다. 그러므로 이 문제는 개인의 선택, 각자의 이해 관철이 최상의 경제를 만들어낼 것이라는 '보이지 않는 손' 논리에 숨어 있는 부정적인 시장 논리까지 볼 수 있어야 그 실체에 근접해갈 수 있는 것이다.

미국 경제학 교과서의 맨 처음에는 거의 예외 없이 다음과 같은 구절이 나온다.

The reality of life on our planet is that productive resources are limited. Therefore, goods and services are also limited In contrast, the desires of human beings are virtually unlimited. These facts confront us with the two basic ingredients of an economic topic-scarcity and choice.

지구의 자원은 유한한데 인간의 욕망은 무한하다. 그러므로 경제 문제는 희소성과 선택의 문제에 직면한다. 대충 이런 뜻이다. 지구라는 유한 자원에서 우주로 나아가지 않는 한 우리는 지구의 자원 재생산의 범주 내에서 살아갈 수밖에 없다. 문제는 그게 '꼭 선택하는 문제여야 하는가'라는 점이다. 왜 누구는 마음대로 자원을 퍼 쓰고, 다른 사람은 그러지 못할까. 나는 돈이 많아서 혹은 없어서라고 한다면 당신은 왜 돈이 없는가(있는가), 또 처음부터 가난뱅이(부자)였는가를 물어야 하고, 기술이 많아서(적어서)라고 한다면 당신의 기술은 어디서 났는가를 물어야 할 것이다. 그러므로 자원의 유한함과 인간의 주관적 욕망을 연관시키는 것으로 경제 원리를 풀어나가는 것은 사실 주관적 욕망을 맘대로 구사할 수 있는 경제적 강자를 합리화시켜주는 한쪽만의 주장은 아닌지 생각해봐야 하는 것이다.

그래도 나쁜 말은 아니니까, 이번에는 색안경을 벗고 희소성과 선택의 원리를 효율적인 자원 사용의 법칙이라는 긍정적 측면으로 생각해보자. 선택 원리의 다른 논리 짝은 기회비용(opportunity cost)이라는 개념이다.

기회비용이란 한마디로 '어떤 일을 하는 대가로 포기해야 하는 다른 일의 가치'쯤으로 정의할 수 있다. 이를테면 내가 1000만 원을 들여 포장마차를 한다고 결정했다면 그것은 내가 지금의 직장을 계속 다니던 것보다 포장마차를 할 때 더 많은 소득을 올릴 것으로 기대하기 때문이라는 것이다. 현재 직장의 월급이 100만 원이고, 포장마차를 할 때 나의 소득이 150만 원이라면, 나의 포장마차 소득은 '50만 원+기회비용'(전 직장 월급 100만 원)으로 계산되고, 따라서 이 경우는 직장을 포기하고 포장마차를 하게 된다. 경제의 효율성을 이야기할 때 우리는 여러 가능성 중에서 최고의 효과 쪽을 선택하므로 이 기회비용의 논리는 틀리지 않다. 그러나 주어진 조건에서 선택할 길이 많지 않거나, 순간의 선택이 잘못되었을 경우는 어떻게 하는가. 가령 단속 공무원이나 깡패를 만나 생각하지 못한 가욋돈 60만 원이 더 들어가야 한다면 그래도 포장마차를 선택한 것이 옳다고 말할 수 있을까. 그러므로 기회비용론이란 세상의 모든 사람이 모두 공평하고 최상의 정보를 가지고 있다는 불가능한 전제를 가정할 때만 그 타당성이 성립한다. 사람들은 부족한 자원을 선택해야 하지만 개인의 선택이 최상의 선택이 아닌 세상에 살고 있는 한, 선택을 경제의 중요 원리로 간주하는 기회비용론은 본인이 알아서 책임지라는 말에 불과한 것이다

기회비용론이 아주 영리하고 합리주의적인 개인들이 사는 세상이라면, 그 반대편의 평범한 많은 사람들은 어떻게 교환을 해나갈까. 둔한 나라 사람들은 자기가 가진 모든 물건을 몽땅 더 이익이 되는 다른 것으로 바꿀 생각을 하지 않으며, 오직 자기에게 남는 것 또는 불필요

한 것을 팔고 필요한 것만 사 온다. 고대의 인류가 그랬던 것처럼.

그런데 언제부터 물자가 남아서 교환하게 되었을까? 중요한 사실은 재화가 희소한 것이 아니라 남게 되었다는 것이다. 원시시대에는 한 부족이 살아가기도 어려울 정도로 재화가 부족했을 것이다. 인간은 호랑이보다 강인하지 않고 토끼보다 빠르지 않다. 그러나 불을 발견하고 도구를 사용하면서 야만의 세계에서 문명사회로 들어간 인간의 생산력은 이전보다 비교할 수 없을 정도로 높아졌다. 인간 사회는 더욱더 분화되고 생존에 필요한 재화가 점점 많이 남게 되면서 이 잉여 재화에 대한 처리를 놓고 다툼과 서열이 생겼다. 사유재산권이 발달하는 것은 이 시점 어딘가이다. 이 부족이 저 부족을 지배하며 약탈과 노예노동이 발달하자, 자신은 노동하지 않아도 되는 계급이 생겼다. 재화는 풍부하지만 다른 한편으로 부족한 까닭은 생산력 발달과 재산권, 그리고 계급이 출현하면서부터이다.

생산력과 재산권 발달이 궤도에 오르면서 남는 것에 대한 처분, 즉 교환이 더 발달한다. 교통 혁명이 발달할수록 교환은 더욱더 촉발되어 무역과 시장을 낳았다. 교환은 점점 더 멀리까지 가능하게 되었고, 취급 물품은 사치재나 귀중품에서 생활 재화로 바뀌고 점점 더 많아졌다.

그러므로 미국 경제 교과서의 자원이 희소하고 인간의 욕망은 무한하기 때문에 선택을 해야 한다라는 구절은, '지구 자원은 유한하지만 인간은 무한한 상상력과 노동으로 더 많은 재화를 생산하였다. 교환과 사유재산의 발달은 한편의 풍요와 더 많은 욕망, 다른 한편의 빈곤과 자원 고갈을 낳으므로 더 나은 분배 방식이 필요하다'로 바꾸는 편이 생산과 교환의 양면성을 모두 설명하는 더 균형 잡힌 해석일 것이다. 앞의 설명이 선택의 효율과 개인의 만족을 강조한다면 뒤의 설명은 부의 기원과 빈부격차 개선의 필요성을 강조한다.

2. 세상의 모든 경제체제 – 유토피아를 향한 각개약진

오늘을 사는 인류는 어떤 경제체제를 좋아할까. 북유럽의 스웨덴은 교육, 주거, 의료비는 나라에서 대주지만 자기 소득의 절반을 세금으로 내야 한다. 미국은 부자들의 천국이지만 의료시스템은 개인 부담이어서 한국에서는 20만~30만 원이면 될 맹장 수술에 수천만 원을 내야 한다. 한국은 1990년대까지 높은 경제성장률을 자랑했지만 국가파산 위기를 겪은 후 취업자 중 비정규직이 60%에 달하게 되었다.

어떤 경제체제를 선택하고 싶나요

현재는 과거의 연장이므로 우리가 사는 세계는 아직도 많은 과거의 유산으로 점철돼 있다. 그러나 현재와 과거는 분명히 다르며, 현대를 관통하는 두 가지 체제는 자본주의와 사회주의다. 미국과 영국이 자본주의의 길을 충실하게 따라가는 쪽이라면, 러시아와 중국은 사회주의에서 자본주의로, 유럽은 스웨덴 사민주의, 독일의 사회적 시장경제 같은 복지를 강조하는 유러코뮤니즘과 자본주의가 혼재해 있다. 아시아 국가들은 대부분 자본주의이지만 북한, 베트남과 미얀마 등은 사회주의 전통이 있고, 인도네시아 몇몇 섬과 네팔의 고원 지대 일부는 사회주의와 이슬람주의가 혼재, 중남미의 쿠바, 니카라과, 베네수엘라 등등은 미국에 대항하는 제3세계형 사회주의를 시행한다. 세계는 냉전이 끝난 1990년대 이후에도 저마다의 경제체제를 고민하며, 최선을 찾아 약진 중이다. 우리는 어떤 체제를 지향하고 있을까. 선거 때 즈음해서 영미형이니 네덜란드형이니 하는 체제 선택을 묻는 쟁점을 들어본 사람도 있을 것이다. 이 시대의 다양한 경제체제를 둘러보고 우리들은 뭘 해야 할까를 생각해보지 않는다면 우물 안의 개구리로 만족하는 것이다. 개구리 왕자로 살고 싶은가, 아니면 다른 삶을 살고 싶은가. 게임 속의 주인공은 몇 번이고 다시 살아나지만 현실은 게임이 아니다. 살 기회는 단 한 번이다.

자본주의(capitalism)란 무엇인가

전통적인 자본주의

백과사전에는 자본주의란 생산수단을 소유한 자본가가 노동력을 고용해 상품을 만들어 파는 상품경제체제라고 정의되어 있다. 옷과 신발은 우리가 직접 만들지 않고 시장에서 사 온 상품이란 사실에서 우리는 백과사전의 정의에 고개를 끄덕일 수 있다. 물론 백과사전적 지식[16]이란 깊이가 얕으며, 그저 만인이 수긍할 만한 정제된 지식 정도

---

16 백과사전파: 디드로(D. Diderot, 프랑스 계몽철학가)로 대표되는 18세기 백과사전파는 프랑스혁명에도 사상적으로 일조하였다. 그들은 세상의 지식을 한 지붕에 담고자 하였다. 그러나 어떤 내용을 담을 것인가가 당대의 쟁점이 되어 귀족계

의 가치로 이해하면 된다. 그러나 이 정도만 해도 자본주의에 대한 감이 올 것이다. 즉 자본주의란 내 것, 네 것을 가르는 사유재산권을 바탕으로 상품이 생산·교환되며, 자본이 노동을 고용하는 경제체제라고 정의할 수 있다. 그러나 실제로 자본주의를 운영하는 나라들에서는 자본주의란 단어보다는 자유주의란 개념을 더 많이 사용하는데, 이는 시장과 교환의 자유를 더 중요한 가치로 생각하는 전통 때문이다. 똑같은 체제를 다르게 정의하는 이 두 가지 설명 중 어느 쪽이 더 자본주의를 사실적으로 표현하고 있을까. 양자는 공통적으로 상품과 시장을 거론하지만 결국 시장의 정당성을 어떻게 평가하는가로 구분된다. 그렇다면 현실 시장은 어떤가. 예컨대 우리는 노동 현장의 끊이지 않는 노사 대립 소식을 들으면서 자본과 노동의 관계가 기본적으로 어떻다는 것을 대강 짐작하며, 소비자가 좋아하는 상품이 주로 팔리는 긍정적 시장 측면과 대기업에 출혈 납품을 감내해야 하는 중소기업의 고충에서 시장의 부정적 측면을 동시에 느낄 수 있다. 즉 시장의 긍정적 측면만 가지고 자본주의를 정의해서는 안 되는 것이다. 자본주의를 바라보는 관점에 따라 해석이 다르다는 사실을 느꼈다면 우리는 이제 자본주의경제의 실체에 한 발짝 다가선 것이다.

수정자본주의

시장을 부정하든 긍정하든 자본주의경제가 시장을 중심으로 운

급으로부터 탄압을 받았고 디드로의 '백과사전'은 출판되지 못했다.

영되는 것은 분명하다. 그런데 실제로 자본주의경제를 시장에만 맡길 수 있을까? 자유시장 논리에 따라 자본주의를 시장에 100%로 맡긴다면, 엄청난 생산력과 함께 극심한 빈부격차, 그리고 공황을 반복할 것이며, 여기에 불만을 품는 집단이 많아질수록 그에 비례해서 폭동, 혁명, 전쟁에 휩쓸릴 것이다. 그렇다면 실제 자본주의와 이론상의 자본주의는 무엇이 다를까.

단적으로 말해서 자본주의를 정의대로 완전히 시장에 맡겨서 운영하는 나라는 없다. 자본주의 종주국인 미국의 뉴욕 증권시장 월가가 자유방임주의 원칙을 따른다면, 매일같이 반복되는 주가의 폭락, 폭등 때문에 '사기다, 속임수다' 하면서 벌써 폭동이 일어났을 것이다. 폭락이나 폭등 때만 되면 슬며시 나타나서 이자율 어쩌고저쩌고하는 전 연방준비제도이사회(FED) 의장 그린스펀(A. Greenspan)의 쭈글쭈글한 매부리코, 또는 그 뒤를 이은 버냉키(B. Bernanke)의 빛나는 대머리는 바로 미국이라는 국가의 시장개입을 상징한다. 그러므로 현대적 의미에서 자본주의란 19세기의 자유방임 자본주의와는 달리 정부 시장 통제가 주류인 수정자본주의[17]로 다시 불리게 된다.

---

17 수정자본주의: 시장을 자유방임에 맡기지 않고 국가가 통제하는 자본주의. 독일의 노사협조주의와 사회적 시장경제, 1930년대 미국의 뉴딜정책, '요람에서 무덤까지'로 표현되는 영국의 사회복지주의 등이 대표적이다. 1929년 대공황과 시장실패에 대한 세계적 공포가 배경이 되었다. 2차 대전 이후는 재정정책과 통화금리정책의 이론 기반을 제공한 케인스학파가 현대 수정자본주의를 이끌고 있다. 관리통화주의라고도 하며, 비판적 학자들은 국가독점자본주의라고도 부른다.

신자유주의

수정자본주의는 '파묻힌 자유주의(embedded liberalism)'라고도 불리는데 이는 자유주의자인 신고전학파가 수정자본주의의 이론적 기틀을 제공한 케인스학파에게 시장의 자유를 너무 침해했다고 비판한 말이다. 이들의 주장은 무엇일까. 프리드먼(M. Friedman), 하이에크(F. A. Hayek) 같은 새로운 자유주의자들은 1970년대 석유파동, 스태그플레이션과 세계 불황, 부동산 경기침체를 배경으로 등장하였다. 2차 세계대전 이후 세계 자본주의의 주류는 재정적자와 금리정책을 앞세운 수정자본주의였으므로 비난의 화살이 이들에게 쏟아진 것은 불가피한 것이다. 자유주의자들은 그 해법으로 정부는 시장에 조금 개입하긴 하되 기업의 투자와 사업의 자유를 증가시키는 데 힘써야 한다고 주장한다. 즉 정부가 개입한 시장의 자유를 주장한다고 해서 신자유주의[18]라고 부른다. 신자유주의 시행 결과 공공부문의 방만한 운영이 정리되고, 불황이 일시적으로 진정되는 효과는 발휘되었으나, 엄청난 금융 투기와 빈부격차, 전 세계적인 고용불안정, 주요 공공부문의 파괴와 심각한 복지정책 축소라는 역효과를 동반하였다. 21세기 들어 미국의 상위 0.1% 계층은 전체 소득의 6%, 상위 1%는 34%, 상위 10%

---

18 신자유주의(neoliberalism): 공공부문 민영화, 고용유연화, 복지 축소라는 3대 표어로 상징된다. 19세기 자유주의가 정부의 간섭 없는 자유방임주의라면 신자유주의는 정부가 시장에 최소 개입할 것을 주장한다. 그러나 실제의 정책은 정부가 대기업(경영자)에 좋은 투자·사업 환경을 마련하는 쪽에 초점을 맞추고 있으며, 반대급부로 중요 공공부문의 파괴 등이 발생해서 공공자원을 팔아 사영 기업을 살찌우는 정책으로 비판받는다.

까지는 전 소득의 70%를 차지한다. 미국, 영국에서 주로 시행된다고 해서 영미형 자본주의로도 불리는 신자유주의는 1997년 세계 불황이 발생하면서부터 불공평한 부자들의 경제 처방이라는 등 온갖 비판에 직면해 있지만 아직도 배가 고픈지 21세기 자본주의를 이끌고 있다. 초기의 자유방임 자본주의에서 신자유주의에 이르기까지 자본주의를 한마디로 상징하라면 '풍요 속의 빈곤'이라는 말을 단연 추천한다. 자본주의는 어떻게 변해도 결코 자비롭지 않다. 다만 자본주의가 아무리 상처 입은 늑대처럼 난폭하더라도 자기 멋대로 성질을 다 부릴 수 없는 것은 200여 년 동안 자본주의에 시달려온 경험이 자유주의를 한편에서 경계하기 때문이다.

사회주의(socialism)란 무엇인가

사회주의

한국은 냉전과 전쟁의 영향으로 사회주의에 대한 관심이 덜하지만 실제 정책은 사회주의권 및 복지 성향이 강한 유럽의 영향을 적지 않게 받고 있다. 우리나라 같은 반공 국가도 자본주의경제만 운영할 수 없는 것은 자본주의 시장경제의 태생적인 불합리성 때문이다. 즉 사회주의는 외계 괴물 에일리언처럼 자본주의의 많은 문제점, 자본주의의 태내(胎內)로부터 나왔다. 자본주의의 심각한 문제점을 경각한 오언(R. Owen, 영국의 공상적 사회주의자) 같은 사상가들은 자본주의를 대신할 새로운 주의의 필요를 느껴 사회주의를 창안한다. 이 사회는 약육강식의 시장 논리가 아니라 자유, 평등과 협동, 인도주의를 이상으로 하는 공동체 사회다. 다른 말로 유토피아 혹은 공상적 사회주의라고도 하는데 '공상적'이라는 수식어가 붙은 이유는 자본주의 문제점을 지적하지만 현실을 직접 타파하지는 못하고, 어디 한적한 곳을 찾아 자신들만의 이상 세계를 따로 건설할 것을 공상했기 때문이다.

오늘날 사회주의라는 용어는 공상적 사회주의와 대비되는 과학적 사회주의를 일컬으며, 과학적 사회주의의 이론적 기원은 마르크스·엥겔스의 『공산당선언』(*Manifest der Kommunistischen Partei*, 1848)이다. 여기에 따르면 사회주의란 생산수단의 사적 소유 폐지와 사회화, 즉 생산수단 공유 제도를 모태로 하며, 경제를 시장에 맡기지 않고 계획적으로 조직·운영하는 체제로 정의될 수 있다. 사회주의와 공산주의의 차이는 '노동시간에 따른 보수'와 '능력에 따라 일하고 필요에 따른 보수'라는 말의 차이로 요약된다. 누구나 일한 만큼 정당한 대우를 받는다면 그처럼 기분 좋은 일도 없을 것이다. 하물며 능력만큼만 일하고 필요에 따라 가져갈 수 있다는데야 말할 것도 없다. 그러나 어떻게 이를 달성할 수 있을까. 사회주의자들의 생각을 들어보자. 단 생산력이 발달해서 재화가 충분히 풍부해지기 전까지는 사회주의 단계가 목표가 됨으로 일차적으로는 공산주의가 아니라 사회주의에 대한 상상이 초점이다.

계획사회주의

과학적 사회주의에 입각해서 실제의 사회주의 경제를 운영한 최초의 나라는 소련이다. 소련 경제는 시장보다 계획적 배분이 중심인 사회주의를 운영했기 때문에 계획사회주의라고도 부른다. 러시아혁명을 일으킨 레닌은 그러나 완전 계획보다는 오히려 시장적 요소를 가미한 유연한 사회주의를 운영하였다.

레닌이 혁명 후 러시아에 사회주의를 직접 강화하기보다는 유연한 신경제를 주창한 것은 1917년 혁명 당시 차르 군주하의 러시아는 봉건적 유산이 강해 자본주의와 생산력이 충분히 발달하지 않았고 혁명 후에도 1차 세계대전을 치르면서 경제가 너무 황폐화되어 있어서 시장을 이용한 생산의 활력이 필요하다는 이유 때문이었다. 사회주의에 자본주의 시장을 혼합하는 과도기 경제정책(신경제정책NEP)은 레닌 사후에도 많은 논란을 일으켰다. 어떤 견해는 오늘날 소련 붕괴의 원인을 스탈린 시대의 너무 빠른 사회주의로 전환 때문이라고 진단하기도 한다.

1929년부터 스탈린은 국내의 자본주의 시장을 사실상 폐지하고 국가(국가계획위원회, Gosplan)가 주도하는 대규모 중공업 생산 단지 콤비나트(kombinat) 계획경제를 운영해서 큰 성과를 이루었다[19]. 당시

---

19 계획경제와 신경제정책(NEP): 소련은 1차 대전 이후 신경제정책(1921~1928)과 경제개발 5개년 계획(1차 1928~1932년, 2차 1933~1937년)을 실시했다. 1차 계획 실적은 노동생산성 41%, 국민소득 400% 성장, 2차 계획 실적은 국민소득 2배 성장과 10년간 공업 성장률 580%에 달하는 대단한 것이었다. 계획 당시 소련은 국민소득의 3분의 1을 중공업에 투자하는 놀라운 집중력을 보여 전 세계를 경악시켰다. 이러한 집중 계획개발 방식은 기존의 자본주의 성장과 다른 방식이며, 우리나라에서도 차용되어 1960~1980년대 한국 경제의 동력인 일곱 차례 개발계획의 모태가 되었다.

의 자본주의 세계는 대공황으로 엄청난 고통을 겪던 시기였으므로 공황 없는 소련 경제가 세계의 주목을 받던 시절이었다. 뿐만 아니라 중공업 위주의 소련식 사회주의 개발계획은 자본주의의 경제성장과는 다른 새로운 방법이면서 집중적으로 경제 기초를 다지는 놀라운 실적을 보여서 이후 경제 후발국들의 개발 방식으로 애용되었다. 사실 후발국들이 산업을 일으켜 선발 자본주의국가들을 따라잡으려면 갈팡질팡하는 시장의존형 성장으로는 거의 불가능한 것이다.

스탈린 사망 이후 1950년대 사회주의는 전 단계 초창기 사회주의와는 다른 길을 걷는다. 스탈린주의라고도 부르는 1930~1950년대 지령식 계획경제는 그 집중력의 장점에도 불구하고, 중공업과 소비재 산업 간 발전 격차, 관료제 폐해, 무엇보다도 실적에 급급한 성과주의의 문제점을 야기하였다. 지휘명령 체계에 익숙한 군인들에게 계획은 쉬운 단어이지만, 질서에 길들여지면 자율적 개혁이 어려운 것과 마찬가지 이치다. 기업은 생산 실적을 쉽게 올리기 위해서 물량 투자에만 관심을 쏟은 나머지 자원의 효율적 사용을 등한시하였고, 관료들은 소비자를 만족시켜야 하는 소비재 산업의 부흥에 익숙하지 못했다. 게다가 미국과의 오랜 냉전과 과도한 군사비 지출은 경제에 지나친 부담이 되었다. 성장률이 떨어지는 1960년대에 물질적 자극을 도입한 코시긴[20] 개혁이 도입되었다. 중앙 계획경제의 비중을 낮추고 각 기업에 이

---

20   알렉세이 코시긴(A. Kosygin)이 추진한 경제개혁. 흐루쇼프의 뒤를 이어 소비재산업을 중시하는 경제개혁을 지속시켰다.

윤과 독립적인 채산권을 주어 생산 동기를 자극하는 개혁 이론이 리베르만(Yvgey G. Liberman)에 의해 개발되었다. 1985년에 집권한 고르바초프(M. Gorbachev)는 여기에 더해 사회주의에 개인의 요소를 가미한다는 페레스트로이카 개혁을 주장하였으며, 협동조합, 개인기업, 합영기업 등 자본주의적 요소들을 부활시켰다. 그러나 개혁이 궤도에 오르기도 전에 연 100%대의 물가 인상 같은 최악의 시장 불안정 요인이 먼저 발생했다. 소련은 이 경제난을 이기지 못하고 1991년 연방을 해체하였다. 소련의 경험은 사회주의하에서 계획과 시장을 도대체 어떻게 처리해야 하는가라는 명제를 사회주의자들에게 숙제로 남긴 셈이다.

시장사회주의

소련형이 아닌 사회주의 실험으로는 유고슬라비아의 자주관리제도와 중국의 이윤유보제 등이 있다. 시장이 도입된다고 해서 시장사회주의라고도 부른다. 유고슬라비아는 국가나 사회가 기계공장 등의 생산수단을 소유하되, 경영권을 노동자들에게 주는 자주관리 경제를 운영하였기 때문에 소련과 다른 독립적 행보가 세계의 관심거리가 되었다. 중국은 1970년대 말부터 소련형의 중앙집중식 방법에서 탈피하여 역시 기업의 이윤 동기와 자율권을 주는 다양한 사회주의 기업 형태를 실험하였다. 초창기 유고의 자주관리 실적 역시 대단한 것으로 세계의 이목을 집중시켰다. 그러나 티토(J. B. Tito, 유고슬라비아 초대 대통령)의 사망 이후 종족 간 내전으로 나라가 갈려 유고는 연방을 해체하였다. 중국의 자율적 시장사회주의 기업들은 큰 실적을 내기보다는 부침을 거듭하는 실험적 기업들이었다. '검은 고양이든 흰 고양이든 쥐만 잘 잡으면 된다'는 덩샤오핑(鄧小平)의 실용주의 노선 채택 이후부터 실험 기업들의 일부는 지역공동체 자율 기업인 향진기업(鄕鎭企業) 형태로, 나머지는 자본주의 합영기업으로 대거 전환하였다. 현재까지 소련형 중앙집중식에 가까운 사회주의를 국가적으로 운영하는 나라는 북한과 쿠바 정도이다. 그러나 북한도 1980년대부터는 합영법을 도입해서 외국 투자와 자율 기업 영역을 확장하고 있으므로, 중앙집중식 계획사회주의를 순수하게 운영하는 사회주의는 현재로선 없는 셈이다. 우리나라에서 사회주의 기업 하면 형편없는 기업으로 흔히 잘못 알려져 있지만, 그 역사를 보면 사실은 그렇지 않으며 특히 경제 초기의 집중 성장은 오히려 귀감이 되는 것이다. 문제는 집중 계획이 끝나고 자율적 단계로 접어드는 후기사회주의 국가들에서 기업들이 그렇게 혼란스러워했던 정체가 무엇이냐 하는 것이다. 물론 이 문제는 자본주의 기업이라고 해서 예외가 아니다. 우리나라의 국제그룹, 대우그룹이나 미국의 유명한 에너지 기업 엔론사, 자동차 기업의 대명사 제너럴모터스(GM)의 파산처럼 세계의 거대한 자본주의 다국적기업들도 무너질 때는 순식간이라는 것이다. 그러므로 이는 단순히 체제만의 문제가 아니라 거대한 기업 운영 시 발생하는 비효율을 잡아야 하는 문제이고, 중앙의 세세한 간섭이 없으면 물이 줄줄 새는 허당 조직이 아니라, 최말단 하부 단위까지 스스로 잘 돌아가는 자율성 구축의 열쇠를 발견하는 문제라고 할 수 있는 것이다. 그 해답은 후대의 몫으로 넘어왔다.

혼합경제란 무엇인가

자본주의 하면 뭐가 생각나요, 하고 물으면 많은 사람들은 폭등·폭락하는 증권시장의 광기를 연상한다. 똑같은 질문을 사회주의에 물으면 배급받으려고 꼬리를 문 사람들을 생각한다. 증권시장은 기업의 자금 공급 줄이라는 좋은 역할도 하지만, 돈 놓고 돈 먹는 시장논리가 가장 잘 어울리는 합법 도박장이며 자본주의를 요동치게 하는 '악의 축'의 하나다. 사회주의는 투기를 근절하고 평등사회를 이루었지만, 그 후기에는 자원 관리와 생산 동기 자극에 애를 먹어 생활의 하향평준화라는 문제를 낳았다. 이 골치 아픈 문제들은 양 체제로 하여금 최초의 모습에서 다른 변화를 모색하게 하는 배경이 되었다.

가장 많은 변형을 시도한 지역은 자본주의와 사회주의의 발생지인 유럽이다. 유럽 각국은 저마다 독특한 경제체제를 지향하는데 사회민주주의, 사회적 시장경제, 유러코뮤니즘[21] 같은 혼합체제들이 그것이다.

사회주의 성향이 가장 강한 국가는 스웨덴이다. 스웨덴은 소득의 50%에 해당하는 높은 세금을 부과하는 경제가 특징이며, 교육, 의

---

[21] 유러코뮤니즘(Eurocommunism): 그람시(A. Gramsci)의 영향을 받은 이탈리아공산당에서 사용하기 시작한 용어. 정치적으로 소련과 다른 독자 노선을 취하는 서유럽 공산주의운동을 통칭한다. 유러코뮤니즘은 나라마다 일괄적으로 같지 않으나 소련식 중앙집중형보다는 민주주의와 다원주의 원칙을 고수하며, 폭력혁명보다는 서구 시민사회의 한 지류로서 합법적 뿌리를 구성한다는 특징이 있다.

료, 주거 등 사회 기초 서비스 보장과 임금기금(賃金基金)을 활용해 기업 경영권 일부를 노동자에게 주는 사회민주주의를 실시한다. 독일은 1947년부터 사업장평의회(Betriebsrat)와 공동결정제도(Mitbestimmung)라는 노사 합의 구조를 도입하였으며, 정부가 강력하게 개입하는 공적 금융제도를 실시하는 사회적 시장경제를 오래 지속해왔다. 프랑스는 노동자평의회가 경영의 한 역할을 하는 프랑스형 노동자자주관리제도를 운영한 바 있으며, 한국과 축구 교류가 활발한 네덜란드는 폴더 모델(polder model)이라고 불리는 노사정 협력체제를 도입하였다. 유럽의 공통적인 특징은 좌우파가 빈번하게 정권을 교체하는 가운데도 사회복지의 전통이 강하고, 노사 간 대화 통로를 권유하는 자본주의와 사회주의 사이의 혼합경제를 운영한다는 것이다. 시기적으로 소련의 흥망성쇠를 기점으로 1950년대는 사회주의적 요소가, 1990년대 이후는 상대적으로 자본주의, 2000년대는 다시 사회주의적 색채가 강화되는 등 왔다 갔다 한다. 사회주의 색채가 강한 시기는 국가 재정 부담 증가, 자본주의 전통이 강할 때는 실업과 경기 불황으로 표출되는 만큼 유럽의 혼합경제 또한 완전한 경제체제라고 말하지는 못한다. 그러나 유럽의 혼합경제체제는 초창기 유럽 자본주의의 가혹한 노동 착취와 혹독한 불황에 비하면 적어도 한층 진전된 안정 체제와 사회주의 요소를 많이 장착한 평등 분배 형태임에는 틀림없다. 물론 우리나라에서도 영미형 자본주의에 대한 대안으로 유럽의 다양한 혼합경제의 일부가 도입되었는데, 유럽형 공공의료 시스템은 그 대표적인 예이다. 그러나 1990년대 이후 유럽 경제의 성장률은 예전만 못하다. 사회주의 성향을 많이 가미했다고는 해도 많은 유럽 국가들이 자본주의를 기본 경제체제로 운영하는 한 세계 시장의 한파를 벗어날 수는 없기 때문이다. 새로운 돌파구는 유럽을 단일경제권으로 묶는 방향이었는데, 유럽연합(EU)과 단일화폐 유로의 출범은 미국의 북미 자유무역협정(NAFTA)과 기축통화 달러에 대항할 강력한 경제블록의 시급한 필요성 때문이었다. EU의 향후 향방은 2006년 발표된 신통상 정책에서 잘 드러난다. 미국의 자유무역협정(FTA)에 대항할 EU 중심의 공격적 FTA[22], 즉 북미 블록과 유럽 블록 간의 대결을 표방하며, 아시아 지역 등 기타 지역 포섭을 그 내용으로 하고 있다. 냉전 종식 이후 세계 경제를 한마디로 압축한다면 체제를 넘어 자국 이해를 최우선으로 하는 중상주의 전통의 보호무역주의가 대륙 단위의 집합으로 복고하는 경향이라고 말할 수 있다.

---

[22] 자유무역협정(Free Trade Agreement): 양국 간 상품 관세를 철폐하고 자유롭게 거래하는 무역협정. 2000년대 이후 미국 주도 FTA는 관세 인하, 투자, 교육, 정부조달 서비스, 지식재산권 등 정치경제 전 영역을 포함하는 포괄 협정을 특징으로 한다. 국가 전체가 걸리기 때문에 잘되면 득, 못되면 1990년대 멕시코처럼 나라 전체가 절단 나는 수가 있다. 무역 대국들끼리는 그 위험성을 감안해서 포괄 협정을 체결하지 않고 있다.

3. 한국 경제의 앞날 — 장밋빛 혹은 회색빛

경기 전망과 통계의 정치학

한국의 연간 평균 경제성장률은 1970~1990년대 연평균 10%를 넘어서다가 1997년 국제통화기금(IMF) 외환위기 사태 이후에는 평균 (-3)~5%의 역성장, 저성장을 반복하고 있다. 수치로만 비교하자면 2000년대보다 1970~1980년대가 나은 듯이 보이지만 21세기의 소득수준이 20세기보다 높으므로 1970~1980년대가 더 좋았다고 단순하게 말할 수는 없다. 그러나 우리가 주의해야 할 것은 국민소득수준의 차이를 가지고 개개인의 살림살이가 더 나아졌다고 말해서도 안 된다는 것이다. 경제가 이대로 계속 안 좋아진다면, 일본의 (30년) 장기 불황 기록을 우리가 넘어설지도 모르기 때문이다. 그렇다면 앞으로 한국의 경기 전망은 어떻게 될까.

우리나라에서 경기 전망을 밝히는 경우는 크게 두 종류다. 정부나 기업체 연구 기관의 발표가 그 하나이고 다른 하나는 정치인들의 선거공약상의 경기 전망이다. 물론 이 공약들은 저마다 위기와 해결사를 자처하기 때문에 전망이 부풀려지기 마련이어서 이걸 믿고 경제생활을 운위하다가는 그릇되기 십상이다. 전자의 연구 기관 자료들은 어떨까. 한마디로 참고 자료일 뿐이다. 관급 통계 기관들은 소신에 따라서 각종 수치를 열심히 조사할 가능성도 물론 있지만, 결국은 위에 보고할 예상 통계를 눈치껏 처리해야 하는 처지에서 벗어날 수 없기 때문이다. 가령 우리가 재정부 직원이라면 내년도 성장률 전망을 양심에 따라 폭망 수준으로 보고할 수 있을까. 그랬다가는 당장에 장관 목 달아날 소리일 것이다. 그러므로 통계는 항상 부풀려지는 것이 관습이며, 이런 사정으로 어떤 통계학자는 아예 '통계는 정치학'이라고 부르면서 스스로를 자학했다.

거품경제 주기로 경제 읽기

그렇다고 해서 우리가 자기 경제의 앞날에 손 놓는다면 이 정보화 시대를 무방비로 살아나가는 것과 마찬가지이므로 우리는 어떻게 해서든 경제의 미래 전망에 접근할 수 있어야 한다. 그렇다면 우리는 한국 경제의 앞날을 도대체 어떻게, 어떤 원칙으로 전망해야 할까.

한국 경제의 앞날을 전망하려면 예의 참고 자료들을 보는 것은 기본이다. 그러나 이 자료들의 통계적 신뢰성은 늘 문제이기 때문에 통계의 정확성에 집착하기보다는 그 흐름, 즉 이제까지의 패턴에 더 관심을 가져야 하는 것이다. 한마디로 1970~1980년대 경제가 고성장과 깊은 경기침체 유형이라면, 2000년대 경제는 저성장과 잦은 경기침체 유형으로 압축할 수 있다.

(단위: 억 불, 불, %)

지표별	1997	1998	1999	2001	2002	2003	2007	2008	2009	2010	2012	2018	2019	2020
GDP (명목)	5698	3840	4972	5477	6271	7025	11726	10468	9443	11438	12779	17251	16510	16382
1인당 GDP	12400	8296	10666	11562	13163	14669	24087	21339	19151	23083	25457	33429	31838	31637
성장률	6.2	-5.1	11.5	4.9	7.7	3.1	5.8	3	0.8	6.8	2.4	2.9	-2	-3.3

표 1) 한국 경제의 연도별 주요 경제지표 (통계청, 기획재정부)

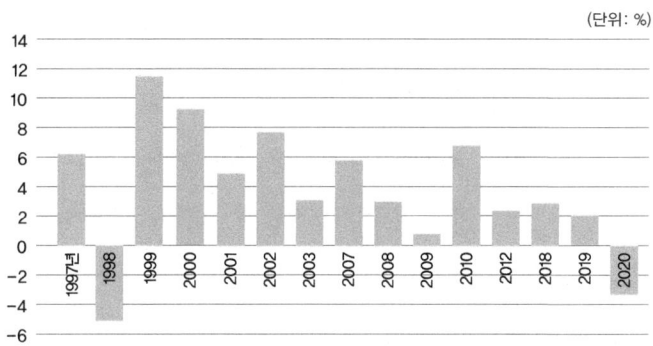

그림 1) 한국 경제 GDP 연도별 성장률 (통계청)

표 1)은 1998년 IMF 사태를 기점으로 1990년대 초중반의 10%에 육박하는 전형적인 고성장과 2000년대의 저성장으로 대표되는 현상을 극명하게 보여준다. 1960~1990년간 40여 년은 한국 경제가 고성장을 이룩한 기간인데, 이때의 산업 동력은 저임금에 기초한 수출산업 전략으로 압축할 수 있다. 그러나 고성장의 대가는 다른 한편의 희생을 요구하는 가혹한 것이었다. 산업적으로는 생산비를 위협하는 낮은 쌀값과 살농정책으로 농업적 기반이 거의 붕괴되었으며, 마치 21세기의 중국처럼 산업공해가 대량으로 발생하였다. 저임금과 저복지

정책으로 노동자들은 부를 축적할 수 없었으며, 생존 조건이 극히 열악해서 전태일 분신 사건과 같은 노동자의 극단적인 저항이 발생하기도 하였다. 한편 1960년대부터 18년간 계속된 유신 독재는 지하경제 및 기업에 대한 특혜 사업을 둘러싼 음성적 정치자금 거래를 조장해서 율산, 국제, 한보 등 졸속 재벌 흥망과, 그 구조조정이 한국 경제의 한 장을 장식하였다. 그러므로 1990년대까지 한국 경제의 고성장은 그 반대편에 깊고 잦은 경기침체, 공해와 저임금, 저복지와 농촌의 희생을 대가로 치렀다고 할 수 있다. 경기 예측성과 관련해서 한 가지 흥미로운 사실은 한국 경제의 큰 등락은 대략 10년 주기에 맞추어 반복하는 유형이라는 것이다. 1978~1979년의 공황, 1987년 위기, 1997년 IMF 사태, 2008년의 불황, 2020년 코로나19 경제위기가 그것이다.

왜 이런 현상이 반복되는가에 대해서는 '주글라 주기설'[23]과 같은 통계적 패턴으로 설명할 수는 있지만 통계적 추이는 인과관계 설정에 취약하다는 점에 주의해야 한다. 경기침체의 인과관계를 설명하는 유력한 설 중 하나는 금융자본이 야기하는 거품성장론이다. 경기 파동이 있을 때마다 각 나라는 추가적인 통화 발행, 금리 인하, 적자재정, 환율 인상, 외채 증가 등 경기부양정책을 경쟁적으로 실시하는데 이는 강제 부양이기 때문에 거품경제가 된다는 것이다. 위기 때마다 더 많

---

23 주글라 파동(Juglar cycle): 1862년 프랑스의 경제학자 주글라는 은행 대출액, 금리, 물가 등의 중장기 통계 자료를 가지고 약 10년에 한 번씩 경기가 대파동을 겪는다는 자본주의 경기변동 주기를 주장했다. 그의 주기설은 콘드라티예프(N. D. Kondratiev) 등 장기파동설보다 짧은 중기파동설에 해당한다.

이 발행되는 많은 돈은 생산적인 투자처를 마땅히 찾지 못해 시장을 떠돌다가 주로 증권이나 토지 같은 자산시장에 몰리며 그 끝에 가서는 비눗방울 터지듯 경기가 휘청한다. 그 주기가 자꾸 짧아지고 충격이 갈수록 커지는 것은 이러한 경기부양과 투기 패턴이 더 많이, 더 자주 이루어져 시장의 내성이 점점 더 약해진다는 데서 그 원인을 찾을 수 있다. 그러므로 한국 경제의 경기 유형을 읽는 가장 기본적인 관점은, 예컨대 경기를 부양시킨다는 소문이 나면 오히려 경기의 심각성을 인지해야 한다는 것이다. 충격요법의 강도에 따라서 좀 달라지기는 하지만 요즈음 같아서는 어떤 부양정책도 사실은 그 효과가 1, 2년을 지속하기가 어렵다. 당장이 문제가 아니라 장기 성장을 위해서는 거품경제를 대체할 새로운 안정성장론이 요구되는 것은 이 때문이다.

해외 경제 동향으로 경제 읽기

다음은 해외 경제 동향으로 국내 경기를 전망하는 것이다. 세계 최고의 무역의존도를 가진 한국 경제는 내부로 경제 충격을 흡수할 수 있는 힘이 취약하기 때문에 해외 경제 동향과 거의 함께 움직인다는 특징이 있다. 1970년대 1, 2차 석유파동과 한국 경제의 위기, 1990년대 전후 저유가와 안정성장, 1997년 전후 세계 불황과 IMF 사태, 2008~2009년의 미국 서브프라임모기지발 금융공황 등 세계 경기가 휘청하면 여지없이 경기침체가 작동했다. 수출지향형 한국 경제는 '해외 경기가 감기 걸리면 독감으로 입원한다'라는 유행어대로 움직인다.

산업 동향으로 경제 읽기

　석유에 비해 강도는 약하지만 미래산업의 쌀이라고 하는 반도체산업 동향으로도 한국 경제의 파동을 예측할 수도 있다. 반도체산업 파동에 변수로 작용하는 요인 3가지를 꼽자면 첫째는 가격이다. 한국의 반도체산업은 수출 부문 1, 2위를 다투기 때문에 반도체 가격이 출렁이면 경기 전체가 휘청한다. 따라서 한국 경제는 반도체산업 파동 주기를 따라 진동한다는 규칙성이 성립한다. 그 주기는 대략 3~4년인데, 이유는 개인용컴퓨터(PC) 또는 휴대전화 등 주요 모바일 전자기기의 교체 주기에 따라서 메모리 반도체 수요가 출렁이기 때문이다. 반도체산업을 빗대어 비 오기만 기다리는 천수답이니 하는 것은 이래서 나온 말이다. 둘째, 자본이다. 최근 반도체 파동의 골이 더 커진 것은 반도체산업에 지나치게 몰리는 세계의 과잉자본 때문이다. 반도체산업에 대한 높은 기대감이 오히려 독이 되고 있는 것이다. 마지막 세 번째 변수는 우리나라 반도체 생산공정의 취약성에 있다. 한국은 반도체를 만들지만, 그것을 만드는 시설 장비 개발에 소홀해서 장비 일체를 거의 일본 등지에서 수입하고 있다. 반도체 수요와 장비 수입은 정비례하는데, 장비는 고가인 동시에 고정비용이어서 특히 감산 시에는 그만큼 부담이 되기 때문에 작은 충격에도 반도체 경기가 출렁이는 불안정성을 갖게 되는 것이다. 그간 반도체 가격 파동 주기가 한국 경제에 미치는 영향을 조사해보고 다음 주기는 어떻게 될지를 한번 예측해보자.

Unexperienced Post Corona Principle of Economics

3장 시장과 화폐의 이해

1. 시장의 기원과 종류 – 물물교환에서 인터넷 쇼핑몰까지

시장의 기원

교환의 기원을 설명하는 대표적인 두 가지 설은 희소자원설과 잉여물자교환설이다. 희소자원설이란 세상의 자원은 희소하기 때문에 인간은 선택과 교환을 해야 하며 시장은 이 교환을 가장 합리적으로 이끄는 장소라는 내용으로 이루어져 있다. 잉여물자교환설은 이와는 달리 시장의 기원을 역사 속의 인간 생산력의 풍부한 발달에서 찾으며, 시장은 사회적 교환을 발달시키는 기초 장소인 동시에 노동가치를 왜곡시키는 부정적 모습을 갖는다는 시장 교환의 이중성을 역설한다. 이 논쟁에 경제학 비전공자들까지 깊숙이 빠져들 필요는 없다. 다만 인간 사회에서 교환과 시장은 이제 보편적인 경제행위가 되었지만, 합리성과 폭력성이라는 두 얼굴을 가지고 있다는 사실만은 놓치지 말자.

우리가 시장의 정체에 대해서 뭔가를 좀 더 알아내려면 어려운 경제학자들의 논술을 따라가기보다는 방향을 좀 바꿔서, 시장에서 교환 행위를 하면 양자를 모두 만족시키는 합리성이 발생할까, 혹은 한쪽의 이득과 다른 쪽의 손해라는 불합리가 발생할까라는 문제부터 해결을 해야 한다. 오늘날처럼 인터넷 가격 비교 사이트가 있는 것도 아니고 고립된 환경에 살던 사람들이 각종의 생산물들을 과연 어떻게 교환할 수 있었을까. 따져볼 것도 없이 기준이 없던 그 옛날 최초의 교환 발생이란 아주 우연한 기회에 아무렇게나 생성되었을 것임이 틀림없다. 옛날에는 서로 다른 종족이 만난다는 사실 자체도 어려운 일이려니와 만약 만나게 된다면 이는 종족의 운명을 가름하는 역사적 사건이 되기 십상이기 때문이다. 아마도 최초의 교환은 같은 종족 안에서 조용히 시작되었을 것이다. 예컨대 칼 한 자루와 양가죽 두 조각 등이 아주 우연하게 교환되었을 것이다. 그런데 칼과 양가죽은 정확하게 같은 값어치를 가진 것끼리 교환된 것일까, 알 수 없다. 이 사람이 칼 한 자루 만드는 데 얼마만 한 노동시간이 들어갔는지, 저 사람이 양가죽을 만드는 데 얼마만 한 노력이 들어갔는지 이 물건이 도대체 얼마만 한 쓸모를 가지는지 처음에는 도저히 알 수 없다. 그러므로 이것은 완전히 감과 주관적 판단에 맡길 수밖에 없는 우연한 교환이다. 인터넷이 발달한 오늘날에도 정도의 차이는 있을망정 사정은 마찬가지다. 그러므로 모든 교환은 부정확한 가치끼리 우연한 교환의 속성을 가진다는 항상 염두에 놓고 있어야 한다. 그러면 모든 교환은 결국 속임수를 전제로 진행되는 것일까, 그렇지는 않다. 뜨내기손님이라면 몰라도 단골손님에게까지 턱없이 바가지를 왕창 씌운 가게가 망하는 것은 시간문제일 뿐이다. 가격이 통상 얼마이고, 그 물건의 가치가 어느 정도인지 대략 파악되는 반복 교환의 단계로 들어서면 그만큼 사기 칠 확률은 뚝 떨어진다. 즉 대부분이 그 가치를 수긍하는 사회적 평균 가치가 성립하는 것이다. 이때쯤 되면 가치와 가격은 거의 일치한다. 그러나 이렇게 되려면 물건을 사고파는 사람이 여럿이고, 아무나 시장에 진입하고 퇴출할 수 있으며, 가격 정보가 거의 노출되어야 하는데 이렇게 다수의 경쟁자, 시장 진입과 퇴출의 자유, 완전한 가격 정보라는 3대 조건을 갖춘 시장 관계를 (완전)경쟁시장이라고 부른다. 이른바 시장 효율이란 바로 이와 같은 경쟁시장 조건에서 각각이 자기 이해를 다 부려도 어느 한쪽으로 특별한 이익이 쏠릴 가능성이 낮으며, 최적의 가격으로 교환이 이루어지는 효율을 말한다. 이 단계에 머무른다면 시장은 대단히 좋은 경제 관계를 매개하는 수단으로 칭송받을 수 있다. 그러나 시장이 과연 이렇게 이상적인 관계로만 유지될 수 있을까. 다른 말로 하자면 경쟁 상태가 아닌 시장도 존재한다는 것인데, 이런 경우에는 물론 가격이 왜곡된다. 또 꼭 경쟁만 좋다고 할 수는 없는데, 예컨대 초기 투자 자본만 수조 원대가 들어가는 대단위 중공업 시장을 완전경쟁으로 운영했다가 망하는 기업들이 생긴다면 경제 전체가 감당할 수 없는 사태가 발생할 수도 있는 것이다. 산업별로 이상적인 시장의 종류에 관해서는 나중에 다시 얘기할 기회가 있을 것이다. 다만 여기서는 시장은 여러 종류로 구성되며 시장 칭송자들이 말하는 경쟁시장의 합리적 효율만 있는 것이 아니라 비합리적인 독점시장, 혹은 합리적 독점시장도 있다는 사실을 기억해두자. 실제의 경제 세계는 거대한 기업들이 대부분의 시장을 독점한다. 따라서 독점의 생리 또한 중요한 공부 대상이다. 독점자라면 남 눈치 볼 것 없이 10원짜리를 100원짜리로 부를 것이고, 사정을 알 리 없는 대부분의 소비자는 손해를 보는 것이다. 독점의 통제가 어느 나라에서나 중요한 과제가 되는 것은 이 때문이다.

시장의 종류

화폐가 없는 경제에서 두 생산물은, 예컨대 칼 한 자루는 양가죽 두 필 같은 항등식 즉 등가교환 관계가 성립한다. 이때 칼과 양가죽은 서로 상대방을 표현하므로 각각은 상대방을 통해서 자기를 입증한다. 나를 증명하는 신분증이 없다면 내가 나임을 증명하는 방법이란 다른 사람이 나를 알아봐줘야 하는 원리다. 이러한 관계를 상대적 등가형태라고 부른다. 이런 관계를 성립시키기 위해서는 모든 사람들이 교환 행위를 위하여 함께 모이고 서로가 값(호가呼價)을 부르는 장소가 필요하다. 이렇게 교환을 위해서 모이는 장소를 시장(market)이라 부른다. 가령 우리가 자장면을 사 먹는 중국집은 아주 작은 시장이며, 다수의 판매자와 구매자가 만나는 인터넷 쇼핑몰은 큰 시장이 되는 것이다. 시장은 처음에는 아주 조그만 지역에서 작게 형성되었을 것이며, 교환이 빈번해짐에 따라 점점 더 큰 시장으로 발달했을 것이다. 지역 시장에서 지방 시장, 전국 시장, 일국 시장, 세계 시장에 이르기까지 시장은 무엇보다도 공간을 기준으로 먼저 구분된다. 그러나 시장의 목표와 방법에 따라서 다른 기준으로 분류할 수도 있다. 예컨대 판매 규모에 따라서는 도매시장(wholesale market)과 소매시장(retail market)으로 구분하며, 점포 유무에 따라서 유점포와 무점포, 과학과 판매 기술의 발달에 따라 재래시장과 가상시장(e-market, e-business), 경쟁 여하에 따라서 경쟁시장과 독점시장, 취급 상품 종류에 따라서 종합시장과 전문시장, 시간에 따라 현물시장과 선물시장 등으로 나뉜다.

2. 시장의 역사 — 칭기즈칸의 영화와 몰락

몽골제국을 떠받친 힘은 무엇인가

칭기즈칸이 활동했던 시기는 13세기 무렵이다. 유럽은 십자군전쟁으로 황폐해질 대로 황폐해진 중세 말기여서 만약 칭기즈칸이 병사하지 않았더라면 몽골제국은 유럽 전역을 휩쓸었을지도 모르는 일이다. 칭기즈칸의 가장 뛰어난 점이라고 하면 흔히 그의 신출귀몰한 작전술과 잔혹성을 꼽는다. 그의 군대는 적이 눈치채기 전 빠르게 습격해 한 번 응징으로 철저하게 파괴한다는 공포 이미지를 각인시켜 그 소문만 듣고도 항복하게 만드는 잔혹 전법을 사용했던 것이다. 돌연습격(突然襲擊, 상대가 깨닫기 전 습격), 섬태멸진(殲殆滅盡, 철저하게 격파) 등이 오늘날까지도 전설로 내려오는 그 전법들이다.

그런데 그의 전법이 아무리 탁월하다고 해도 100만의 인구와 10만에 불과한 병사로 저 멀리 유라시아에 이르기까지 장장 수천 킬로미터에 육박하는 광활한 제국을 통치하고 지배할 수 있었을까. 어떤 역사학자들은 칭기즈칸의 역참제(驛站制, 일정한 거리마다 역을 세워 빠른 마필로 정보를 전달하는 제도)를 통한 빠른 정보 소통과 현대의 군대 조직과 유사한 잘 정비된 지휘 계통을 비법으로 꼽는다. 그러나 원거리 원정이란 시간이 오래 걸리고 돌출 변수가 많아서 원활한 보급 물자 체계와 후방의 지속적인 경제적 지원이 잘 갖추어지지 않으면 불가능한 것이다. 우리가 눈여겨볼 것은 몽골제국을 지탱한 바로 그 경제적 기반이다. 칭기즈칸은 농경이 주 생산력인 시대에 그보다 훨씬 낙후한 유목민 후예일 뿐이고, 전성기는 불과 수십 년에 불과한 반면, 몽골제국은 4대 한국(汗國)과 그의 계승자 쿠빌라이 칸의 원나라에 이르기까지 약 2세기 동안 광대한 대륙을 지배했기 때문이다.

그들이 사용한 기법은 분할통치제다. 적은 숫자로 넓은 제국을 통치하기 위해서 최상위 계층은 철저히 몽골 관리로 채우는 수직 위계질서를 채택하고 공신들에게 사실상의 통치권을 분배하였다. 즉 군신 관계가 분명한 송나라 시대의 봉건체제의 장점을 흡수하면서, 한편으로 이민족과 관계는 기존의 군신 질서를 유지하되 상부층만 장악하는 타협책과 현지화 전략을 병행하고 최소의 통치 인력으로 전체를 지배하는 방식을 사용한 것이다. 오늘날로 치면 일종의 지방자치제, 혹은 느슨한 네트워크 통치인 셈이다. 이런 느슨한 통치 관계를 묶는 경제적 연결고리는 무엇이었을까. 그것은 교통망과 교역 활성화였다. 동과 서를 잇는 초원길과 사막길(비단길) 같은 전략적 교통로를 집중적으로 확보하고, 상업 물자를 교역할 주체인 위구르(이슬람) 상인들과 손을 잡았다. 수도 거점은 교통로를 장악할 수 있는 대도(大都, 오늘의 북경) 지역으로 남하하였으며, 중국 대륙 내의 원활한 물자 수송을 위한 교통시설로서 내륙 운하를 대대적으로 정비하는 후속 작업을 전개하였다. 중국 역대 왕조와 다른 몽골제국의 경제 비법은 교통로 확장과 상업이었던 것이다.

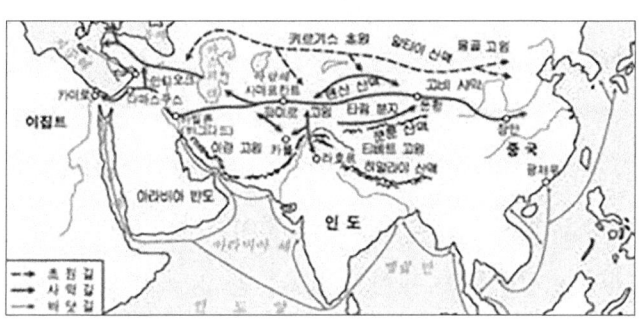

13세기 초원길, 사막길(비단길), 바닷길 경로

몽골의 교역 상품들은 몇 개월씩 걸리는 당대의 교통 조건 때문에 가볍고 유효 기간이 길며 한 번의 거래로 많은 이문을 남기는 상품이어야 했다. 비단과 도자기, 장신구 같은 사치품, 소금과 차가 그것들이다. 이 정도로 오늘날과 같은 세계 시장 운운하기에는 한참 모자라지만, 이 정도 제품이라도 먼 거리라는 한계를 딛고 교역했다는 것은 당시로서는 대단한 것이었다. 즉 몽골제국은 적어도 동서 교역과 문명 교류의 물꼬를 텄고, 유럽보다 2~3세기를 앞선 교환 시대 개척이라는 세계사적 족적을 남긴 것이다.

몽골제국의 쇠퇴와 육상 교역의 한계

동시에 우리는 몽골제국의 한계도 짚을 수 있어야 한다. 안락한 흙벽돌집에 안주하다간 엉덩이가 썩을 거라는 칭기즈칸의 경고처럼 몽골은 오래가지 못했다. 몽골제국 상업의 주 특징은 육상 수송이다. 육상 수송은 특별한 교통수단 발달이 없어도 가능하다는 장점이 있지만 두 가지 문제가 있다. 첫째는 몽골제국 같은 거대한 통일국가가 유지되지 않으면 국경 통과에 문제가 있고, 둘째는 효과적인 대량 수송이 불가능하다는 것이다. 거대한 몽골제국이 사라진 후 세계의 교역이 바닷길을 중심으로 한 해상무역으로 바뀐 것은 이와 같은 육상 수송의 문제점을 해결할 거의 유일한 방법이었기 때문이다. 몽골제국은 교환 시대라는 변화하는 세계사의 흐름을 읽고 세계 시장의 물꼬는 텄으나, 송의 봉건체제에 안주했으며 귀족용품 위주의 제한된 상품 교역에 그쳤고 더군다나 교환을 이용해서 산업을 변화시킬 생각까지는 미치지 못했다. 전쟁 기술과 초기의 분할통치는 탁월했으되, 왕조가 바뀔 때마다 반복되는 세습과 봉건 기득권 쟁탈전은 정복왕조의 발목을 잡는 덫이었다.

중세의 시장이 근대적 의미의 시장으로 전환되기 위해서는 더 빠르고 넓은 교통과 화폐의 발달, 그리고 제도와 의식의 개혁을 기다려야 했다. 몽골제국 같은 전근대의 교역은 무력에 의존하며, 성공하면 대박이고 실패하면 쪽박인 모험의 세계였다. 반면 현대의 교역은 일상용품의 일상적 거래, 즉 보편적인 상품들이 평균적인 가격과 시장 가치로 교환되는 일상 교환의 세계다. 시장과 사회 속에서 자신이 노동한 상품의 가치를 냉정하게 평가받고 교환되는 원리를 우리는 가치법칙[24]이라고 부른다. 평가받지 못한 상품들은 단박에 도태된다. 그러므로 우리가 일한 상품의 최종 가치는 언제나 시장이라는 관문을 거쳐야 하는데 이 과정을 통과한 상품 가치를 '시장가치'라고 부른다. 어떤 상품에 대해 일정한 수요가 있다면 그것은 이미 이러한 검증을 통과한 상품이다. 반면에 새로 시장에 진입한 상품은 당연히 새로운 평가를 받아야 한다. 이러한 일상 교환 관계가 성립하려면 교환을 보다 쉽고 자유롭게 하는 간편한 매개물이 필요하다. 왜냐하면 상품을 만드는 데 얼마나 고생했는지를 매번 번거롭게 일일이 설명하면서 일상 교환에 임할 수는 없기 때문이다. 이제 자신이 만든 상품은 자신의 손을 떠나 소비자에 의해서만 평가받는다. 소비자가 상품에 대한 최종 대가를 지불해야 교환과정이 완성된다. 그 지불 수단이 바로 우리가 사용하는 화폐다. 모든 노동의 산물이 화폐로 거래되고 화폐로 평가되는 가격이 있는 세계, 그것은 전근대의 시장과 다른 근대적 시장만의 특징이다.

---

24 가치법칙(價値法則, law of value): 사회적 필요노동에 따라 상품의 가치가 결정된다는 법칙. 10시간짜리 책을 만드는 노동은 12시간짜리 가방을 만드는 다른 노동과 교환될 수 있다. 그것을 평가하는 기준 장소는 사회이고 시장이다. 둘 중 불리한 판정을 받은 노동은 기피할 것이고 유리한 노동가치로 이전하려는 움직임이 발생해서 일정한 평균 노동시간으로 균등화하는 현상이 발생한다.

3. 화폐와 환율의 신(新)기준 – 비트코인 시대

『천일야화』는 왕을 재미있게 하지 못하면 죽임을 당하는 처지의 신부가 흥미진진한 얘기를 1001일 동안 들려주고 목숨을 건진다는 아라비아의 설화집이다. 10~15세기 아라비아(지금의 이라크)는 동서 교역의 중간 거점으로 상업이 발달하였다. 그 이야기들에는 꼭 금화가 주요 화폐로 등장하는데, 오늘에 떠오르는 의문은 왜 꼭 화폐는 금화여야 했을까 하는 것이다.

일반적 등가형태와 화폐

교환이 빈번해지면 우연한 교환은 사라지고 전개된 형태, 일반적 형태와 같은 일상적인 교환 단계로 들어선다. 무수히 많은 상품들이 교환의 대열에 올라서면 매 상품마다 가령 사과 한 개에 밤 세 알과 같이 '몇 대 몇'으로 일일이 짝을 지우는 것은 대단히 번거로운 일이다. 해결책은 뭔가 대표성 있는 한 가지를 내세워 계산을 단순화하는 것이다. 돼지고기 한 근은 쌀 한 되, 신발 한 켤레는 쌀 다섯 되 등등, 쌀 한 가지만으로 교환 기준을 정하면, 다른 모든 상품은 그것을 기준으로 줄을 서게 되고 자연히 값어치가 매겨지는 것이다.

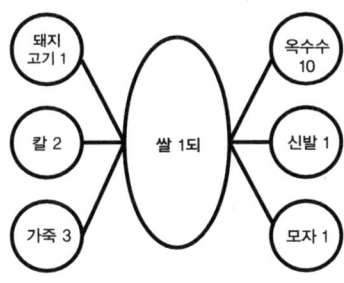

그림 2) 일반적 등가형태

이 단일한 교환 기준을 일반적 등가형태라고 부르는데 이 상태라면 쌀은 거의 화폐에 준하는 역할을 하는 셈이다. 이 일반적 등가물은 당대에 누구나 가치를 인정하는 중요 물품, 예컨대 소금, 식량, 옷감 등처럼 실제로 쓸모가 있는 중요 소재(실물적인 사용가치)여야 했다. 옛날의 시골 선비는 화폐 대신으로 길양식 또는 베 몇 필을 허리에 둘러야 과거 길 같은 먼 길을 떠날 수 있었던 것이다. 일반적 등가물에서 금은으로 화폐 형태가 넘어간 것은 무엇보다 일반적 등가물이 화폐의 기능을 비슷하게 흉내 낼 수 있지만 정확하게 대체할 수는 없는 까닭이다. 자장면 한 그릇을 베로 지불해보자. 베의 길이를 소수점 단위까지 정확하게 자를 수 없다면 시비가 발생할 것이고, 오차가 많은 교환이란 아주 짜증 나는 일이 되는 것이다. 금은은 도량술의 발달에 따라 단위를 무수히 세분(가분성)할 수 있는 금속 소재이며, 부식되지 않고(불변성) 변형이 쉬어 쓸모가 많으며, 동시에 획득하는 데 많은 노동이 필요한 귀중품(희귀성)이다. 이러한 속성(금속학설)은 금은을 최상의 교환 척도로 만들었다. 이제 모든 상품은 금은이라는 일반적 가치, 화폐 형태를 매개로 해서, 예컨대 소금 한 말은 금 1온스, 쌀 한 가마는 금 2.34온스 등으로 표현할 수 있다. 금은은 교환의 매개수단, 가치저장, 가치척도, 지불수단이라는 4대 기능[25]을 모두 소화하는 명실상부한 화폐의 대명사가 된 것이다.

금과 화폐 유통

그렇다면 조선시대의 상평통보, 몽골제국 화폐인 교초(交鈔) 등은 금은이 아닌데 어떻게 화폐가 된 것일까. 상평통보가 금은이 아닌 것은 틀림없지만, 조선왕조라는 정부가 교환의 매개수단으로 지불할 것을 약조한 것이기 때문에 그 또한 화폐다. 국가가 사라지지 않는 한, 정부가 반드시 지불하겠다고 약조한 화폐를 믿지 않을 이유가 없다. 그러므로 그 옛날의 상평통보나 오늘날의 지폐는 실제로는 아무런 담보 없이 오직 정부가 지불하겠다는 약속하에 통용되는 신용화폐이며 따라서 금은과 같은 실물화폐와 구분된다. 단 상평통보는 금은과 같은 소재 가치가 좋은 화폐가 아니기 때문에 다른 나라에서 사용할 수 없고(환전성 부족), 조선 사회 내부에서만 통용되는, 즉 국제적으

---

[25] 화폐의 기능: 화폐는 모든 상품 교환을 매개하는 매개수단(medium of exchange), 자신이 노동한 바를 저장하는 저장수단(store of value), 자기 상품의 크기를 재는 가치척도(common measure of value) 혹은 도량 표준, 미래에 지불할 것을 약정하는 장래 지불의 표준(standard of deferred payments) 혹은 지불수단이라는 4대 기능을 가지고 있다.

로는 비유통성 화폐인 것이다. 몽골제국 같은 경우, 이 문제를 해결하기 위해 외국과의 교역에서 사용하는 화폐는 은전으로 따로 발행하였다. 금은을 화폐의 기본으로 하는 전통은 근대에까지 내려와 금본위 화폐제도[26]를 낳는 배경이 되었다. 물론 오늘날의 화폐는 금본위제도가 아니라 상평통보처럼 국가마다 자율적으로 발행하는 자율 화폐 발행 제도의 산물이다. 국가가 생산물보다 많은 화폐를 발행하면 물건값이 오르고(물가 상승), 화폐를 환수하면 반대로 물건값이 하락한다(물가 하락). 화폐가 상품의 값어치를 정확하게 반영하지 못하고 들쭉날쭉하기 때문에 상품의 실제 가치와 화폐로 표현되는 상품 가격도 딱딱 맞지 않고 오락가락한다. 때문에 화폐 발행 정보를 어떻게 활용하는가에 따라서 각자 소지한 실물 상품들의 가치도 변한다. 정부가 돈을 많이 풀면 아파트 같은 실물 상품과, 채권 등의 유가증권 중 어느 가격이 더 오를지 생각해보라. 그러나 사회 전체적으로 보면 이것은 단위 변화의 문제일 뿐이다. 사과는 하나인데 화폐를 두 배로 발행해봐야 가격은 가령 100원에서 200원으로 올라가지만, 사과의 실제 가치는 여전히 1개인 것이다.

어떤 학자들은 화폐 발행이 물가 상승만 낳을 뿐이지 장기적으로

---

26 금본위(金本位)제도: 금의 보유량에 따라 화폐를 발행하는 제도. 2차 대전 이후 1970년대까지만 해도 세계 각국은 금본위제도(브레턴우즈체제)를 유지하였다. 미국은 2차 대전 전승국이었기 때문에 IMF 제도를 만들고 기축통화로 달러를 발행할 수 있는 전권을 장악하였다. 그러나 미국의 달러 남발과 각국으로 풀린 달러를 금으로 바꾸려는 세계적 금태환(金兌換) 요구가 커지자 미국은 약속을 파기하고 1971년도에 이 제도를 정지시켰다.

는 결국 경기에 아무런 영향도 미치지 않는다고 해서 이를 화폐의 중립성(neutrality)이라고도 부른다. 이 말이 맞는다면 가격은 비록 들쑥날쑥하지만 전체로 보면 총가치의 변동은 그대로이기 때문에, 누군(정부)가 증가된 화폐량에 대한 지급 보증만 확실히 해준다면 비록 종이쪽이더라도 총계는 맞는다는 원리에 의해 종이 화폐가 유통될 수가 있는 것이다. 일정한 판돈을 한곳에 모은 뒤, 카지노처럼 칩을 나누어 주고 도박판을 벌이면 따고 잃는 사람은 있으나 결국 마지막에는 그 판돈에서 각각의 몫을 나누어야 하는 것과 같은 이치다. 그러나 국제 교역에서도 이러한 각국의 화폐로 표시된 상품들의 가격이 서로 인정될 수 있을까. 내 나라가 돈을 적게 찍고 다른 나라가 돈을 많이 찍으면 결국 내 나라가 손해이니까 돈을 더 찍으려는 경쟁이 일어나지 않을까. 금본위제도가 국제 교역에서 불가피하게 발달한 것은 이런 각국의 화폐가치에 대한 상호 불신 때문이다.

금본위제도가 없어진 오늘날 각국의 화폐가치는 점점 더 그 신뢰성을 잃어서 어느 나라의 화폐도 이제는 서로 믿을 수 없는 지경에 이르렀다. 서로 믿을 수 없다면 모든 화폐는 하나의 지점에 다시 모여서 각각의 정보에 따라 시시각각 평가되어야 한다. 미국 달러(USD)의 금태환 정지가 선언된 1970년대 이래 세계 외환시장은 골치 아픈 자유변동환율제로 이렇게 재출범하였다. 그러므로 오늘의 화폐는 『천일야화』의 금화 시절과는 다른 불안한 불환(금으로 바꾸어주지 않는) 화폐 시대라고 할 수 있는 것이다.

비트코인과 가상화폐 거래소

금이 화폐시장에서 퇴출된 이후 오늘날 세계 화폐는 IMF 및 각국 중앙정부에 의해서 발행·통제되는 법화(legal tender, 불환 화폐)를 중심으로 운용된다. 그런데 암호 거래 기술을 바탕으로 한 비트코인이라는 정체불명의 디지털화폐가 등장(2009년)하면서 화폐시장의 정의가 꼬이게 되었다. 비트코인의 출현 동기는 각국 정부의 경쟁적 화폐 남발과 화폐가치 폭락(인플레이션)에 대한 대안, 즉 제한된 화폐량(2100만 코인)과 가상공간 거래에서 필요한 디지털화폐 기능을 꼽는다. 문제는 이 화폐가치를 지지할 실체란 게 인터넷 거래 시스템 외에는 존재하지 않음에도 불구하고 1비트코인에 5만 달러(2021년)를 오르락내리락할 정도로 가치가 폭등하였다는 데 있다. 그레셤(Thomas Gresham)의 법칙대로라면 소재 가치가 가장 작은 기형 화폐가 출현한 것이다. 비밀은 가상화폐 자체가 아니라 그를 유통시키는 거래소의 출현에 있다. 세계 도처에서 가상화폐를 각국 법화로 교환해주는 민간 거래소가 대거 출현하면서 비트코인은 비로소 현실 화폐 세계에 뿌리를 내리게 되었다. 즉 민간 가상화폐 거래소에 대한 각국 정부의 규제 강도에 따라서 가상화폐의 가치가 폭·등락하는 구조가 성립한다. 그럼에도 불구하고 오늘날 비트코인 같은 가상화폐는 수백 수천 종류에 이르며, 세계 1위 거래소인 바이낸스(Binance)의 경우 1일 거래량이 약 1500억 달러(2020년)로 기존 화폐(법화)시장을 위협하는 경지에 이르렀다. 각국 정부가 이 거래소를 인정하느냐 마느냐의 고민에 빠진 사이에 중국 등지에서는 국가가 개입하는 '중앙은행 디지털화폐'(CBDC) 발행을 시사해, 가상화폐 논란은 2라운드로 넘어갔다. 민간에서 국가 간으로 가상화폐 전쟁이 확전되면 세계 화폐인 달러의 절대적 위치도 위태롭지 않을까. 누가 먼저 총을 뽑는가는 시간문제일 뿐이다.

Unexperienced Post Corona Principle of Economics

4장 시장이론

1. 시장의 기초 원리 – 수요공급의 법칙

수요

시장을 움직이는 가장 기본적인 법칙은 수요와 공급의 원리다. 자장면이 4000원에서 5000원으로 값이 오르면 갑돌이는 먹기가 부담스럽다. 가격이 오르면 수요[27]가 줄고 내리면 수요가 느는 원리다. 이처럼 가격(price)과 수요(demand)라는 두 개의 변수[28]가 반대 방향으로 움직이는 것을 일반적으로 가격수요의 원리(간단하게 수요법칙, 또는 수요 원리라고도 부름)라고 부른다. 그러나 이들 간의 관계는 꼭 법칙

---

[27] 수요(demand): 수요란 구입한 상품의 양이 아니라, 상품을 구입하고자 하는 욕구를 뜻한다. 아직 결정하지 않은 상태, 그리고 싶은 욕망이 곧 수요다. 개인의 주관적 생각을 객관적인 실물보다 높이 평가하는 신고전학파의 경제철학이 반영되어 있다. 실제 수량은 수요량(quantity of demand)이라고 부르지만 사실은 어느 쪽 개념을 사용하든 개념을 이해하는 데는 큰 차이가 없다.

[28] 변수(variable): 어떤 변수 x가 변동함에 따라 그 상댓값(value) y가 변한다면 x는 y의 종속변수이다. x의 변화와 y값이 무관하다면 독립변수이다. 이처럼 수학에서는 두 요소 x와 y의 관계를 많이 따지는데 경제학에서도 마찬가지다. 다양한 변화에 따라 그 상댓값을 변동시키는 수를 변수, 변화하지 않고 처음부터 고정되어 있는 수는 상수(constant)라고 한다. 경제학에서는 투입(input)과 산출(output), 원인(reason)과 결과(result) 등등을 각각 x와 y라는 변수로 이분화하는 수식을 종종 사용한다. 가령 기름값(x)이 오르면 자동차 수요(y)는 어떻게 될까 하는 식이다.

대로 움직이지 않는다. 갑돌이는 그냥 나올 수도, 오른 값에 사 먹을 수도 있기 때문이다. 특수 조건이 붙는다는 말이다.

수요 원리를 위반해서 반대로 자장면을 사 먹는 경우의 수를 생각해보자. 갑돌이가 주머니 사정이 넉넉해서 1000원쯤 오른 것을 전혀 개의치 않는다면 갑돌이는 값에 관계없이 자장면은 물론 탕수육도 사 먹는다(소득 조건), 또 다른 집도 마찬가지로 자장면값이 올랐다면 그냥 여기서 자장면을 사 먹는다(경쟁 조건), 갑돌이가 이 집 자장면을 무척 좋아한다면 어떤 희생을 치르고라도 역시 사 먹는다(기호), 내일 자장면값이 또 오를 거라고 생각되면 지금 사 먹는다(기대치) 등등, 값이 올라도 자장면을 사 먹는 경우의 수가 무척 많음을 알 수 있다.

자장면값이 내렸음에도 불구하고 사 먹지 않는 경우도 있다. 갑돌이의 평균적인 한 끼 식사량이 한 그릇이라면 내린 값에 상관없이 더 먹지 않는다. 옆 분식집 라면값이 1500원으로 내리면 자장면을 사 먹지 않는다(대체효과). 자장면 불량 색소 파동 때문에 값이 내려간 것이라면 기분 나빠서 사 먹지 않는다(환경 조건). 용돈이 갑자기 줄어서 2000원도 부담스러우면 안 사 먹는다.

값이 오르거나 내리거나 상관없이 수요공급의 법칙이 틀릴 경우는 너무도 많다. 그러므로 우리가 시장에서 수요와 공급을 논할 때 가격에 따라서 수요가 변한다는 이른바 가격수요의 법칙은 대체로 일반적인 한 가지 경우에 불과하다는 사실을 염두에 두어야 한다. 수요와 공급의 실제 원리에 한 발짝 더 다가가는 방법은 수요를 결정하는 여러 요인들을 종합해서 조건을 따지는 논리력을 보강하는 것이다.

이것을 하나로 엮는 방법을 가격수요함수라고 하는데, 이때 함수 (函數, function)란 두 개의 변수가 일정한 규칙성, 즉 직선으로 연결되는 1차 함수나 곡선으로 연결되는 2차 함수와 같이 수학적으로 명쾌한 관계를 일컫는다.

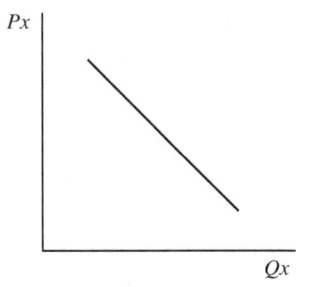

그림 3) 가격수요곡선 1차 함수 관계

그림 3)은 가격(P_x)과 수요(Q_x)의 관계를 가장 간단한 1차 함수 관계인 직선(y=ax+b)으로 표현한 것이다. 이 그림표는 간단한 것 같지만 사실은 좀 더 깊은 음미가 필요하다. 먼저 우하향으로 표현된 기울기는 가격이 오르/내리면 수요가 감소/증가하는 가격과 수요 간의 역관계(-)를 상징한다. 둘째, 자장면값이 오를 때 다른 재화, 예를 들어 자장면의 필수품인 단무지 수요는 어떻게 되나. 자장면 수요가 감소하기 때문에 자연히 단무지 수요도 감소한다. 이렇게 한 재화의 가격이 변할 때 다른 재화의 수요도 같은 방향으로 움직인다면 그 재화를 일러 보완재라고 부른다. 반대로 대체 재화인 라면 수요는 어떻게 될까. 자장면값이 올랐기 때문에 상대적으로 값이 싸진 라면에 대한 수요가 증가한다면, 이때 라면은 자장면을 대신하는 대체재인 것이다. 한

편 보완재가 아닌데도 수요의 원리를 벗어나 가격과 수요가 같은 방향으로 움직이는 재화를 기펜재[29]라고 한다.

이러한 요인들을 감안한 재화의 수요함수와 변수들은 기본적으로 다음과 같이 구성된다.

식 1) $Q_x^D = f(x : Px, Py, I, Po, T, E \cdots)$

　　Px : X재화의 가격

　　Py : Y재화의 가격

　　I : 소득(Income)

　　Po : 인구(Population)

　　T : 소비자 기호(Trend)

　　E : 기대치(Expectation)

수요량 Q_x^D를 결정하는 변수 x의 항목은 예컨대 자장면값(Px), 자장면과 경쟁 관계인 라면값(Py), 주머니 사정인 소득(I), 주변 인구(Po), 기호(T), 기대치(E) 등등으로 구성되는 것이다. 우리가 어떤 사업을 시

---

29 기펜재(Giffen goods) : 일반적으로 가격이 오르면 그 재화의 수요는 감소하지만, 고급 밍크코트 같은 사치품은 오히려 수요가 더 증가하는 수가 있다. 이렇게 기존의 수요 원리와 반대로 작용하는 재화를 기펜재라고 부른다. 그러나 원래 기펜재의 유래는 열등재로부터 시작되었다. 1845년 아일랜드의 감자 파동 때 감자 가격이 폭등하는 데도 감자 수요가 더 증가하는 수요법칙 위반 사례를 기펜(R. Giffen)이라는 학자가 관찰한 데서 유래한다. 감자 가격이 오르자 가난한 서민들은 주식량인 감자를 먹기 위해 더 허리띠를 졸라맬 수밖에 없게 되었기 때문이다. 소득 조건이 문제였다.

작하면 내가 팔고자 하는 재화의 가격은 얼마로 정할지, 다른 경쟁 상품의 가격은 얼마인지, 주변 인구의 성격은, 사람들의 주머니 사정(소득) 등등에 대한 고려를 수식에 포함시킨 것에 불과한 것이다. 그러나 이 중에서도 자기 재화 가격(Px), 연관되는 다른 재화의 가격(Py), 그리고 무엇보다도 소득(I)은 적어도 수요량을 예측할 때 반드시 기억해 두어야 할 중요한 3요소이다. 즉 수요는 무엇보다도 자기 재화 가격의 변동에 영향을 받는다. 둘째로 다른 재화 가격의 변동에 영향을 받으며, 셋째로 소득의 증감에 따라 증감한다는 것이다.

공급

수요가 소비자에 의해 결정되는 것이라면 공급은 생산자의 몫이다. 이때 공급함수를 결정하는 주요 요소는 다음과 같다.

식 2) $Qx^S = f(x : Px, Py, F, T_e, T_a, E \cdots)$

Px : X재화의 가격

Py : Y재화의 가격

F : 생산요소 가격(Factor Price : 이자, 임금, 지대)

T_e : 생산기술(Technology)

T_a : 세금(Tax)

E : 기대치

공급 원리란 생산자 측면에서 바라보는 가격과 공급의 관계, 즉 가격이 오르면 생산자한테 이득이 되니까 더 많이 공급을 증가시킨다는 원리다. 가격과 공급이 정비례 관계라면 공급함수는 일반적으로 우상향한다. 수요법칙과는 반대로 태권도장과 검도장 같은 대체 관계에서 태권도장의 월 지도비가 오르면 태권도장의 공급은 증가하고 검도장은 줄어들려고 할 것이다. 커피와 설탕 같은 보완관계에서 커피값이 오르면 커피 공급이 증가하기 때문에 설탕 공급도 덩달아 증가한다. 그러나 수요와 마찬가지로 이와 같은 일반 공급 원리는 몇 가지 조건의 제재를 더 받는다. 생산요소, 기술 등이 그것이다. 수요 측면의 주요 변수인 소득, 인구 등을 대체하는 공급 측면의 주요 변수는 생산요소 및 기술의 변동이다. 가령 임금, 이자, 지대 등의 생산요소 가격이 오르거나 내리면 공급자는 그 부담 때문에 공급을 줄이거나 늘린다. 태권도장 건물 임대료가 오르면 태권도장은 줄어드는 것이다. 기술은 생산요소 못지않게 중요한 공급에 영향을 주는 요소이나 크게 보면 노동 및 자본에 포함할 수 있다. 노동자의 숙련도, 창의성 또는 자본으로 형상화된 기계 기술은 각각 노동과 자본 그 자체로 간주할 수 있다. 그러나 특허, 실용신안 등의 저작 권리가 발달한 오늘날, 기술은 자본이나 노동처럼 별도의 독립 생산요소로 간주하는 경향이 커졌다.

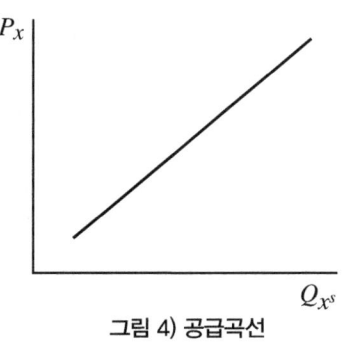

그림 4) 공급곡선

2. 균형가격과 평균가격 – 한계가 아니라 평균이다

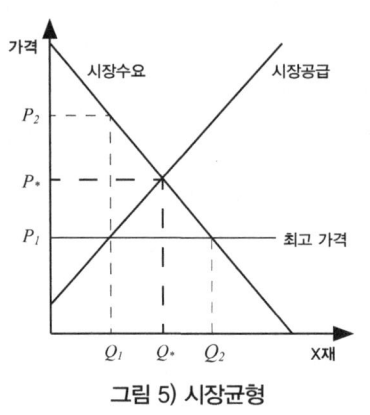

그림 5) 시장균형

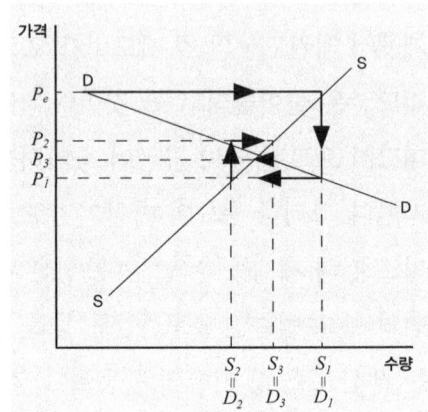

그림 6) 거미집이론

그림 5)에서는 점 (Q_*, P_*)가 수요와 공급이 만나는 균형점이다. 사람들이 원하는 수요만큼, 공급되는 물량(Q_*)의 가격(P_*)이 곧 시장가격이다. 입찰(공급)과 호가(수요)가 있는 경매시장을 상상하면 그림이 그려질 것이다. 그런데 가격이 P_*이기 때문에 수요와 공급이 맞아떨어지는 것일까, 사람들의 수요와 공급이 마침 딱 맞아서 P_*라는 시장가격이 결정된 것일까. 이 집과 저 집 가격이 다르고, 이 가격에 잘 팔릴지 말지를 모르면 어떻게 하나. 가격이 한 번에 결정되는 것은 아주 드문 예이다. 수요자는 더 싼 가격에, 공급자는 더 비싸게 팔고 싶기 때문에 실랑이가 벌어진다. 가격이 요동치는 것이다. 만약 가격이 P_*에

서 P_2로 오른다면, 수요자들은 Q_1만큼으로 수요를 줄이려 할 것이고, 공급자들은 얼씨구나 하면서 Q_2까지 공급을 늘리려 할 것이기 때문에, 그 차액 (Q_2-Q_1) 만큼의 초과공급이 발생한다. 재고가 발생하면, 공급자는 남아도는 재고를 처분해야 한다. 그렇다면 가격을 균형점인 P_*로 내리면 재고를 처리할 수 있을까. 시장은 서로 정체를 모르는 무수히 많은 사람이 참가하기 때문에 현실에서는 시장가격을 정확하게 찾아내기란 거의 불가능하다. 그러므로 재고가 발생하면 가장 중요한 것은 무엇보다도 남보다 빨리 재고를 처분하는 일인데, 그렇게 하려면 가격을 대폭 낮추는 덤핑도 불사해야 하는 것이다. "팔지 못하면 죽어라"라는 판매전 출격을 앞둔 세일즈맨의 결의는, 아무리 가치가 높아도 팔리지 않으면 결국 아무것도 아닌 유통의 불확실성을 비장하게 상징하는 것이다. 이제 빨리 팔기 위해서 가격을 P_1까지 훌쩍 내리면 재고는 처리될 것이다. 그러나 너무 낮은 가격에 재고를 처리했기 때문에 이번에는 수요가 늘고 공급이 줄어서 (Q_2-Q_1)만큼의 초과수요가 발생한다. 그러므로 자본주의 시장가격이란 이런 불일치 과정을 몇 차례나 반복하는 시행착오를 거쳐야 한다. 이른바 시장 논리의 핵심은 이와 같은 시행착오 속의 균형론이며, 이 논리의 이상향은 각자가 최고의 이해(利害)를 다 부려도 마치 공중화장실의 비슷비슷한 줄서기처럼 시장은 결국 균형을 찾아간다는 데 있다. 시장가격을 또 다른 말로 균형가격(equilibrium price)이라고 부르는 것은 이 때문이다. 물론 이것은 이론에 불과한 것이고 현실 속에서 균형이 성립하는 것은 오히려 매우 드문 경우다. 시행착오가 줄어들어 안정되기보다는 계속 흔들리면 어떻게 될까. 어린이날 놀이동산 줄서기처럼 끝을 알 수 없다면 최적의 줄서기를 매번 선택할 수 있을까? 인내할 수 없다면, 급행료를 내고 우선권을 사거나, 불법 새치기, 전설의 팝스타 마이클 잭슨처럼 개인 놀이터를 만들어야 한다. 경쟁시장의 다른 한 편에는 비경쟁시장, 즉 가격변동의 불확실성이 싫어서 힘과 폭력으로 시장을 지배하려는 독점시장이 있는 것이다.

균형론이 만일 생산자나 소비자가 똑같은 처지라는 불합리한 가정에 불과하다면 실제 경쟁시장에서 가격은 어떻게 결정될까. 놀이동산에서 누군가 줄서기 정보를 알고, 다른 사람은 모른다면 정보를 아는 쪽이 항상 유리한 선택을 하게 될 것이다. 생산자와 소비자 간에 가격 정보를 더 정확하게 알고 있는 사람은 물론 생산자다. 그는 자재비와 인건비 등 생산비용에 들어가는 구입 가격 정보를 모두 알기 때문에, 제품의 총비용가격[30]을 산출할 수 있다. 시장에 출하하는 생산가격은 이 비용에 이윤을 더한 것이다. 가령 자장면의 생산원가를 1000원이라고 하고, 여기다 9999만9000원의 이윤을 더하면 한 그릇에 1억 원짜리 자장면이 탄생하는 것이다. 원가가 얼마든 어떤 이윤을 붙이든 엿장수 맘이다. 그러나 이 자장면이 팔릴 수 있을까. 재화가 시

---

[30] 생산가격, 비용가격, 시장가격: 생산원가는 상품을 만드는 데 들어가는 노무비, 재료비, 연료비 등으로 구성된다. 비용을 강조하면 생산원가는 곧 비용가격이 된다. 생산가격은 이 원가에다 생산자 이윤을 더한 것이며, 시장가격은 이 생산가격에 상인들의 상업(유통)이윤을 더한 것이다. 정리하면 다음 수식과 같다.

생산가격 = 생산원가(비용가격) + (생산자)이윤
시장(소비자)가격 = 생산가격 + (유통)이윤

장에서 팔리려면 시장가격은 결코 그 지불 수준, 즉 비용을 지불하는 소비자의 평균적인 소득수준을 넘어설 수 없다. 이른바 사회가 납득할 수 있는 이윤의 범위, 즉 평균이 있다는 말이다. 이것이 자기 마음대로 높은 이윤을 붙일 수 없는 이유이다. 그러므로 생산자의 주관적 욕망인 생산자 이윤은 객관적인 소비자 주머니 사정을 감안한 객관적인 평균이윤으로 전환하지 않으면 안 된다. 만약 그보다 높은 이윤임에도 불구하고 자장면이 팔린다면, 더 많은 자장면집이 생길 것이고, 자장면 공급이 계속 늘어난다면 언젠가 공급초과로 자장면값은 다시 하락할 것이다. 가격 하락은 자장면집 이윤이 김밥집 등 경쟁점과 비슷해져 김밥집 주인들이 더 이상 자장면집으로 업종을 변경할 이유가 없어질 때까지 계속된다.

자장면과 김밥 가격이 평균화되면, 자장면집과 김밥집의 이윤도 엇비슷하게 평균화된다. 시장이 저절로 균형을 찾아가는 것이 초점이 아니라 이윤의 크기가 같아지는 평균화 원리를 더 깊이 파헤칠 수 있어야 하는 것이다. 평균가격과 평균이윤이 이해가 되었다면, 고정된 평균가격, 즉 이제 왜 동네 자장면값이 너나없이 비슷한지, 경쟁점인 김밥집의 떡라면값을 크게 넘을 수 없는지가 이해될 것이다.

3. 무차별곡선 – **주관적 욕망의 계산**

　개인의 주관적 욕망을 효용(utility)이라고 부르는데, 이 효용을 어떻게 하면 만족시킬 수 있을까. 기분껏 살 수 있다면 그처럼 좋은 일도 없을 것이다. 철수와 갑수가 영희를 좋아한다고 하자. 철수는 갑수보다 영희를 얼마나 좋아할까. 각각의 마음 크기의 편차는 있을지언정 문제는 그를 객관적으로 측정할 수 있는 방법이 없다는 것이다. 철수가 장미꽃 100송이, 갑수가 한 송이를 영희에게 전해준다고 해봐야 그것은 각각 주머니 사정의 차이일 뿐이다. 장미꽃 수가 영희를 향한 진짜 마음 크기의 차이라면 가난한 갑수는 억울해서 도저히 잠을 이룰 수 없을 것이다. 제본스(W. S. Jevons)와 같은 효용학파들은 이런 사람의 주관적 마음(욕망)의 크기를 측정할 수 있다고 주장하였다. 사실은 그런 단위(U)가 있을 것이라고 다음과 같이 상상하였다.

　철수는 남들이 선망하던 직장의 신입 사원이 되었지만 일이 서투르고 고달프다. 퇴근길에 친구들과 선술집에서 어울려 애환을 달랜다. 선술집에서 철수의 주관적 효용은 얼마나 될까. 출출한 김에 먹는 첫 술은 대단히 먹고픈 효용이므로 100U라고 해두자. 둘째 잔 역시 거침없지만 대개 첫 번째만큼의 높은 점수는 아닐 것이므로 60U라고 하자. 셋째 잔은 30U⋯. 이런 식으로 계속해서 더 이상 먹을 수 없어 비틀거리는 한계상황에 이르는 때를 0U라고 한다면, 만취한 철수가 이 날 획득한 총효용은 이를 전부 더한 값이다.

소비량(잔)	효용(U)	한계효용(MU)
1	100	100
2	60	40
3	30	30
…	…	…
10	0	0
계(총효용)	200	

표 2) 총효용과 한계효용

총효용은 효용을 전부 더한 값이고, 한계효용은 각 단위당 효용 간 차이다. 이때 한계효용은 40, 30 등으로 소비량이 더해갈수록 체감(遞減)하는데, 그 의미란 두 번째는 첫 번째보다 만족도가 떨어진다는 것이고 이를 효용학파는 궁극적인 법칙(ultimately law)으로 생각한다. 물론 양을 매우 조금씩 먹게 되면 감질나서 오히려 한계효용이 증가하는 경우도 있는데 이런 경우는 '한계효용 체감의 법칙'에 어긋나므로 아예 가정에서 삭제한다. 효용이론은 변덕이 심한 인간 심리까지도 체계화해서 경제학 영역으로 끌어들였으며 뒤에 소비자 기호와 심리 파악에 영향을 끼쳤다는 데 의의가 있다. 문제는 먹는 식품을 제외하면 한계효용 체감의 법칙이 맞지 않는 상황이 많고, 측정 단위가 없는 결정적 결함을 갖는 효용가치를 경제를 지배하는 유일 법칙으로까지 지나치게 확대 해석한다는 것이다.

🔆 생/각/해/보/기

위장학파

효용학파를 한계효용학파라고도 부르는 이유는 양이 증가할수록 효용은 떨어진다는 생각을 가지고 있기 때문이다. 이와 같이 '한계효용 체감의 법칙'이 가장 잘 맞는 것은 사실 먹을수록 배고픈 욕망의 한계가 잘 느껴지는 음식물의 경우에 주로 한정된다. 그러나 소재를 바꾸면 효용이론은 즉각 일반화하기 어려운 곤경에 처한다. 가령 돈은 많을수록 좋거나 재물 욕심은 부자가 오히려 더한 경우를 우리는 흔히 볼 수 있다. 또 효용단위 'U'라는 것은 애초에 막연하고 가공의 것이므로 어느 선, 어떤 단위에서 효용이 감소하기 시작하는지 개인마다 주관적으로 다르므로 기준을 세울 수 없는 약점이 있다. 효용학파는 사람의 감정에 호소하는 가장 감각적인 대상물인 음식물로 경제법칙을 일반화하기 때문에 이들의 주장은 논리학적으로 '까마귀 날자 배 떨어진다' 같은 일종의 인과법칙 위반에 해당한다. 종종 효용학파가 '위장(stomach)학파'로 호칭되는 것은 이 때문이다.

효용학파 역시 주관적 효용을 측정할 수 없다는 한계를 잘 알고 있다. 때문에 킬로그램(kg)이나 척(尺)과 같은 단위(unit) 없이도 이의 존재를 설명하는 기상천외한 방법(서수적 방법)을 개발하였다. 이 것이 X재화와 Y재화의 교환 관계로 상징되는 무차별곡선이다. 아래 그림 7)은 사과의 수를 X축으로, 배의 수를 Y축에 놓았을 때 무차별곡선이다.

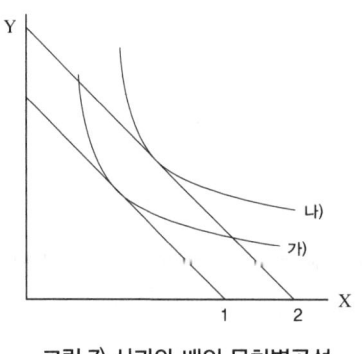

그림 7) 사과와 배의 무차별곡선

인간의 욕망이란 주어진 소득하에 가령 사과와 배를 선택하는 데 있어서 동일한 효용을 주는 무한한 선택의 조합(사과 2개와 배 3개, 사과 2.1개와 배 2.9개, 사과 2.23개와 배 2.82개 등등)을 할 수 있다. 이것을 그림으로 표시한 것이 원점에 대해 배가 불뚝한 무차별곡선이다. 무차별곡선 나)는 가)보다 효용이 높으며(서수적 우위), 서로 교차하지 않으며, 원점에 대해 볼록하며, 우하향하는 특징이 있다. 이는 각각 다다익선, 효용 변경 불가, X재화와 Y재화 간의 한계대체율 체감, 한계효용 체감을 상징한다. 그러므로 이 가정 중에 하나만 어긋나도, 가령 아침에는 배가 좋다가 저녁에는 사과로 기호를 바꾸면 무차별곡선은 성립하지 않는다.

엄격하게 말하자면 무차별곡선이란 현실을 객관적으로 설명하려는 시도라기보다는 특정한 주의·주장(개인의 욕망과 시장의 합리성)을 내세우기 위해 특별히 고안된 개념이라 할 수 있다. 사실 이렇게 복잡하게 상품 조합을 고르고 또 고르는 사람은 자본주의사회에 닳고 닳은 기회주의적 인간 몇 사람밖에 없다. 대개의 정상적인 소비자는 이처럼 약삭빠른 형이 아니라, 불확실한 몇 가지 정보 안에서 불완전한 선택을 하는 좀 어리숙한 사람이다. 최선의 선택을 할 수 있는 자는 구매 정보를 아는 생산자나 상인이며, 소비자는 자신의 기호와 상품 정보의 정도에 따라 조금 더, 혹은 조금 덜 손해를 보고 상품을 구매하는 것뿐이다. 즉 상인이 더 가격결정력을 가지고 있는 것이다. 그러므로 무차별곡선의 효용 극대 가정은 소비자의 선택을 상인의 선택과 동등한 가치로 가정해서, 일단 교환이 이루어지면 손해 보는 사람은 없고 모두가 만족한다는 시장 합리화를 그 배경으로 깔고 있다고 할 수 있다. 둘째 무차별곡선의 합리화는 인간 내면의 속성을 개인이기주의로 정형화한 것이다. 그 결과 효용학파는 주관적 만족도를 함수로 정형화시켜서 고등수학화하는 시도를 도입한다. 할 수만 있다면 인간 심리를 경제학에 반영하는 것이 나쁠 리 없다. 문제는 인간 심리만으로 결정되지 않는 더 중요한 객관적 경제 요인들, 예컨대 기득권, 계급, 지위, 정보, 돈의 많고 적음 등등이 이 세계에서는 인간의 주관이라는 단 한 가지 변수보다도 못한 존재가 된다는 것이다. 수학식이란 두 개의 변수를 단순화해서 요점을 알기 쉽게 정리하는 장점은 있지만, 단순화의 수리적 증명에 집착하면 다른 중요한 경제 변수를 간과하게 되는 위험이 있다. 경제학의 현실 설명력이 떨어진다든가, 경제학의 위기가 도래했다든가 하는 비판은 주로 난해한 수식이라는 무릉도원에 살고 있는 신고전파 형이상학의 경제 대안적 무능력을 가리킨다.

4. 이중가격과 탄력성 – 현명한 시장 읽기

이중가격과 탄력성

갑돌이는 한밤중, 자정까지 기다렸다가 갑순이에게 전화를 한다. 갑돌이는 값싼 심야 전화 서비스를 이용해야 하는 가난한 학생인 탓이다. 갑돌이 사례처럼 주간과 야간의 시차를 정확히 구분할 수 있다면 공급자는 이중가격을 이용할 수 있다. 이를 탄력성 차이로 설명해 보자. 소득 능력이 있는 직장인들은 값이 싸도 불편한 심야 서비스를 잘 이용하지 않기 때문에 전화 가격에 별 반응 없는 비탄력적인 수요를 갖지만 학생들은 가격차에 민감하다. 이처럼 같은 품질의 상품 서비스라도 각각이 처해 있는 환경에 따라서 가격차별이 형성될 수 있는데 이를 다른 말로 이중가격 현상이라고 부른다. 그러나 가격의 분리가 실제 경제에서 활용되려면 시간 차, 혹은 설악산 대청봉과 평지처럼 공간의 차이 등 시장을 명확히 구분하거나 적어도 구분할 수 있는 능력을 갖추어야 한다. 둘째, 판매자가 시장을 확실히 지배하는 독점적 지위가 있어야 한다. 너나없이 경쟁자가 나선다면 가격차별 전략은 엉망진창이 될 수 있다. 셋째, 가격차별화 이익이 시장 분리 비용보다 높아야 한다. 넷째, 낮은 가격의 상품 구입자가 같은 상품을 시장에서 높은 가격으로 재판매해서는 안 된다. 즉 가격차별은 서로 다른 소비자가 서로 다른 가격탄력성을 가지고 있다는 조건하에서만 성립한다.

수요의 가격탄력성(price elasticity of demand)

가격이 변할 때 수요가 어떻게 변하는가를 좀 더 심도 있게 관찰하려면 수요곡선의 기울기에 대한 개념 파악이 필요하다.

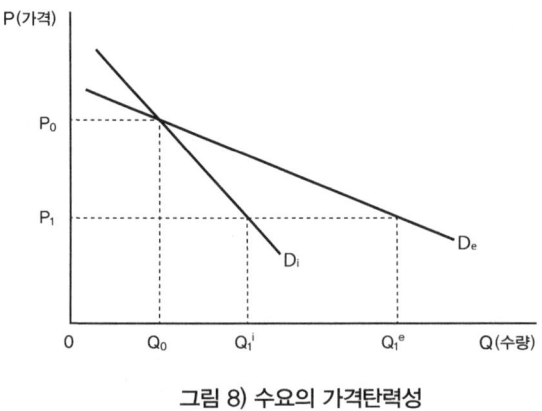

그림 8) 수요의 가격탄력성

이 그림은 D_i(재화 '가') 곡선의 기울기가 D_e(재화 '나') 곡선의 기울기보다 가파른 상태이다. 기울기는 가격이 변할 때(P_0-P_1) 수요량이 얼마나 변하는가(Q_0-Q_1)를 가리키는데 여기서는 D_i의 기울기보다 D_e의 기울기가 더 크다.

즉, $\dfrac{Q_0-Q_1^i}{P_0-P_1} < \dfrac{Q_0-Q_1^e}{P_0-P_1}$

경제학적으로는 D_i 곡선의 기울기가 D_e 곡선보다 비탄력적이라고 말한다. 결론만 말하자면 (가)재화는 가격이 변해도 수요량이 거의 변화가 작은 반면, (나)재화는 가격이 변하면 수요량이 더 많이 변함을 그림으로 표현한 것이다. 거꾸로 수요량의 변화로부터 역순으로 전개하면, (가)재화는 수요량이 조금만 변동해도 가격이 급변동하는 반면 (나)재화는 수요량이 변해도 가격은 별로 변하지 않는다. (가)유형의 재화는 대개 쌀이나 곡물 같은 농산물 또는 석유 같은 생활필수품이며, 조금의 수급 변동에도 가격이 폭락, 등락하는 투기성을 갖는 수요(공급)민감형이다. (나)유형은 도서·문화비 등 비(非)생필품, 또는 사치품이 주류를 이룬다. 가격(대체효과)과 소득(소득효과)에는 민감하게 탄력적으로 반응하지만 거꾸로 수요가 변해도 가격은 큰 영향을 받지 않아, 가격·소득민감형으로 분류된다. 문화비는 경제가 어려우면 지출이 급격히 감소하고, 경제가 좋아지면 급증하는 대표적인 재화·서비스 품목이다. 이와 같은 수요곡선의 기울기를 일러 수요의 가격탄력성(price elasticity of demand)이라고 부른다. 2008년, 2020년 등 경기불황에서 서민 가계의 문화비 지출이 어떻게 변동되었는지, 수요민감형과 가격·소득민감형 재화는 어떤 것들이 있는지를 조사해보고 그 결과를 논해보자.

한 가지 주의할 점은 원인을 규명하지 않고, 탄력성 차이로만 모든 사물의 인과관계를 매듭지으면 중요한 실수를 범하게 된다는 것이다. 가령 식량은 수요를 급격하게 바꾸기 어렵기 때문에 비탄력적 수요 성향의 생활필수재이다. 그러나 거꾸로 식량 수요가 비탄력적이기 때문에 식량이 필수 재화는 아닌 것이다. 시장을 분석하면서 탄력성을 시장 논리의 총아로 맹신해서 생기는 해프닝을 우리는 종종 보게 되는데 이는 수십 세기 동안 진보된 인식론의 철학적 의미를 충분히 고민하지 않은 것으로부터 범하기 쉬운 고질적인 단순화의 오류들인 것이다.

5. 가치의 역설 — 다이아몬드 가격은 얼마인가

사막에서 스포츠카를 몰고 가다가 물이 떨어졌다. 지나가는 목동을 만난다면 물 한잔을 구걸하고 대신 자동차라도 내놓아야 한다. 물은 이처럼 인간에게 없어서는 안 될 소중한 것인데, 그러나 일반적으로는 물값이 다이아몬드값보다 싸다. 즉 물의 가치가 원래는 다이아몬드 가치보다 높지만 현실에서는 그 반대인 것을 가치의 역설이라고 한다. 이 문제점에 대해서 한계효용학파들은 자신들만이 이를 설명할 수 있다고 주장한다. 상품 가격은 총효용이 아니라 한계효용에 의해서 결정되며 한계효용은 존재량이 많을수록 적고 소비량이 많을수록 적어진다는 것이다. 뭔 소리인지 잘 모르겠지만 아마도 물은 많고 다이아몬드는 부존량이 적으니까 다이아몬드를 더 가지고 싶어서 그런다는 소리로 들린다. 그럼 돈은 10원이 좋은가 1000원이 더 좋은가. 11원이 좋은가 10만1원이 더 좋은가. 즉 보통 사람들은 한계효용보다는 다다익선을 좋아한다. 사물의 쓸모(사용가치)란 물론 모든 재화에 존재한다. 물이 필요할 때가 있고, 자동차가 필요할 때가 있다. 그런데 교환의 세계로 들어오면 각각은 교환할 근거, 즉 새로운 기준을 필요로 하게 된다. 부존량이 개입되는 것은 이때다. 물이 지천이어서 별다른 노동 없이도 이를 구할 수 있다면 물값이 쌀 것이고, 물이 구하기 힘들어서 대수로라도 파야 한다면 값이 당연히 비싸진다. 각각의 상품의 진짜 쓸모(사용가치)는 교환과정에서 사라지고 오직 그것을 얻는 데 얼마의 노력이 들어갔느냐(교환가치)에 따라서 값이 결정된다. 즉 다이아몬드값이 비싼 것은 한계효용이 커서가 아니라, 부존량이 적어서 그것을 얻기까지는 많은 노동과 비용이 들어가야 하기 때문이다. 실제의 시장 교환은 2단계를 거친다. 다이아몬드 생산까지의 생산비용(생산가격)이 1단계라면, 그것을 내다 파는 시장가격 결정 과정(혹은 교환과정)은 2단계로 구분되며 1, 2단계는 돌고 돌아 서로 영향을 미친다. 한편 시장에서 결정되는 값어치는 시행착오가 있을 수 있기 때문에 천차만별이다. 늘 거래되는 상품은 평균값이 거의 정해져서 정상적 상태에서는 변동 폭이 크지 않다. 그러나 사치품의 경우는 좀 다르다. 일반 재화보다 소비자의 주관이 더 많이 개입되어 시장가격 변동 폭이 상대적으로 크며, 이 경우 결정변수는 실제 그의 욕망을 실현하는 주머니 사정(소득)이다. 내가 돈 좀 있으면 얼마라도 욕망을 실현할 수 있지만, 돈 없으면 내 주관은 헛된 욕망이요, 그림의 떡인 것이다.

실생활에서 보는 다이아몬드의 가치

오늘날 다이아몬드의 가치는 잘 알아먹기도 어려운 소비자들의 한계효용 따위가 아니라 분명한 기준인 '4C', 즉 무게(Carat Weight), 색상(Color), 투명도(Clarity), 연마(Cut)라는 표준 기준으로 먼저 결정된다. 무게, 색상, 투명도가 부존량을 가리킨다면, 연마는 가공 기술, 즉 노동력 수준을 상징한다. 다음으로 시장 상황에 따라서 가격이 변동되는데, 다이아몬드 같은 장식용 사치품은 사회적 필수품이 아니기 때문에 당대에 유행하는 투기 경향과 기호, 수요자들의 소득 변화에 주로 영향을 받는다.

읽/어/두/기/

다이아몬드 가격 5년 만에 하락

전체 생산량의 50%를 소비하는 미국이 휘청거리자 다이아몬드 가격이 5년 만에 하락했다. 블룸버그통신은 다이아몬드 가격의 추이를 나타내는 다이아몬드 가격지수가 지난 2003년 이후 처음으로 하락세를 보이고 있다고 10일 보도했다. 다이아몬드 가격지수는 올해 8월 137 이상 올랐다가 지난 7일 127.69까지 떨어졌다. 다이아몬드 가격지수는 2003년 100 아래로 추락한 바 있다. 자산운용사인 그리폰의 애브리 플레시스 최고투자책임자(CIO)는 "다이아몬드도 예외는 아니다"라며 "앞으로 사치품들이 본격적으로 경기침체의 영향을 받을 것"이라고 전망했다. 전문가들은 다이아몬드 가격 하락과 실업률 사이의 상관관계에 주목하고 있다. 2003년 미국에서 정보기술(IT) 거품이 꺼질 당시 실업률은 최고 6.3%를 기록했다.

(『서울경제』, 2008년 11월 10일 자)

6. 모두가 만족하는 후생경제 – **파레토 최적, 그 허접함**

아무도 손해 보지 않고 모두가 행복해하는 경제는 있는가.

파레토(V. Pareto)는 이탈리아 경제학자로 최적의 교환 관계라는 개념을 개발하였다. '파레토 최적(最適)'이란 한마디로 아무도 손해를 보지 않는 최적의 교환이 있다는 것이다. 가령 '갑'은 배보다 사과를 좋아하지만 '을'은 배든 사과든 상관하지 않는다고 하자. 이때 '갑'이 사과 하나를 주고, '을'로부터 배 하나를 받아 온다면 '갑'은 처음보다는 흡족할 것이고('갑'의 후생welfare 증가), '을'은 상관없는(후생 불변) 상태가 될 것이다. 즉 어떤 사람의 후생도 감소하지 않고 사회 전체의 후생이 증가한 누이 좋고 매부 좋은 교환 관계를 파레토 최적이라고 부른다. 물론 현실에서 이런 경우는 실제로 일어날 수도, 안 일어날 수도 있다. 을이 갑의 기호와 같다면 양보할 이유가 없는 것이다. 문제는 파레토 균형 이론이란 최적 현상이 늘 일어난다고 주장한다는 데 있다. 파레토에 의하면 이는 일반균형 조건하에서 가능한데 이때 말하는 '일반균형'이란 수많은 공급자와 수요자가 얽혀 있는 완전경쟁 조건을 말한다. 그럼, 현실같이 독점시장이 더 큰 환경에서는 아무도 피해보지 않는 시장 조건은 형성되기 어렵다는 말이 아닌가. 이쯤 되면 완전경쟁 조건하에서는 언제나 파레토 최적이 일어난다는 말도 의

심 간다. 환경피해 같은 외부불경제[31]가 발생하는 경우가 그렇다.

온산공단은 우리나라 석유화학단지의 대표 지구이면서 공해 문제로 골치 아픈 지역이다. 이 가운데 석유 수입업자와 석유화학공장 관계에서는 이른바 누구의 후생도 줄지 않는 파레토 최적을 달성할 수 있다. 그러나 삼자 간 관계에서는 그렇지 않다. 공해로 피해받는 지역 주민들로 보면 이는 '일반'적인 후생 증대가 아니라 감소다. 1985년 이 지역에서는 1500여 명의 주민이 일본의 유명한 공해병 이타이이타이병으로 의심되는 질병에 걸렸다. 그러나 역학조사를 실시한 환경청은 공해병의 존재를 부정하였다. 그해 10월 온산 주민 4만여 명을 이주시키는 대책이 발표되었고 공해병은 해명되지 않은 채 지역 주민들은 도처로 흩어져야 했다. 이를 파레토 최적이라고 누가 주장한다면, 아마 주민들로부터 돌멩이 세례쯤은 받을 각오를 단단히 해야 할 것이다.

파레토 최적, 그 허접한 환경 처방

1991년 노벨경제학상 수상자인 코즈(R. Coase)는 오염 지역의 피해자들에게 보상을 할 필요가 없다는 주장을 했다. 보상을 바라는 사람

---

31 외부경제: 영국의 경제학자 마셜(A. Marshall)이 주장한 개념. 내부경제란 자기 노력에 따라 결과가 나오는 경우인 반면 외부경제란 지하철이 개통되어 교통비가 절감되는 것처럼 내 노력과 관계없는 긍정적 외적 효과를 말하며, 외부불경제란 환경오염처럼 원인자(原因者) 외의 불특정 다수가 피해를 보는 부정 효과를 이른다.

들이 오염 지역으로 오히려 대거 이주하면, 파레토 상태가 더 악화되는 비효율이 발생한다는 이유다. 보상을 하는 입장에서는 그럴 가능성도 생각할 수 있겠지만, 정작 본인이 피해 당사자라면 관점을 이렇게 몰아가는 것이 타당할까. 이와 같은 극약 처방이 나온 것은 사람의 본성을 바라보는 철학이 다르기 때문이다. 코즈 같은 학자들은 합리주의(rationalism) 계통이라고 부르는데 합리주의 철학은 인간을 자기 이해에 따라 합리적으로만 행동하는 객체(사실은 속물)쯤으로 이해한다. 즉 사태를 가해자와 피해자라는 관점이 아니라 보상과 이해관계라는 경제적 이해 동물로 바라보면 이런 엉뚱한 처방이 가능한 것이다.

7. 투기시장 원리와 시장 안정 수단
– 계획가격은 살아 있다

배춧값 폭락 주기

매년 배춧값 대폭락은 많은 배추 농가들을 울상 짓게 한 반면 기상이변과 배춧값 폭등은 많은 소비자들을 괴롭힌다. 농산물의 값은 왜 이렇게 변동이 심한 것일까. 농부가 농사를 쉽게 포기하거나 소비자가 한 끼 먹는 양을 갑자기 두 배 세 배로 늘리거나 줄이지 못하는 것처럼 농산물의 생산과 소비는 마음먹은 대로 바꾸기가 어렵기 때문이다. 기상이변과 같은 외부불경제를 제외하면 일반적으로 농산물의 값은 주로 전년도 작황에 영향을 받는다. 가령 배춧값이 폭락한 것은 그 전년도 값이 좋아서 올해도 좋을 거라는 생각에 생산이 늘었기 때문인데, 전년에 비해서 생산량은 약 20% 증가한 것에 불과한데 가격은 무려 60% 이상 폭락했다. 이 사례는 농산물 수요가 비탄력적이라는 것을 보여주는 좋은 본보기이다.

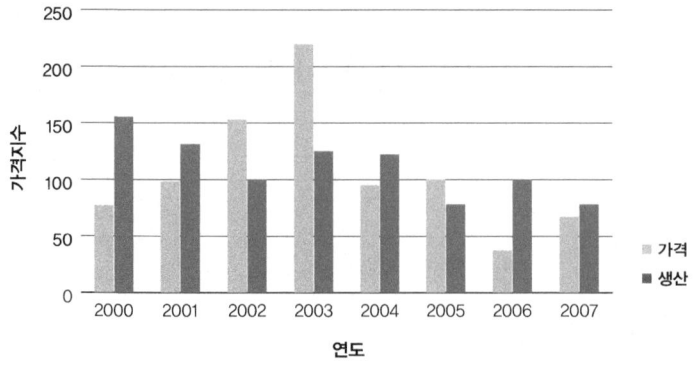

그림 9) 연도별 배추 가격과 생산 (『농림통계연보』, 농림수산식품부)

그림 9)에서 2000년과 2001년은 생산량이 많아 가격이 폭락한 경우를, 2002년은 2001년의 영향을 받아 생산이 감소한 결과 가격이 폭등한 경우를 보여준다. 농산물 가격은 이처럼 생산량에는 가격이 민감하게 반응하지만, 가격 변화에 수요량은 크게 변동하지 않는 공급 중심 투기적 속성을 가지고 있다. 가격 폭등 때를 맞춰 수량을 확보하면 떼돈을 번다는 소리다. 그런데 조금만 주의를 기울여 연도별 가격 변동을 조사하면 해를 걸러 작물의 값이 널뛰기하는 주기를 발견할 수 있다. 이 주기를 따라가면 되는 것 아닌가. 그러나 현실은 그렇지 못하다. 농민들의 통계분석력이 모자라서가 아니라 사실은 제3자가 개입하기 때문이다. 2004년의 통계를 보면 전년에 비해 생산량의 변동이 거의 없는데도 불구하고 가격이 대폭락하는 현상이 발생한다. 이는 정부가 지레짐작으로 개입해서 배추 수입량을 늘렸기 때문이다. 정부는 왜 시장에 개입하고 농부들은 왜 자발적으로 시장 상황에 적응

할 수 없을까. 수요가 없다고 해서 회사가 공장을 놀릴 수 없듯이, 농부들 역시 논밭을 쉽게 놀릴 수 없기 때문이다. 또 다른 이유는 농부들은 정부가 시장에 언제 개입할지, 또는 다른 농부들의 휴경 정보를 알 수 없기 때문이다. 이 문제 해결의 단서는 사회의 연간 배추 소비량, 즉 수요량이 거의 정해져 있다는 것에 있다. 즉 총공급량을 수요에 맞게 적절하게 통제하면 배추 소동은 사실 중단될 가능성이 높다.

가격의 조정과 통제

정확한 정보가 있다면 계획 통제는 시장실패를 가장 확실하게 저지하는 방법이다. 방법은 크게 수량 조정과, 계획가격의 두 종류가 있다.

수량 조정은 기후, 인구 사정을 고려한 연간 총소비량의 평균을 설정하고 이에 맞게 생산량을 조정하는 것이다. 생산을 포기하는 농가에 대해서는 적절한 보조금을 지불한다. 계획가격은 추곡수매가 시책처럼 인건비, 농약 등 평균비용을 고려한 적정가격을 산정하고 초과 생산분을 정부가 수매함으로써 일정한 수준으로 가격을 유지하는 것이다. 그렇다면 모든 상품에 이러한 가격 통제 방법을 사용할 수 있을까.

그림 10)에서처럼 시장가격이 P_1에서 형성되었을 경우, 이 가격이 예년의 평균적인 가격보다 높다고 판정되어서 정부는 그보다 낮은 가격, P_2로 계획가격을 설정한다고 하자. 이 경우 공급자들은 Q_1에서 Q_2

로 공급량을 줄이려 할 것이고, 수요자들은 Q_3만큼 더 구매하려 할 것이므로, (Q_2-Q_3)만큼의 암시장 요인이 형성된다. 해결 방법은 선착순, 또는 추첨제, 배급제가 있다. 선착순은 도착 순서를 따져 갈등 여지를 없애는 나름대로 합리적 방식이지만, 동시에 월드컵 암표상들처럼 선순위자가 후순위자를 상대로 암시장을 형성하는 비합리가 발생할 수 있다. 추첨제는 기회의 평등 측면에서 선착순보다는 공평하나 역시 탈락자를 대상으로 암시장 요인이 발생한다. 배급제는 총공급량을 총소비자 수로 나누게 되므로 기회의 형평에서는 가장 좋은 방식이나 배급표가 더 필요한 사람과 필요 없는 사람 간 갈등이라는 문제를 낳는다. 공급량이 부족하면 어떤 경우에도 문제가 발생하므로 근원적 해결책은 공급량을 늘리는 것이다. 가령 가격은 계획가격 P_2로 낮게 유지하고 원래의 격차, 즉 (P_1-P_2)만큼의 가격차를 생산자들에게 보전해주어서 사회적 총공급량을 끌어올리거나, 외부 수입으로 보충해야 한다. 반대로 공급이 많아 가격이 폭락하고 생산자가 피해를 본다면 초과분을 정부가 수거할 필요가 생긴다. 즉 초과공급(수요)은 시장의 생리이며, 이를 줄이는 방법은 어느 놈이 꼬꾸라지든 말

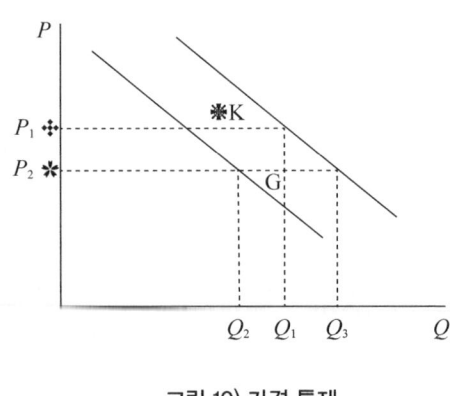

그림 10) 가격 통제

든 시장에 맡기거나, 시장을 조정(사전 계획 통제, 사후 조정책)하는 수 뿐이다. 시장이 자율 조정되면 다행이지만, 대규모 혼란이 발생하면 어떻게 하나. 물론 정부가 개입해야 한다. 개입 선은 어디까지가 좋은가. 미리미리 알아서 챙기는 사전 계획 통제는 가장 좋은 방법이고 비용도 저렴하지만 예측되는 통계 오차가 작고, 통제 수단이 효과적인 품목으로 제한되는 단점이 있다. 사후 조정은 수급량 통계의 정확도를 따질 필요가 없는 게 장점이나, 시장실패가 이미 일어난 상태이기 때문에 과도한 조정 비용이 단점이다. 그러므로 가격 통제 품목들은 이러한 사정에 맞추어 대개는 한정 재화이거나, 국민 기초 생계에 필요한 생필품 중심으로 선정하게 된다. 목욕값, 버스값, 자장면값 등이 그것이다. 안타깝게도 한국인의 필수품 배추는 이 대상에서 빠지며, 농산물 중에는 쌀과 같은 일부 주곡에만 부분적인 가격보상제가 실시되고 있다. 실제 생필품인 주요 농산물까지 시장실패를 방치하는 것은 우리나라 역대 경제정책이 공산품 수출 장려에 치중해서 농업 부분 희생 전략을 지속한 결과다. 정부 개입에도 불구하고 농산물 가격을 예측하기 어려운 것도 우리나라 농가 가구당 농업보조금[32]이 미국의 10분의 1, 세계 수준에 한참 모자라는 함량 미달 사정 때문이다.

---

32 농업보조금: 시장실패 보상용 농가소득 보조제도. 세계에서 가장 강한 농업보호주의를 펼치는 나라는 우습게도 시장의 천국 미국이다. 미국은 '마케팅 론(Marketing loan)', '고정직접지불제', '경기대응소득보조(Counter-Cyclical Payment)'라는 3대 농업보조금 제도를 가지고 있으며, 연평균 약 170억 달러, 농가소득의 33.5%(2006년), 쌀 소득의 70%가 보조되고 있다.(허용준, 「미국의 농업보조금 정책」, 농협조사연구소, 2006)

가장 두려운 사태는 지구환경이 자꾸 파괴되면, 식량자급도가 20%대에 불과한 우리나라 식량 사정이 어떻게 버틸지는 모른다는 것이다.

우리나라 농업정책이 이렇게 열악한 것은 주요 농산물을 국민 생명이 걸린 필수 생필품으로 생각하는 것이 아니라 해외 도입으로 간단히 해결하는 대체용품쯤으로 생각하는 정책 결정자들이 많기 때문이다. 솔직히 말해서 싼 농산물 수입은 당장의 생필품 가격을 낮추는 데 도움이 된다. 그러나 그 정도가 너무 지나치면, 국민 건강은 물론 생산자인 농민뿐 아니라 서민 가계 생활 역시 극도로 혼란에 빠질 수 있다. 쇠고기 파동, 만두 파동, 유전자조작식품(GMO) 등 각종 위생 검역 문제부터, 코로나19 사태, 급변하는 곡물 전쟁 위기까지, 어느 나라건 식량 확보는 예전 위상과는 비교할 수 없으리만치 중요도가 높아졌다. 누가 알았는가. 불과 몇 년 만에 물값이 기름값보다 비싸고, 봉쇄경제가 대세이고, 공기를 수입하는 날이 올 줄을. 사막의 물 값어치처럼, 식량 값어치가 폭등할 날이 영원히 오지 않는다고 생각하면 잘못이다. 미국, 일본, 프랑스 등 세계의 주요 국가들이 세계무역기구(WTO) 농업 협상을 결렬시킬망정 자국 농업을 세계 시장 질서로부터 보호하려는 것은 다른 상품과 달리 농산물의 경우 교환가치는 작아도 사용가치가 높은, 생명과 직결된 식량 그 자체이기 때문이다.

생필품과 계획가격

자본주의 시장경제에서 모든 상품에 인위적인 계획가격을 적용하기란 쉽지 않다. 기호품이나 일반 상품까지 통제 가격을 적용한다면 국가가 모든 상품 가격을 일일이 통제해야 하는데 이게 보통 일이 아니고, 또 적정가격을 맞추기도 어렵다. 그러므로 계획가격은 아직까지는 농산물이나 생필품 같은 몇몇 주요 상품에서 제한적으로 나타난다. 그렇다면 어디까지가 적절한 가격 통제의 대상일까. 아직까지 이상적인 가격 통제의 범위가 밝혀진 바는 없으나 생필품 영역은 점점 더 관리종목으로 편입시키는 경향이 늘고 있다. 우리나라는 쌀, 배추 등 156개 품목을 생활물가지수(CPI for living necessaries) 대상으로 지정하고 있고, 52개 품목을 집중 관리 생필품으로 선정했지만, 실제 관리는 거의 유명무실한 실정이다. 계획가격의 범주에 어떤 재화들을 포함시키고 어느 선까지 관리해야 좋을지를 생각해보자.

읽/어/두/기

물가 뛰고 월급 깎이고…"적금 깨야 하나"

정부가 집중 관리한다는 52개 주요 생필품 물가인 이른바 'MB물가지수'는 지난 1월에 41개나 올랐다. 돼지고기(25.0%), 쌀(7.8%), 라면(14.7%), 빵(15.9%), 고등어(35.8%), 양파(55.5%), 우유(36.1%), 달걀(17.4%) 등 실생활과 밀접한 품목은 대부분 가격이 치솟았다. 서민들이 느끼는 물가는 이미 '살인적'이라고 봐도 무방하다. 최근의 환율상승 기조까지 감안하면 앞으로의 상황은 더욱 우울하다.

(김한준, 『파이낸셜뉴스』 2009년 3월 1일 자)

*정부 선정 집중 관리 52개 생필품

쌀, 밀가루, 라면, 빵, 쇠고기, 돼지고기, 멸치, 고등어, 배추, 무, 두부, 콩나물, 파, 양파, 마늘, 고추장, 식용유, 달걀, 우유, 사과, 스낵 과자, 설탕, 소주, 바지, 유아용품(분유 등), 세제, 휘발유, LPG, 경유, 등유, 화장지, 전기료, 자장면, 전철료, 시내버스료, 상수도료, 도시가스료, 이미용료, 목욕료, 쓰레기봉투료, 학원비, 가정학습지, 납입금, 샴푸, 위생대, 외래진료비, 보육시설 이용료, 공동주택 관리비, 주거비, 시외버스 요금, 이동전화 통화료, 유선방송 수신료.

Unexperienced Post Corona Principle of Economics

5장　시장의 종류와 미래

1. 기업의 종류와 활동 지표 – 비용과 노동생산성

기업의 종류

기업은 기업의 소유와 경영 주체에 따라서 공기업과 민간기업으로 분류한다. 공기업은 공공성을 목적으로 정부가 직간접적으로 출자하거나 운영하는 기업을 말하는데 출자 주체에 따라서 중앙정부가 출자하면 국가공기업[33], 지방정부가 하면 지방공기업으로 분류한다. 민간기업은 영리 추구 여부에 따라서 영리기업과 비영리기업[34]으로 나눈다.

---

[33] 공기업: 국가공기업은 정부기업, 정부투자기관, 정부출자기관, 정부투자기관 출자회사로 구분된다. 정부기업은 철도, 체신 등 정부 부처 형태이며, 정부기관은 정부 지분 여하에 따라 50% 이상이면 투자기관, 50% 미만이면 출자기관으로 분류한다. 정부투자기관은 한국조폐공사, 농수산물유통공사, 농어촌진흥공사, 출자기관은 한국산업은행, 중소기업은행, 한국방송공사 등이다.

[34] 영리기업과 비영리기업: 비영리기업은 이윤을 목적으로 하지 않는 학교, 종교기관 등이며, 영리기업은 이윤을 목표로 하는 일반 기업을 가리킨다. 영리법인은 소유주에 따라, 1인이면 개인기업, 둘 이상이면 합명회사로 구분할 수 있다. 개인 및 합명회사의 채권자는 회사 파산 시 그 소유자 개인 재산에 대한 무한책임 청구권이 있다. 주식회사의 경우 여러 주주가 출자하며, 각 주주는 각각의 주식가치만큼의 유한책임을 진다. 정관 작성과 이사회 선임, 일정한 규모의 법적 자본금 등의 의무를 갖추면 하나의 사람처럼 (법)인격이 주어진다 해서 법인이라 부른다.

생산요소와 요소가격

노동·자본·토지는 생산의 3요소이며, 임금·이자(이윤)·지대는 각 요소의 가격이다. 노동을 제공하면 그 대가로 임금을, 자본을 사용하면 그 대가로 이자를, 토지 사용의 대가로 지대를 지불한다. 생산요소는 고정 및 변동 요인에 따라 다시 고정요소(fixed factor)와 가변요소(variable factor)로 구분할 수 있다. 고정요소는 생산량의 변화에 관계없이 한꺼번에 투입되어 고정되어 있는 요소를 말하며, 건물, 시설, 장비 등이 이에 속한다. 건물을 짓다 말 수 없기 때문에 고정비용은 한꺼번에 투입되는 특성을 갖는다. 가변요소는 생산량의 변화에 따라서 변동하는 요소를 말한다. 재료, 원료, 노동 등이 이에 속한다. 자장면 집의 일평균 생산량이 100그릇이었다가 장사가 잘돼서 200그릇으로 생산량이 증가하면 밀가루, 원료, 종업원 수 등도 따라서 변동하므로 이를 가변요소라 부른다. 시설은 규모가 변하지 않는 한 처음부터 그대로이기 때문에 당분간은 고정요소다. 그러나 다음 회기에 시설 비용이 추가되면 규모가 변동하는 것이기 때문에 고정요소도 가변요소로 바뀔 수 있다. 즉 단기에서는 고정요소도 장기에는 가변요소로 바뀐다.

생산비용과 노동생산성

생산요소를 구분할 때 들어가는 자본을 기준으로 하면 고정자본과 가변자본, 소모되는 비용으로 계산하면 고정비용과 가변비용으로 달리 표현할 수 있다. 고정비용과 가변비용의 합계는 총비용이다. 가변비용은 생산량의 변동에 따라 오르내리는 반면, 임대료 같은 고정비용은 심지어 생산 가동이 중지되어도 계약 기간 내에는 고정적으로 지불되어야 한다. 한계비용은 생산 1단위 증가할 때마다 변하는 비용이다. 수확체증(收穫遞增)이 발생하는 '규모의 경제'[35]에서는 생산 1단위가 증가할 때마다 한계비용은 감소하는 경향이 있다. 생산을 1단위씩 증가시켜보는 절차가 필요한 이유는 그 성장 비율을 측정하기 위해서이다. 성장률이란 예컨대 노동을 한 단위(사람, 또는 시간) 추가할 때 생산량의 변화의 정도(정률)를 말한다. 평균비용은 총비용을 생산 수량으로 나눈 비용, 즉 생산물 한 단위당 들어가는 비용(제품단가)이다. 1개당 비용을 지칭하므로 기업의 각종 회계 측정의 기본 단위로 사용된다. 예를 들어 평균비용×총생산 수량=총비용이다.

한계비용과 평균비용의 관계는 한계비용(MC)이 평균비용(AC)의 가장 밑바닥 점을 상승하며 교차한다는 것이다. 상품을 1개 더 생산할 때 들어가는 비용이 1개당 평균비용보다 크면 평균비용은 상승하고, 작으면 하락한다. 평균 60점인 학급에 50점인 학생이 들어오면 평

---

[35] '규모의 경제'와 '범위의 경제': 생산요소를 일정한 비율로 증가시킬 때, 수확이 점점 더 증가하는 경우를 '규모의 경제'라고 한다. 규모의 경제는 시설 규모나 시장이 큰 산업에서 많이 발생한다. 반면 선풍기, 에어컨처럼 서로 연관성 있는 제품들은 따로 생산하기보다는 같은 범위에서 생산하는 것이 효율적인데 이저럼 여러 생산품을 백화점식으로 범용해서 한 기업이 생산하는 경우를 '범위의 경제'라고 한다.

균은 60점 이하로 감소하고, 70점인 학생이 들어오면 평균 증가, 평균 점수와 같은 60점인 학생이 들어오면 평균불변인 원리다. 그림 11)은 이를 나타낸 것이다.

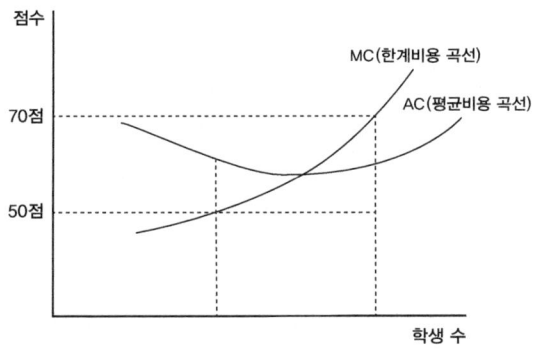

그림 11) 한계비용과 평균비용의 관계

총 생산량 ①	노동자 수 ②	노동 생산성 ③	총고정 비용 ④	총가변 비용 ⑤	총 비용 ⑥	한계 비용 ⑦	평균 비용 ⑧	평균 가변비용 ⑨	평균 고정비용 ⑩
공식		$\frac{①}{②}$			④+⑤	$\frac{\triangle⑥}{\triangle①}$	$\frac{⑥}{①}$	$\frac{⑤}{①}$	$\frac{④}{①}$
0	0		50	0	50				
1	5	0.2	50	30	80	30	80	30	50
2	10	0.2	50	50	100	20	50	25	25
3	14	0.21	50	60	110	10	36.6	20	16.6
4	18	0.22	50	70	120	10	30	17.5	12.5

표 3) 여러 가지 비용과 노동생산성

노동생산성은 생산량을 노동자(단위) 수로 나눈 값이다.

$$노동생산성 = \frac{생산량}{노동자(단위) 수}$$

노동자 수로 생산량을 나누면 1인당 노동생산성, 시간으로 생산량을 나누면 시간당 노동생산성이다. 가령 1일 생산량이 100개인데 고용 인원이 10명이라면 1인당 1일 노동생산성은 10(개)이고 이를 다시 1일 노동시간(8시간)으로 나누면 시간당 노동생산성이 된다. 다음 날 110개를 생산하였다면 노동생산성은 11(개)이며 (일)노동생산성은 1(개)이 증가한 것이다. 노동생산성은 기업의 생산능력의 가감을 평가하는 기준이다. 임금 측면에서는 노동의 기여도를 상징하기 때문에 물가 수준과 더불어 차기 임금협상의 양대 기준이 된다. 한편 단위당 노동비용은 거꾸로 노동자 수를 생산량으로 나눈 값이다. 이 경우 단위당 노동비용은 10분의 1이다. 즉 1개 생산하는 데 10분의 1의 노동력, 또는 10개 생산하는 데 1명의 고용이 필요한 것으로 계산된다. 양자는 노동생산성의 역수(1/노동생산성)가 단위당 노동비용인 관계이다.

2. 완전경쟁시장 – '을'들의 전쟁에서 살아남기

완전경쟁시장이란 누구도 가격 도발을 쉽게 할 수 없는 고정가격 형태가 장기간 유지되는 시장을 말한다. 완전경쟁시장의 성립 조건은 다수의 공급자와 수요자, 시장 진출입의 자유, 동일한 상품 품질이다. 현실 시장에서 이 조건을 충족시키는 것은 대기업보다는 중소기업, 대자본보다는 소자본이 모여 그룹을 이룬 경우다. 이 그룹의 경우 대개 시장 전체에서 차지하는 매출액은 작은 반면, 사업체 수는 절대다수를 이룬다.

예를 들어 우리나라 총 사업체의 총수는 215만여 개에 이르며 그중 99.9%가 중소기업으로 전 산업의 83%의 고용인이 종사하고 있다. 300인 이상 고용의 대기업은 3570여 개(2019년, 전체 사업체 수의 0.16% 비중, 통계청)에 불과한데 부가가치 생산 비율은 48.9%(2020년)로 절반을 차지한다. 이 말은 국가 전체 부의 절반은 대기업 차지, 즉 독점시장이고, 그 나머지를 214만 중소기업이 나누어 가진다는 것과 같다. 더 세분해보자면 이 가운데 소기업(제조·운송업 50인 이하, 기타 업종 10인 이하)은 210만여 개, 96%에 이르며 부가가치 생산 몫은 25%, 그중 도소매, 숙박, 음식 등의 업종이 전체의 50%를 차지한다. 간단히 말해서 10인 이하의 종업원을 고용하는 도소매, 숙박, 음식 등의 업종이 주종을 이루는 소기업은 우리나라 전체 사업체의 절반인 180만여 개 업체인 절대다수이고, 부가가치 몫은 12~13%에 불과해서 서로 처절하게 치고받는 완전경쟁에 가까운 시장구조를 가지고 있다.

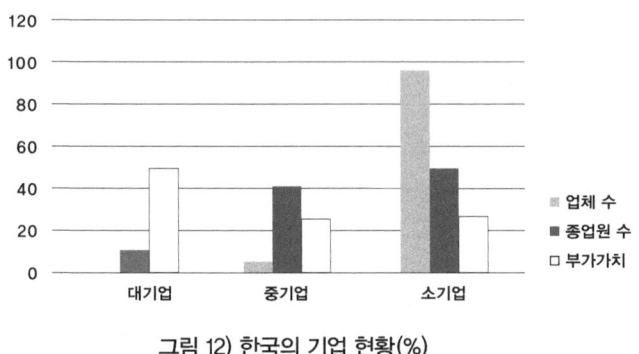

그림 12) 한국의 기업 현황(%)
(「전국, 산업별, 성별, 규모별 사업체 수 및 종사자 수」, 통계청, 2020)

이러한 경쟁시장의 가장 큰 특징은 가격 조정을 함부로 할 수 없으며 시장 참가자는 시장의 평균적인 고정가격을 불가피하게 받아들여야 한다는 것이다. 만약 가격 조정을 시도한다면 어떻게 되는가.

경우의 수 1: 고가 전략

품질이 동일하다고 가정할 때 시장 평균가격보다 가격을 높이면, 소비자가 바보가 아닌 한 이 상품을 구입하지 않을 것이므로 이 시도는 실패하게 될 것이다. 단, 가격이 높아도 성공할 수 있는 경우의 수는 아직 공급보다 수요가 많아 시장 전체가 새로운 시장 진입자를 받아들일 여력이 있을 때이다. 그러나 이 경우라면 다른 업자도 가격을 따라 올리거나 새로운 시장 진입자가 계속 늘어날 것이다. 더 이상 추가 공급자가 진입할 수 없는 상태로 시장이 포화된다면 그 선에서 가격이 고정된다. 즉 완전경쟁시장에서 고가 전략은 판매가 이루어지지 않거나 추가적인 시장 진입자로 인해 결국 가격이 다시 평균화될 운명에 처한다.

경우의 수 2: 저가 전략

저가 전략으로 가격을 내리면 어떻게 될까. 다른 기업도 따라서 가격을 내린다면 아직 이 시장 전체는 가격을 더 내릴 여력이 있는 것이다. 가격을 더 내리고, 다른 경쟁점들이 더 이상 따라오지 못한다면 거기가 손익분기점인 까닭이다. 즉 이 사업자는 업계 평균보다 손해를 보는 공격적 경영을 하고 있는 것이다. 이 손해 경영의 한계는 그의 자본금이 바닥날 때까지이다. 완전경쟁시장이란 이처럼 무수히 많은 시장 참여자가 있어서 단일 기업으로는 모든 시장을 석권할 수 없는 구조를 말한다.

이처럼 완전경쟁시장

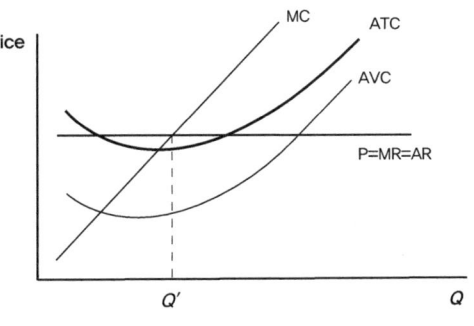

그림 13) 평균비용과 한계비용의 평균수입의 관계

경쟁의 결과, 누구도 함부로 가격 도발을 하지 못하는 팽팽한 긴장 상태, 고정된 평균가격이 당분간 지속되는 가격 조건이 형성된다. 경쟁 시장 참여자들의 생존 조건은 자기 업체를 유지하는 최소한의 이윤을 포함한 시장 평균가격이다. 그러나 이 과정은 정지 상태의 균형이 아니라, 시장 퇴출자와 진입자가 끊임없이 들고 나가는 진퇴 과정을 반복하면서 평형을 유지하는 동적 운동의 산물이다. 용산전자상가처럼 동종 품질의 제품을 취급하는 많은 업체들이 많은 시장에서는 한 업체가 문을 닫았다고 해도 곧 다른 업체가 그 자리를 메우는 경우를 수없이 볼 수 있다. 2008년 세계 금융위기로 많은 퇴직자들이 생겨났고, 쉴 처지가 안 되는 이들 그룹에 의해 1998년 IMF 사태와 마찬가지의 새로운 창업 붐이 조성되었다. 성공 확률은 얼마나 될까. 우리나라는 연간 100만여 개의 사업체가 새로 생기고 75만여 개 업체가 폐업하는데 그 99%는 소기업체(국세청 2019년 자료)다. 살아남을 확률은 25%에 불과하다.

3. 독점시장과 경쟁력
— 현실 시장의 지배자는 어떻게 버나

독점기업 현황

경쟁자 없이 혼자서 자기 마음대로 가격을 조정하고 시장을 주무른다면 성공 확률은 더 높아질 것이다. 우리나라에서 이러한 현실 시장을 지배하는 지위를 가진 주요 독점기업체들은 다음과 같다.

(단위: 조 원)

2002		2010		2018		
집단명	자산 총액	집단명	자산 총액	집단명	계열 수	자산 총액
한전	90.8	삼성	174.9	삼성	62	399.5
삼성	72.3	한전	117.2	현대자동차	56	222.7
LG	54.4	현대자동차	87.0	SK	101	189.5
SK	46.7	SK	85.9	LG	70	123.1
현대자동차	41.2	LG	68.3	롯데	107	116.2
KT	32.6	주택공사	64.3	포스코	40	79.7
도로공사	26.3	포스코	49.1	GS	71	65
한진	21.5	롯데	48.9	한화	76	61.3
토지공사	14.9	도로공사	42.3	농협	49	58.1
주택공사	14.4	토지공사	41.4	현대중공업	28	56.1
현대	11.7	현대중공업	40.9	신세계	39	34.1

표 4) 한국의 독점기업 변화 (『공정거래백서』, 공정거래위원회, 각 연도)

우리나라 독점기업들은 일정 규모 이상으로 대개 정부로부터 자유로운 기업활동을 제재받는 대기업이며, 크게 출자총액제한 기업과 상호출자제한·채무보증제한 기업으로 구분된다. 순위로 말하자면 출자총액제한 기업은 상위 10대 기업이라고 말할 수 있으며, 이들을 포함해서 순위 60위권에 해당되는 기업(2018년 현재 60개 기업 집단, 2083개 계열사)들은 출자총액보다는 좀 약한 규제인 상호출자제한을 적용받고 있다. 이렇게 기업의 자유를 제한하는 것은 첫째, 독점의 피해 방지이고 둘째, 기업 도산 위험을 분산하기 위함이다. 그간 우리나라 기업 행태의 고질병은 2002년 대우 사태처럼 '갑' 회사와 '을' 회사가 서로 채무보증을 하고, '갑'이 부도에 몰리면 '을'까지 문제가 되어 계열 그룹 전체가 순식간에 붕괴되는 기업 도산 도미노 현상이었다. 출자총액제한 제도는 1998년 IMF 사태 당시 비상 시책으로 잠정 폐지되었으나 1999년 재도입되었다. 그러나 2006년 지주회사제도 도입과 대규모 집단 시책이 개편되면서 완화되어 현재는 자산 10조 원 규모 이상의 기업들에 대한 출자총액제한으로 축소되었다. 독점기업들의 사업 자유화는 좋아졌지만 덩달아 붕괴의 위험도 그만큼 높아진 것이다. 그럼에도 불구하고 주요 독점기업들은 세계 시장에서 경쟁력을 명분으로 상호출자제한 등의 사업 자유화 조치를 더 요구하고 있다. 이 주장의 타당성은 어느 정도인가.

독점(monopoly)을 원칙적으로 정의하자면 하나의 사업자가 시장을 완전히 지배하는 행태[36]라고 할 수 있다. 한전이나, 유선전화의 케이티(KT), 예전의 담배인삼공사 같은 기업들은 이러한 완전독점의 전형적인 사례다. 그러나 1990년대 이래 이들 공기업에 대한 민영화 논리가 우세해서 완전독점시장은 도로공사 등 일부를 제외하고는 사실상 거의 사라졌다. 왜 공기업은 독점 형태를 띠는 것일까. 또 이들 공기업이 해체되는 이유는 어떤 원리일까.

공공 독점과 독점의 원리

먼저 독점시장은 공과 사의 구분에 따라서 공기업 독점과 민간 독점으로 구분할 수 있다. 2002년 독점기업 명단에서 보이는 것처럼 공기업은 민간 독점기업들을 제칠 정도로 규모가 크다. 공기업은 왜 이렇게 규모가 큰 것일까. 독점은 대규모 자금이 동원되어야 하기 때문이다. 전기나 도로, 항만 등은 그 시설 규모가 거대해서 한꺼번에 많은 돈이 들어가기 때문에 엔간한 민간 자본 규모로는 함부로 손을 댈 수가 없는 것이다. 둘째는 소재 제한의 문제, 즉 도로 등은 처음부터 제한된 자원인 토지 위에 건설해야 하기 때문이다. 만약 도로를 개인이 독점 전용하면 다른 사람은 무조건 통행료를 지불해야 하는, 즉 한쪽의 이득은 다른 쪽의 피해라는 독점의 불합리가 발생해서 공공화가 요청되는 것이다. 마셜과 같은 학자는 이를 자연독점이라고 불렀는데, 그는 '규모의 경제' 이익이 큰 부문은 독점이 자연적으로 생겨난다

---

36 독점의 종류: 우리나라에서 독점은 시장점유율에 따라서 독점(1개 사업자의 시장점유율이 50% 이상), 복점(2개 사업자 시장점유율이 75% 이상), 과점(3개 사업자의 시장점유율이 75% 이상)으로 구분한다.

고 생각했다. 그런데 마셜의 생각은 '규모'와 '제한된 자원'이라는 독점의 성립 요인 중에 '규모' 쪽에 치중된 개념이라는 점에서 반쪽의 것이라고 할 수 있다. '자원제한'에 따른 독점은 천연적인 것과 사회적인 것으로 다시 구분된다. 토지가 인간이 생산하지 못하는 천연적인 자원제한 독점 요소라면, 판권·특허 등의 지식재산권과 인허가 등은 정부나 사회에 의해서 강제로 독점권이 부여되는 사회적 자원제한, 혹은 사회적 독점으로 구분된다. 공공 영역이 아니더라도 정부는 재정 수입을 위해 강제 독점을 지정할 수 있는데(예전의 담배인삼공사 같은 경우), 이런 경우 역시 사회적(혹은 정부 필요) 독점 영역으로 구분할 수 있을 것이다. 공공이든 민간 독점이든 규모가 큰 조직 운영이 오래 관행화되면 하던 대로만 굴러가는 방만함과 관료화의 부작용이 나타난다. 더 이상 자극 동기가 없는 오래된 독점기업에서 주로 나타나는 조직 비효율을 'X-비효율성'[37]이라고 부르며 흔히 독점의 비효율을 지적할 때 빠지지 않는 요소의 하나로 분류된다.

---

37 X-비효율성(X-inefficiency): 구소련 출신이면서 하버드대학 교수였던 라이벤스타인(H. Leibenstein)이 제기한 개념. 독점기업 같은 대규모 조직에서 나타나는 관료화와 방만한 조직 운영의 비효율을 가리킨다. 조직 비효율을 방지하는 조치로는 기업가 혁신론을 제기한 슘페터(J. Schumpeter)주의와 성과급 등 근로 인센티브를 강조하는 테일러(Frederick W. Taylor)주의 경향으로 크게 양분된다.

민간 독점과 국가자본주의

대규모 기업은 자본력, 우수 설비, 대량생산·대량구매, 근대화된 판매 조직 등에서 중소기업보다 유리하다. 이렇게 고정자본의 규모가 시장을 지배하는 영역에서는 스스로 증식된 자본이 점점 더 대규모화되는 경향이 있어, 이를 집적(industrial concentration) 현상이라고 부른다. 다른 한편 남보다 더 빨리 성장하기 위해서는 경쟁을 피하고 더 빠른 속도의 규모 결집이 필요한데 이를 위해서는 자본의 자기 증식보다 더 신속한 수단, 즉 결합과 합병을 통해서 기업은 점차 한곳으로 집중(centralization)되는 현상이 발생한다. 고전적 방식으로는 수직적 집중인 트러스트, 같은 산업 내에서 수평적 결합인 카르텔(담합), 복합 방식인 콘체른 등이 있고, 현대에는 문어발식 기업계열화, 집단화, 지주회사 등등의 방식이 있다. 자본주의 시장은 고전학파들의 이상향으로 생각했던 완전경쟁시장이 아니라 이처럼 독점시장이 더 지배적인 형태로 발달하였다. 그러면 언젠가는 하나의 거대한 기업체가 모든 시장을 완전히 통일하는 완전독점체가 민간기업에서도 발생하지 않을까. 1930년대 히틀러의 독일은 국가(독점)자본주의 체제라는 명칭이 붙어 있다. 국가자본주의란 한 국가가 마치 하나의 기업 조직처럼 일사불란하게 움직임으로써 시장 불안정성과 불확실성을 사전에 봉쇄하고 성장하는 체제를 일컫는다. 히틀러의 국가자본주의는 시장통제와 계획된 독점이 성장의 동력이었으며, 그 빌미는 1929년 세계 대공황이 제공하였다. 군비경쟁과 대규모 재정적자에 의존하는 이 체제는 독일뿐만 아니라 일본, 이탈리아, 영국, 미국 할 것 없이 이 시대 전 세계 열강들 사이에서 경쟁적으로 유행하였다. 그러나 이 시기 국가자본주의의 잠깐의 성장은 대폭발로 마무리되었다. 요즈음도 종종 문제가 되는 욱일기, 2차 대전 당시 빨간 일장기를 머리에 질끈 묶은 일본의 애국 결사대 가미카제(神風)로 연상되는 그것, 즉 전쟁이다. 국가자본주의는 국가이념으로 애국주의를, 빠른 성장 방법으로는 군수산업을 지명하였고, 군수산업은 군수품의 소비 출구, 전쟁이라는 종착역으로 치달는다. 수천만의 사상자가 생기고, 그때까지 일궈낸 온갖 인류의 생산품을 때려 부수고 나서야 인류 최악의 전쟁, 2차 세계대전은 종전될 수 있었다.

독점과 공황 발생 원리

1930년대 국가들이 시장 통제력을 앞세운 국가자본주의를 지향한 것은 자유방임, 자본 간 무한경쟁의 결과로 비대해진 독점과 공황(panic) 때문이다. 독점이 등장하면 소비자들은 높은 독점가격 횡포에도 어쩔 수 없는 상태가 된다. 가격이 좋으니 많은 상품(과잉생산)들이 만들어지고 다른 한편에서는 너무 비싸 소비할 수 없는 기형적인 소비구조가 만들어진다. 재고가 쌓이고 소비가 줄면 생산 위축, 고용 축소, 사회적 소득 감소, 한 바퀴 돌아 2차 소비 감소라는 악순환 구조가 출현하고, 경제 전체의 생산 축소가 진행된다. 이렇게 대다수 기업의 생산 축소 행위를 경기위축[38]이라고 부른다. 경기가 위축되면 덩치가 큰 기업체들은 과잉 시설 부담 때문에 고정비용 증가, 이윤율 감소라는 위기를 더 빨리 맞는다. 기업의 이윤율 공식은 다음과 같다.

$$이윤율 = \frac{이윤}{총자본} = \frac{이윤}{불변자본 + 가변자본}$$

이 식의 분모와 분자를 각각 가변자본으로 나누면 다음과 같이 바꿀 수 있다.

$$이윤율 = \frac{\frac{이윤}{가변자본}}{\frac{불변자본}{가변자본} + 1} = \frac{잉여가치율}{자본의\ 유기적\ 구성 + 1}$$

* 잉여가치율 $= \dfrac{이윤}{가변자본}$

* 자본의 유기적 구성 = 자본장비율 $= \dfrac{불변자본}{가변자본}$

---

38 경기위축(recession): 경기침체 혹은 경기후퇴로도 해석한다. 미국의 전미경제연구소(NBER)는 국내총생산(GDP)이 2분기 연속으로 전(前) 분기보다 감소하면 경기후퇴를 선언한다. 그러나 정확한 계량 기준이 무엇인가에 대해서는 논란이 분분하다. '니가 실업하면 경기침체, 내가 실업하면 불황'이라는 우스갯소리는 경기침체의 기준 설정의 어려움을 빗댄 풍자다. 불황(depression)은 경기위축보다 심한 경기침체, 공황(panic)은 그보다 더 극심하고 장기적인 경기침체를 의미한다. 인류 최고의 경기침체라는 1929년 대공황 당시 미국은 25%의 실업률과 산업생산량 감소, 40% 이상 주가 폭락, 10여 년간 지속된 경기침체를 경험하였다.

불변자본을 기계, 가변자본을 노동이라고 생각하자. 그러면 분자 몫인 노동에 대한 이윤(=잉여가치율)이 커지거나 분모 몫인 노동에 대한 기계의 비중(자본장비율, 자본의 유기적 구성)이 작아질 때 이윤율이 커진다. 간단히 말해서 노동비용을 싸게 할수록 떨어지는 게(이윤) 많다는 것인데 이건 삼척동자도 아는 내용이다. 그런데 어쩌나, '규모의 경쟁' 때문에 노동에 대한 기계의 비중이 점점 커지면 결과적으로 분모가 더 커져서 전체 이윤율을 하락시키는 것을. 속도가 문제다. 이윤율이 작더라도 '양적으로 더 많이 벌면 되지' 하다가, 결국 시설 과다가 문제를 일으킨다는 말이다. 더 벌려고 발버둥 칠수록 기계 시설을 더 들이고 규모가 커져 오히려 이윤율이 경향적으로 떨어지는 모순된 현상, 이게 공황 발생의 근본 원인이다. 1910~1920년대 미국에서는 기업 간 결합과 시설 투자가 대대적으로 일어나, 결국 대공황의 빌미가 되었다. 대공황 후 독점의 피해가 성토되는 분위기 속에서 급기야 시장 방임보다는 자본통제에 더 효과적인 국가자본주의가 성장하고 기업 결합과 독점적 금융 이익을 제한하는 반트러스트(Antitrust)법인 '셔먼법'(Sherman Act, 1890)과 '클레이턴법'(Clayton Act, 1914) 등이 제정되었다.

　독점은 이런저런 이유로 규제의 대상이 되기 때문에, 1929년 공황 이후 독점은 석유계의 절대 지존, 록펠러(J. D. Rockefeller) 트러스트 같은 단일체가 아니라 몇 개 기업이 시장을 공분하는 독과점(oligopoly) 형태로 고착되었다. 독점과 독과점의 차이는 최소한의 경쟁이 있고 없고의 차이다. 독과점기업 경쟁과 완전경쟁시장 경쟁은 어떤 차이가 있을까. 독과점기업들은 완전경쟁 기업들과 달리 어느 정도 시장 지배력이 있기 때문에, 가급적 경쟁을 회피하려 한다. 독과점기업들이 가격이나 수량 담합을 맺는다면 이 협정 내에서 독과점기업은 하나의 독점기업으로 행동하는 것과 마찬가지이다.

독점이윤의 극대화

독점이윤의 극대화는 어떻게 달성될까. 이윤이란 수입에서 비용을 뺀 것이다. 그러므로 비용을 적게 하고 수입을 극대화하는 것이 이윤극대화의 간단한 원리이다. 이때 중요한 것은 단위당 변화를 사용하는 것이다. 한 사람의 노동을 증가시킬 때 나가는 비용(한계비용)보다 들어오는 수입(한계수입)이 많다면 이익이므로 계속해서 노동력을 더 투입한다. 반대라면 손해를 보게 되므로 노동력을 추가 투입해서는 안 된다. 그러므로 이 관계는 한 명의 노동력을 더 투입할 때 들어

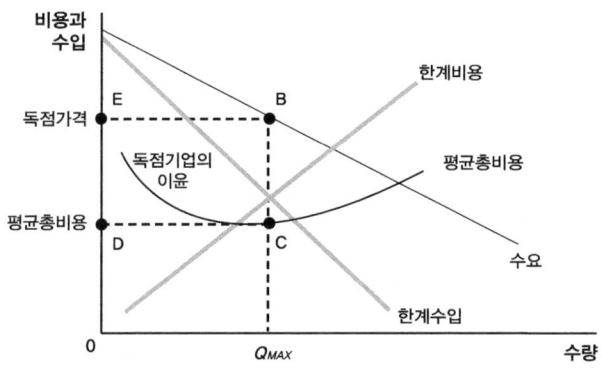

그림 14) 한계효용학파 이윤 극대 조건

오는 수입과 지출되는 비용이 같아서 이제는 노동력을 더 투입해봐야 더 이상 이윤이 안 나오는 선에서 정지하게 되는데, 이것을 한계효용 학파들은 '한계비용(MC)=한계수입(MR)'인 지점에서 이윤 극대 조건이 성립한다고 설명한다.

들어오는 것과 나가는 것이 같으니 추가 생산이 필요 없고 거기가 이윤극대점이라는 설명은 틀릴 것이 없다. 그러나 그런 지점을 실제로 찾아낼 수 있는가라는 실용적 측면으로 접근하면 얘기가 달라진다. 앞에서는 한 사람이라는 노동력 단위로 설명했기 때문에 그나마 회계가 가능했지만, 십 원, 천 원, 백만 원 등등 회계의 기본 한 단위를 어떻게 설정해야 좋을지 알기 어려운 자본은 그러기가 힘들기 때문이다. 둘째, 한계수입법은 같은 제품이 반복 생산되는 대량생산 공장처럼 기계나 노동력 투입을 증대시키면 거기에 맞추어 추가 생산량과 매출이 딱딱 맞아떨어지는 규칙적 생산 분야에서나 유용하다. 만약 팔리는 매출이 일정하지 않거나, 다품종 소량생산처럼 투입과 생산량이 불특정한 경우라면 어떤 지점이 최선인지 찾기 곤란하다.

이처럼 한계수입법으로는 매출 예측을 정확히 할 수 없기 때문에 실제 기업회계에서 이윤극대화는 한계수입법이 아니라 평균수입법에 의존하게 된다. 평균수입법이란 평균비용과 평균수입의 차이에서 평균이윤을 계산해내고, 여기에 한 단위(기계나 연구비, 노동력 등) 추가 투입 시 예상되는 평균적인 한계수입과 이윤극대화를 계산하는 방법이다. 즉 '한계평균비용(MAC)=한계예상평균수입(Marginal Expective Average Revenue, MEAR)'이 성립한다. 예컨대 기계를 한 대 더 도입할 때 들어가는 평균비용과 예상되는 평균수입이 같아지는 수준까지 계속 기계를 추가하는 계획을 세우면 기업의 이윤극대점이 계산된다. 그러나 이와 같은 계산을 불확실하게 하는 방해 요인도 존재하는데, 그것은 예상비용, 특히 예상수입을 정확하게 측정하기 어렵다는 데 있다. 이러한 곤란을 해결하기 위한 방법으로 과거의 통계치와 확률을 동반한 기대이윤을 동원하는 시도가 있다. 그러나 기대수익이란 그 확률만큼 오차를 발생시키므로 이 또한 완벽한 방법은 못 된다. 불확실성이 커질수록 손해 역시 증대한다. 그러므로 실제 시장에서 독점기업들은 불확실성을 회피하는 쪽에 혈안이 되며, 그 방법으로 유리한 품목 선정(수량 조절에 따라 가격변동이 쉬운 투기 품목, 생필품)과 독점 확대(집적 또는 담합)를 통해서 가격과 시장을 마음대로 지배하고 이윤극대화를 달성하려는 것이다. 일단 시장 지배에 성공하면 독점기업은 수요를 예측하고, 위험 회피를 위해서 단계별로 공급량을 결정하는 방식으로 이윤을 극대화한다. 석유 공급 카르텔(석유수출국기구, OPEC)은 그 대표적인 예이다. 국제 석유상들은 세계 시장 수요보다 약간 모자란 지점에서 공급량을 결정해서 가격을 올린다. 인상된 가격에서 시장 분할이 잘 이루어지면 담합은 성공적으로 수행된다. 그러나 담합이 항상 성공하는 것은 아니며 여기서도 위험 요인은 계속된다. 경기침체가 발생하면 기존의 담합 공급량을 하향 조절해야 하는데, 그게 잘 안되니까, 하향 장에서는 무조건 남보다 조금이라도 더 빨리 내 것을 팔아치워야 하는 적자생존의 원리로 담합이 무너지는 것이다. 경기침체, 시장 진입 장벽의 크기, 대체상품과 상품 차별화의 크기, 독(과)점 규제법은 담합을 무너뜨리는 주요 4대 요인으로 꼽힌다.

💡 읽/어/두/기

미국산 유가, 사상 첫 마이너스…'선물 만기' 5월물 WTI -37달러

미국산 유가가 대폭락을 연출하면서 급기야 마이너스권으로 추락했다. 신종 코로나바이러스 감염증(코로나19) 사태로 하락 압력이 지속하는 가운데 원유시장의 선물 만기가 겹치면서 기록적인 낙폭으로 이어졌다. 20일(현지 시간) 미국 뉴욕상업거래소(NYMEX)에서 5월 인도분 서부 텍사스산 원유(WTI)는 배럴당 -37.63달러에 거래를 마감했다. (…) 국제유가가 마이너스로 떨어진 것은 사상 처음이다. 원유 생산업체가 돈을 얹어주고 원유를 팔아야 하는 것으로, 수요가 아예 실종됐다는 의미다. 코로나19 사태로 원유 수요가 급감하고 공급이 넘치는 상황에서 원유시장의 '선물 만기 이벤트'까지 겹친 탓이다. (…) 재고가 넘쳐나고 원유저장 시설을 확보하기 어려운 상황에서, 일제히 5월물을 팔아치우고 6월물을 사들이면서 비정상적으로 가격이 왜곡됐다는 분석이 나온다. 일간 월스트리트저널(WSJ)은 "정유시설, 저장시설, 파이프라인, 심지어 바다 위의 유조선도 원유로 가득 차 있다"고 전했다. 원유시장 이코노미스트 레이드 이안손은 "원유를 저장할 곳만 있다면 돈을 벌 수 있는 상황"이라고 설명했다.

(이준서, 『연합뉴스』, 2020. 4. 21.)

독과점 시장가격 결정

독과점이란 3~5, 6개의 기업들이 시장을 장악하고 마치 단일 독점기업(카르텔)처럼 행동하는 경우를 말한다. 과점기업의 행태를 설명하는 이론은 카르텔, 굴절수요곡선(kinked demand curve), 가격선도이론(price leadership theory) 등이 대표적이다. 독과점시장에서 한 기업이 가격을 인하하면 비슷한 경쟁력의 다른 기업도 대개 같은 행동을 취한다. 즉 가격을 내려봐야 수요 증대 효과가 미미하게 발생하기 때문에(경쟁시장보다 비탄력적인 수요함수) 독과점시장은 서로가 허용하는 최소 변동 폭 이외에는 가격담합 현상이 나타나고 가급적 경쟁이 회피된다. 따라서 실제 독과점 경쟁은 주로 비가격경쟁[39]으로 나타난다.

1939년 스위지(P. Sweezy)에 의해 발표된 굴절수요곡선론은 다음의 두 가지를 가정한다. 첫째, 한 기업이 가격을 인하하면 나머지 경쟁기업들도 가격을 인하한다. 둘째, 한 기업이 가격을 인상해도 나머지 기업들은 가격을 인상하지 않는다.

아래 그림 15)에서 E_0 점은 상품의 수량(Q_0)과 판매가격(P_0)이 만나는 균형점이다. 만약 이 기업이 가격 P_0 점보다 위로 가격을 인상하면 오히려 경쟁력이 약해지기 때문에 경쟁기업들은 상관하지 않는다. 반대로 P_0 아래로 가격을 인하하면 높은 탄력성의 실선 수요곡선을 따라 수요가 대폭 증가할 것으로 기대된다. 그러나 동일한 경쟁력을 가진 다른 기업들이 추격해서 똑같이 가격을 인하하면 기대 시장 수요

---

[39] 비가격경쟁: 독과점기업들이 부담스러운 가격경쟁을 피하려는 경쟁 수단. 상품 차별화, 광고, 판매 조건 차별화 등이 있다. 상품 차별화는 상표, 디자인, 품질 차별 등의 수단을 이용하며, 광고는 홍보 광고, 사실 왜곡 광고, 경쟁사를 직접 겨냥하는 공격적 광고 등이 있다. 공정거래법에 의하면 허위·과장, 기만, 부당한 비교 등은 '표시광고법' 위반에 속한다.

는 줄게 되어 비탄력적 수요곡선인 점선의 방향을 따라 수요가 이동하므로 수요 증대에 미미한 영향을 미칠 뿐이다. 그러므로 독과점시장에서 수요곡선은 균형점인 E_0를 기점으로 수요곡선이 굴절되는 현상이 발생하며, 과점기업들은 지나친 경쟁으로 피해를 회피하기 위해 가격 P_0를 중심으로 단합을 하게 된다. 그림 15)는 굴절수요곡선을 도표로 표시한 것이다.

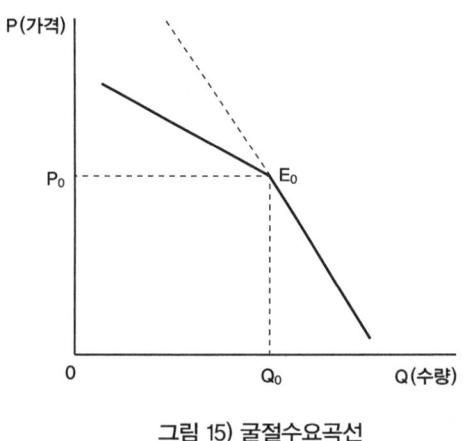

그림 15) 굴절수요곡선

4. 글로컬 시장과 세계화
— 초연결 세계와 지역화의 경제학

주요 20개국(G20) 정상회의(2009년 4월 2일)가 열린 영국 런던에서는 경제위기와 정책 실패를 규탄하는 시위가 이어졌다. 블룸버그통신은 이날 동원된 경찰 병력만 1만 명, 2005년 런던 테러 용의자 체포 작전 이후 최대 수준이라고 전했다. 시위대는 2일 새벽부터 엑셀 센터 인근에 모여 범죄, 전쟁, 지구온난화, 노숙자 등의 의미를 담은 요한계시록의 네 기사 모형을 만들어 행진했다. 시위는 스코틀랜드왕립은행(RBS)에 집중됐다. 스코틀랜드왕립은행은 프레드 굿윈 전 최고경영자(CEO)가 70만3000파운드의 연금을 챙겨 물의를 일으켰다.

세계 경제와 중국 경제

2011년 한·유럽연합(EU) 자유무역협정(FTA), 2012년 한중 자유무역협정(FTA), 한미 자유무역협정(FTA) 개시와 더불어 한국 경제는 세계무역기구(WTO) 무역자유화(Global) 시대에서 글로컬(Glocal) 지역경제(블록경제) 시대로의 전환점에 서게 되었다. 더 많은 개방과 보호무역의 확산이라는 세계 시장 추세와 세계화 물결을 읽지 못한다면 치열한 경제 세계에서 도태당할 수밖에 없다.

중국은 한국의 교역 대상 중 세계 1위로 성장한 국가다. 우리가 중국에다 팔 수 있는 주력 상품들은 반도체, 컴퓨터, 평판디스플레이, 무선전화기 등이며, 수입 품목은 컴퓨터, 철강판, 반도체, 의류, 평판디스플레이, 즉 한국 측은 중간재 부품 제품들, 중국 측은 중저가 전자기기 공산품과 저가 의류, 원재료가 중심이다. 물론 중국보다 한국 측 제품들이 기술과 가격 측면에서 고가 상품들이다. 그런데 이보다 더 중요한 사실은 양국 간 교역 품목 및 무역수지가 점차 접근한다는 데 있다.

(단위: 백만 달러)

수출				수입			
2006		2017		2006		2017	
반도체	7,689	반도체	10069	컴퓨터	4,202	반도체	29459
컴퓨터	4,736	자동차부품	3127	철강판	2,604	자동차 부품	2724
디스플레이	2,798	컴퓨터	15247	반도체	2,747	컴퓨터	2798
무선통신기	4,241	석유제품	-	의류	2,842	석유제품	16382
석유제품	5,014	섬유 의류	43574	디스플레이	663	섬유의류	
합성수지	3,962	철광석정광	-	무선통신기	1,386	철광성정광	7649
광학기기	2,393	측정기기	1663	알루미늄	1,293	승용차	4994
석유합섬재	2,861	금	-	선재봉강철	1,070	측정기기	3204
석유중간재	2,133	항공기 장비	-	석탄	1,260	금	5139
철강판	2,669	텔레비전	3148	정밀화학재	1,165	항공기 장비	2549
수출총계	69,459			수입총계	48,557		

표 5) 대(對)중국 주요 교역 상품 (관세청, 2017)

2000년대 초반만 하더라도 한국은 중국에 가전제품을 주로 팔고, 중국으로부터는 의류와 석탄 등 저가 봉제품 또는 원재료를 주로 수입하였으며, 이 분야에서 한국이 무역흑자를 기록하는 양상이었다. 그러나 2010년에는 반도체, 컴퓨터, 액정 디스플레이(LCD) 등 한국의 주력 생산품은 중국도 생산한다. 특히 중국으로부터 수입 서열 1위로 급증한 철강판, 성장률 500%인 액정 디스플레이 등등 반도체 전자제품은 물론 중화학 분야까지 중국의 경쟁력이 급증하고 있음을 통계는 가리키고 있다. 무역수지 역시 유사 품목 경쟁 상황으로 돌입했다. 한국의 대중국 수출은 1620억 달러(2018년)로 정점을 이루다가 2019년 1000억 달러로 30% 감소하였으며, 2020년 코로나 사태를 맞이하여 더 급감하였다. 이 추세에 비례하여 중국으로부터 무역수지 흑자폭은 무서운 속도로 감소(2015년 678억 달러 수지 흑자에서, 2019년 289억 달러로 60% 하락)하였다.

읽/어/두/기

하트–랜즈버그 교수, 한국 수출의존형 성정전략 위험성 경고

하트–랜즈버그 교수가 경고하려는 것은 '미국–중국 경제의 복합적 불안정성에 기인한 가공할 충격파'다. "고도성장을 원하는 중국은 수출 성장에 의존하고, 경기 침체를 벗어나려는 한국 역시 수출 성장에 의존하고 있다. 그런데 두 나라 모두 이를 미국에 크게 의존하고 있다. 이는 미국이 '얼마나 수입할 수 있는지'의 문제와 직결된다. 그리고 미국 경제는 더 이상 무역적자를 감당할 수 없다. 앞으로 거대한 조정 국면이 있을 것이고, 이는 중국과 한국의 수출의존형 성장에 치명적 영향을 줄 것이다." 그에 따르면 그 파괴력은 중국보다 한국에 더 결정적이다. 중국에게 완성품 생산기지를 내준 결과, 한국의 제조업 기반은 과거보다 더 취약해졌기 때문이다.

(안수찬, 『한겨레』, 2005년 5월 21일 자)

한국 경제와 무역의존도

우리나라는 세계 최고 수준의 무역의존국(GDP의 65% 무역의존도, 2019)이다. 나름대로는 무역을 많이 한다는 미국이나 일본이 사실은 내수를 중심으로 하고 10~20%대에 불과한 극히 일부분만 무역을 하는 체계라는 사실에 비하면 한국의 무역의존도는 대단히 기형적이다. 통계상으로는 독일이 한국과 유사한 높은 무역의존도 경향을 보이지만 독일의 경우는 사실상 단일경제권역인 유럽연합 내의 역내 수출입 중심이기 때문에 한국의 사정과는 다른 환경이다.

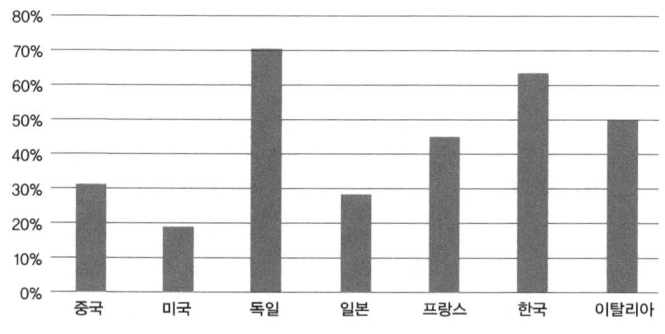

그림 16) 2019년 국가별 무역의존도
(산업통계분석시스템 〈https://istans.or.kr〉에서 합성 계산)

무역의존형 성장 체계란, 국내 생산 물품이 국내에서 소비되는 자급자족 체계가 아니라 그를 훨씬 능가해서 세계 공급을 중심 목표로 하는 과잉생산 위주의 외향적 경제 체계임을 가리킨다. 왜 우리는 이와 같은 과잉생산, 경제의 세계화를 추진하게 되었을까.

💡 읽/어/두/기

무역의존도와 경기

무역의존도 = 국내총생산(GDP)에서 무역이 차지하는 비율 = $\dfrac{\text{무역액}}{\text{국내총생산(GDP)}}$

* 무역액 = 수출액 + 수입액

외국계 투자은행들은 종종 경기침체기 한국 경제성장률을 낮추고 성장기에는 높게 잡는다. 높은 무역의존도(76%, 2008년) 때문이다. 그 덕택에 한국 경제는 세계 경제의 부침보다 더 크게 변동하는 롤러코스터형으로 진행된다. 무역의존도가 너무 커지면 반대급부로 산업공동화와 내수 침체가 발생한다. 특히 1993년 세계무역기구(WTO) 출범 이후 세계의 교역량과 무역의존도가 나라를 불문하고 급증하는 경향에 주의를 기울여야 한다. 교역량이 증가하면 세계 경제도 좋아져야 하지만, 그새 두 차례나 세계 경기 침체가 발생했다. 환율 인하 경쟁과, 교역량 증가, 과잉생산, 과잉자본 현상이 원인이다. 앞으로 세계 교역량이 급증하면, 어! 조짐이 좋지 않은데, 하며 경각심을 갖는 것은 상식이라는 점을 기억해두자.

제국주의와 한국 경제의 구조 전환

어떤 사람들은 한국은 자원이 부족하기 때문에 무역에 의존해야 한다고 주장하는 사람도 있다. 실질적인 경제 근대화가 시작된 1960~1990년대까지 40여 년간 한국 경제성장의 주력은 무역이 담당했던 것은 사실이다. 그러나 지나친 무역의존도는 세계 경제 충격에 취약한 반대 측면을 가진다. 세계 경기가 출렁일 때마다 우리 경제가 혹독한 시련을 겪는 까닭이다. 우리는 왜 이런 경제구조를 가지게 되었는가. 바뀔 가능성은 있는 것일까.

1800년대 이래 자본주의 200여 년 동안 선진 자본주의 열강들은 자국 경제의 팽창 위기가 닥치면 해외로 탈출구를 모색하는 경제 체계를 도모해왔다. 우리나라의 경제 체계도 국내로부터 탈피해서 해외로부터 해법을 얻으려고 한다는 점에서는 선진 열강들의 과거 상품시장 개척 행태와 근본적으로 차이가 없다. 그러나 한국의 대외의존형 체계는 후발형이라는 점에서 선진 자본주의 열강들의 대외 팽창 경제 행태와는 또 다른 특성을 가지고 있다. 어디가 어떻게 다른가.

ⓘ 읽/어/두/기

경기침체와 환율 변동

1997년 IMF 사태와 2008~2009년 공황 시기 한국의 환율 폭등은 다른 나라에 비해서 3~4배가 넘는 지나친 변동 폭을 보여 경기에 큰 충격을 준 바 있다. 반면 일본은 경기 침체기에도 환율 변동이 미미하거나 오히려 엔화가 절상되는 등 안정적 모습을 보인다. 이는 한국 경제의 과도한 무역의존도와 외국자본 의존도(외채 의존율과 해외 자본 침투율)에 관계된 것이다.

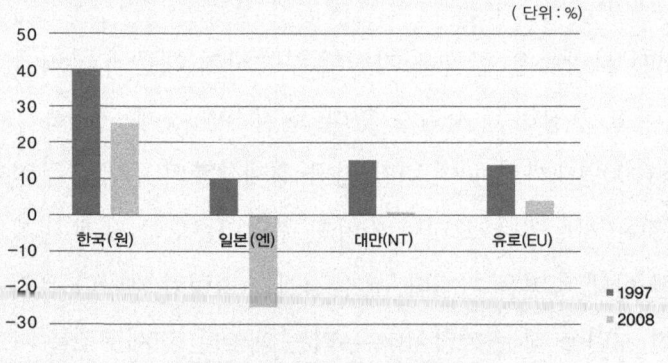

그림 17) 경기침체 시기 환율 변동률

자본주의 시장은 일정한 단계에 이르면, 성장을 멈추며 필연적으로 생산의 정체 위기를 맞게 된다. 국내 사정으로는 더 이상 견딜 수 없다면 다른 방법을 모색해야 한다. 해외 상품시장 개척과 강제적 내수 팽창(경기부양)이 전통적인 방법이다. 해외 상품시장 개척은 1800~1900년대에 식민지 쟁탈전으로 나타났다. 원료 공급 및 상품시장을 강제로 개척하기 위해서 자본주의 강대국들은 약소국들에 대하여 무차별 침략전쟁을 일으켰다. 1870년대부터 1910년대까지 40여 년 동안 아프리카의 90%, 전 지구의 4분의 1이 영국, 프랑스, 독일, 러시아, 일본, 미국의 단 6개국 식민지로 전환되었는데, 이들이 바로 세계 1, 2차 대전의 주역들이다. 1866년 병인양요와 1871년의 신미양요[40], 1910년 일제의 한일합방 등은 이러한 제국주의의 세계적 식민지 쟁탈전에 휘말린 우리 근대사의 주요 침략 사건들이다. 이렇게 군사력이라는 물리적 수단을 동원한 자본주의 초중반기의 영토 침략, 식민지 쟁탈전을 통틀어 제국주의[41] 시대라고 부른다. 그러나 1945년 제2차 대

40　병인양요 : 1866년, 프랑스 신부 살해 등 천주교 탄압의 보복으로 프랑스 함대의 강화도 점령, 약탈사건. 조선은 선교사 처단의 합법성과 프랑스 함대의 불법 침범을 들어 퇴거를 통고, 이후 양측의 격렬한 전투 끝에 프랑스 함대가 퇴거했다.
　　　신미양요 : 1871년 강화도에서 미국 아시아함대가 침공해서 1866년 제너럴셔먼호 사건 책임을 묻고 통상을 요구하였으나 물리친 사건.
41　제국주의(Imperialism) : 자본주의가 융성한 근대 이후 식민지 지배 체제. 고대 제국주의는 노예와 금은 재화 약탈을 위한 영토 침략 자체를 목표로 한다는 점에서 차이가 있다. 홉슨(John A. Hobson)은 자기자본의 큰 몫을 식민지에 두고 그로부터 점점 더 큰 소득을 끌어들이는 자본의 세계화를 근대의 제국주의라고 불렀고, 『제국주의론』을 저술한 레닌은 자본주의 최후의 단계로서 독점자본주의, 금

전 종전과 더불어 세계의 대부분 식민지는 영토적으로 독립함으로써, 영토적 침략과 본국 자본의 경제적 확장을 위한 (자본주의) 생산양식 이식을 특징으로 하는 근대 제국주의 시대는 종말을 고했다.

☀️ 읽/어/두/기

수자기(帥字旗)

1871년 신미양요 당시 미국이 한국에서 빼앗아 간 수자기는 장수를 나타내는 '수(帥)' 자가 쓰인 가로, 세로 각각 4.5m의 대형 깃발로, 미국 메릴랜드주 아나폴리스 해군사관학교 박물관에 보관되어 있었다. 우리 정부가 반환 요청을 했으나 영구적으로 돌려받지는 못하고 2007년 '수자기 대여협정서'를 체결하여 국내로 들여왔다. 2010년부터 강화역사박물관에 보관 중이다.

세계 경제 1단계 변신: 신제국주의 시대와 신식민지론

그렇다면 제국주의는 완전히 사라졌을까. 그렇다고 볼 수 없다. 종전 후 영토적 침략을 배제하고 경제적 침입을 주요 목적으로 하는 새로운 형태의 제국주의를 일컬어 신제국주의, 혹은 신식민지주의라고 부른다. 이 용어의 출현은 전후 국제통화기금(IMF)과 관세와 무역에

융자본 지배, 자본수출, 국제트러스트와 세계 분할, 식민지 영토 분할을 제국주의의 5대 특징으로 들었다. 종합하면 근대 제국주의란 식민 영토를 정복하되 고대와 달리 본국 자본의 성장을 위해 유리한 상품 판로와 원료 공급을 위한 생산양식 및 산업을 식민지에 이식하고 최대한 이용하는 진전된 약탈 시스템의 총화라고 할 수 있다.

관한 일반협정(GATT)의 창설에 따른 'IMF-GATT 체제' 출범, 미국 달러의 기축통화(Key Currency)화, 달러의 대량 살포 시기(1950~1960년대)와 시대적으로 일치한다. 이 시기 미국은 소련에 대항해 전후 유럽부흥계획(마셜플랜)을 선포하고 세계는 자본주의와 공산주의 진영으로 대립되는 냉전시대를 맞이하였다. 그러나 전쟁의 피해가 정리되고, 유럽 및 일본이 부흥에 성공하자 1970년대를 전후하여 자본주의 열강들의 경제적 갈등이 재출현하였다. 다른 한편 1960년 국제연합총회에서 '식민지 여러 나라와 민족에 대한 독립 부여 선언(Declaration on the Granting of Independence to Colonial Countries and Peoples)'이 채택되자 아시아, 아프리카의 식민지 국가들이 유엔(UN)에 가입하기 시작하였다. 1960년대는 냉전, 자본주의 열강들 간 갈등 부활, 구식민지 국가들에 대한 열강들의 신식민지적 경제 지배(남북 갈등)라는 큰 축의 3대 세계 갈등이 지배하는 시기였다.

1970년대는 이 갈등이 폭발한 시대라고 기록할 수 있다. 유럽 및 일본으로 흘러들어간 다량의 달러에 대한 금태환 요구에 대해서 미국은 이를 일방적으로 정지시키는 파격적 변신을 감행하였다(브레턴우즈체계의 파기). 자원 무기화를 선언한 석유수출국기구(OPEC)의 출현과 두 차례의 석유파동, 끊임없이 물가가 오르는 스태그플레이션과 세계 경기침체, 자유 변동 외환시장의 출현, 중소분쟁과 미국·유럽의 경쟁 등 냉전 구조의 재편 움직임, 그리고 선진 자본주의국들(지리적으로 북방권에 위치)과 후진국들(아시아·아프리카·남아메리카 등 남방권 위치 국가) 간의 경제적 격차 등등 세계는 온갖 갈등으로 점철됐다.

전후 세계 지각변동의 특징을 신제국주의라는 한마디로 모두 담아내기에는 세계가 너무 복잡해졌다. 그러나 자본주의 시대와 열강의 경쟁 변화라는 큰 맥락에서 본다면, 자본 간 식민지 경쟁이 극한을 이루던 2차 대전 이전과 영토적 침략을 배제한 2차 대전 이후 신식민지 경제 체계로 제국주의의 변화를 구분하는 것도 나름대로 의미 있는 시대 구분법이다.

한국 경제의 2단계 변신

같은 맥락에서 한국 자본의 세계화도 1, 2단계로 구분해볼 수 있다. 1단계는 우리나라가 미국, 일본 같은 선발 자본주의국가들의 상품시장이 되는 경지라면, 2단계는 우리 쪽에서 다른 나라로 진출하는 경지라고 표현할 수 있다.

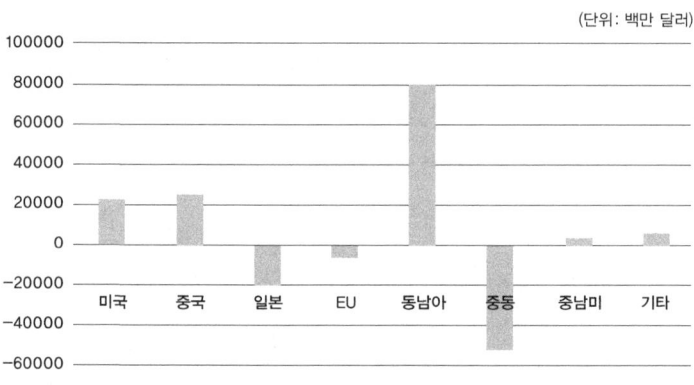

그림 18) 2019년 지역별 경상수지 (산업통상자원부)

초창기 우리나라의 무역 관계는 미국 일본 등지의 해외 자본 요구에 맞추어 이들 나라에 상품을 조달 생산하는 하청기지로 출발하였다. 물론 오늘날 우리나라 무역은 초기 하청 시대보다는 몇 단계 더 진전된 상태다. 우리보다 시장이 덜 발달한 동남아나 중국 등지에 자본과 공장을 수출하고 현지 상품시장을 개척하며, 다른 한편으로 미국, 일본, 유럽 등 선진 자본주의 열강이 자본을 투자하는 상품시장인 동시에, 원재료(석유 등)를 수입하고 하청 상품을 수출하며, 또 일부 사양화된 산업(백색 가전제품 및 반도체, 자동차 등) 분야에서는 원청을 한 현지에 거꾸로 직접투자로 진출하는 복합 구조로 변신하였다. 우리나라뿐만 아니라 이제는 아시아의 다른 국가들도 정도의 차이만 있지 같은 복합 구조로 얽혀 있다. 요즈음의 세계는 이차대전 전의 제국주의와 식민지국 간 상품 원료시장 관계 같은 단순 구조로 표현할 수 없을 만큼 훨씬 더 복잡하고 국제분업으로 얽혀 있는 그물 구조, 즉 초연결 네트워크 분업 생산구조로 바뀐 것이다. 이런 국제분업 구조에서는 기업의 미시적인 이윤 추구 형태보다도 기업 형태 및 산업 변화의 흐름을 읽어내는 장기적이고 거시적인 안목이 더 중요한 역할을 한다. 그것을 주도하는 것은 국가이기 때문에 오늘날의 자본주의에서는 국가의 역할은 어떤 측면에서는 기업보다 더 중요하게 되었으며, 몇몇 학자들은 이 변화된 특징을 특히 강조하여 현대자본주의를 국가독점자본주의로 이름 붙이기도 한다.

세계 경제의 2단계 변신: 초국적 자본화, 금융자본화

이렇게 세계 각국 간 지위 변동이 심하다면 예를 들어 자동차, 가전제품 등 전통산업의 경쟁력을 잃고 심각한 경제위기를 맞고 있는 미국은 세계 자본주의 종주국의 자리를 물려주어야 하지 않을까. 사태가 그렇게 간단한 것은 아니다. 미국 자본주의가 변화를 겪고 있는 것은 사실이지만 경제패권이 일방적으로 넘어갈 것이라고는 할 수 없다. 미국의 거대 자본들은 경제적으로는 더 이상 국경이라는 경계가 무의미한 초국적화와 금융자본화라는 적어도 두 가지 점에서 다른 나라보다 탁월하다. 전 세계 금융자산의 약 40%는 뉴욕에 몰려 있으며, 이 막대한 금융자산은 세계 도처의 금융시장에 2차로 투자되고 있다. 자동차 등 미국의 전통 기업들은 경쟁력을 잃었지만. 미국의 주요 기업들은 국경을 초월하고 초국적 기업화[42]되어서 역시 세계 도처의 주요 기업에 투자하고 있다. 미국은 국내의 제조업을 잃는 대신, 금융시장과 초국적 기업 구조, 지식재산권 가치 등, 최상위급 경제가치를 사수하는 방향으로 경제구조를 바꾼 것이다. 예를 들어 쓸 만한 세계 특허의 40%가량을 차지하는 것으로 추정되는 미국은 전 세계

42　초국적기업(transnational corporation): 국경을 초월해서 투자하는 기업. 다국적기업이, 본사는 본국에 있고 기타 국가에 투자하는 자본의 국적 강조와 투자 다양화 정도의 개념이라면, '초국적기업'이라는 용어는 국경이라는 경계가 없고 지음부터 세계를 목표로 하는 세계기업 이미지가 강조된다. 국제연합무역개발협의회(UNCTAD)에 의하면, 2000년대 들어 6만 개의 모기업과 50만여 개의 자회사로 구성된 초국적기업이 활동했고 2020년에는 그 수가 2~3배 증가한 것으로 추정한다.

특허 수지 흑자의 약 70%를 차지하는 반면, 세계 경제 10위권대의 한국은 세계 특허 수지 적자순위 5위인 상대적 지식재산권 약국이다. 미국이 각종 자유무역협정(FTA)에서 다른 무엇보다도 특히 지식재산권 강화에 매달리는 이유는 바로 이와 같은 초국적이 된 미국 자본주의 변신 사정이 반영된 것이다.

(단위: 억 달러)

	2017	2018p	2019p
	연간	연간	상반
수 지	-16.9	-7.2	-8.8
미 국	-46.6	-46.7	-22.3
중 국	21.7	30.2	10.5
일 본	-5.2	-7.0	-4.9
영 국	4.5	0.7	-2.5
독 일	-4.2	-4.1	-1.5
기 타	13.0	19.7	12.0
(베트남)	(24.1)	(24.6)	(11.7)
(브라질)	(0.4)	(0.4)	(3.0)

* p(provisional, 잠정치)

표 6) 한국의 거래상대방 국가별 지식재산권 무역수지 추이
(한국은행, 2019년 상반기)

세계 경제 3단계 변신: 세계 경제 동조화와 FTA의 글로컬화

1991년 소련이 무너지면서 50여 년간 냉전으로 지탱했던 세계 경제는 또 다른 국면으로 진행되었다. 다른 한편 자본주의경제는 그 6년 뒤인 1997년 외환위기로 표출된 세계적 금융위기를 맞이하였으며, 2020년 코로나 사태까지 근 20여 년간 계속된 세계 자본주의의 계

속된 위기의 배경에는 냉전 해체 이후 세계무역기구(WTO) 다자간 자유무역과 신자유주의의 확대가 자리 잡고 있다. 결과적으로 더 많은 금융화와 더 많은 개방과 자유무역을 확대한 국가일수록 더 빨리 성장한 대신 더 급격한 위기를 맞게 되는 현상이 발생했다. 한편 각국 이해관계에 따라 2006년 세계무역기구(WTO) 다자간 회의가 결렬되자, 남 눈치 볼 것 없이 저마다 자기 이해를 찾는 새로운 무역 형태로 양자 간 자유무역협정(FTA)과 지역화(Glocal), 현지화, 보호무역주의로 전환하였다. 21세기 경제 세계화는 모든 국가의 모든 기업을 성장시키는 것이 아니라, 많은 국가를 위기에 빠트리고, 더 많은 사람을 가난하게 하고, 더 치열한 경쟁을 유산으로 남기고 있다는 현실을 직시할 수 있다면, 우리는 이제 비로소 세계 경제 전쟁의 실태에 눈을 뜬 것이다. 중국은 이미 국제분업 구조의 말석, 즉 2000년대식 세계의 하급 공장 역할을 넘어서, 중간 또는 최상위 단계로 도약하는 역할로 국가 성장 전략을 변경하였다. 미국은 이런 중국에 대해 심각하게 경고한다. 새로운 경제패권을 두고 미·중 간 싸움은 격렬한 단계로 돌입한 지 오래다.

5. 하이테크 시장과 디지털 네트워크
— 기업 조직 혁신 이론

1999년 벤처 광풍이 전 세계를 강타하였다. 미국의 실리콘밸리 지역에서 시작된 이 열풍은 벤처기업[43] 주식들이 주로 거래되는 나스닥의 시장가치를 10배로 폭등시켰다. 세계는 열광의 도가니에 빠져들었다. 그러나 이듬해부터 전 세계 주식 가치는 허망하게 폭락하기 시작했다. 불황 없는 고성장을 꿈꾸었던 벤처는 날아가고 일확천금을 노렸던 청년 사업가들은 좌절했다. 소자본이 대자본을 이길 수 있다고 믿게 했던 벤처 신화는 한바탕 소동이었을까.

집적효과와 신산업지구론

나스닥의 영광과 좌절에도 불구하고 미국 샌프란시스코 지역 첨

---

[43] 모험자본(venture capital): 주로 중소 자본이 첨단산업에서 빠른 성장을 계획하는 투자 행태. 고수익을 기대하는 만큼 사업성이 불분명하고 실패 위험이 크기 때문에 모험자본으로 불린다. 한국에서는 1998년 '벤처기업육성특별법'에 의하여 벤처기업에 투자하는 벤처캐피탈(금융기관)과 투자를 받는 벤처기업(연구개발벤처, 특허기술개발, 신기술개발 분야)으로 구분되는데, 주요 업종은 인터넷 디지털 분야와 첨단산업(생명공학, 나노공학 등) 분야로 양분된다. 그러나 실질적으로 벤처 붐의 초점은 마이크로소프트(MS), 구글, 애플 등 인터넷 디지털 업종이다.

단산업 지구 실리콘밸리는 여전히 건재하다. 벤처의 전설인 마이크로소프트(MS), 야후, 구글, 아마존 등등이 모두 거기에 있다.

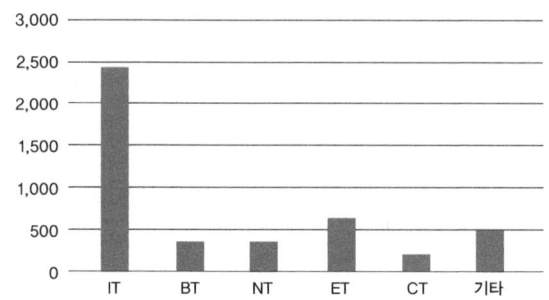

주) IT: 정보기술, BT: 바이오기술, NT: 나노기술, ET: 환경기술, CT: 콘텐츠 제작 기술

그림 19) 기술별 벤처업체 수(개) 현황 (중소기업청)

벤처 업종의 기본 특징은 고수익, 고위험이다. 이런 위험 수익 구조는 왜 생길까. 기업이 고수익을 획득하는 방법으로는 일반적으로 박리다매(薄利多賣)와 고리소매(高利少賣)의 두 가지가 있다. 예컨대 평균 기업이윤이 2000원일 때, 100원짜리 이윤 제품을 100개 팔아서 1만 원을 남기거나, 1만 원짜리 이윤의 제품을 1개 팔아 1만 원을 남기는 기업이 있다면, 방식은 다르지만 이 기업들은 결국 사회 평균이윤보다 높은 고수익을 올리는 것이다. 그런데 박리다매 방식은 대량생산, 대량소비 구조인 만큼. 대개 많은 사람들이 반복 사용하는 범용성 제품을 취급한다. 또한 생산비가 싸야 하기 때문에 첨단기술보다는 평균적인 기술과 노동력, 즉 저렴한 인건비와 대규모의 생산 시설을 갖춘 산업에서 주로 발생한다. 이 '규모의 경제' 효과가 발휘되

는 분야는 그 특성대로 독점시장의 성격을 띠게 되고 독점 폐해의 상징인 X-비효율과 관료화 현상이 발생한다. 성장의 한계가 출현하는 것이다. 그렇다면 이 단계에서 높은 이윤은 어떻게 창출될 수 있을까. 수직적 조직은 명령 지휘 체계가 일사불란한 것이 장점이지만, 시키는 것만 한다는 단점이 있다. 그 이상의 능력을 스스로 발휘하려면, 마치 길거리 음식 포장마차 주인처럼 본인의 의욕이 넘쳐야 한다. 단, 기업 환경은 대기업 못지않아야 한다. 19세기 마셜은 영국 랭커셔 지방에 집적된 방직공장들의 높은 생산성을 관찰하다가 후에 집적경제(economy of agglomeration)라 불리는 현상을 도출해냈다. 한 지구에 모인 소공장들은 대기업 못지않은 높은 생산성을 발휘할 수 있었는데, 이들은 상호 지리적으로 인접하여 전후방 연계 및 물류 거래비용 절감, 전문 노동력 풀(pool)을 공유할 수 있고, 상호 학습효과를 통해서 연구 능력 및 첨단기술을 빨리 습득할 수 있었던 것이다. 이와 유사한 효과를 주장하는 산업지구론은 현대에도 매우 다양한 형태로 개발되었다. 스콧(A. J. Scott)의 「신산업지구론」(*New Industrial Spaces*, 1988), 대학·연구개발 기관·지방정부가 한데 모인 복합 집적 지구를 개념화한 포터(M. Porter)의 산업클러스터 이론(『국가 경쟁 우위*The Competitive Advantage of Nations*』, 1990) 등이 그것이다. 이 이론들이 관심을 기울이는 중소기업 생산성의 정체는 미세 부문까지 고도로 전문화된 소기업 그룹들 간 복합적인 네트워크 분업[44] 구조를 말한다.

---

[44] 네트워크 효과: 사용자 수에 비례해 그 유용성이 배가(2n)되는 연결 효과 혹

이전까지 기업 생산성 혁신 이론은 기업가의 혁신적 사고, 경쟁에서 살아남기 위한 생산 시설 집적, 비대화된 대기업 조직을 잘 통치하기 위한 수직적 기업계열화가 주류를 이루었다면, 산업지구론은 단일 기업으로 묶여지지 않아도 지리적으로 집적되고 서로 보조 협력하는 역할 분담만 잘되면 각각의 소그룹들이 기업활동에 적극 참여하는 효율적인 조직이 된다는 것이 다르다. 지배하고 간섭받지 않아도 자율적으로 더 열심히 움직일 수 있다면 그처럼 인간의 상상력을 자극해 내는 좋은 환경은 없다. 즉 연구개발 환경이 특화되는 최고의 벤처기업 생존 조건이 탄생하는 것이다.

> 💡 읽/어/두/기
>
> **벤처기업 생산력과 연구개발(R&D) 비용**
>
> 벤처기업의 생산력은 연구개발에 있다. 남보다 더 빨리 기술을 개발하려면 더 많은 연구개발비가 소요되어야 한다. 우리나라 연구개발비(GDP 대비 3.3%)는 전 세계 중 낮지 않은 수준이지만, 기술 선진국에 비하면 여전히 취약하다. 총연구개발비는 미국(11.8배), 일본(4.8배), 독일(2.7배) 순이며, 중국보다 적다. 1인당 연구개발비는 스웨덴(2.8배), 핀란드(2.7배), 미국(2배)에 비해 2~3배 처진다. 벤처산업이 승자독식 논리로 움직이는 것을 감안하면, 시급한 개선 과제다.

은 정보공유 효과. 집합 (a, b, c)의 부분집합 총개수는 $2^3=8$에서 유래했다. 서로 공유 관계로 연결되면 상대방 정보도 모두 내가 갖는 효과(무한 정보 서핑의 자유)를 누릴 수 있다. 외부환경 개선을 강조해서 네트워크 외부효과라고도 한다.

네트워크 분업: 기업들이 떨어져 있으면서도 네트워크를 이용해서 긴밀하게 의사소통하며, 생산(연구개발, 범용성 부분품 생산, 조립 공장)에서 소비(인터넷 쇼핑몰)까지 역할 분담하는 수평적 관계의 기업 분업. 구매와 판매로 이루어졌던 관행이 '기업 간 상거래'(B2B)로 대체되면서 전통적 기업 구성이 무너졌다.

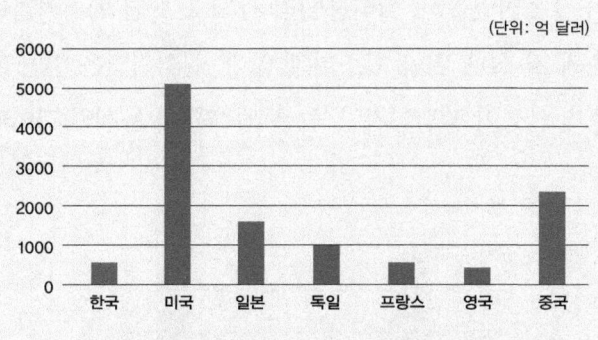

그림 20) OECD 국가별 연구개발 투자 비용

(OECD, 「Main Science and Tech-nology Indicators 2018-1」, 2018. 7.
과학기술정보통신부·한국과학기술기획평가원(KISTEP), 2017년도 연구개발 활동 조사 결과)

한편 1999년 벤처기업에 대한 정부 차원의 무한 투자 지원이 있었지만 이 시기 벤처 투자는 사실상 실패였다. 우리나라 벤처기업은 약 1만4000개이며, 이 중 상당수는 벤처 열풍 시기(1999~2001년)에 설립되었고, 그중 33%가 벤처 쇠퇴기(2002~2003년)에 사라졌다.

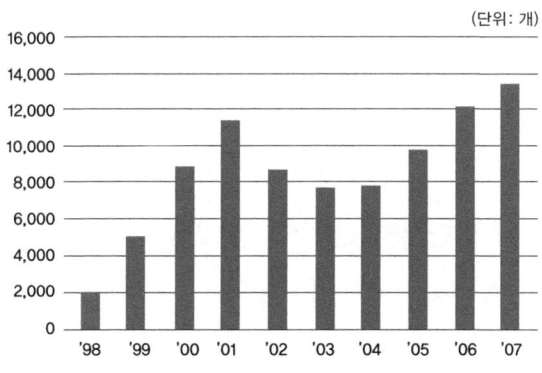

그림 21) 벤처기업 수 추이 (중소기업청)

무엇이 잘못되었을까. 실리콘밸리 사례로 보면 벤처기업이 성장하는 요건은 투자 실패 위험 최소화에 있다. 벤처기업은 일반 기업에 비해서 높은 생산성이 장점이지만, 높은 퇴출률이 문제인 것이다.

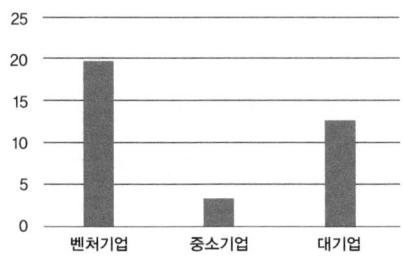

그림 22) 기업규모별 노동생산성 비교 (중소기업중앙회, 2018)

모험자본의 속성상 이 같은 행태가 불가피하다면 벤처의 장점을 살리는 방법은 연구 여건을 개선하고 퇴출 비용을 줄이는 것이 상책이다. 중소벤처기업부의 「벤처기업 정밀 실태조사」(2019년)에 따르면 벤처기업의 주요 경영 애로 사항은 자금관리(56.2%), 국내 판로 개척(54.7%), 필요 인력 확보 유지(54.0%) 등이었다. 판로(영업망, 물류 및 판매시설), 자금(임대료, 연구시설 등)은 기업 설립 시 초기 고정비용에 해당하는 것으로 퇴출 시 부담이 큰 요소라는 공통점이 있다. 이는 대대적인 공동구매 및 판매망, 연구개발 및 집적 시설 지원 등 저렴한 기초 투자 기반을 구축하고 퇴출 비용을 감소시키는 편이 실질적으로 벤처를 성장시키는 바른 방향임을 시사한다.

포스트포드주의와 조직 혁신 이론

중소벤처기업의 생산성을 혁신시키는 두 번째 요소는 조직 혁신이다. 초창기 기업 조직 혁신 이론은 테일러주의로 호칭된다. 테일러는 노동과정(작업시간과 동작)을 연구하면서 낭비 없는 동작, 작업능률을 향상시키는 성과급, 구상과 실행의 분리라는 기업 운영 원리를 고안해내었다. 상부 경영진과 그 하부 실행 단위인 생산 조직의 분리라는 말은, 삼국지에서 두뇌인 제갈공명과 명령을 수행하는 장비의 병사 관계쯤으로 생각하면 된다. 각각은 두뇌(구상과 계획)와 실행 조직으로 역할 분담하는 체계이자, 위로부터 수직적 명령 체계이며, 공을 세운 병사에게는 전리품(성과급)을 지급해서 생산 동기를 자극하는 체계이다. 기업도 군대처럼 역할과 구획이 잘 나누어져야 각 단위가 전문화되어 매끄럽게 돌아가는 것이다. 그러나 이 시스템은 생산성 혁신 과제가 상대적으로 덜 중요한 대기업 대량생산 과정에 주로 어울린다는 점이 문제점으로 꼽힌다. 하부 실행 조직은 결정권이 없으며, 성과급 효과의 점진적 하락, 반복 단순 작업과 노동 소외 증대 등의 약점이 지적되었다. 작업량이 일정한 체계에서는 성과급이라고 해봐야 월등히 더 나을 것도 없다면, 괜히 힘들게 노동강도만 증가하는 꼴이다. 이에 대처하는 새로운 조직 혁신 사조는 포드주의이다. 미국의 포드사(Ford社)는 1910년대에 이미 자동차 대량생산, 대량소비의 붐을 조성하였다. 당시로서는 고가인 자동차를 노동자 대중이 구매할 수 있도록 임금(생산성과 임금 연동)을 올려주는 타협적 분배 정책이 포드주의 혁신법의 중심이다. 그러나 도시 팽창에 주로 퍼부었던 정부 재정이 한계에 도달한 1920년대 들어서 경기가 침체하자, 대량생산 시설들의 막대한 유휴비용은 포드주의에 큰 짐이 되었다. 그로부터 수십 년 뒤 그 대안으로 다품종 소량생산 방식이 등장하였다. 스웨덴의 칼마르사(Kalmar社), 일본의 도요타 자동차사 등은 유연생산방식과 적기생산방식[45], 직무순환 등을 개발해서 포드주의의 문제점을 해결하려 하였고, 이를 일러 포스트포드주의라고 한다. 표 7)은 역대 경영 조직 혁신법의 동향 정리표이다.

경영 혁신 이론	내용 및 효과	연도
마셜의 산업지구	집적경제, 전후방 연계 효과, 거래비용 절약, 노동력 풀	1890
테일러주의	구상과 실행의 분리, 성과급 제도, 동작연구	1881
포드주의	대량생산·대량소비, 생산성과 임금 연동된 분배, 단체교섭 및 노사협조	1910
신테일러주의	고용유연화, 경쟁 임금 제도와 시장 원리, 생산성 분배 폐기, 구상과 실행 결합	1980
조절 이론	책임 있는 자율, 협상에 의한 참여, 구상과 실행의 통일	1980
포스트포드주의	다품종 소량생산, 유연생산체계, 적기생산, 직무순환	1985
산업클러스터	대학 연구개발 기관 지방정부 거버넌스 복합 산업지구	1990
네트워크 분업	수평적 조직, 네트워크 효과, 부품 모듈화, 초국적 분업	2000

표 7) 기업 조직 혁신 이론의 발달

---

45 적기생산(just in time): 필요한 재료 및 자재를 필요한 시기, 적재적소에 공급함으로써 재고비용을 줄이는 경영 혁신 방법. 일본 도요타 회사가 자동차 조립 공정에 도입했다.

기업 혁신 이론 발달 경향을 모아보면 초창기에는 상하 조직의 역할(상부 조직의 지도력과 하부 조직의 성실성) 정리에 집중하다가, 후기로 갈수록 실행 노동자의 자발적 참여와 생산 동기를 유발하려는 조직 혁신 기법이 고안되는 경향을 볼 수 있다. 오늘날 기업 조직 혁신 이론을 테일러의 '구상과 실행' 이론의 관점을 중심으로 정리하자면, 초기의 '구상과 실행의 분리와 대량생산 체계' 및 후기의 '구상과 실행의 결합과 다품종 소량생산'이라는 두 가지 틀로 단순화해볼 수 있다. 이런 경향이 생긴 것은 초연결 네트워크 시대를 맞이하여 분업과 각 분야의 전문화가 더 발달된 결과, 노동자들의 창의력과 자발적 참여의 중요성이 강조되는 영향이라 할 수 있다. 가령 자유로운 출퇴근 자유형 근무, 심지어 코로나19 사태를 맞이하여서는 일상적 비대면 근무가 유행하며, 아이디어를 위해 연일 사무실 구조를 바꾸거나 자유복장을 권장하는 등 변화와 창의력을 자극하려는 노력이 계속 요구된다. 생산 동기 자극은 한발 더 나아가서, 주식 지분을 노동자에 할당하는 종업원지주제 혹은 주식매수권을 주는 스톡옵션 기법, 더 적극적 경영 참여 형태인 프랑스의 노동자 자주관리나, 독일의 노동자 평의회 등등, 다양한 노동자 경영 참여 제도로 발달하였다. 샌프란시스코의 실리콘밸리, 보스턴의 루트 13가, 이탈리아의 '제3 이탈리아' 지역 등등 세계적 산업지구에서도 팀책임제 운영 방식, 내부도급제 등등 기업 조직 혁신의 다양한 성과 제도와 수평적 경영 참여 방식이 실행되고 있다. 물론 이러한 시스템은 기업 구성원의 역량을 완전히 쥐어짜는 전력투구가 필요한 무한 경쟁 시대의 산물이다. 일부 기업에서는 총수익의 절반, 심지어 전부를 연구개발(R&D)에 재투자하는 극단적인 투자 행태를 마다하지 않는다. 지방정부와 대학 연구 역량까지 포함된 거국적 산업클러스터 이론이 발달하는 이유는 개별 기업들의 연구개발 투자 능력으로는 이 거대한 연구개발과 창의력 전쟁에서 승리할 수 없기 때문이다.

첨단산업 부문을 달구는 표제어는 승자독식(winner takes all)이다. 1위 업체만이 살아남는 약육강식의 벤처 세계에서 기업들이 쓰러져도 다시 일어날 수 있는 최선의 생존 비법은 무엇일까. 그것은 기업들이 자신의 전문적인 한 가지 분야의 연구개발에 전력할 수 있도록 나머지 시설사용료, 물류비용, 광고홍보비 등의 여타의 생산·판매 관리 부담을 최소화하도록 지원하는 것이다. 오늘날의 실리콘밸리가 구성되기까지는 이 지역 시설 및 연구개발 환경을 위한 천문학적인 지방정부 투자가 배경으로 있다.

💡 생/각/해/보/기

가구점들이 한곳으로 모이는 사연

일반적으로 경쟁점이 생기면 시장을 분할해야 하기 때문에 장사가 잘 안된다고 생각한다. 그런데 먹자골목이나, 가구점, 용산 전자상가 등은 서로 모여서 경쟁하는데도 오히려 장사가 더 잘된다. 왜 그럴까. 지리적 집적효과 때문이다. 동종 점포들이 운집하면 서로 경쟁하기 때문에 가격, 품질, 서비스가 좋아지고, 광고효과가 자연스럽게 생겨서 사람들이 모이는 것이다. 이러한 효과는 서로 보완되는 상품을 판매하는 종합시장에서도 가끔 나타나지만, 대개는 동종 제품을 취급하는 전문점 군집에서 탁월하다. 예컨대 첨단산업단지로 유명한 실리콘밸리는 전문 벤처기업들이 모여 집적효과를 구현한 경우다. 불황기에는 기업들이 어떤 경향으로 흐르는지를 관찰해보라.

Unexperienced Post Corona Principle of Economics

6장 시장의 두 얼굴

1. 독점의 두 얼굴 – 프로메테우스, 혹은 프랑켄슈타인

독점의 사회적 필요성과 폐해

독점은 통상 불법적이고 좋지 않은 행위라고 사회적으로 인식되어 있다. 그러나 독점의 긍정적 측면에 대한 깊은 생각도 필요하다. 공기업 독점이 그런 예이고, 민간기업에서도 독점은 중화학공업 같은 기간산업[46] 육성의 사회적 필요 요인으로 나타난다. 신생국가로 자본축적 실적이 높지 않은 1960~1970년대의 우리나라는 일정한 경쟁력과 규모를 갖춘 기간산업이 시급히 필요하였으며, 그를 집중 육성하기 위해 독점을 계획하는 성장 방식(1~7차 5개년 계획[47])이 요청되었다. 그

---

46 기간산업(key industry): 한 국가의 기초가 되는 중심 산업. 철강, 원료·재료 산업 등 산업 생산 계속을 위한 가장 밑바탕 산업을 지칭한다. 조선시대는 농업, 근현대는 중화학산업, 미래는 인터넷 디지털, 환경산업 등으로 기간산업도 시대에 따라 변화한다.

47 경제개발 5개년 계획: 우리나라는 35년간 7차례 경제개발계획(1962~1996년)을 시행하였다. 저개발국을 집중 성장시키는 계획경제의 효시는 소련(1, 2차 5개년 계획, 1928~1937년)이며 높은 성장률(계획 기간 공업생산량 4배 성장)로 세계를 놀라게 하였다. 우리나라 역시 개발계획 기간 동안 연평균 7~10%의 고도성장과 수출 신장을 이루었다. 그러나 고물가와 농가 파탄, 저임금과 졸속 재벌 흥망, 정경유착과 검은돈 등 각종 부작용과 취약한 경제구조라는 유산을 남겼다.

러나 국가 기간산업은 고정투자비용이 너무 많고 또한 일종의 독점적 특혜라는 점에서 정경 밀착이 개입될 수 있는 두 얼굴을 가지고 있다. 1960~1970년대 대기업들은 대개 정치적 특혜를 받아서 급성장한 전력이 있으며, 그 가운데 정치자금화한 검은돈들이 대규모 부패와 연결되어 어두운 정경유착사를 장식했다. 1997년 최종 부도 처리된 한보그룹과 한보철강 시설은 숱한 정치 로비의 의혹을 남겼으며, 당시 돈으로 무려 1조 원이 넘는 막대한 자본이 투자되었으나 10분의 1에 불과한 1500억 원에 일본 야마모토공업에 매각되었다. 이 막대한 손실은 결국 채권단과 국민경제가 떠안아야 했다. 민간 독점이 불가피한 또 하나의 사례는 이윤이 발생하지 않는 열악한 조건하에서 독점이 성립하는 경우다. 먼바다 낙도의 정기선, 산간벽지의 버스 등은 이용 승객들이 높은 가격을 지불해야 손익분기점이 나오는 손해형 독점시장이다. 현실적으로는 이 손해를 정부가 보조해서 낙도민들을 구제하지 않으면 안 되기 때문에, 이는 사회적 약자에 대한 배려상 필요한 독점인 셈이다.

독점 수단의 종류와 제도적 규제

독점기업은 어떤 수법으로 시장을 지배할까. 가장 일반적인 진입 장벽은 새로운 진입자가 따라올 수 없는 대폭 인하된 가격 장벽이며, 그 밖에 원료 독점, 영업 방해 등 수단과 방법을 가리지 않는다. 시장이 평정되면 물론 다시 높은 독점가격으로 복귀한다. 이러한 독(과)점

가격의 횡포를 막기 위해서 우리나라에서도 1980년대에 '독점 규제 및 공정거래에 관한 법률'(이하 '공정거래법')이 발효되었다. 미리 알아두어야 할 사실은 공정거래법은 대기업의 사업 자유화라는 명분에 밀려 출범 당시부터 그 규제 수준의 최소화로 유명무실한 한계를 안고 있었다는 점이다. 물론 공정거래법이 존재한다는 사실만으로도 우리나라에서 횡행하는 독점 수단들이 일목요연하게 파악된다는 장점도 있다. 독점기업들의 진입 장벽은 크게 시장 지배적 지위 남용 금지, 기업결합 제한, 경제력 집중 억제, 부당한 공동행위 제한, 불공정거래행위 금지의 5개 분야로 구분된다. 표 8)은 이를 간추린 것이다.

시장 지배 지위 남용	기업결합 제한	경제력 집중 억제	부당공동행위	불공정거래행위
부당한 가격 결정 부당한 판매 조절 부당한 사업 방해 부당한 경쟁 사업자 진입 방해 경쟁 제한	상호 주식 취득 임원 겸임 인수합병 기업결합 금지	지주회사 설립 제한 상호출자 제한 출자 총액 제한 상호지급보증 제한	가격담합(카르텔) 거래 조건 담합 생산 출고 제한 지역 상대방 제한 종류 규격 제한 영업공동회사 설립 사업 활동 제한	하도급 거래 불공정약관 부당표시·과장광고 전자상거래법 위반 방문판매법/가맹사업 위반

표 8) 독점 규제 및 공정거래 위반 유형
(공정거래위원회, 공정거래법 및 『공정거래 백서』 각 연도 발췌 합성)

독(과)점기업들이 가장 많이 위반하는 사항은 하도급 거래 위반, 불공정약관 등 불공정거래행위로서 연간 700건, 전체 건수 중 75.1%를 차지한다. 대기업들이 하청업체를 다루는 데 있어서 우월적 지위를 이용한 불법·탈법 강제 행위가 점점 더 강화되고 있다는 의미이다. 통계상으로는 지배적 지위 남용이나 기업결합 제한 등의 위반 사항은 건수로는 큰 비중을 차지하지 않는다. 그러나 결과에 은폐되어 있을 뿐 중소 하청기업과의 상하 지위라는 현실 관계가 상황을 지배하기 때문에 쉽게 적발될 수 없는 구조이거나, 겉으로 잘 드러나지 않는 탈법적인 측면을 헤아릴 수 있어야 한다.

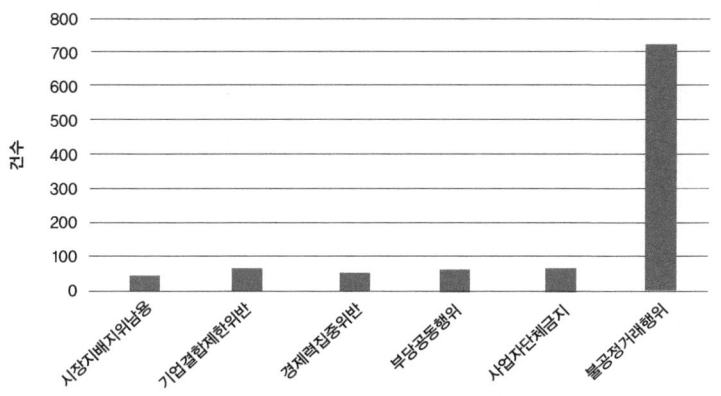

그림 23) 공정거래 행위별 위반 실적 (『2018년판 공정거래 백서』, 공정거래위원회)

담합 유형 중 가장 많이 적발되는 유형은 가격담합(69%)과 합작회사(영업공동회사) 설립(14.8%)이다. 공정거래법이 존재하는데도 불구하고 각종 담합 위반은 폭증 추세에 있다. 담합행위는 기업들의 도덕적 해이 증가 원인이기도 하지만 부당한 행위에 비해서 처벌 수위가 높지 않거나, 규제가 점차 완화되는 후기 공정거래법의 솜방망이 처벌 경향과도 관계있다. 2008년 공정거래법 개정에서는 출자 총액 규제, 기업결합 사전신고제 등이 삭제되었으며, 내부거래나 특수관계인 거래 등 변동 사항 공시제도가 자진신고제로 전환되는 등 공정거래법은 점차 독(과)점기업에 유리하게 변경되는 추세다. 공정거래법 개정은 규제와 규제 완화를 번복하고 있지만, 2008년 금융공황 사태 이후 금산분리(금융자본과 산업자본 결합 규제)와 내부거래(일감몰아주기) 규제, 상호출자 및 지배주주 지분 규제의 3가지로 초점이 모이는 경향이다. 지난 시기보다 경기침체의 위험이 증가할수록 어느 정도 강제력이 예상되지만, 근본 문제 즉, 산업을 불문한 문어발식 영역 확대와, 소유권 분산 해결은 건드리지 못한 채 미봉책으로 남겨지고 있다. 아마도 이런 경향이 계속된다면 향후 우리나라의 기업 구조는 점차 독(과)점화가 더 깊어갈 것으로 예상된다.

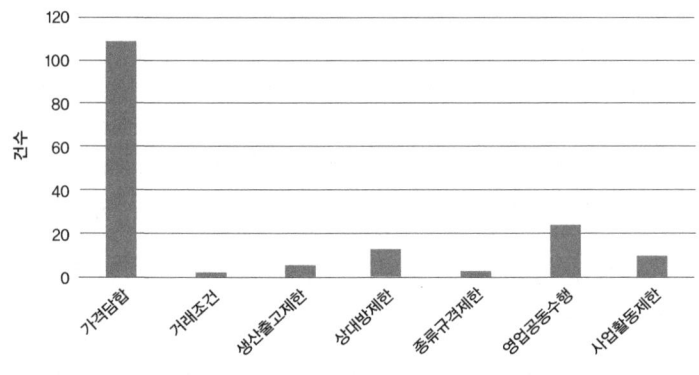

그림 24) 공동행위 시정 실적 (공정거래위원회)

독점의 필요성과 사회화 기업

독점은 중소기업과 소비자에 대한 힘의 우위를 바탕으로 한 가격 왜곡의 주범으로 종종 지탄받는다. 그러나 아직 경제적 기반이 약한 신생국들에서 독점은 기업경쟁력을 집중시키거나, 공적 독점을 이용해서 경제 토대를 다지는 계획 성장 수단으로 오히려 필요한 존재이기도 하다. 그렇다면 독점은 경제성장의 필요악인가, 절대 악인가. 일반적인 해법은 포항제철 출범 사례처럼 공기업화해서 성장은 시키되 그로부터 발생하는 이윤을 전 국민에게 되돌리는 방식이다. 그러나 처음부터 민간기업으로 시작하는 독점은 어떻게 해야 할까. 이런 경우에 일정 규모가 넘는 대기업에 대해서 기업 지분을 분산하거나, 소수자가 독점할 수 없도록 사회화하는 방식을 도입할 수 있다. 이론적으로 기업의 주요 주식 지분을 중앙정부 또는 지방자치단체, 연기금, 지역주민, 해당 기업 노동조합 또는 협동조합 등이 분산해서 소유하고 운영은 전문 경영인에게 할당하는 구조라면 이윤이 얼마가 발생해도 그 지분만큼은 이윤의 전 사회화가 가능하다. 물론 그렇다고 해도 독점기업이 중소기업을 지배하는 구조상의 문제는 여전히 남는다. 최근의 유통법과 상생법은 독점기업의 지배 구조를 제도적으로 규제하는 대표적인 사례다. 프랑스나 독일 등에서는 독점기업에 대해 출점허가와 영업(시간) 규제를 적용해 중소 슈퍼들을 구제한다.

2. 게임의 법칙 — 나비효과와 죄수의 딜레마

미국 캘리포니아대학 샌터크루즈 캠퍼스의 도인 파머(Doyne Farmer)라는 우주학자는 4인방 역학 연구 집단을 만들어 룰렛 게임에 이길 확률에 도전했다. 그들은 물리학과 수학을 동원해서 룰렛에서 사용하는 구슬의 마찰력과 운동방정식을 만들고 수많은 실험 데이터를 동원해서 승산이 높은 확률 계산 컴퓨터 프로그램 작성에 성공했다. 다음에 할 일은 실제 카지노에 가서 그들의 이론을 증명하고 돈을 따는 일이었다. 어떻게 되었을까.

카오스와 나비효과

결과는 아쉽게도 실패였다. 당시의 기술로는 신발 뒤축 정도에 감춰지는 컴퓨터 소형화를 이루어내기가 어려웠고, 이를 임시로 땜빵해서 카지노 잠입에는 성공했지만, 실전에서는 구슬에 가해지는 힘의 세기 변화 등 변수 요인이 너무 복잡해서 컴퓨터 프로그램으로도 구슬이 최종 차지점을 순간적으로 계산해내기 어려웠던 것이다. 하지만 후일 파머는 이때의 실패를 바탕으로, 주식시장 예측 프로그램을 만들고 금융계에 진출해서 큰 성공을 이루었다. 파머 이후 1990년대는 계산력이 뛰어난 미국항공우주국(NASA)의 우주과학자, 수학자, 물리학자들이 대거 금융시장으로 영입되는 시절로 유명하고, 각종 금융예측 공식을 만들어내는 금융공학이 대유행하였다. 만약 이들의 금융공학이 주식시장의 불확실한 변동을 맞히는 데 영원히 성공하였다면 1997년의 세계 동시 금융위기나, 2008~2009년 같은 금융공황은 없었을 것이다. 다른 말로 하면 이 천재 물리학자, 수학자들의 뛰어난 계산 프로그램도 금융시장 예측에는 실패했다는 것이다. 왜 이들의 게임 이론은 실패하였을까.

자연현상을 질서라는 관점으로 관찰하면, 질서 있는 현상과 질서가 없는 복잡한 혼돈(chaos) 현상으로 양분할 수 있다. 전자는 이론화와 예측화가 가능한데 후자라면 어떨까. 사실 종잡을 수 없는 혼돈의 세계(복잡계)에서 어떤 질서를 발견한다는 것은 과거에는 거의 불가능한 작업이었다. 그러나 카오스이론이 나오면서부터 혼돈의 세계에서도 질서를 발견할 수 있는 방법들이 개발되기 시작하였다. 나비효과[48]로 상징되는 복잡계의 질서는 불규칙 속의 규칙을 찾아내는 것이다. 생물학자 호지킨(Alan Hodgkin)과 헉슬리(Andrew Huxley)는 오징어의 신경 신호전달 경로를 연구하여 복잡한 뇌의 신경소자 기본 모형을 만들어내는 데 성공했는데, 그가 아이디어를 얻은 분야는 집단

---

[48] 나비효과(Butterfly Effect): 베이징에서의 나비 날갯짓이 뉴욕에서 태풍을 일으킬 수 있다는 기상학자 로렌즈(E. Lorenz)의 이론. 미미한 초기 조건에 대한 후기의 높은 의존도가 발생하는 컴퓨터 인터넷 프로그램들의 영향력과 경향을 설명하는 데 응용되었다.

적 동기화 리듬이라는 것이었다. 가령 밤하늘의 반딧불이는 저마다 반짝일 뿐이다. 그런데 이들을 한데 모아두면 저마다 다른 깜박임이 희한하게도 리듬을 타고 동시 반짝거림으로 바뀌며 전체 빛의 세기가 밝아지는 현상이 발견된다. 개별 뇌세포 활동도 마찬가지다. 각자는 개별적 정보 활동에 불과하지만 모여서는 일정한 리듬을 타고 전체를 판단하는 집중력으로 나타난다는 이론이다. 이는 흔히 '전체는 부분의 합보다 크다'는 명구로 상징되는 복잡계 이론의 지침이기도 하다. 그런데 이 이론이 그렇게 그럴듯하다면 왜 부분은 맞히면서도 전체를 읽지 못하는 실패, 즉 금융공황을 예측하지 못하는 일이 일어났을까. 각자가 다른 개별, 개별의 행위나 생각을 예측하기는 어렵다. 그러나 그들은 한 가지 경향으로 쉽게 움직일 수 있는데, 가령 그 기준은 자기 주관을 지키는 것이 아니라 남의 생각을 읽어야 한다는 객관화에 대한 무한 집착이고, 이는 다시 말하면 실제 경제 현상과는 관계없이 다른 사람이라면 그럴 것이라는 지레짐작으로 압축되는 것이다. 예컨대 저 주식 또는 부동산의 가치는 오를 것이라는 소문은, 그 소문의 사실 여부와 상관없이 '~라고 하더라' 하는 '카더라' 통신을 증폭시켜서 다른 사람들을 동조시킬 수 있는 것이다. 이른바 '소문에 사고 실제에 팔라'는 증권사 객장의 유행어가 종종 사실로 등장하는 것은 아무도 알 수 없는 불확실성의 세계에서 사람들의 심리 게임을 읽어야 하는 도박판과 흡사한 구조가 증권시장에서 형성되고 있음을 가리킨다. 증권시장의 카오스 이론가들은 이 심리 게임을 읽는 금융공학 프로그램을 만들어내는 데 열중했다. 금리와 환율이 오르면 주가가 떨어진다든가, 물가와 주가의 관계식을 예측한다든가 하는 것이다. 그러나 이는 그 프로그램이 아무리 정교하더라도 또 하나의 고도의 심리 게임을 생산한 것에 불과하다. 가령 금리에 사람들이 반응하는 예측 프로그램을 만들었다고 해보자. 이 프로그램이 정보를 설령 맞혔다고 해도 문제가 발생한다. 모 프로그램의 예측력이 뛰어나다고 소문나면 사람들은 이 프로그램을 구하려고 몰려들 것이고, 대부분의 사람들이 이 프로그램 예측치대로 투자를 감행한다면 나는 이보다 한발 앞서서 사람들이 왕창 몰려들 때 팔고, 모두가 팔아서 지쳐 있는 바닥일 때 사들이면, 다른 사람들은 다 잃고 나만 따게 되는 것이다. 결국 '나만 아니면 돼'는 속고 속이는 사기 판의 속성을 가장 적절하게 표현하는 문구이다. 이를 '죄수의 딜레마'라고 하는 제로섬게임으로 풀어보자.

죄수의 딜레마

한 수사관이 '가'와 '나'라는 두 범죄자의 여죄를 묻는 심리 설정이다.

		가	
		자백	침묵
나	자백	① 둘 다 5년	② 가 10년/ 나 석방
	침묵	③ 가 석방/ 나 10년	④ 둘 다 1년

표 9) 죄수의 딜레마 게임

추가 범죄가 있든 없든 수사관은 이 공범을 따로 떼어놓고 또 다른 범행을 분리 취조하는데 ① 둘 다 추가 범행을 자백하면 5년, ② '가'가 침묵하고 '나'가 자백하면 '가'는 10년 형, '나'는 석방, ③ '나'가 침묵하고 '가'만 자백하면 '나'만 10년 형, ④ 둘 다 침묵하면 여죄가 없으므로 원심대로 1년 형이라고 하자. 가장 좋은 결과는 둘 다 의리 있게 침묵하는 ④의 경우이겠지만, 실제로는 여죄가 있든 없든, 둘 다 자백하고 5년이라는 추가 형량을 더 받는 ①의 경우가 선택될 가능성이 높다. 왜냐하면 '가'의 입장에서는 '가'가 어떤 경우의 수를 선택하든 '나'가 자백하기만 하면 최소 5년 또는 10년이고, 마찬가지로 '나'의 입장에서도 그렇기 때문이다. 서로 믿기 어려운 심리전을 가정하면 추가 범죄가 있든 없든 간에, 이때 '가'와 '나'는 본인이 가진 패 중에서 가장 공격적인 자백이라는 수단을 선택한다는 것이다. 우리가 이 게임에 참여한다면 과연 어떤 선택을 할까. 머리 굴릴 것 없이 가장 좋은 방법은 나 아니면 모두가 적인 이 괴로운 상황을 끝내는 것이다. 그렇게 하려면 나와 동등한 조건을 가진 '나'라는 적대적 존재를 만들어서는 안 되는 것이다. '나'를 내 앞에 무릎 꿇게 하거나, 그렇게 할 수 없는 독과점 같은 조건이라면 '나'와 타협하고 담합하는 상황을 만들어 내는 것이 최선이다. 이것이 앞장에서 경험한 독점기업들의 합병, 집적, 집중, 담합의 원리인 것이다. 물론 이 '적과의 동침', 적대적 타협은 사이가 좋을 때에 한하며 영원히 계속될 수는 없다는 단점이 있다. 금융공학의 프로그래머들은 금융 원리를 읽어 시장의 불확실성을 해결하는 인류에 공헌적인 프로그램을 만든 것이 아니라 복잡한 심리 게임을 읽는 프로그램을 만든 것에 불과하고, 심하게 말하면 결국 누군가를 등치는 속임수를 양산해서 돈을 따낸 것이다. 오늘날 미국 증권시장의 상징인 월가를 도덕적 해이로 가득 찬 집단들의 모임이라거나 금융공황의 본산지로 세계가 비난하는 것은 이런 이유 때문이다.

3. 시장실패 – 뒤끝 있는 경제

시장(市場)을 사랑하는 모 경제 교과서에 '도성의 종말'이란 이야기가 나온다. 중세 때 덴마크의 안트베르펜성이 스페인 군대에게 함락당한 일이 있었다. 그런데 성이 함락된 이유는 위험을 무릅쓰고 적군과 장삿길을 뚫고 돈을 벌며 식량을 공수하던 장사치들을 처단해, 결국 식량부족을 자처한 성주의 실수였다는 것이다. 그렇다면 이 장사꾼들이 비밀 거래를 계속하도록 허용했으면 성은 안 무너지고 승리했을까.

시장실패란 무엇인가

장사꾼과 관계없이 도성이 멸망하는 경우의 수는 예컨대 다음과 같다.

① 계속된 포위망에도 성이 함몰되지 않으면 침략군들은 그 까닭을 찾아낼 것이고, 결국 장사치들과 거래한 부패한 군인이 발각되고 도성은 함락될 것이다.
② 도성 안에 있는 백성들의 돈이 다 떨어져 더 이상 비싼 값으로 장사

치들의 물건을 살 수 없게 되면, 돈을 벌 수 없는 장사꾼들은 사라질 것이고, 역시 성은 함락될 것이다.
③ 침략군이 장사꾼과 관계없이 대대적인 공세를 감행해서 성이 함몰될 수도 있다.

어느 경우든 이 사건의 본말은 적이 도성을 침략했다는 것이고, 적을 물리치지 못하면 장사꾼이든 뭐든 결국 성은 함락된다는 것이다. 침략과 방어의 힘겨루기가 문제 해결의 핵심일까, 장사꾼의 거래의 자유가 핵심일까.

시장은 가격결정과 효과적인 자원분배 기능을 수행하는 것으로 흔히 정의된다. 당연한 시장의 정(正)의 기능이다. 그러나 시장의 폭력성이라는 그 반대 측면의 부정적 이미지를 보지 못한다면 시장을 제대로 보는 것이 아니다. 안트베르펜성과 모험적인 장사꾼 이야기는 사업할 자유를 제재하지 말라는 의도를 더 강조하고 싶은 저자의 편견이 심한 경우에 속한다. 시장 찬양론의 문제를 지적하는 가장 일반적인 접근 방법은 독점 폐해론이다. 그러나 독점은 시장 문제의 일각에 불과하다는 점에 주의해야 한다. 흔히 경쟁시장은 독점보다 이상적인 시장으로 소개되지만, 경쟁시장이라고 기업 흥망사의 문제가 없는 것은 아니다.

정의하자면 '시장실패(market failure)'란, 모든 경제 거래를 시장에 전적으로 맡길 때 균형은커녕 오히려 시장이 제멋대로 작동하고, 가격 왜곡과 붕괴, 기능 마비가 되는 현상을 말한다. 판매의 불확실성과

도덕 불감증 이윤, 불완전한 정보, 외부효과와 공공재는 시장실패를 설명하는 주요 변수들이다.

판매의 불확실성과 도덕 불감증 이윤

왜 자유방임 시장에서는 실패가 발생할까. 이것은 시장의 속성이 처음부터 그렇기 때문이다. 만일 필요로 하는 수요량을 알고, 그만큼의 공급만 딱 이루어진다면 시장실패는 발생할 리가 없다. 그러나 공급자는 얼마만큼의 수요가 사회에 있는지를 모르고, 수요자는 얼마나 공급될지, 상품 원가가 얼마인지를 모르기 때문에 착오가 일어난다. 즉 판매자는 좀 더 불러서 더 많이 이윤을 남기자 하고, 구매자는 더 깎아서 손해 보지 않으려 하기 때문에 문제가 발생한다.

그러나 한 번이라면 모를까 단골손님에게까지 뒤집어씌울 수 없다. 시장가격은 가격이 상호 비교되는 여러 시행착오 과정에서 점차 그 시장의 (사회적) 평균가격으로 수렴하며, 고정가격점이 형성되는 단계로 접어든다. 완전경쟁가격에서는 단기적으로 평균고정가격이, 독점가격에서는 담합가격이 제시되는 앞장의 사례가 바로 그것이다. 더 이상 물건을 살 때마다 매번 가격을 호가하고 흥정할 필요가 없다. 그러면 이 평균적인 시장가격, 또는 평균적인 이윤은 계속 고정일까. 더 좋은 기술이 나오거나, 더 높은 독점, 심지어 더 나은 사기 수법이 개발되면 더 높은 이윤을 얻을 수 있기 때문에 시장가격은 장기적으로 또 변화한다. 심지어 불황과 공황이 닥치면 가격은 폭락한다. 변화하는 가격에 맞서는 가장 확실한 방법은 시장 지배, 즉 독점의 확장이다. 그러나 높은 독점가격은 다시 시장을 소비 부족으로 몰아간다. 버틸 수 없다면, 덤핑을 마다하지 않고 떨이를 감행한다. 가격은 '주기적으로' 고정과 변동을 끊임없이 되풀이해서 흥한 자가 있고, 망한 자가 나온다. 이게 바로 오늘날 우리가 마주하는 불완전체, 끊임없이 요동하는 시장 순환의 본모습이다. 시장실패란 결국 시장의 종류에 관계없이 판매의 불확실성, 끝을 모르는 이윤 추구의 수렁 때문에 발생한다.

정보의 불확실성과 불균등성

이를 상품(가격) 정보라는 측면에서 풀이해보자. 만약 원가, 판매 마진 등 모든 상품 정보가 완전히 노출된다면 시장실패는 일어날 리 없다. 공기업 한전이 공급하는 전력 가격은 논란이 있을망정 실패하지 않는다.[49] 그러나 대부분의 시장에서는 상품 원가가 공개되지 않기 때문에 가격 왜곡 현상이 발생한다. 그러므로 이것은 상품 정보의 불확실성이라기보다는 차라리 구매자에게 주로 불리한 상품 정보의 불균등성으로 표현할 수 있다. 이처럼 정보 차원에서 보면 시장실패

---

[49] 한전 전력 가격 논란: 한전은 매년 평균 3조 원에 가까운 적자를 낸다. 원가 이하의 산업 전력(2조5000억 원 적자) 공급이 주원인인 적자를 가정 전력 흑자로 메우는 구조이다. 한전의 전력 가격 설정에 오차가 발생하는 이유는 시장실패가 아니라 정부 지침을 따르기 때문이다. 그렇다고 단순히 정부실패로 몰아붙이기도 곤란하다. 산업 우선 정책이 숨어 있기 때문이다.

는 정보의 불확실성으로 표현할 수 있으며, 애로(K. Arrow)는 이에 착안해서 한쪽이 정보를 더 많이 가지고 있는 현상을 '정보의 비대칭성(asymmetric information)'이라고 불렀다.

정보의 비대칭성이 성립하면 이를 이용해서 상품 가격이 왜곡되는 여러 종류의 행동이 나타난다. 가령 '도덕적 해이'란, 자동차 운전자가 보험에 가입하면 사고를 내도 보험회사가 변상하기 때문에, 나는 대리인처럼 행동하며 보험회사(주인)가 기대하는 만큼, 차량 보호에 최선을 다하지 않는 현상을 말한다. '역선택'이란 상대적으로 적은 정보를 가진 사람이 더 나쁜 선택을 하는 현상을 가리킨다. 예컨대 생명보험은 건강인보다 비건강인의 보험료를 높게 책정하는 것이 관행이다. 왜냐하면 건강인은 보험에 잘 가입하려 하지 않는 반면, 비건강인은 가입하고 싶어 할 것인데, 정보가 없는 보험회사는 손해를 보지 않기 위해서 무조건 비건강인을 기준으로 보험료를 높게 책정하기 때문이다. 물론 역선택은 모든 시장실패를 설명하는 일반 원리가 아니며, 보험회사처럼 시장 불확실성(보험료 산정)이 특수하게 드러나는 경우로 한정된다. 가격 정보가 노출되거나 통제되는 일이 많은 일반적인 생필품의 경우는 도덕적 해이가 개입될 여지가 거의 없기 때문에 불확실성에 따른 가격 왜곡도 비교적 덜 일어난다. 대신 수량이 조금만 하락해도 확실하게 가격이 폭등하므로 가격 조작이 쉬워 투기자본의 목표가 된다. 시장이란 참 웃긴다. 불확실해도 문제, 가격 조작이 빤히 보여도 문제다. 빈틈을 노리는 자들이 벌떼처럼 붙기 때문이다.

외부효과와 공적 재화

외부효과란 내 노력과 관계없는 외부환경의 변화 덕택에 피해를 보거나 혜택을 보는 경우를 말한다. 환경오염에 병원비가 들어가면 외부불경제(external diseconomy), 교통 여건이 좋아지면 외부경제(external economy)라고 한다. 즉 외부효과란 시장 밖에서 시장에 영향을 끼치는 시장실패 요인이다. 외부효과는 지진이나 가뭄처럼 자연적 요인도 있지만, 자연재해 비용은 대개 공동 재난 비용으로 치부되기 때문에 사회적 불만도가 상대적으로 작다. 실제 문제는 인위적 외부효과, 즉 인재가 일으킨다. 예컨대 환경오염은 대개 인간이 만들지만, 그 주범을 찾기 힘들며 피해보상을 요구할 길도 막막하다. 지하철은 온 국민의 세금으로 건설되었음에도 불구하고 역세권 땅 소유자에게만 혜택이 돌아가는 불합리한 시장실패 요인이다. 해결 방법은 원인자에게 벌금을, 혜택자에게는 세금을 물리는 '외부효과의 내부화' 수단이 있다. 그러나 외부경제는 광범위한 다수에게 발생하므로 정확한 경제효과를 산정하기 어렵기 때문에, 또 원인 제공자가 힘을 가진 쪽이라면 이를 불평하기 어려운 시장실패가 발생한다. 예컨대 미국은 연 2.4억 톤(2014년)의 폐기물을 발생시키는 세계 최대의 오염배출국이지만 온실가스 배출 규제 등 대부분의 환경협약에 반대한다. 시장 이론이 가장 발달한 나라가 적어도 환경문제에 관한 한 자기 이해에 따라 시장 부정국인 웃기는 자장면이 다른 한편의 시장 세계인 것이다.

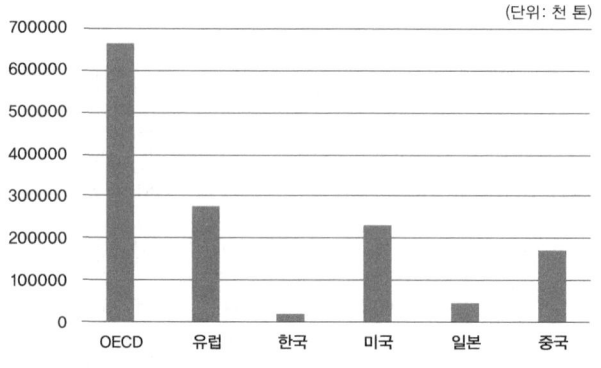

그림 25) 생활폐기물 배출량
(환경부, 환경통계포털, 국가폐기물총발생량, 2021)

　공공재(public goods)란 미국 경제학자 새뮤얼슨이 개발해낸 개념이다. 국방, 치안. 행정 등등의 공공서비스는 대개 상품화되기 어려워 체제를 불문하고 공공재로 존재한다. 즉 대개의 공공재는 상품이 아니다. 그러나 상품이 아니라고 해서 모두 공공재는 아니다. 어머니의 따뜻한 아침밥은 대가성이 아니므로 상품이 아니며, 동시에 모든 사람에게 무상으로 제공되지 않기 때문에 공공재도 아니다. 하지만 국가가 노숙인들에게 무료급식을 나누어 주거나, 예방주사를 방역 차원에서 실시한다면 이는 공적 재화(혹은 공유재public owned goods)의 무상 공급이 된다. 공공재는 이러한 공적 재화의 한 종류, 즉 좁은 의미의 공적 재화다. 넓은 의미의 공적 재화가 사유화되지 않는 모든 재화를 포괄하는 개념이라면, 새뮤얼슨의 공공재는 비경합성과 비배제성이란 소비 특성으로 재화를 분류한 협의의 개념이라는 차이가 있다.

퀴즈를 풀어보자. 다른 사람이 아무리 소비해도 자신에게는 영향을 주지 않아 다툴 필요가 없는 재화(비경합성)는 무엇일까? 또 아무리 막으려고 해도 소비를 막을 수 없는 상품(비배제성)은 무엇일까? 이렇게 훌륭한 재화는 사회적으로 꼭 필요하지만, 개인 치부에는 별 도움 안 되는 국방, 치안, 일기예보 등의 공공서비스다. 두 번째 퀴즈. 도로는 공적 재화일까? 그럴 수도, 그렇지 않을 수도 있다. 민간 자본으로 건설하고 요금을 사적으로 징수하면 사유재, 국가가 건설하고 사용료 없이 제공하면 도로는 공적 재화다.

우리 사회가 공적 재화를 필요로 하는 이유는, 사용료를 징수하기 어려워서가 아니라, 그걸 사적으로 누군가 독점하면 여럿이 피해를 보는 측면이 더 크기 때문이다. 군대를 사유했던 봉건시대 제후들이 하는 짓이란 영토 싸움이고 남을 정복해서 농노를 많이 만들어내는 일이었다. 힘이 있는 자는 당연한 짓이지만 피정복자의 입장이라면 삶의 터전을 뺏기는 일이다. 요즈음 물, 도로, 전기도 민영화해서 민간 업자에게 이문을 남겨주자는 말이 많은데, 어쩌면 좋을지를 생각해보자. 지금의 속도로 모든 영역이 사유화되다가는 언젠가 심지어 국방, 감옥, 일기예보 등의 값도 사적으로 지출하는 일이 생겨서, 돈 많고 빽 많으면 군대 안 가고, 범죄자도 사람을 사서 대신 교도소로 보내는 일이 일어날지 모른다.

4. 정부실패 – 관료제의 종말

정부실패란 시장실패를 정부가 개입해서 교정하고자 했는데 그게 문제를 더 키운 상태를 말한다. 그러면 아예 무정부주의식으로 정부를 없애면 어떨까? 갑자기 온 세상이 정전되면 사람들은 질서를 지킬까, 도적 떼로 바뀔까. 실패 옆에는 항상 바늘이 따라야 하는 법이다. 정부실패를 보좌하는 바늘은 뭐가 있을지를 생각해보자.

사회주의 정부실패

시장실패를 우려해서 모든 가격을 국가가 통제하고 일괄적으로 계획가격을 시행한 효시는 소련이다. 1920년대 사회주의 계획가격 제도는 큰 성공으로 세계를 깜짝 놀라게 했으며, 이는 단적으로 시장을 무력화시키고 경제 집중력을 발휘한 효과라고 할 수 있다. 반면 1950년대 이후 사회주의 혼란은 정부실패의 전형이다. 사회주의를 하나의 커다란 국가 독점기업체로 보면 경쟁자가 없기 때문에 거드름 피기, 예산 낭비, 방만한 운영 등 비대한 조직 특유의 X-비효율이 발생하는 것이다. 이에 대해 랑게(O. Lange) 같은 학자는 정부 통제를 약화시키고, 시행착오를 포용하는 사회주의 가격 계산법을 연구했지만, 그다음 단계의 가격 혼란을 제어할 수 있는 대안 개발까지 끌고 가지는 못했다. 이 내용의 요점은 정부도 하나의 사회 기구에 불과한 것이고 인간 사회의 모든 경제활동을 다 조정할 전능한 신은 아니라는 것이다. 정부도 실수할 수 있다는 것을 전제하면, 공공시설보다 내 집 내 물건을 아끼는 원리처럼 하부 단위가 자율 책임지는 경제결정권 이양, 시스템 경영이 초점으로 부각된다. 보통 정부가 잘하는 분야는 민간 단위가 못하는 이해관계 조정, 혹은 자본의 응집이 필요한 기간사업 개발, 정치적 결단 등등 시장 단위에서는 엄청난 시행착오 비용이 발생하는 부분이다. 잘 못하는 부분은 시시때때로 변하는 당사자들끼리 거래 관계(가령 민간 계약에 정부가 일일이 관계하면 언제나 시끄러운 갈등이 발생한다)인데, 이것들까지 정부가 일일이 지시했어야 하는지는 의문이다. 아마도 사회주의 계획 정부가 상하부 각 경제 단위의 역할 분담에 성공했다면 정부실패라는 말은 다른 개념으로 써야 했을지도 모른다.

자본주의 정부실패

자본주의 정부실패란 '시장 없는 사회를 지향했던 사회주의' 정부실패와는 달리 '시장을 조정했으나 실패한 정부실패'라는 차이가 있다. 이는 두 종류로 나눌 수 있는데, 첫째는 사회주의와 마찬가지로 정부 기능이 비대할 때 나타나는 통상적인 조직 비효율과 관료제이고, 다른 한 가지는 시장 개입이 잘못되어서 발생한 실패, 즉 전후 재정적자 증대 유행과 잘못된 경기부양, 이해관계에 따라 개입한 정책의 실패를 가리킨다.

자본주의 정부실패는 대개 시장 조정 수단(이자율과 통화량, 재정정책 등)을 과신하는 경향에서 출현한다. 우리는 종종 크루그먼(P. Krugman)이나 루비니(N. Roubini) 등 미국의 경제석학들과 정부 당국자 간에 치열한 경제정책 설전을 듣곤 하는데, 누구의 잘잘못을 따지기 전에 이들의 설전 역시 완벽한 지식에 따른 것이라고는 말할 수 없다는 점부터 이해해야 한다. 세상에 공짜는 없다는 말처럼 이자율을 내리면 부동산값이 올라 부동산업자들이 좋아하는 대신 이자소득자들이 아우성일 테고, 재정적자와 통화량이 증가하면 돈이 많이 풀려 기업들이 좋아하지만, 물가와 세금이 올라 서민 생활이 괴로워지는 것이다. 이해관계에 따른 정부실패란, 이라크전쟁과 석유자본의 이해관계, 금융 규제 완화와 투자은행(서브프라임모기지) 관계처럼 사실은 정부정책이 주로 자기 당의 돈줄인 자본의 이해관계를 따라 흐르기 때문에 발생한다. 시간이 흐를수록 정부실패가 너무 잦아지다 보니까 심지어 정부는 국방, 치안 등을 주로 담당했던 야경국가 시대로 돌아가고, 정부 대신 제도(system)를 강화시켜 시장실패를 보완할 것을 주장하는 제도학파가 인기를 끌 정도이다. 그러나 이 또한 누구를 위한 어떤 제도냐에 따라서 결과가 좌우되기 때문에 단순히 (예컨대 중립적인) 제도의 존재만으로 문제의 소지가 완전히 해결된다고 믿는 것은 무책임한 것이다. 그러므로 정부실패 해결의 최소한의 단서는 차라리 주관적이라고 해야 할 것인데 어떤 정부, 누구를 위한 정부가 최소한 무엇을 기본적으로 할 것인가로 모아진다. 공리주의자 벤담(J. Bentham)의 말처럼 소수자가 혜택 받느냐 다수자가 혜택 받느냐에 따라 정부 공과를 가를 수 있다는 소리다. 그러면 차라리 무정부주의가 정부실패의 대안이 될 수 있을까. 먼 훗날 재화가 풍부하고 인간 사회가 아무 탈 없이 자율적으로 잘 돌아가는 이상사회가 달성되면 모르지만, 인간의 이해관계가 존재하는 한 무정부주의는 사실 정치적 허무주의를 불러일으킬 수 있다. 정부실패에도 불구하고 정부가 필요한 이유는 그래도 인간의 이해관계를 최소한 조정하는 역할이 필요하고, 어떤 정부가 되었든 대자본이 너무 많이 먹어 소화불량이 되는 최악만큼은 막아야 한다는 공감대를 형성하기 때문이다. 극단적인 일부 자유주의자들은 심지어 2008~2009년 공황에도 불구하고 반성하지 않고 기업 규제를 더 많이 풀어야 한다고 주장하는데, 예컨대 당시의 오바마 정부가 제너럴모터스(GM), 아메리칸 인터내셔널 그룹(AIG) 등의 파산 사태를 정리하지 않고 내버려두면 어떻게 될 것 같은가. 정부 정책이 잘못된 것과 정부 존재 여부를 도매금으로 묶어서 사고하는 것은 일종의 구성의 오류인 것이다. 최근 각 나라의 정부 동향 중 관심을 끄는 것은 복고풍, 다시 한번 시장 규제자로서 정부 역할 복귀 경향이다. 복고풍이라는 딱지를 붙인 것은 1929년 대공황기에도 이와 거의 흡사한 자본에 대한 국가 통제가 유행한 적이 있기 때문이다. 냉소주의자라면 인류가 잘난 체해봐야 기껏 100년을 주기로 망각과 기억을 반복하는 치매환자에 불과하다고 콧방귀를 날릴지도 모르는 일이다. 앞으로는 어떻게 될까. 아마도 자본주의 정부실패 다음

과제는 당면의 과제인 (독점)시장을 규제하고, 다른 한편으로 기업 간 상호 협력 및 분업화, 연결 증가, 소득 배분 격차 조정 등등, 당분간 경기 흐름과 순환, 규제와 조화를 강조하는 종합 원격조정자 역할로 정부 기능이 진화하지 않을까를 예측해본다. 물론 국가마다 지향하는 체제가 일괄적이지 않기 때문에 오히려 독점을 더 확산해서 더 큰 규모로 세계를 지배하려는 시도도 있을 것이고, 내 구역 챙기기(경제블록화)에 신경 쓰는 쪽도 있을 것이기에 앞으로 외관상 세계는 더 살벌하고 더 많은 난관을 향해 치달을지도 모른다. 그러나 멀리 보자면 결국 지금까지 시장실패와 정부실패의 교차 속에서 드러난 각종 문제들을 먼저 해소하는 나라가 조금이라도 더 앞서 나갈 것은 분명해 보인다.

Unexperienced Post Corona Principle of Economics

7장 이윤과 소득

1. 홍당무 경제학 – 소득과 유인

세상에는 공부 잘하는 학생과 공부 못하는 두 종류의 학생이 있다. 공부 잘하는 학생은 왜 잘할까. 부모님이 부자라서 과외를 많이 시키거나, 좋은 선생님 만나고 잘 배워서일까. 강남 부잣집 애들이 좋은 대학을 많이 간다고 하니까 틀린 답이라고 할 수 없지만, 부잣집 애들이 모두 공부를 잘하는 것은 아니라는 말을 설명할 수 없다는 약점이 있다. 아마도 공부 잘하는 애의 특성에 대한 적절한 비유는 '말을 잘 뛰게 하려면 홍당무가 필요하다'라는 말이 아닐까. 이를 노력에 대한 열매로 표현하든 뭐든 간에, 죽어라고 뛰게 하려면 그에 상응하는 어떤 목표와 보상이 따라줘야 하는 법이다.

사람들은 왜 일을 할까. 당연히 먹고살려고 일을 한다. 일을 많이 하면 많이 하는 대로 적게 하면 적게 하는 대로 그 결과가 나오는데, 이렇게 노력에 대한 경제적 대가를 소득(income)이라고 한다. 즉 소득이란 생산의 최종 결과물로서 개인에게 각각 귀속되는 몫이다. 인간이 소득을 얻는 원천은 자본, 노동, 토지라는 생산의 3요소로부터 나오며, 이를 각가 이윤, 임금, 지대라고 부른다. 자본가는 이윤을, 노동자는 임금을, 지주는 지대를 얻는 것이다. 그런데 자본가는 노동자를 고용하고 관리하며, 사업을 이끄는 노동을 하는데 왜 임금 대신 이윤을 할당받는 것일까. 토지는 인간이 만들지 않은 천연의 자원일 뿐인데, 왜 지대가 있고 지주가 그것을 가져가는 것일까. 제일 많이 일을 하는 사람은 노동자로 보이는데, 왜 노동의 대가인 임금은 이윤과 지대에 비해 작게 보이는 것일까.

임금보다 이윤 몫이 크다면 사람들은 노동자가 되기보다는 사장님이 되려고 할 것이다. 이런 경우 임금보다는 이윤 쪽에 대한 경제적 동기, 즉 유인(incentive)이 크다고 말한다. 고비용·저효율의 산업보다는 저비용·고효율 산업으로 산업이 변화하는 것도 유인이고, 불안정한 직장 혹은 낮은 임금보다 고임금과 안정적인 직장으로 직업 선택이 이동하는 것도 일종의 유인이다. 즉 유인은 더 많이 생산하고 더 많이 얻으려는 인간의 경제활동을 쏠리게 하는 원초적인 힘이다. 그러나 유인이 크다고 해서 누구나 다 마음대로 직업을 이동하고 산업을 이동할 수 있는 것은 아니다. 남의 밑에 있느니 내 사업을 하는 편이 낫지만, 그걸 못 하는 것은 돈 없고 빽 없고 성공을 확신하지 못하기 때문이다. 그러므로 유인은 더 나은 쪽으로 향하게 하는 경제활동 지침인 한편, 일확천금의 유인이 잘못 유행하면 투기와 사기가 경제를 곤두박질치게 해서 돌이킬 수 없다는 점을 기억해두자. 2008~2009년의 미국의 투기성 투자은행들이 벌인 서브프라임모기지발 세계 금융위기는 금융이익에 대한 유인이 순진한 서민경제를 어떻게 파괴하는가를 보여준 바로 그 사례이다.

2. 이윤 분배의 법칙
— 이윤, 이자, 투자 자본의 몫은 얼마인가

이윤과 마진

현실적인 장사꾼의 생존 법칙은 "밑지고 팔아요"라는 말과 달리 싸게 사서 비싸게 팔아 이문을 남기는 것이다. 이처럼 판매가에서 구매가를 뺀 것을 상업 마진(유통 마진) 혹은 줄여서 마진(margin)이라고 부른다.

마진 = 판매가 - 구매가

그런데 이 마진을 상인이 모두 가질 수 있는 것은 아니다. 수송비, 창고비, 관리인건비, 즉 판매관리비를 공제해야 하고 이렇게 마진에서 각종 유통비용을 뺀 나머지가 장사꾼의 실제 몫, 즉 상업이윤(profit)이 된다.

상업이윤 = 마진 - 유통비용

그러나 이 정도는 사실 동네 구멍가게 할아버지도 어림셈으로 아는 생활 지식에 불과하다. 이윤이란 이보다는 조금 더 복잡한 이해 절차를 필요로 한다. 이윤이라는 단어의 머리에 붙어 있는 '상업'이라는 수식어에 좀 더 신경 써보자. 같은 원리를 적용하면 기업이윤이라는 말도 붙일 수 있고, 기업이 모여 하나의 산업을 이루면 자동차산업의 평균이윤은 무엇인가 하는 식으로 응용할 수 있는 것이다. 그렇다면 기업이윤은 상업이윤과 어떤 차이가 있을까.

    기업도 장사꾼처럼 원료와 연료를 구매하고 노동자를 고용한다. 그러나 원료를 가공하는 것이 상인과 다른 점인데, 이를 부가가치 생산과정이라고 부른다. 즉 상인의 유통과정과 기업 생산과정의 차이는 새로운 가치를 창출하느냐 않느냐의 차이다. 가령 100원짜리 원료에 50원 가치의 노동력이 더해지면 150원짜리 상품이 되는 것이다. 물론 여기에 투여된 기계나 건물의 가치, 정확하게 말하자면 기계의 소모분인 감가상각 가치(30원이라고 하자) 또한 상품에 더해져서 상품의 가치는 180원이 된다. 이렇게 탄생한 생산원가(혹은 매출원가) 180원에 가령 100원의 이윤을 붙이면 이 상품의 최종 가치(매출액)는 280원이다.

    최종가격(매출액 280원)
    =원료비(100원)+노동비용(50원)+감가상각(30원)+이윤(100원)

    그렇다면 이 100원의 이윤은 어디서 나온 것인가, 그리고 1000원이나 1만 원쯤 되는 이윤을 붙일 수는 없을까라는 두 가지 문제를 따져보자.

먼저 원료 및 감가상각은 처음에 구매한 가치(130원)만큼 상품에 그대로 이전되었기 때문에 더하고 뺄 것이 없다. 유일하게 새로 들어간 것은 노동(50원)이므로 노동이 새로운 가치를 증식시켜 더 많은 가치인 이윤을 낳는 원천임을 알 수 있다. 원래는 1시간에 1개를 생산했는데 더 열심히 일해서 1시간에 2개를 생산(노동강도의 증가)하거나, 기술을 발달시켜 3개를 생산한다면 2배, 3배로 가치가 증식되고 결국 이 증식된 가치(잉여가치)가 이윤이 되는 것이다. 이처럼 노동강도와 기술 발달은 노동생산성 증가의 두 가지 원천이며, 증식된 노동생산성이 곧 이윤의 원천이다. 유능하고 창의적인 경영 노동, 교육 훈련 및 연구개발(R&D) 투자 증대, 홍당무 작전(성과급 등), 노동 소외 문제 해소와 성실한 노동, 중간 간부의 감독·관리 노동 체계화 등은 알아두어야 할 노동생산성의 일반적인 증대 방법이다. 직장에서 상사가 있고, 회식과 단합대회가 빈번한 까닭도 일했으니 놀고먹자는 뜻이 아니라 과거를 잊고 내일의 노동생산성을 증대시키기 위한 화합과 조직 관리 과정인 것이다. 따라서 기업 이익이 증대되면, 그 성과는 각 분야별 기여도에 따라 나누고 분배해야 맞다. 그런데 자본주의경제에서는 기업이윤이 증식되면 골고루 그 기여도에 따라 나누는 것이 아니라 전부 자본가 몫으로만 돌아간다. 왜냐하면 노동자는 애초에 고용될 때 정한 임금으로 사전에 계약했기 때문에 그가 어떤 일을 하든 임금을 제외한 모든 성과는 자본가로 귀속되는 것이다. 이렇게 이윤을 노동과정으로 설명하면 (노동자가 생산한) 상품가치와 (노동자에게 분배된) 임금 몫의 차이로 정의된다. 그렇다면 증식된 노동생산성에 대한 노동자 측의 분배 요구는 왜 일어나는 것일까. 그것은 첫째, 증식된 이윤 성과가 전부 자본가에게만 돌아간다면 고용 노동자가 더 이상 열심히 일할 유인이 사라지기 때문이다. 둘째, 노동자 대표 단체인 노동조합이 노동생산성 향상 몫, 혹은 임금 목표를 놓고 자본가 측과 협상하기 때문이다. 셋째, 노동생산성을 독려하지 않으면 다른 자본과 경쟁에서 경쟁력 약화[50] 요인이 되고 이러한 기업 생존의 생리상 자본측의 부분적인 양보가 불가피하기 때문이다. 물론 이와 같은 노동생산성 증가에 대한 양보는 순순히 이루어진 것이 아니며, 오늘날 하나의 노동 권익으로 성립되기까지는 숱한 경제 실패 경험과 수많은 노동자들의 피눈물이 뿌려졌음을 역사는 기록하고 있다. 중요한 사실은 이 노동생산성 분배는 정해진 적정선이 없으며 여전히 무수한 갈등의 소지가 잠재해 있다는 것이다. 그러나 어느 경우든지 간에 노동생산성의 분배가 이제는 기업의 생존을 위해서 불가피해졌다는 것이 달라진 점이다. 그리하여 노동생산성의 귀추는 물가 인상과 더불어 임금 쟁의의 양대 조건을 구축한다. 오늘날 노동생산성을 더 분발시키기 위한 노력은 한층 더 발달해서, 기업을 여러 개로 쪼개는 분사(分社), 성과를 내면 그 실적을 전 팀원에게 반영하는 팀경영제 등이 도입

---

[50] 노동생산성과 경쟁력 약화: 2009년 세계 자동차 생산의 대명사 미국의 제너럴모터스(GM)가 파산한 데는 노동생산성의 질적 약화, 즉 품질 저하와 비용 인상이 걸려 있다. 제너럴모터스는 미국 정부의 자동차산업 보호정책으로 품질 개선(연비)에 태만했고, 철강산업 보호정책이 오히려 독이 되어 세계 수준보다 높은 강판 가격을 부담해야 했다.

되는 실정이며, 예컨대 '○○팀'이 과거의 수직적인 직장 조직 체계의 상징인 '△△과(課)'를 대체하는 단계에까지 도달해 있다.

　다음으로 이윤을 10배나 100배로 올릴 수는 없을까를 생각해보자. 가령 사람 10명의 몫을 하는 기계를 발명한다면, 산술적 계산으로는 10배의 이윤을 얻게 된다. 이렇게 현재 사회의 보편적 기술 수준보다 나은 기술을 개발해서 얻는 이익을 특별이윤(가치론으로 말하면 특별잉여가치)이라고 부른다. 이 기술은 특허를 내 독점할 수도 있고 타인에게 양도할 수도 있다. 또한 대량의 기계(기술이 프로그래밍된 기계, 또는 프로그램)로 만들어져 팔릴 수도 있다. 또한 다른 기업이 이 기술을 개발하거나 산업스파이에 의해서 불법 복제되는 등등의 일이 발생할수록 이 기술 가치는 더 이상 특별하지 않고 점차 보편화되어간다. 가령 굴착기가 처음 개발되었을 때에는 사람보다 10배, 100배의 땅 파는 능력으로 10배, 100배의 이윤을 줄 수 있었지만, 땅 파는 작업을 대부분 굴착기로 하는 요즈음 시대의 땅 파는 일이란 평범한 굴착기 기사 한 사람이 하는 당연하고 보편적인 기술로 관행화되어 계산되기 때문에 남보다 특별히 더 큰 이윤을 얻을 수 없게 되는 것이다. 이것을 기술의 사회적 평균화 과정이라고 부른다. 그러나 이렇게 사회적 평균화 과정, 하나의 기술이 보편화되는 시간은 일정하지 않기 때문에 10배의 생산성을 가진 기술이더라도 반드시 처음부터 10배의 이윤을 보장한다고 말할 수 없다. 즉 신기술의 사회적 값어치는 현 수준에 새로운 기술의 가치 수준을 곱해서 결정되는 것이 아니라, 남들이 이를 대체하는 기술 개발 가치(비용)가 얼마인가에 따라서 결정된다. 즉 새로운 '기술 가치≤대체 기술 개발 비용'이라는 부등식이 성립한다. 물론 대체 기술 개발 비용이 정확하지 않다면 신기술의 값어치는 과장 혹은 과소평가될 수도 있다. 이 과정이 이해된다면, 따라서 새로운 기술 개발의 값어치는 그것의 진정한 사회적 쓸모를 평가해서 결정되는 것이 아니라 경쟁자(대체 재화)로부터 내 기술을 지켜내는 힘, 즉 기술 독점의 크기에 따라 달라진다는 말도 이해할 수 있을 것이다.

노동생산성과 기술 독점에 이어 이윤 결정의 세 번째 요인은 판매 과정에 달려 있다. 이 기술이 사회적으로 어느 정도의 이윤으로 받아들여질지가 정확하지 않다면, 누구든지 일단 최고 가격을 불러보게 될 것이다. 그러나 이렇게 부른 호가 또한 이 기술의 최종 가치가 아니라 구매자의 주머니 사정(소득)이라는 관문을 통과해야 한다. 아무리 이 기술의 쓸모가 높더라도 살 사람이 돈이 없다면 다른 구매자를 찾거나 깎아주는 수밖에 다른 도리가 없기 때문이다. 그러니까 새로운 상품의 새로운 가격은 아직 실현되지 않은 이 신기술의 실제 (사용)가치가 아니라 이 상품을 살 사람들의 각종 동향, 즉 그 사회의 소득수준과, 기호, 인구 분포, 대체 상품 여부 등등 수요자 조사를 통해서 결정하게 된다.

이윤 분배와 이자

노동생산성과 대체 기술 개발 비용, 소득수준이 이윤 결정의 정확한 지표라면 노동생산성 분배 기준의 미결정, 기술 독점의 불확실성,

구매자 소득의 불특정성은 오히려 이윤의 정확한 가치 계산을 어렵게 만드는 상쇄 요인이다. 이윤 결정이 이처럼 불특정하다면 이윤의 최종 분배 단계인 사회적 결정 과정도 불투명하게 진행된다. 기업가는 자신의 상품을 직접 소비자에게 팔 것인가, 아니면 중간도매상에게 넘길 것인가를 결정해야 하는데 이를 결정하는 요소는 이자와 유통이윤의 크기다. 이자는 자본을 빌리는 대가, 즉 자본의 가격이다. 예를 들어, 연리 12%의 이자율[51]로 100만 원을 빌리면 1년 뒤에 이자 12만 원을 더해서 112만 원을 갚아야 한다. 그런데 상품을 만들고 팔기까지 이 기업의 총이윤이 8만 원(매출가 108만 원)에 불과하다면 어쩔 것인가. 이자가 12만 원이니까 직접 판매를 하고 4만 원을 손해 볼 바에야 3만 원의 유통이윤을 떼어서 도매상에게 넘겨주고 남은 5만 원의 이윤 중 가령 생산단계까지 3개월 치 이자 3만 원을 지불하고 나머지 2만 원의 이윤을 획득하는 쪽이 나은 것이다. 즉 이제 총이윤은 생산자 몫인 기업이윤과 유통(상업)이윤, 이자, 지대 등으로 분배된다는 사실을 알 수 있다.

    이윤 결정의 두 번째 단계는 이처럼 제조 기업에서 생산한 이윤의 사회적 분배와 그 몫의 크기이며, 따라서 이윤 분배 과정이란 우리가 앞에서 배운 시장가격 결정 과정을 이윤 측면에서 고찰한 것에 불과하다는 사실을 알 수 있다. 만약 생산자인 기업보다 유통 단계의 상업

---

51 단리 계산: 원리금 합계(S) = 원금 × (1 + 이율) × n
     복리 계산: 원리금 합계(S) = 원금 × $(1 + 이율)^n$
     *n: 운용 기간

이윤이 더 크다면, 혹은 자금을 빌려주는 쪽인 은행자본의 이자가 더 크다면 어떨까. 당연히 생산 기업보다 유통 혹은 은행자본으로 경제적 유인이 당겨 이쪽 분야가 더 활성화될 것이다. 반대로 기업이윤이 이자와 상업이윤을 제하고도 크다면 기업활동이 활발해질 것이다.

즉, 사회의 총이윤 = 기업이윤 + 유통이윤 + 이자 + 지대

그러나 이자와 유통이윤 등등은 결국 기업이윤으로부터 분배된 존재라는 발생학적 사실에 의하면, 사회 총이윤이란 기업이 생산한 이윤이다.

즉, 사회의 총이윤 = 기업 생산 이윤
= 분배 기업이윤 + 분배 유통이윤 + 분배 이자 + 분배 지대

위와 같은 등식으로 재배치한 분배 차원의 이윤 구조 설명도 가능하다. 파이(pie)가 작으면 나누어 먹을 것도 없다는 뜻은 기업이윤율[52]

---

[52] $이윤율 = \dfrac{이윤}{자본}$

$마르크스이윤율 = \dfrac{이윤}{가변자본 + 불변자본} = \dfrac{\dfrac{이윤}{가변자본}}{1 + \dfrac{불변자본}{가변자본}}$

불변자본이란 기계, 토지 등의 생산수단을 말하는데 이것이 증가하면 이윤율 수식의 분모 부분인 자본의 유기적 구성도(불변자본/가변자본)가 증가하고 이윤율이 떨어지는 모순이 발생한다. 이 수식은 경제공황을 설명하는 이론적 기초로 사용된다. 자본주의 재무제표에서는 '투자 대비 이익률(ROI)' 혹은 '자산 대비 이익률

이 감소할 때 사회적 총이윤율도 감소해서 경제가 어려워진다는 사실을 상징한다. 기업이 은행 이자를 갚지 못하면 은행도 별수 없이 망하는 것이다.

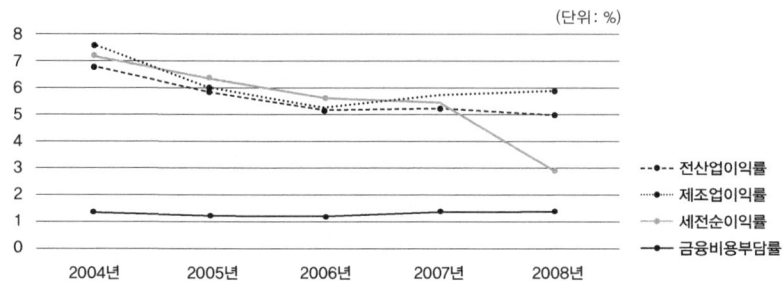

그림 26) 연도별 이익률 추이 (「기업경영분석」, 한국은행)

위 그래프는 2000년 이후 우리나라 기업들의 매출액 대비 영업이익률 추이다. 2009년 경기 불황은 세계적 금융위기의 여파라고 하지만 기본 경제법칙대로 2004년부터 기업들의 이윤율이 지속적으로 하락한 결과이기도 하다는 점을 보여주고 있다. 특히 2007년부터 세전이익률이 3% 이하로 급감하는데, 세전이익률이란 세금을 내기 전 영업이익률에서 금융비용과 환차손을 공제한 것으로 기업들의 금융비용 부담이 증가하는 정도를 가리키는 것이다. 2008년 우리나라 기업들의 부채비율은 130.6%로 2004년에 비해서 16.6% 증대하였으며, 환

(ROA)' 등이 이와 유사한 형태다. 매출액 대비 이익률(=영업이익/매출액)은 영업 활동에 대한 이윤 비율을 의미한다.

율 급등으로 인한 매출액 대비 환차손율은 1.1%, 이윤율 감소에 미친 영향은 35%에 이른다.

그러므로 자본주의경제에서조차도 모든 이윤이 다 좋은 것이 아니라, 생산적인 기업활동을 통한 이윤 생산에 먼저 역점을 두어야 하는 것이고, 그다음으로 이 생산물들을 잘 유통할 수 있도록 이윤의 분배가 잘 이루어져야 경제순환에 무리가 없다는 사실을 알 수 있다.

읽/어/두/기

아일랜드 경제 파탄과 제조업

아일랜드는 1인당 국내총생산(GDP) 6만 달러(2007년), 1990년대 연평균 10%, 2000년대 5.5%의 성장률을 기록한 유럽의 경제 모범 국가이다. 그러나 2008년 경제 파탄으로 세계의 조롱거리로 전락했다. 왜 실패했을까. 아일랜드는 1990년 중후반부터 외국인 투자를 노리고 고금리정책을 펼쳤고, 덕택에 투자가 몰려 유럽의 금융허브로 불릴 정도였다. 그러나 고금리는 기업에게 부담을, 수출 중심의 과잉투자는 세계 경기위축에 속수무책이다. 급기야 세계 금융공황 사태를 맞이하여 외국자본이 대거 빠져나가면서 국가부도 사태가 닥쳤다. 금융주도형 성장은 제조업이 멈추고 투자 자본이 떠나는 순간 도산하는 운명을 안고 있다. 금융이윤에 열광했던 미국, 영국, 일본, 1998년 한국이 쓰러진 것도 같은 이유다. 기업 생산 이윤이 이자나 유통이윤 등으로 재분배되는 과정이 기억나는가. 아일랜드는 생산으로부터 시작되는 경제순환 규칙을 어긴 것이다. 온 나라가 카지노에 들어갔었다는 소리는 그래서 나왔다.

다행히 우리나라 제조업 비중은 아직까지 세계 최고 수준이며 성장의 중심 동력(성장기여율 43%)을 이어가고 있다. 반면에 미국과 일본은 아일랜드처럼 외국 투자가 급증한 탓에, 불황에는 투자 자본이 이탈하고 외환위기가 고조되는 불안 구조를 언제 터질지 모를 지뢰처럼 안고 있다. 많은 경제학자들이 금융 독점자본을 경계하고 제조업의 안정적 성장을 독려해서 경제 기반을 다지라는 데는 다 이유가 있는 것이다.

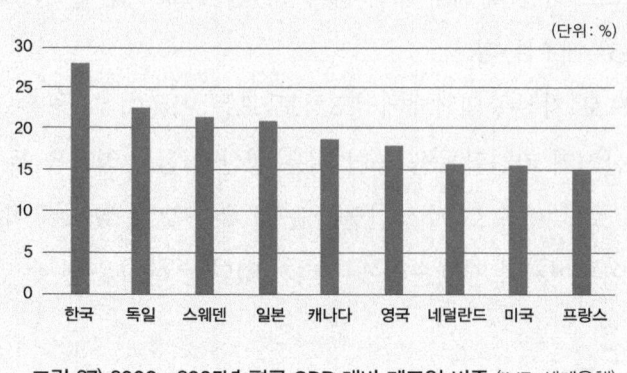

그림 27) 2000~2005년 평균 GDP 대비 제조업 비중 (IMF, 세계은행)

　이윤도 중시해야 할 순서가 있는 것이다. 실제 경제 과정에서 이러한 이윤의 옥석 가리기가 잘 지켜지지 않으면, 금융자본의 목소리가 점점 커져서 고금리가 기업활동을 압박하거나, 저금리의 영향으로 부채가 남발되고, 돈이 금융시장으로 쏠려 투기적 증권 매매차익이 과도하거나, 헤지펀드[53] 등이 너무 성행하면 이윤을 너무 뺏긴 생산 기업들이 기력을 상실해서 경제가 엉망이 되는 것이다. 고삐 풀린 투기적 이윤에 대한 경고는 공황이 초래될 때마다 요란한 경종을 울렸지만, 아직도 이익 추구의 자유라는 이름하에 그 규제 강도는 높지 않

---

[53] 헤지펀드(hedge fund): 단기 고수익을 노리는 투기 자본. 소수의 투자 자금을 모집해서 공편 외환을 내싱으로 신물옵션 등 파생금융싱품에 투자하고 매매차익을 계획한다. 전 세계적으로 3000억 달러 규모이지만 원금의 30배까지 공격적 투자를 하는 것으로 알려졌다. 1997년 세계 외환위기 사태의 배후로 추정되어 세계적 감시 대상이다.

다. 그런데 일각에서는 우리 측 금융시장이 미국의 40분의 1 정도밖에 안 되는 적은 규모에도 불구하고 금융자유화, 심지어 외국인 직접투자(FDI)와 인수합병(M&A)이 더 많이 있어야 한다고 주장한다. 그러나 우리나라에 들어오는 외국인 투자 현실은 생산적인 기업 직접투자(그린펀드)는 적고 주식시장에 넣다 빼는 간접투자 혹은 기업을 샀다 팔아 매매차익을 노리는 합병(M&A)용 외국인 직접투자가 대부분이다. 다음 그래프를 보면 그 현황을 알 수 있는데 IMF 사태 직후인 1998년부터 싼 주식가를 노리고 외국인 주식투자가 대폭 증가하다가 주식값이 정점에 이르는 2005년부터 2008년까지는 차익을 노린 외국인 주식투자가 대거 빠져나가는 현상이 나타난다. 1998년부터 2008년까지 11년간 외국인 주식투자는 464억 달러(순유입액)가 들어왔다가 760억 달러가 빠져나가 그 차익만도 296억 달러에 이르며, 그러고도 전 주식 가치의 30%가량 100억 달러가 외국인 몫으로 남아 있다.

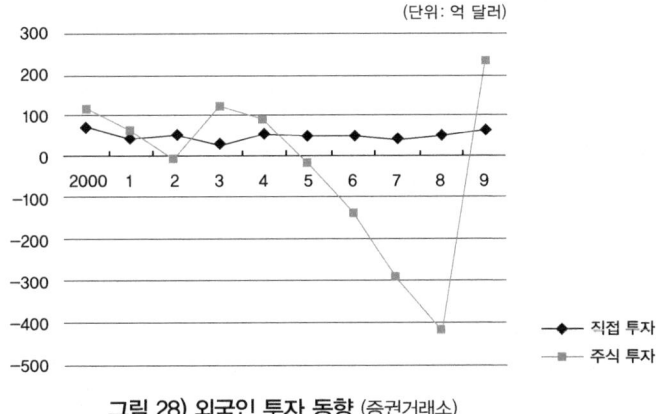

그림 28) 외국인 투자 동향 (증권거래소)

외한은행 불법 인수 매각 시비의 론스타(Lone Star Funds), 진로 매각으로 1조 원을 챙긴 골드만삭스(Goldman Sachs), 2009년 제2차 환율 위기 당시 주식 수조 원을 매각해 환율 인상을 부채질한 외국인 투자 행태 등 열거하자면 끝이 없다. 현대적인 기업 관계는 사실 서로 얽히고설켜 있어서 이론적 이상향처럼 한 부분만 딱 끄집어내서 이윤 관계를 정리하기란 말처럼 쉽지 않다. 그러나 이윤의 생성과 분배 관계의 질서를 잡고 규제하지 못한다면 비생산적 금융이윤에 대한 유인만 너무 강해져서 결국 그 피해가 국민경제로 떠넘겨지는 사태가 발생한다. 이것이 이윤의 종류를 구별하고 그 경제적 연관성에 대한 더 많은 공부가 우리에게 필요한 최소한의 이유다.

3. 기업활동의 이정표 – **기업 재무제표**

두 바보가 군고구마 장사에 나섰다. 장사가 너무 안 되자, 한 바보가 자기라도 고구마를 사 먹으면 나을 거로 생각하고 옆 친구에게 1000원을 내고 고구마를 사 먹었다. 돈이 들어온 친구도 역시 같은 방법으로 돈을 내고 사 먹었다. 이렇게 몇 번을 왔다 갔다 하자 고구마가 다 팔렸다. 이 친구들은 얼마나 벌었을까.

분식회계와 엔론사

1000원이다. 들어왔던 돈이 나가고, 나갔던 돈이 다시 들어왔을 뿐이다. 고구마는 다 팔렸는데 왜 돈은 1000원만 있을까를 이 바보 친구들은 아직도 이해 못 하고 있을 것이다. 물론 조금만 요령이 있으면 문제를 간단히 해결할 방법이 있다. 장부에 적는 것이다. 왼쪽(차변)에 들어온 돈 1000원을 적고, 오른쪽(대변)에 나간 돈 1000원을 적으면 몇 번을 반복한들 결국 0원이 되는 원리를 발견할 것이다. 이렇게 돈의 입출금을 장부에 적어놓는 방법을 회계 또는 부기[54]라고 부른다.

---

54   부기(簿記, bookkeeping): 입출금을 장부에 기장하는 방법으로 단식과 복식

그런데 이 바보들의 어리숙한 짓을 이용해서 영리하게 돈을 번 사람들이 있다. 미국 7위의 에너지 회사 엔론(Enron)은 2001년 파산하고 미국 경제를 공포에 몰아넣는데 이들의 수법은 군고구마 장수 바보들과 똑같이 900여 개의 유령 자회사를 만들고 반복해서 서로 물건을 사주어 장사가 잘되는 것처럼 매출액을 부풀리는 것이었다. 물론 장부상의 매출만으로는 돈이 안 된다. 그러나 부풀린 매출액을 회계에 반영하면 사람들이 이 기업을 좋게 생각해서 주식 가치가 올라간다. 회사는 그 주식을 팔아 돈을 버는 것이다. 실제 회계와는 다른 장부 조작 수법을 분식회계(window dressing, 옷장을 치장한다는 뜻)라고 하는데, 그 전까지는 이런 수법에 대한 감시 통제('글래스·스티걸법')가 미국에도 있었다. 그러나 경제자유화라는 이름하에 미국 정부가 이 감시 제도를 완화시킨 틈을 타 엔론사(Enron社)[55] 같은 비열한 이윤 추구 기업들이 생긴 것이다.

우리라고 남 탓할 처지가 아니다. 엔론이 겨 묻은 개라면, 2002년 49조 원이 넘는 부정 분식회계를 저지르고 26조 원의 추징금을 선고

이 있다. 단식부기는 입출금만 간단히 기록하는 방식이고, 복식부기는 출처를 따져 원인(예: 단기차입금 200원)을 한 번 더 적는 방식이다. 복식부기 방식을 '분개'라고 하며 원인과 결과를 적는 만큼 회계 투명성이 높기 때문에 이는 대부분 기업의 기본 부기 방식이다.

55 엔론사 회계 부정: 2001년 미국 기업들의 부도덕성을 세계에 폭로한 대표적 사례. 엔론은 6억의 분기 손실을 발표하고 파산을 선언하였는데, 분식회계 비밀을 아는 회사의 중역들은 그 전에 무려 11억 달러의 주식을 팔아치운 데 반해 자사주를 가지고 있던 노동자들은 13억 달러의 주식 손해를 입었다. 파산 전 엔론의 최고경영자(CEO)와 노동자의 임금격차는 530배였다.

받은 대우그룹 사태는 그 규모가 상상을 초월하기 때문에 그 몇 십 배의 똥 묻은 개에 해당한다. 그런데 '이 중에 죄 없는 자 돌을 던져라' 는 말처럼 투명한 회계장부만 고집하는 기업들은 과연 얼마나 될까. 그러므로 이 사태를 해결하려면 첫째, 회계 부정에 대한 법과 제도의 원칙적인 정비가 필요하고, 둘째로 바보들처럼 영문도 모르고 기업을 말아먹거나 손해 보지 않기 위해 기업의 기초적인 재무제표 정도는 분석·활용할 줄 아는 개개인의 능력 고양이 필요한 것이다.

재무제표를 읽으면 기업이 보인다

우리나라 기업은 종업원 수 기준으로 300명 이상 기업은 대기업, 300인 미만은 중소기업으로 분류되는데, 모든 기업은 원칙적으로 단·복식부기 방법으로 장부를 작성하고 세무서에 보고하여야 하며, 주식회사 법인은 회계감사를 받고 주로 대기업군에 속하는 1700여 개의 상장회사들은 특별히 정기적으로 재무제표를 동반한 사업 및 정기보고서를 금융감독원에 제출해야 한다. 재무제표란 원래 회계 부정을 막기 위한 것이 아니라 기업의 살림살이를 한눈에 파악해서 기업운영을 잘할 목적으로 영업 및 재산 상황을 일목요연한 하나의 표로 작성한 것을 말하는데, 대차대조표와 손익계산서, 현금흐름표로 구성된다.

간단하게만 말하면, 대차대조표란 기업의 자본 및 부채 현황을 표시한 표, 즉 현재 재산 상태를 가리킨다. 손익계산서란 기업의 영업 활동 및 이익 현황 지표로 주요 항목은 매출이익, 영업이익, 세전이익, 당기순익 등이다. 매출이익은 매출액에서 생산비(재료비, 인건노무비, 경비 등 매출원가)를 뺀 나머지이며, 영업이익이란 여기서 판매하는 데 들어간 비용(판매관리비 및 관리인건비)을 뺀 것, 세전이익이란 세금을 내지 않은 단계로 영업이익에서 영업외비용(금융이자 비용 등)을 뺀 것, 마지막으로 당기순익이란 세금(법인세)까지 모두 낸 다음의 최종 이익을 말한다.

당기순익=매출이익-(판매관리비+영업외비용+법인세)

		제2021기	계산식
		금액(천 원)	
매출액 ①		700000	
매출원가 ②		400000	=③+④-⑤
기초상품 재고액 ③	200000		
당기매입 ④	300000		
기말상품 재고액 ⑤	100000		
매출총이익 ⑥		300000	=①-②
판매관리비 ⑦		100000	
영업이익 ⑧		200000	=⑥-⑦
영업외수익 ⑨	50000		
영업외비용 ⑩	30000		
경상이익 ⑪		220000	=⑧+⑨-⑩
특별이익 ⑫		10000	
특별손실 ⑬		30000	
법인세 차감 전 이익 ⑭		200000	=⑪+⑫-⑬
법인세 ⑮		40000	
당기순익		160000	=⑭-⑮

표 10) 손익계산서 예

손익계산서를 처음 대한 사람은 좀 어렵게 느낄 수도 있지만 찬찬히 생각해보면, 아하! 물건 팔은 돈에서 원가를 제하고, 판매비, 이자, 세금 등을 제하고 남는 진짜 순익이 당기순익이구나라는 절차가 한눈에 들어올 것이다. 이제 기업 경영 상태가 손익계산서로 어떻게 표현되는지가 이해되는가.

물론 엔론사나 대우그룹 사태처럼 마음만 먹는다면 얼마든지 분식회계와 이중장부를 만들어낼 수 있기 때문에 대외적으로 보고·발표되는 재무제표만 믿을 수는 없다. 그러나 아무리 분식회계에 능할지라도 재무보고서에는 평균적인 흐름과 경향이 있는 것이기에 그 흐름까지 속이기란 어려운 것이며, 적어도 자신을 속일 필요가 없는 기업 당사자라면 오히려 정확한 재무제표로 기업 동향을 파악하고 있어야 하는 것이다. 다음은 기본적으로 알아두어야 할 주요 재무제표 비율 개념과 수식이다.

분류	개념	비고
대차대조표(B/S)	자산, 부채 및 자본을 표시한 기업의 기본 재산 현황표	재산 및 부채 상태 표시
손익계산서(I/S)	수익과 비용을 표시한 기간별 기업경영 성과표	기업경영의 수익 흐름 지표
현금흐름표	기업활동을 영업(생산물의 판매·구매) 투자(자산의 취득·처분) 재무활동(차입상환, 주식발행)으로 분류한 현금 조달 및 운용 상황 정보	기업의 단기 지급 능력 평가
제조원가명세서	제품 제조용으로 소비된 재료비, 노무비, 경비 등의 원가명세	매출원가=기초재고액 +당기매입-기말재고액
자기자본(비)율	$\dfrac{\text{자기자본}}{\text{총자산}} \times 100$	안정성 총자산 대비 자기자본비율 기업 안정성 판정

부채비율	$\dfrac{\text{부채}}{\text{자기자본}}$ *부채=유동부채+고정부채	안정성 자기자본에 대한 부채비율
매출액영업이익률	$\dfrac{\text{영업이익}}{\text{매출액}}$	수익성
세전영업이익률	$\dfrac{\text{세전영업이익}}{\text{매출액}}$	수익성
이자세전수익(EBIT)률	$\dfrac{\text{이자세전수익}}{\text{매출액}}$	수익성 이자 세금 전 이익률
투자수익률(ROI)	$\dfrac{\text{순이익}}{\text{총자본}}$	수익성
자기자본수익률(ROE)	$\dfrac{\text{순이익}}{\text{자기자본}}$	수익성
손익분기점률	$\dfrac{\text{순익분기점매출액}}{\text{매출액}}$	수익성
매출액증가율	$\dfrac{\text{당기매출액}}{\text{전기매출액}}$	성장성
유형자산증가율	$\dfrac{\text{당기말유형자산}}{\text{전기말유형자산}}$	성장성
총자본회전율	$\dfrac{\text{매출액}}{\text{총자본}}$	활동성
재고자산회전율	$\dfrac{\text{매출액}}{\text{재고자산}}$	활동성
노동장비율	$\dfrac{\text{유형자산}-\text{건설 중인 자산}}{\text{종업원 수}}$	생산성
자본집약도	$\dfrac{\text{총자산}}{\text{종업원 수}}$	생산성
마르크스 이윤율	$\dfrac{\text{이윤}}{\text{총자본}} = \dfrac{\text{이윤}}{\text{불변자본}+\text{가변자본}}$	ROI와 유사

주 유동부채(자산) : 1년 이내 만기 부채(자산)
  고정부채 : 1년 이상 만기 부채(자산)

표 11) 주요 재무제표 개념과 식

재무제표를 각종 비율로 분석하면 기업의 안전성, 수익성, 활동성, 성장성, 생산성을 점검할 수 있다. 안정성이란 기업의 부채 상태, 자기자본 상태 등을 가리키는 것으로 자기자본율, 부채율, 금융비용 부담률, 이자보상률 등의 지표가 해당된다. 자기자본율(자기자본/총자본)에서 총자본은 자기자본과 타인자본(부채)의 합이기 때문에 총자산[56]과 같은 말로도 사용된다.

(총)자산＝총자본＝자기자본＋타인자본

기업이란 대개 남의 돈을 빌리게 되므로 자기 돈의 비중이 높다면 상대적으로 부채 부담이 적기 때문에 기업의 안정성 판단에는 자기자본율 분석이 가장 기초적이다. 매출액영업이익률, 세전영업이익률, 이자세전수익(EBIT)률, 투자수익률(ROI), 자기자본수익률(ROE) 등은 수익성 지표이다. 매출액영업이익률이란 전체 경영활동 지표로 마진율(마진/판매가)의 다른 표현이며, 판매하면 얼마만큼의 이익이 발생하는가를 보는 것이다. 'EBIT(Earnings Before Interest and Taxes)률'이란 이자세금전수익률로서 세금과 이자가 나가기 전 순 영업활동에 대한

---

[56] (총)자산(total assets): 유형자산(토지, 현금, 재고)과 무형자산(매출채권, 미수금)의 합이며 기업의 보유 재산의 총칭. 자기자본과 빚을 합친 것이기에 '자산＝자본＋부채'로 표현한다. 1년 이내 현금화 여부에 따라 유동자산과 고정자산으로 구분하며, 유동자산 중 당장 현금화할 수 있는 현금 자체와 유가증권은 당좌자산이다.

수익이 얼마나 되는가를 보는 것으로 당기순익률과 비교하면 이자와 세금이 기업활동에 끼치는 영향을 분석하는 용도로 사용한다. 투자수익률(ROI)은 '당기순익/총자본'이며 마르크스경제학의 이윤율에 가장 근접한 개념이다. 자본주의 기업에서는 1930년대 듀폰사(DuPont社)에서 사용하기 시작한 것으로 부채를 포함한 기업의 총투자(총자본)가 얼마의 수익을 발생시키는가(투자효율)를 보는 것이기 때문에 투자자들의 집중 관심사가 된다. 그러나 분모인 총투자는 장부상의 총자산을 의미하므로 장부 재평가를 하지 않은 오래된 기업은 수익률이 높게 나오는 등 객관성에 문제가 있다. 또한 타인자본인 부채가 포함된 수익률이기 때문에 호황 시에는 높게 나오지만 이자 부담이 큰 불황 시의 위험도를 짐작하기 어렵다는 단점이 있어 자기자본수익률(ROE)과 짝을 이루어 비교 분석하지 않으면 그 의미가 반감된다.

매출액증가율은 '당기매출액/전기매출액'의 비율로서 성장성을, 총자본회전율은 '매출액/총자본'의 비율로 활동성을 가리킨다. 가령 매출액이 10억 원이고 자본금이 2억 원이면 10/2=5가 되어 자본금이 5번 회전한 것으로 계산된다. 이 비중이 클수록 자본회전율, 즉 활동성이 좋음을 뜻한다. 노동장비율(또는 자본장비율)은 '자산/종업원 수'이며, 1인당 얼마의 자산(기계나 토지 등 생산수단)을 보유하고 있는가를 가리키는 것으로 생산성을 판정할 때 사용된다.

이외에도 더 많은 재무제표 비율이 있지만, 더 이상은 전문가 영역으로 넘어가야 한다. 다만 여기서 놓치지 말아야 할 것은 기본적인 비율들의 의미를 잊지 말고 잘 판독해야 기업활동을 논할 때 섭섭하다는 소리를 듣지 않는다는 사실이다.

(단위: %)

		2017			2018		
		계	대기업	중소기업	계	대기업	중소기업
성장성	매출액증가율	9.2	7.9	11	4	2.7	3.2
	총자산증가율	7.6	5.7	11.5	5.8	3.3	10.2
수익성	매출액영업이익률	6.1	7.6	4	5.6	7.2	3.5
	매출액세전순익률	6.1	7.8	3.6	5.3	6.8	3.1
안정성	부채비율	114.1	95.5	163.2	111.1	92.1	159.5
	차입금의존도	28.8	24.4	37.6	28.8	23.8	38.2

표 12) 연도별 주요 기업 평균 재무제표 비율 (「기업경영분석」, 한국은행)

표 12)를 예로 들면 2018년 우리나라 기업들의 평균 부채비율은 111%, 매출액증가율은 전년 대비 3분의 1 수준으로 급감하였다. 즉 활동성과 수익성이 약화되고 있으며, 평균 매출액이익률은 5~6%대로 하락, 금융 부담이 증가하는 만큼 세전순익은 대기업 7~8%, 중소기업 3~3.6%로 기업 규모에 따라 격차가 2배 정도로 크다. 평균적인 기록이기 때문에 자기 기업의 재무제표 비율이 이보다 높으면 우량, 낮으면 불량 기업에 해당하는 것으로 판정할 수 있다. 이 정도만 능수능란하게 다루어도 이제 우리는 웬만한 기업들의 경영 상태를 진단하는 훌륭한 회계 전문가, 혹은 능력 있는 경영 상담사의 자질을 갖추게 되는 것이다.

4. 자본시장의 꽃 – 증권시장과 파생금융상품

세계 최고 부자 자리에 오르내리는 워런 버핏(W. Buffett)의 개인 자산은 800억 달러(약 90조 원)에 육박한다. 날 때부터 죽을 때까지 연간 1조 원을 벌어야 하는 어마어마한 수치다. 투자의 귀재로도 불리는 버핏의 부는 물론 주식이다. 그와 함께 한 끼 점심을 먹는 대가로 200만 달러를 냈다든가, 미국 연방준비제도이사회(FRB)가 구제금융 자문을 받았다든가, 투자한다는 소문만으로 부도 은행이 일어섰다든가 하는 신격화가 끊임없이 이어진다. 주식이 뭐길래 도대체 그는 이 막대한 돈을 벌어들였을까. 그는 과연 금융위기 세계의 구세주인가.

가치투자와 버핏

버핏은 가치투자 전략이라는 말을 유행시켰다. 가치투자란 유행하는 시류에 흔들리지 말고 기업의 본질적인 가치를 기준으로 지속적 가치 증가가 기대되는 기업에 장기투자한다는 것이다. 예를 들어 기업의 실제 자산가치보다 낮게 주식이 평가되는 기업은 언젠가 오르게 된다든가, 더 좋은 기업을 발견하기 전까지는 바꾸지 않는다든가 하는 것이다. 그런데 그런 기업을 어떻게 찾지? 분식회계 사례처럼 사기성 장부라면 재무제표 분석으로도 어쩔 수 없는 것 아닌가. 물론 이런 초보적인 장애물에서 걸릴 정도라면 귀재니 하는 소리를 절대 듣지 못했을 것이다. 버핏이 말하는 기업의 본질적 가치란 장부상 가치만을 의미하는 것이 아니라, 기업의 실질적인 전망을 가리킨다. 예컨대 버핏은 기업을 소비자를 중심으로 두 종류로 나눈다. 하나는 일상용품 중심의 경쟁기업이고 또 하나는 특허나 브랜드 또는 진입 장벽이 높은 미디어 통신 그룹이나 코로나 백신 제약업종 같은 독점기업이다. 그리고 버핏은 주로 후자 쪽에 투자한다. 특별한 비법이 아니라 아무나 독점의 경제학에서 배울 수 있는 뻔한 상식 수준에 불과한 것인데, 그러나 사실을 아는 것과 확신을 가지고 투자로 실천하는 것은 전혀 다른 것이다.

주식과 채권

모든 사람이 버핏을 따라다닐 필요는 없다. 그의 입장에서는 최고의 브랜드 독점성을 가진 코카콜라 또는 진입 장벽이 높은 미디어 통신 그룹이 중요할지는 몰라도 그래봐야 코카콜라가 미국 경제위기를 해소할 주역은 아닌 것이고, 세계 굴지의 미디어 그룹 타임워너는 2008~2009년 금융위기에서 수백억 달러를 날렸을 뿐이다. 전체 경제에서는 한 명의 투자 귀재, 혹은 나만의 잘된 선택이 중요한 것이 아니라, 증권시장이 무엇이고 경제생활에서 어떤 위치이며, 경제가 잘되려면 증시는 어디로 가야하는가라는 방침과 신호가 천배, 만배로 중요한 것이다.

주식과 채권은 기업이 자본을 마련하는 방법으로부터 나왔다. 기업이 자본을 마련하는 방법은 간접금융과 직접금융, 두 가지가 있다. 간접금융이란 은행 같은 회사 밖의 금융기관으로부터 자금을 대출받는 것을 말하며, 직접금융이란 채권(bond) 및 주식(stock) 등을 통해서 기업 스스로가 직접 자금을 조달하는 방식을 가리킨다. 채권이란 돈을 빌리고 일정한 기간 뒤에 원금과 이자를 갚는다는 조건의 증서이고, 주식이란 투자자를 모아 자본금을 모집하고 투자 지분에 따라 주식이라는 증서를 발행하는 것을 말한다. 채권이 이자를 낳는다면, 주식은 원금을 돌려주지 않고 그 돈으로 기업활동을 해서 이익이 나오면 배당금을 지분대로 나누어 주는 차이다. 주식 투자 원금은 어디로 갔을까. 자본금은 건물, 기계, 인건비 등등으로 소모되고, 다만 회사 장부에 남아 자산으로 기록된다. 그렇다면 어떻게 원금을 돌려받는가. 방법은 3가지, 즉 기업 청산, 기업합병, 그리고 매각이다. 기업활동을 중단하는 청산의 경우는 빚잔치하고 남은 자산을 지분대로 받고, 합병이라면 계약 조건에 따라 지분을 가감하는 등의 절차를 거친다. 매각은 증권거래소 등에서 다른 사람에게 자신의 주식을 처분해서 투자금을 돌려받는 것으로 청산과 합병보다는 일반적인 원금 회수 절차라고 할 수 있다. 이때 주식 발행 가격(혹은 구매 가격)과 판매 가격 간의 격차를 매매차익(매매 스프레드)이라고 하며, 상업 마진과 마찬가지로 이익 또는 손해를 볼 수 있다. 채권 역시 만기까지 기다리기 어려우면 타인에게 매각 또는 재매각을 통해서 매매차익을 노릴 수 있다. 단 채권은 이자의 영향을 받기 때문에 만기까지 남은 기일을 따져 그만큼의 이자를 공제해야 하며, 그 비율을 할인율이라 부른다. 채권이 이자만큼의 제한된 책임이라면 주식은 무한책임이므로 책임이 더 크다는 차이가 있다.

증권시장 종류와 창업자이득

주식과 채권을 합쳐서 유가증권 혹은 간략하게 증권(securities)이라 하고, 증권이 거래되는 장소를 증권시장이라고 부른다. 증권거래소란 이처럼 증권이 공개적으로 거래될 수 있도록 국가가 지정한 장소다. 증권시장은 발행시장과 유통시장으로 구분된다.

증권＝주식＋채권
증권시장＝발행시장＋유통시장

주식회사는 기본 요건을 갖추면(신고 요건) 누구나 설립할 수 있지만, 개인적으로 발행된 주식은 사실 아직 정식 주식이라 할 수 없으며, 일정한 자격을 갖추어야(허가 요건) 시장에서 유통될 수 있도록 증권법으로 규제되어 있어 이를 발행시장이라고 부른다. 발행시장은 공개모집(약칭 공모)과 직상장(소액주주 30% 이상 요건)으로 구분되는데, 공모란 주식회사 설립 후 일정한 기간(3년 이상) 동안 기업활동과 여건을 갖춘 뒤에 자기 기업의 주식 이름을 증권거래소에 올리고(상장, listing) 일반인들을 상대로 투자자를 최초로 공개모집(initial public offering)하는 행위를 말한다. 간혹 인터넷에서 보면 영화 투자자를 직접 공모하기도 하는데, 이것은 사실 증권법에 따른 정식 공개모집이 아니라 사안에 따라서 임시로 투자자를 모으는 사적 주주 모집, 프로젝트 파이낸싱(project financing)의 일종에 불과하다 .

	뉴욕증시	증권거래소	코스닥
자산	1억 달러	100억 원	30억 원
시가총액	1억 달러	200억 원	90억 원
분산 요건	일반주주 250만 주	소액주주 20% 이상, 초대주주 70% 미만	소액주주 25% 이상, 공모 10% 이상
매출액		최근 연간 300억 원	50억 원
손익	3년 누적 1억 달러	당기순익 25억 원	당기순익 10억 원

표 13) 주식상장 요건

상장과 공모는 기업이 사활을 걸어야 할 정도로 중요한 절차다. 주식회사 설립 단계에서 발행된 주식의 액면가는 그간의 기업활동 실적에 따라 재평가된 후 상장 단계에서 새로운 가격으로 발행되며, 이 새로운 발행가격으로 공모하고 일반인들이 사주어야 상장이 성공하기 때문이다. 만약 높은 가격으로 발행에 성공하면 액면가로 주식을 가지고 있던 초대주주들은 이른바 대박이 나는데, 마이크로소프트의 빌 게이츠나 애플의 스티브 잡스가 순식간에 세계 최고의 부호가 된 것은 피시(PC) 구동프로그램(OS)을 많이 팔아 벌은 이윤 때문이 아니라 주식공모에서 성공해서 주식 가치가 천정부지로 뛰었기 때문이다.

이를 경제학에서는 '창업자이득'이라고 부르며, 현대자본주의에서 기업들의 진짜 목표는 이제 영업이익이 아니라 이와 같은 주식 발행 시장의 창업자이득으로 대체되었다고 해도 과언이 아니다. 발행했는데 아무도 안 사면, 물론 쪽박이다.

유통시장은 공모 과정을 통해서 발행된 주식들이 2차, 3차로 거래되는 다음 단계 시장으로, 증권거래소, 증권협회시장(KOSDAQ), 장외시장 등이 있다. 세계 최대의 증권거래소는 뉴욕증권거래소(NYSE)이다. 우리나라 증권거래소는 서울 여의도에 있고 종합주가지수를 코스피(KOSPI)라고 부른다. 코스닥(KOSDAQ)은 증권거래소 상장 기준에 못 미치는 기업들의 주식을 거래하기 위해서 증권협회가 관장하는 증권 호가 시스템으로 벤처기업 같은 신생 성장 그룹들이 주로 참여하며, 장외시장은 이 기준에도 못 미치는 기업 주식이 거래되는, 말 그대로 장외시장이다.

증권시장의 경제법칙: 매매차익과 수수료

증권 유통시장을 관통하는 경제법칙은 매매차익과 수수료이다. 매매차익은 기업에 대한 시장가치 평가를 통해서 결정된다. 저평가된 주식을 싸게 사서 오를 때 비싸게 팔면 최고의 매매차익이, 그 반대면 망하는 것이다. 그런데 도대체 어떻게 최고의 기업을 고르는가. 혹은 기껏 골랐더니 엔론사처럼 분식회계 기업이면 어떻게 하나. 기업의 시장가치를 결정하는 기본 기준은 기업의 본질적 가치인 내재가치(자산평가 등)와 시장 평판(시장에서 오르내리는 주가 추세)이다. 버핏이 이 중 무엇을 중시했는지 기억해보라. 이 두 요소를 잘 배합하면 본인이 예상하는 주식 가치를 예측하고 위험을 최소화할 수 있어 이를 '비체계적 위험'이라고 부른다. 반면 정부 정책의 변동, 전쟁, 재난 등 기준체계 자체가 흔들려 주식 가치를 예측할 수 없게 하는 위험을 '체계적 위험'이라고 한다. 체계적 위험이든 비체계적 위험이든 뿌리를 찾아보면 결국은 기업 실적으로부터 근거한다. 나라의 경제정책이 급변할 때는 주로 기업들이 생산을 못 해 이윤은커녕 돌려막기에 급급한 경제 존망의 위기가 닥치는 경우다. 결국 이윤을 내지 못하는 기업의 시장 가치란 믿을 수 없어 추락하며, 추락이 증권시장에서 먼저 그리고 크게 일어나는 이유는 부동산보다 팔기 쉽고(유동성), 남보다 빨리 먼저 팔아야 덜 손해 보는 투매 심리가 작용하기 때문이다. 이제 우리는 엔론사가 회계 부정을 통해서라도 왜 그토록 매출과 손익 실적을 조작하려 했는지를 이해할 수 있다. 기업의 실제 사정이야 어찌 됐든 외관상 실적 치장을 통해서 주식 매매차익, 즉 금융이윤 획득이 목표였던 것이다. 그러나 엔론사도 대우그룹도 결국 망했다. 최후의 승자가 아니라는 말이다. 그렇다면 증권 거래에서 최후에 웃는 자는 누구일까. 우습게도 거래를 매개해주는 당사자, 증권사 자체다. 증권거래를 원하면 누구든지 증권사 객장을 찾아 계좌 개설 후 거래를 개시할 수 있다. 요즈음 대세인 온라인 거래는 약정 신청 후 관련 증권사 홈페이지에서 아이디(ID)를 개설하고 공동인증서(또는 각종 금융인증서)를 내려받으면 된다. 오프라인이든 온라인이든 증권사가 거래에 개입되기 때문에 거래 건당 수수료가 부가되는데 증권사 입장이라면 어느 쪽이든 상관없이 무조건 거래 건수가 많을수록 유리하다. 여러분이 증권사 직원이라면 어찌 됐든 거래를 부추기겠는가, 진짜 시장 상황을 말해주겠는가. 이럴 때를 가리키는 가장 적절한 비유는 아마도 재주는 곰이 부리고 돈은 왕 서방이 번다는 말일 것이다.

읽/어/두/기

하락장에도… 대형 증권사 수입 '짭짤'

최근 증시 하락으로 투자자들의 손실이 커지고 있지만 대형 증권사들은 올해 상반기에 많은 이익을 챙긴 것으로 나타났다. 푸르덴셜투자증권 (…) 삼성 대우 우리투자증권 등 국내 상위 7개 증권사가 올해 상반기(1~6월)에 벌어들인 순이익이 7940억 원에 이를 것이라고 전망했다. 같은 기간 코스피지수는 20% 정도 하락했고 국내 주식형 펀드 수익률은 −10%를 밑돌았다. (…) 이들 7개 증권사의 4~6월 순이익은 4228억 원으로 1~3월의 3712억 원보다 13.9% 증가한 것으로 추산됐다. 또 이들 증권사가 상반기에 벌어들인 수탁 수수료 수익은 9144억 원, 펀드 판매 수수료 수익은 2916억 원으로 추정됐다.

(이서현, 『동아일보』, 2008년 7월 11일 자)

파생금융상품 배우기

유통시장의 2단계는 현대 금융자본주의의 꽃, 파생금융상품 시장이다. 주식 채권이 기초자산이라면, 선물, 옵션, 스와프 등등은 그 뿌리로부터 파생된 파생금융상품[57]이다. 증권가에서는 '현물에서 망하면 선물로, 선물에서 안 되면 옵션으로 간다'는 말이 있다. 이유는 현물보다 선물옵션의 거래 단위가 크고, 일부 계약금(개시증거금, initial margin)만 걸고 만기까지 계약을 가져가므로 적은 돈으로 많은 투자를 할 수 있기 때문이다. 예컨대 세계의 외환 파생금융상품 하루 거래량은 6.6조 달러(2019년)이며 현물의 거의 10배 규모로 5년 주기에 거의 2배씩 커지고 있다. 세계의 파생금융상품은 통화, 증권, 금리, 상품(곡물, 석유 등)을 가리지 않고 무한 분열하여 현재는 그 기법만 수천 가지에 이르러 장외 파생상품 총규모는 약 693조 달러(국제결제은행 BIS 추정, 2014년), 그중 미국 시장은 200조 달러(세계 시장의 30%)를 차지한다. 좀 실감나게 표현하면 미국의 연간 국내총생산(GDP, 2019년) 20조 달러의 약 35배, 세계 증시 시가총액(90조 달러, 블룸버그 집계)의 약 8배 규모, 즉 미국인들이 자신의 파생금융상품 가치(200조 달러)만큼을 실제로 벌려면 10년 동안 아무것도 쓰지 않고 생산만 하거나, 세계인 전체가 최소한 8년 동안 죽어라 일만 해야 얻을 수 있는 어처구니없는 수치인 것이다.

---

57 파생금융상품: 기초 상품인 주식, 채권으로부터 파생된 선물, 옵션, 스와프 등을 지칭. 당장 내 돈 내고 자장면 사 먹으면 현물, 예약하면 선물이다. 미래에 살 가격을 미리 정해놓음으로써 가격변동 위험을 회피하려는 취지에서 발달하였으나 계약금만으로 많은 투자를 할 수 있어 새로운 금융 투기 창구로 진화하였다. 선물(future)은 미리 매매해놓는 것, 옵션(option)은 미래의 상품 판매·구매 권리 매매를 뜻한다. 가령 10원에 사놓았는데 훗날 실세 시장가격이 5원밖에 안 되면 살 권리(콜옵션)를 포기, 15원이면 권리 행사를 한다. 풋옵션은 이와 반대다. 스와프(swap)는 서로 유리한 조건을 헤아린 후 바꿔치기해서 불리함을 줄이는 수법이다. 파생금융상품의 조합은 가령 통화옵션스와프, 금리선물스와프 등 수천 가지에 이른다.

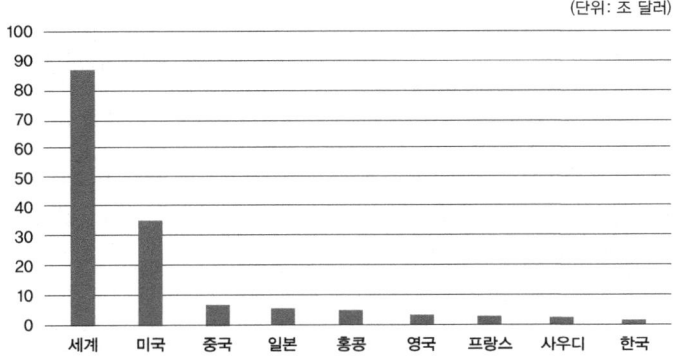

그림 29) 세계 주요 증시 규모 (증권거래소, 2019)

화폐와 증권으로부터 불거져 나온 파생금융상품은 원래는 미래의 가격변동 위험을 회피하고자 하는 착한 뜻으로 시작한 것이었지만, 현재는 이처럼 누구도 섣불리 건드릴 수 없는 괴물이 되었다. 2008~2009년 금융공황의 주역도 파생금융상품이며, 이 파생금융상품의 처리야말로 모든 나라에서 최고의 숙제가 된 것이다. 우리나라 역시 예외가 아니며, 사태는 오히려 미국 못지않게 심각하다. 그렇다면 이렇게 불안한 금융시장의 미래를 개선할 수 있는 방법은 없을까.

지금까지 본 것처럼 현대자본주의의 꽃이라고 하는 증권시장은 사실 암투와 음모와 사기가 판치는 냉정한 약육강식의 세계다. 그러나 원래 주식은 매매차익을 만들어낼 목적으로 출현하지 않았다. 주식회사란 개인기업과 달리 여러 사람이 소유에 참여한 사회적 기업의 일종이며, 사적 소유로서 자본은 철폐된 형태인 것이다. 기업에 대한 창의적인 아이디어가 있고 투자자를 모아서 직접 기업활동을 하면 결과에 대해 책임이 주어지고, 소유와 경영이 잘 조화되기만 하면 오히려 스스로 열심히 일하는 최고의 동기를 얻을 수 있다는 장점이 있다. 이상적인 주식회사의 형태는 어떤 것일까. 가령 독점기업이라고 해도 전 국민이 골고루 주식을 나누어 가진 완전 분산형 기업이라면 되지 않을까. 물론 현실의 주식회사는 대개 지배주주 중심의 소유집중 형태이기 때문에 완전 소유분산이란 공상에 불과하고 희귀한 개인들의 돌출 현상으로만 남아 있다. 인기 드라마 〈찬란한 유산〉에서 여회장의 주식 나누기가 근접한 예쯤 될까. 그렇다고 해서 독점적 금융이득을 제어하는 시도가 전혀 없는 것은 아니다. 예컨대 토빈(J. Tobin) 같은 학자는 국경을 불문하고 증권 거래마다 세금을 매기는 '토빈세' 확장을 주장하였으며, 소유권은 국가나 지방자치단체에 있고 경영권만을 떼어 주는 공기업 독립채산제는 지금도 발달 중이다. 1970년대 스웨덴에서는 전 노동자 임금의 일부를 기금으로 적립해 주요 기업의 주식 지분을 할당하는 기금사회화를 시도하였으며, 하물며 자본주의 종주국 미국 등지에서도 주식의 일부를 노동자에게 할당하는 종업원지주제도, 또는 주식시장에 직접 개입하는 종업원 퇴직연금 투자 제도 등을 발달시켰다. 이러한 시도들은 연기금이 오히려 투기의 진원지가 되거나, 기금 조성의 크기를 놓고 갈등하거나 등등 그 시행 중에 적지 않은 문제가 드러나서 완벽하다고는 말할 수 없다. 그러나 계속되는 금융위기를 맞이하여 세계 각국에서는 지금까지의 금융자유화를 반성하고 은행 국유화, 감시 제도 및 법규 강화 등의 조치를 추구하고 있는 등등에 비추어보면, 이런 진보적인 금융 이득 제어시스템에 대한 연구 또한 다시 활력을 가질 것으로 기대된다. 세계 금융의 미래를 걸고 미래의 금융시스템은 어떤 형태가 좋을지를 생각해보자.

생/각/해/보/기

파생금융상품 위기와 브릭스(BRICs)

전 세계 하루 외환 거래는 6.6조 달러(장외·장내 파생금융상품 합산, 국제결제은행BIS 조사, 2018)이며 이 중 우리나라 비중은 하루 400억~500억 달러 약 0.8%로, 15위권에 불과하다. 그런데 우리나라의 증시 시가총액은 1.6조 달러(2019년 말 현재)로 미국의 20분의 1에 불과하나, 파생금융상품 거래량은 한때 세계 최고 순위(옵션 2위, 선물 4위)까지 올라선 적도 있다. 한마디로 말해 금융 규모는 미약하나 시대의 문제아인 파생금융상품 거래만 큰, 기형적인 금융 구조였던 것이다. 뭐 좋은 해결 방법이 없을까. 간단하게는 외환보유고와 금융 규모를 키우는 방법이 있다. 그러나 우리나라는 기축통화국이 아니므로 세계를 상대로 원화를 마음대로 발행할 수도 없고, 외채도 이미 포화 상태다. 소극적으로는 결제화인 달러 의존도를 줄이는 정도이나, 그럼 어떤 대안 통화로 대체할 것인가라는 문제가 걸린다. 그러나 세계 여러 나라들의 달러 대항 움직임(유로화나 브라질, 러시아, 중국 등 브릭스BRICs 정상회담의 슈퍼 통화 움직임 등)이 이미 진행 중이고, 환율의 폭등과 폭락이 날로 심하기 때문에 고민을 마냥 미룰 수만은 없게 되었다. 대응책 중, 대승적으로는 대안 통화로 지역화폐나 디지털통화 움직임, 작은 규제로는 이중 시장 제도(외국인 투자시장과 내국인 투자시장 구분, 중국), 외국인 환거래 규제(대만), 외화 강제 유치 제도(칠레) 등이 눈에 띈다. 반면 우리는 어떤 세계 조류에도 개의치 않고 1996년 외환자유화 이래 금융시장 개방으로 일관하고 있다. 겁이 없는 건지 뭘 모르는 건지 알 수가 없다. 벌써부터 2차, 3차 금융파동, 더블딥(double dip)이 세계적으로 거론되는데 걱정이 앞선다.

Unexperienced Post Corona Principle of Economics

8장 지대와 지가

1. 도시 지대 경제학 – 금융자본 지대와 토지 가격

미국, 캐나다, 호주 등은 각각 우리나라의 50배가 넘는 광대한 지역이다. 그런데 우리나라 토지(1만4200조 원, 「국가자산통계」, 통계청, 2020)를 다 팔면 캐나다를 두 번 사고 호주를 한 번 반, 미국의 3분의 2를 살 수 있다.

일본은 우리보다 더해서 일본 땅을 팔면 미국을 세 번, 영국을 백 번 산다. 그런데 일본이 미국을 다 샀다는 소식은 아직도 들리지 않는다. 왜 일본은 미국을 사지 못할까. 조금씩은 팔 수 있어도 한꺼번에 다 팔 수는 없기 때문이다. 그렇게 비싼 땅을 누가 무슨 돈이 있어 다 사겠는가. 즉 한국, 일본의 토지 자산이란 자국 내에서만 통하는 이름뿐인, 실현되지 않은 명목상 가격에 불과하다. 게다가 일본은 부동산투기의 대가로 1990년대부터 30년 넘게 땅값이 최고가 대비 4분의 1로 폭락하는 복합불황을 겪고 있다. 값이 내리는 땅은 아무도 사지 않는다.

토지 가격 기본 항등식

땅값이란 무엇일까. 어떻게 결정되는 것일까. 사고파는 사람 마음일 것 같지만 그렇지 않다. 땅을 빌려줄 때 나오는 대가, 즉 지대(地代,

ground rent)가 토지 가격의 기준이다. 자본주의 지대는 이자와 연관된다. 가령 연간 지대 10만 원씩 받는 100만 원짜리 땅은, 100만 원의 돈을 빌리고 1년에 10만 원의 이자(연 10% 이자율)를 내는 경우와 같아서 100만 원이다.

식 1) 토지 가격 = $\dfrac{\text{지대}}{\text{이자(율)}}$

이자가 내리면 일본처럼 저금리로 땅을 사려는 사람이 늘어나 땅값 상승, 이자 상승이면 토지 가격이 하락한다.

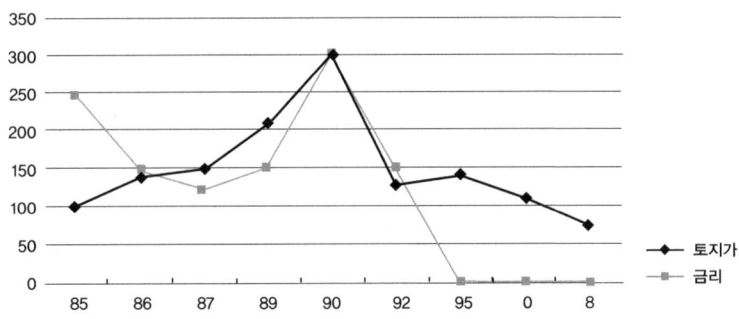

주 토지 가격: 1985년=100
금리: 1990년 최고 금리 6%를 토지 최고가에 맞춰 백분율로 환산한 값(연도별금리×300)

그림 30) 일본 토지 가격 금리 추이 (일본 금융청, 한국은행)

그림 30)은 이자와 지가의 관계로 일본의 장기 복합불황을 나타낸 것이다. 그러면 지대는 이자 때문에 발생하는가. 그렇지 않다. 여기

서 말하는 이자란 지대의 자본주의 시대적 표현, 즉 토지 가격의 금융자본주의적 표현일 뿐이다. 땅이란 자연의 일부이기 때문에 원래는 가격이 없다. 즉 토지 가격이란 얼마만큼 쓸모 있는 땅이냐에 따라 인간들이 책정한 기준, 즉 경제적 가치 구분에 불과하다. 가령 폭포와 사막 지역을 비교하면 단연 폭포 지역이 훨씬 비옥한 땅이다. 그 생산력 차이만큼이 지대(차액지대)라고 주장한 사람은 리카도(D. Ricardo)이다. 농산물 가격은 자갈밭 같은 최열등지 가격(개간 비용이 큰 토지)을 기준으로 결정되는데, 그보다 우등지에서 나온 생산물은 그 차액만큼을 지주 몫(지대)으로 바쳐야 하는 것이다. 리카도는 이처럼 지주의 소득인 지대는 자연의 산물이기 때문에 노동을 하지 않은 불로소득으로 좋지 않게 생각하고 이를 반대하였다. 이 차액지대는 다른 말로 경제지대[58]라고도 부른다. 우리나라 토지공개념주의자들이 우상으로 생각하는 헨리 조지(H. George, 1800년대 미국의 토지사상가)같은 극단적인 지대 혐오자도 리카도의 생각과 일맥상통하는데, 그는 더 지독해서 아예 토지에서 나오는 지대를 전부 환수해서 모든 세금의 유일한 원천으로 하자는 단일세 사상으로 유명하다.

---

58 경제지대: 신고전학파의 지대 개념으로 요소 수입에서 이전수입을 뺀 것으로 정의된다. 이들은 지대란 다른 요소, 가령 자본과 대체할 수 있다고 생각하고 다른 요소로 이동 못 하게 하는 비용을 기회비용, 혹은 이전수입이라고 부른다. 신고전파 경제지대란, 리카도의 차액지대를 자본주의적 관점, 즉 얼마의 비용을 지불하느냐는 사업자 관점에서 설명하는 개념이다.

도시 지대와 일반적 토지 함수

도시 지역의 경우는 좀 다르다. 도시 지역은 자연이 물려준 그대로가 아니라 지하철, 도로, 수도, 전기 등등 기간시설이 토지 가격 책정의 또 다른 바탕을 이룬다. 이것은 개인의 개간 노력과 사회적 비용과 물가 인상의 합으로 구성되는데, 그중 사회적 비용(SOC)이란 대개 정부 재정의 명목으로 전 사회적으로 지불되어 토지 가치를 높인 것이다. 지하철역 주변 이른바 역세권 땅값이 한적한 시골 땅값보다 높은 이유는 통행량과 교통이 좋은 지하철역 주변 커피전문점 소득이 시골 다방의 소득보다 높은 이유와 같다. 이를 자연 차액지대와 구분하여 사회적 차액지대(혹은 차액지대 2형태, 도시 지대)라고 부른다. 종종 헨리 조지를 좋아하는 사람들은 이것도 불로소득이니까 그만큼을 모두 세금으로 거두어들여야 한다고 주장한다. 이 말은 사실일까. 그런데 왜 헨리 조지의 사상을 100% 실현하는 나라가 없을까. 전혀 없지 않다. 가장 비근한 예는 토지를 국유화해서 지대를 원천 봉쇄한 사회주의국가들의 경험을 들 수 있다. 사실 많은 자본주의 나라들 국토의 상당수가 국공유지이며, 1948년 당시 우리도 대부분 지주의 토지를 몰수(북한 무상몰수, 남한 유상몰수)한 바 있다. 그러므로 나라마다 조금씩 다르지만 헨리 조지 사상이 부분적으로 실현되는 것은 사실이다. 그런데 여기서는 사유지의 문제이며, 또는 국공유지와 사유지가 혼재되어 있는 토지 소유 양식에 대해서 묻는 것이다. 예를 들어 사유지가 주 소유 형태에서 토지로부터 나오는 소득을 완전 제거하거나 사후에 세금으로 완전 회수하는 것이 타당할까. 만약에 이런 제도가 실현된다면, 아무도 더 이상 토지/부동산을 소유하려 하지 않을 것이며. 적극적으로 토지/부동산을 건축하고 개선하고 관리하려 하지 않을 것이다. 그런 행위는 오직 국가의 몫으로 돌려진다. 행여 정부가 조금이라도 이를 게을리하면 부실화가 시작된다. 마치 계획사회주의 후기의 다 무너져가도 관리되지 않는 공장이나 주택처럼, 또는 자본주의에서 흔히 보이는 도시 슬럼화처럼. 도대체 국가가 언제부터 무엇을 그렇게 다 책임져준다는 것인가. 더 빼앗아 가지만 않아도 다행이지. 이른바 '지대=불로소득'론은 시대가 변했음에도 그 옛날 자연 지대의 향수에 묻혀, 지나친 지대 추구 현상을 경고하는 헨리 조지 사상의 기본 취지를 중심으로 생각하지 않고, 너무 좁게 근본주의적으로 해석하려는 편협성에 기인한다. 공은 공이고 사는 사니까 무엇이 문제인가를 둘러보자.

　먼저 토지에 지대가 부여되는 원초적인 근거는 차액지대가 아니라 사유재산권의 발달 때문이다. 폭포와 사막의 토지생산력 차가 아무리 크다고 한들 임자가 없다면, 아무도 지대를 지불할 필요가 없다. 그러나 누군가 말뚝 치고 내 땅이라고 하면 얘기가 달라진다. 즉 지대란 인간의 이해 다툼이 소유권으로 형상화되면서 출현하였다. 이처럼 소유권 때문에 형성되는 지대를 일러 마르크스는 절대지대라고 불렀다. 소유권이 개입되년 심지어 최열등지도 지대가 0이 아니다. 불보시인 사막도 지대가 있는 이유는 인구가 많아지고 토지가 부족할수록, 언젠가 최열등지도 개간될 것이기 때문이다. 사막의 도시 두바이, 마라도 밑의 이어도 과학기지 개간이 그런 사례다. 그렇다면 물밑의 암초 이어도의 지대는 얼마일까.

> ### 읽/어/두/기
>
> **이어도 해양과학기지**
>
>
>
> 이어도는 최남단 마라도 밑에 있는 전설의 섬이며 좌표는 동경 125도 10분 56.81초, 북위 32도 7분 22.63초에 위치하고 있다. 이어도는 사실 사람이 살 수 없는 일종의 물 밑 암초인지라 제주도 사람들은 파랑도라고도 부른다. 이 불모의 땅 이어도에 2003년 종합해양과학기지가 세워지자, 이번에는 일본 등 주변국들이 항의하기 시작했다.

아무도 발견하지 못하고 사용하지 않으면 당연히 지대는 없다. 그러나 이것을 사용하려면 암초 위에 지반을 만들고 구조물을 설치해야 한다. 마치 건물처럼. 건축비나 개간비가 당연히 소모될 것이고, 건축 후에도 그 감가상각만큼 유지·관리비를 계속 지불해야 한다. 이것은 이를 사용하는 누군가가 지불하는 구조, 적어도 관리비가 지대에 추가되어야 함을 의미한다. 본인이 직접 관리 노동한다면 자가 인건비가

들어갈 것이고, 거기서 기후 정보서비스가 생성된다면 그는 이 서비스 대가를 다른 누군가로부터 이전받아야 한다. 물론 임대 관계라면 임차인으로부터 지대 형태로 수취해야 한다. 상급 관리인인 국가에 지급해야 할 이 토지·건물에 대한 각종 세금(등기세, 취득세, 보유세, 거래세 등)과 소방, 하수처리 등 안전환경처리비, 토지 개량이나 건축 자금에 대한 이자도 지대에 포함된다. 시장에 판매할 때 발생하는 시장가치에 대한 각종 기대이윤 및 역마진가치에 대한 위험(대손상각), 태풍, 지진, 해일 등등 물리적 위험에 대한 보험료도 지대에 추가됨은 물론이다. 계량화하기 어려운 자가 노동, 다른 자산에 대한 기회비용은 덤이다. 개인이라면 자기 문제이기 때문에 이런 걸 어떻게든 계산하고 알아서 감당해내겠지만, 국가라면 무슨 수로 이런 걸 '케이스 바이 케이스' 시시콜콜하게 감당해낼 것인가. 그러니까 아무리 불모지라도 일단 인간의 사용 대상에 오르면, 자가 개간 비용, 사회적 비용, 유지·관리 비용, 세금, 대손상각과 보험, 이자, 기회비용이 복잡하게 지대에 추가되어야 하고 여기에 임대 또는 물가와 판매 시 예상되는 기대이윤을 얹어야 최종 부동산 가격이 결정된다. 이것이 지대에 포함되지 않는다면 사유지에서 토지는 절대 가치를 가질 수 없으며 그저 자연물로 잠재될 뿐 누구도 관심을 갖지 않는다. 즉 도시 지대는 관리비가 그다지 특별하게 더 필요 없었던 그 옛날 자연 지대 시절과는 다르다. 인공적인 개간·관리·유지가 주력인 시내로 세상이 바뀌었고 여기에는 비용이 든다. 형식은 딱 두 가지다. 국가가 개간한다면 사회적 비용에 대한 처리 방법, 개인이 개간한다면 개간 비용과 관리 비용과 개인이 개간할 유인이 포함되어야 한다. 이것을 사회적 지대 혹은 도시 지대라고 부른다.

도시 지대를 이해하기 편리하게 간략한 함수로 표현하면 원론격의 토지 가격 식 1)에 추가하여 다음과 같다.

식 2)

$$토지\ 가격 = \frac{지대}{이자(율)+세금+유지\cdot관리비} + 개간비 + 기대이윤$$

지대 = (토지 가격 − 개간비 − 기대이윤) × (이자(율) + 세금 + 유지·관리비)

토지 수요함수 $Dx = f(x: Px, Py, I, p, i, T, E)$

Px : 토지 가격

Py : 다른 자산 가격

I : 소득

i : 이자

p : 인구, 교육, 환경

T : 세금(등록세·취득세 등, 보험료 등 사회보장비)

E : 기대이윤

토지 공급함수 $Sx = f(x: Px, Py, F, T, C, S, E)$

F : 생산요소(이자. 임금, 지대)

T : 세금(보유세, 거래세 등)

C : 규제

S : 사회간접자본, 정부 재정

E : 기대이윤

식 2)는 고정비와 변동비로 항목을 분리해서 좀 복잡하게 보인다. 그러나 정신만 차리면 별거 없다. 토지 가격은 최초의 토지 가격 기본 식 1)과 마찬가지로 지대(임대료)에 정비례하지만, 반비례 요인으로 이자율과 도시 지대인 탓에 발생하는 세금, 유지·관리비가 더해진다는 것이 차이다.

도시 지대에는 개간비와 건축비 및 기대이윤이 중요 요소로 개입되기 때문에, 그 자금에 대한 이자율, 세금, 유지·관리비가 오르면 토지 가격이 하락해야 한다. 토지 가격이 하락하지 않으려면 그에 상응하는 만큼 지대가 올라야 한다. 이 힘겨루기는 어느 쪽이 이길까. 여기서 주의할 것은 토지로부터 생산물 격차 중심의 고전적 차액지대론은 잠시 내려놓고, 전적으로 도시 지대의 규칙, 즉 토지 공급 제조원가를 넘어, 금융자산으로 시장에서 토지 가격 변동(시장가격)에 몰입해야 한다는 것이다. 그 이유는 다음 세 가지다.

먼저 토지는 공급이 맘먹은 대로 마구 늘거나 줄지 않는다는 경직성(비탄력적)이 있다. 그러므로 투기적이라는 사실을 감안하고 함수식을 이해해보자. 식 2)의 토지 수요·공급 관계는 일반적인 수요·공급 내생변수와 기본적으로 같으나, 금융자산으로 토지 관계의 특성을 첨가해야 이해가 쉽다. 가령 P_y는 토지 자산의 대체 자산을 의미하며 다른 토지 및 다른 자산(주식, 채권, 유동성 현금)을 뜻한다. 현금이 포함된 것은 토시 사산은 기본 속성이 비탄력적 부동산이어서 대체 자산으로 유동성이 큰 현금화와 다툰다는 이유다. 빌라보다 왜 아파트를 선호하는지 생각해보라.

둘째, 토지도 상품인 한 다른 상품(주식 등)과 대체할 수 있지만, 한편으로는 생활필수재이기 때문에 일반 금융자산과 완전 대체 관계가 될 수 없다. 토지 수요에서 사실은 가격보다 더 중요한 것이 소득(I)이다. 어떤 토지 가격도 소득의 범주를 넘을 수 없고 결국 소득으로부터 영향 받는다. 총소득이 하락하면 결국 토지 가격도 하락한다. 일반 수요함수와 다른 요인은 수요함수임에도 불구하고 이자(율)(i)가 개입된다는 것이다. 고가의 토지는 소득을 넘어 금융 대출이 가미되기 때문에 도시 토지 수요란 금융자산 수요 자격으로 이자(율)(i)의 영향도 받는다는 뜻이다. 나머지 요인인 인구, 세금, 기대이윤이 도시 지대에서 차지하는 비중은 결코 낮지 않다는 것은 익히 알려진 사실이다.

마지막으로 일반 상품과 달리 도시 토지 부동산의 소비자는 소비자로만 존재하지 않고 다시 판매자로 등장하는 프로슈머(prosumer)의 역할을 한다는 차이도 빼놓을 수 없다. 즉 토지 구매 수요는 언젠가 판매로 전환하기 때문에 불확실성보다는 확실성을 선호한다. 토지 수요에서 왜 지방보다는 서울, 서울 중에도 강남이 항상 최우선의 선택지인지를 생각해보라.

토지 공급의 내생변수 또한 일반 공급함수와 기본적으로 같은 구성이다. 여기에 주요 추가 항목은 토지 공급의 특수성에 따른다. 추가 항목 첫 번째는 규제(C)와 계획(개발)이다. 토지는 종종 공공재로 취급되어 정부의 강력한 통제를 받으므로 규제와 계획은 주요 변수로 포함된다. 가령 필수재로서 주택과 일반재로서 주택 외 건물에 대한 규제 강도가 다르다는 것 등등이다. 두 번째로 도로, 공항, 항만 등 사회간접자본 투자나 개발에 영향을 받으므로 사회간접비용(S) 투자 변수(또는 재정 투입)가 추가된다. 조세는 일반 공급과 마찬가지 주요 변수이나 더 엄격하다는 차이가 있다. 마지막으로 도시 토지 문제의 중요한 변수인 기대이윤(E)이다. 기대이윤에는 복잡성과 편의성, 환전성(=유동성), 높은 기대추구 현상 등의 특징이 따른다. 예를 들어 다른 변수들은 그나마 계측 범주 안에 있으나, 토지 기대이윤은 실현이익을 추정하여 시장가치로 환산하거나, 실거래까지 기다려야 하는 등 변동성이 일반 상품보다 훨씬 높기 때문에 현재 시점에서 정확한 추정이 쉽지 않아 문제를 일으킨다. 특히 토지 가격 산정에 있어서 자가 노동, 이자율 변동 등등 불특정 요소들은 정확한 산정이 곤란하다는 회계상의 문제가 있음에도 불구하고 보통 과세편의주의에 따라 관례적으로 무시되며, 따라서 그 손해를 만회하는 방법으로 기대이윤은 그에 대한 기회비용으로 높게 산정된다. 정부의 임의 선정 공시지가에 따라 과세가 진행되면 또 다른 불합리가 작용하기도 하는데 가격 하락이 발생하면 세금 환급을 실행하는 착한 정부는 지구상에 존재하지 않는다. 토지초과이득세에 대한 위헌 소지가 종종 시비 붙는 연유는 이와 같은 실현되지 않은 이익, 불확실한 기대이윤 평가가 매수자와 매도자가 다르고, 납세자와 과세자가 서로 생각이 다르기 때문이다. 따라서 도시 지대에 관한 한 토지문제는 상대적으로 높은 분쟁의 소지를 특성으로 한다. 사유지에서 이 갈등이 축소되려면 가급적 처음부터 분쟁의 소지가 적은 당사자 간 경제적 이해(이자율 같은 경제 수단의 변화)에 따른 계약 관계가 기본 원칙이며, 법과 제도적 규제로 보조하는 형태가 일반적으로 최선이다. 이 순서가 바뀌면 새로운 규제와 해석의 여지에 따라 시장이 교란된다. 앞서 소개한 토지에 대한 이자율 개입, 잃어버린 30년의 일본이 좋은 사례이다. 기억하자. 이자가 오르면 지가는 일반적으로 하락한다.

도시 지대 토지함수의 별정 요인: 제로금리

도시 토지 수요함수는 소득을 넘는 대출의 존재, 금융자산으로 토지 성격을 표현하는 게 주목적이었다. 그런데 이자율이 경제 수단으로서 기능을 상실하는 '제로 이자' 초저금리 시대의 출현으로 상황이 돌변하였다. 이자율이 0%이면 이론상 토지 가격은 무한 폭등한다. 이자율이 이렇게까지 하락한 것은 수정자본주의 시대 누적 재정적자, 정부 개입의 유산을 제1 요인으로 꼽는다. 정부, 기업, 민간을 가리지 않는 막대한 부채를 처리할 수단으로 사상 유례없는 '0' 이자 시대가 개막했고, 이러한 현상은 자본주의 선발 국가인 미국, 유럽, 일본을 막론한다. 이유야 어떻든 제로금리면 토지 가격 폭등 요인이 성립한다. 이를 사후 강제조치인 세금 또는 거래 규제로 통제할 수 있을까.

일반 건물과 달리 주택은 보편적 인간의 노동력 재생산에 관여하는 필수 소비재에 속한다. 생활필수재 성격상 가격에 비탄력적이고 투기적 속성을 갖기 때문에 공적 통제가 불가피하게 가미된다는 뜻이다. 세상에서 제일 큰 서러움은 집 없는 서러움이다. 새들도 저녁이 되면 제집으로 돌아가는데 갈 곳이 없어봐라, 어떤 생각이 드는지. 아무리 열심히 일을 해도 내 집 하나 장만하지 못하는 사회를 좋은 경제라고 할 수 없는 것이다. 어떻게 처리해야 할까. 원칙적으로는 집값 걱정 없이 살 수 있는 환경이 답이다. 그런데 그 수단이 문제다. 꿩 잡는 게 매라고 집값 잡는 건 금리인데 0% 금리라니 어쩌란 말인가. 그러니까 금리를 높이지 못하면 동원할 해법도 범위가 좁혀지고 당연히 부작용[59]이 발생한다. 이 해괴한 사태를 교정하는 유일한 시장 수단은 원리적으로 금리를 정상 수준으로 되돌리는 것이다. 그런데 공급 증가, 토지 거래 자유화를 해법으로 들고나오는 경우도 종종 있다. 토지이용률 증대와 전매권 허용 등의 토지사유화론(『왜 우리는 비싼 땅에서 비좁게 살까』, 김정호, 삼성경제연구소, 2005)은 토지 거래 자유를 통한 지가 하락 유도론쯤 된다. 이 주장대로 녹지 제한을 철폐하고 토지 거래 자유화를 실시하면 토지 공급이 증가해서 토지 가격이 내려갈 수 있을까. 그렇지 않다.

첫 번째 이유로 이 주장은 전제부터 잘못되었다고 말할 수 있다. 1998년 IMF 사태 직후 정부는 주택 담보 규제, 전매 제한 등 각종 부동산 규제를 풀고 토지 거래를 부추겼다. 그 결과 2007년까지 10년 만에 우리나라 토지 자산은 1460조 원에서 3300조 원으로 2.25배나 폭등했다. 토지 가격이 폭등하는 이유는 전 국민의 1%가 전 토지의 57%,

---

59 임차료 규제와 부작용: 보통 정부의 임차료 규제는 임차료에 직접 개입(분양가 제한, 시장가 이하의 임차료 공급), 또는 임차 주택 공급 축소·확대 방법의 두 가지가 사용된다. 그런데 전자는 실제 효과가 의문이다. 토지 몰수라도 행사하기 전에는 이해관계자의 아우성을 뚫기가 어렵기 때문이다.

상위 5%가 82%를 가지고 있기 때문이다. 토지는 인간 생활의 필수 재화인데 전 국민의 70~90%가 토지가 전혀 없거나 토지가 적어 불가피하게 토지를 임대해야 하는 사정이므로, 우리나라의 높은 토지 가격 등귀의 제1 원인은 토지 거래 자유화가 안 되어서가 아니라 토지 소유 편차가 심해서 그런 것이다. 그러므로 토지 거래 자유화는 토지 가격 등귀의 원인을 다른 탓으로 돌린, 즉 전제가 잘못된 주장인 것이다.

두 번째 이유는 토지 가격의 지역 편차, 즉 도시 차액지대 편차가 크기 때문이다. 교통, 금융, 교육, 문화 및 경제력은 수도권과 일부 대도시에 몰려 있기 때문에 대도시와 중소 도시, 수도권과 비수도권의 넘어서기 어려운 격차라는 문제가 발원한다. 경제가치로 표현하자면 우리나라 토지 자산의 3분의 2는 전 토지 면적의 10분의 1도 안 되는 수도권에 몰려 있다.

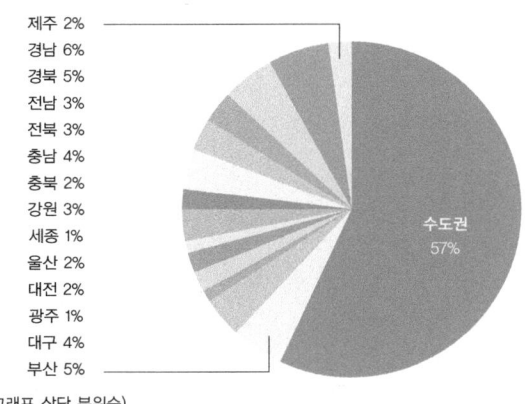

(그래프 상단 분위순)

그림 31) 지역별 토지 자산 분포(2018년) (「시도별 토지자산」, 통계청, 2020)

마지막으로 세 번째 이유는, 전체 자산 구조 중 채권과 주식은 상대적으로 미약하고 토지와 건물 등 부동산 자산 비중이 3분의 2로 편중되어 있어서 그렇다. 많은 사람들은 다른 무엇보다 토지를 가장 중요한 안정 자산으로 간주하는 것이다.

따라서 토지 소유 집중, 지역 격차, 토지 자산 편중은 한국적 상황에서 토지함수에 영향을 주는 3대 별정 요인이며, 이를 해소하지 않는 한 토지 거래 자유화란 더 큰 토지 격차 심화의 다른 표현에 불과하다. 그렇다면 최후의 수단, 즉 세금 규제, 대출 규제 등 사후적으로 규제하는 것은 답일까. 세금 규제라고 다를 것 없다. 법 규제와 마찬가지로 강제 규제란 다른 한쪽의 반대를 불러일으켜 소동이 야기될 것이다. 시장경제에서는 이자율이라는 근본 문제를 건드리지 않는 한, 뭘 건드려도 사태는 더 악화되는 쪽으로 흐를 가능성이 크다.

2. 재산권과 주거서비스 경제학 — 내 집 마련은 어떻게

　한국에만 있는 독특한 임대 제도는 주택임대차 관계에서 주로 나타나는 전세 제도이다. 전세란 시장 이자로 환산한 월세의 이자화, 즉 총대출 임차 개념이다. 한편 세칭 '갭투자'로 호칭되는 사적 선대출 방식의 토지 매매 수단으로도 사용된다. 이 경우 전세권이란 주택을 임차에서 재산권으로 전용하기 위한 매개 수단쯤으로 간주할 수 있다. 주거서비스 경제학이란 주택을 인간 노동력 재생산에 필요한 생활필수재로 간주하고, 주택의 지나친 재산권화, 주택 격차의 부작용을 완화시키는 방법으로 고안된다. 싱가포르 같은 도시국가에서 주로 응용하며, 주택 소유의 비재산권화, 다른 한편으로 주택 점유권·사용권, 즉 공공주택 임대서비스 활성 거래 방식이다. 어느 쪽이든 월세형 임차료 부담을 줄이는 방법이라는 점에서 공통적이나, 한국의 전세 제도는 임대차의 재산권화, 싱가포르 방식은 재산권보다는 임대 그 자체, 즉 주거서비스권에 더 중점을 둔다는 것이 차이다. 어느 쪽이 바람직한 방향인가.

한국형 주택임대차(전세와 월세) 부등식

전세 조건	임대료(월세) ≤ 이자 … ① 토지 가격 ≥ 전세가 ≥ 임대료(월세) / 이자율
월세 조건(세금 포함)	임대료(월세) ≥ 이자(+세금) … ②

*이자=전세가×이자율

    위의 표는 한마디로 식 ①은 월 임대료보다 이자가 높거나 같으면 전세 제도가 유리하고, 식 ②처럼 이자가 낮으면 월세가 유리한 것을 표현한다. 한국형 임대차(전세) 부등식이란 결국 칼자루 잡은 임대인 입장에서 임대료가 시장 이자보다 낮을 경우 선호되는 고금리 시대 임대 관계의 유산이라고 할 수 있다. 한편 전세 가격은 토지 가격을 넘을 수 없는데, 이는 전세란 결국 토지(사용)를 담보로 한 채권의 성격이기 때문이다. 이자율이 낮아지거나 월 임대료가 오르면 전세가 상승, 그 반대면 전세가 하락, 즉 이자율에 따라 전세가와 임대료(월세)가 서로 대체 관계를 이룬다. 식 ②처럼 세금을 추가해도 상황은 마찬가지다. 모든 임대차 관계에서는 형식에 상관없이 총부담액(세금+이자)은 전세가 혹은 월세가에 영향을 미친다. 이자(율)는 당사자 간 이해관계에 따른 조정, 세금은 정부에 의한 강제조정이라는 정도의 차이다. 그러나 효과가 동등할 것이라고 믿는 것은 착각이다. 이자는 일반적으로 누구에게나 동등하게 적용되는 경제 수단이지만, 조세나 규제는 차별적으로 적용되기 때문이다.[60] 이 같은 조세 차별화 정책은 종종 정부 규제 기대 효과와 전혀 다른 엉뚱한 결과(분양가 상한제에 따른 '로또분양', 임대료 상한제에 의한 역전세난)의 원인이 되기도 한다. 정책 입안자의 입장에서는 효과 만점의 일괄 통제를 원하겠지만 다수 참여자의 이해관계가 혼재한 시장은 결코 간단하지 않다. 일시적 거주 필요, 현금화가 어려운 부동산 속성. 자금 부족, 세금 부담 등등, 이런저런 이유로 임대가 사회적으로 불가피하게 필요한 경우가 발생한다. 가장 효율적인 것은 대중을 설득할 간단한 해법이지만, 다음의 몇 가지 문제가 있다. 첫째, 간단 해법의 무서운 점은 다양한 후유증이 검증되지 않는 속도전으로 후딱 치러진다는 것이다. 즉, 우리나라 토지 문제에 있어서 간단화의 함정이란, 전제(지리적 격차, 도시 차액지대 등)를 생략한 편의주의로부터 발생하는 문제이다. 둘째, 임대료와 이자는 대체 관계이지만 자유로운 교환 관계가 아니라는 사실이 생략되었다. 이자가 임대료를 따라가는 것이 아니라 임대료가 이자에 연동하는 순서를 착각해서 발생한 문제다. 셋째, 일반적으로 전세가가 토지가를 넘지 않는 이유, 즉 전세란 일종의 사금융 대출 형식, 결국 이자 관계라는 사실이 간과된다. 그러므로 이는 도시 지대와 금융자본의 관계로 토지문제에 접근하지 않고, 그만하면 써먹기 나름, 썩 훌륭한 나쁜 놈 '불로소득' 문제로 몰아가는 책임 전가 처리 방식의 문제이다. 임대료 변동이 토지 가격에 미치는 영향은 다음과 같다.

---

60 주택은 생활필수재 개념이 적용되어 1가구 1주택은 각종 조세 감면 등의 혜택이 있지만, 다주택자는 징벌적 과세 및 대출 제한 등 법 조항이 차별적으로 적용된다.

$$\triangle \text{토지 가격} = \text{토지 매매차익} \geq \triangle \frac{\text{임대료}}{\text{이자}+\text{세금}} \quad \cdots ③$$

식 ③은 임대료가 (이자+세금)을 지불하고도 남는 관계라면 당연히 지가(=매매차익) 상승이 기대되므로 토지 매수, 그렇지 못하면 매도하거나 전세로 선회하는 경우를 가리킨다. 그러나 0 이자라면 이자는 이 식에서 더 이상 유효한 내생변수가 되지 않고 대출 총량에 따른 외생변수(대출 한도 또는 신용 수준)로만 개입한다. 그러므로 식 ③에서 지가 변동의 내생변수는 전적으로 임대료와 세금(보유세, 거래세 등) 관계에 의존한다. 즉 세금이 오르면 지가가 하락할 수 있는 구조다. 그러나 과연 그런가. 이 식은 사실 불완전한 식이다. 토지 가격의 지역 격차, 제로금리에 따른 풍부한 대출(유동성) 등 외생적으로 여타 지가 상승 여력이 증가한다면 세금 효과가 상쇄된다. 간단히 말해서 재정 적자와 통화팽창 등 외생변수에 의한 지가 상승 여력은 물가 상승, 즉 기대치의 상승을 자극한다. 장기 지가 상승에 따른 학습효과, 토지 시장 '유통절벽'(증세 회피용 토지 매매 유보와 토지 비탄력성 성질에 따른 가격 폭등, 거래 규제와 임대차 3법[61]에 따른 '거래절벽')에 따른 수급 불일

---

[61] '임대차 3법'은 전월세신고제, 전월세상한제, 계약갱신청구권을 말한다. 주택임대차보호법 개정안의 핵심이며, 임대료 상승에 제한을 두고자 하는 취지로 2020년 7월 개정하였다. 그러나 임차 개념 멸실('임대료 ≤ 이자+세금'이면 임대차 조건 소멸), 토지 소유가 힘든 경제적 약자의 피해로 전가되거나 암시장 형성 가능성 증가. 사적인 토지/부동산 개량의 유인이 사라져 도시 슬럼화 진행 우려 등의 후유증 논란이 일었다.

치 효과 등도 지가 상승 요인이며, 모두 정부 개입에 의한 부작용이라는 공통점이 있다. 토지 증세와 각종 규제 확대는 반대로 지가 안정을 위해 토지 강매(공급 측면)와 수요 제한을 동시에 유도한 정부 요인이다. 그러나 이는 무토지(또는 소토지)가 다수인 시장(수요>공급) 상태를 무시한 것이다. 결론적으로 말해서 상승 요인이 하락 요인을 넘어서고 사유제와 재산권이 지배적인 토지 시장 환경에서, 수요 억제나 공급 강제 규제란 효과적인 수단이 되기 어렵고, 시장규제가 강할수록 오히려 토지 가격 상승의 역신호로 작용한다.

원론적으로 강제 규제가 강력하려면 사유제 폐지, 균등 재분배, 국가에 의한 토지 무한 공급 등의 수단이 있다. 그러나 사유제 존속하에서는 모두 선택하기 어려운 수단이다. 종종 채택되는 토지 수익 환수(양도세, 토지초과이득세, 종합부동산세 등)란 보유와 거래 모두를 제한하는 수요 억제 측면의 차선책이나, 그 강도에 따라서 사적 토지개량 유인을 부정하는 것이므로, 토지 수익의 완전 환수란 사유제하에서는 결국 불가하다. 그러므로 사유제와 토지 시장의 존재하에서 유력한 수단은 이자에 의한 토지 시장 조정, 대체 시장(공적 토지 공급) 형성으로 압축된다. 즉 사유제 존속과 원활한 토지의 적정 유통 환경, 다른 한편 국공유제의 혼재 등등 기존의 체계를 인정하고 토지 대체 수익과 토지 시장의 사유제·공유제 비율 변화를 시도하는 것이다. 돌고 돌아 다시 처음으로 돌아왔다. 어떻게 할 것인가.

경제 수단의 귀환과 주거서비스 경제학

조금만 눈을 돌리면 적정 이자율의 귀환, 임차 관계의 멸실을 막는 합리적 당사자 거래의 기준, 거래 정상화의 세금 제도 정비 등등 훨씬 더 나은 목적지향적 경제 수단이 즐비하다. 적정 이자율과 토지 관계가 형성되면 토지 소유 비용(이자, 조세)과 수익(매매차익, 임대료)에 대한 자유로운 시장 관계(당사자 간 책임 거래)가 성립한다. 멀리 일본의 잃어버린 30년에 갈 것도 없이 가령 이자율이 상승하고 임대 공급이 더해지면 당연히 시장원리상 임대료와 지가는 하락한다. 이걸 못 한다면 아마도 제로금리 경기부양을 대책 없이 주장하는 통화관리주의자들의 하늘이 무너질 걱정, 기우(杞憂) 때문이거나, 아니면 그들이 바로 부동산 기득권 세력, 이해관계자이기 때문일 것이다. 이자가 상승하고 임대료가 하강하면 다주택자 규제 같은 조치는 더 이상 불필요하다. 토지 시장은 비탄력적이다. 하강이 시작되고 정상화 속도가 빨라지는 신호가 보이면 아주 빨리 알아서 정리된다.

예컨대 싱가포르처럼 토지가 적은 도시국가에서는 정부가 능력껏 토지를 사들여 점차 국공유화(국토의 80%)하며, 임차가 필요한 주민들에게는 영구임대주택을, 사업가들에게는 점유권과 경영권을 부여해서 토지 폭리 현상을 최소화하되, 공간 거래의 자유는 허용함으로써 지나친 관료화와 유통되지 않는 주택 거래 적체의 문제점을 해소한다. 반면 한국형 공공임대는 대개 일정 기간(대략 5년) 후 분양 방식으로 일관해서 결국 재산권 문제로 회귀한다. 분양가 제한은 시장 질서를 흐리고 또 다른 토지 폭리 '로또열풍'을 일으킨다. 우리나라는 싱가포르 같은 소형 도시국가가 아니며 사유제가 이미 만연해서 꼭 국영화가 유일한 대안이라고 말하기 곤란하다. 또한 부동산 이해관계의 수많은 문제가 복잡하게 얽혀 있어 싱가포르 방식을 그대로 적용하기도 쉽지 않다. 그러나 적어도 이거 하나만은 분명하다. 사적 주택 공급이든 사후 분양 공공임대든 재산권 분양 방식으로 일괄 접근하는 것은 문제 해결에 별 도움이 되지 않는다. 둘째, 임대료 규제란 필연적으로 갈등을 야기한다. 민간임대 중심 임대차 시장의 변화가 필요하다. 셋째, 지가 하락 목적의 직접 규제, 거주 이전의 자유를 막는 거래 규제란 문제를 더 키운다. 해결의 단서는 법적 벌칙과 강제가 아니라 경제적 신호와 방향에 있다. 결국 토지 재산권과 지대라는 경제적 이해관계가 초점이므로 여러 사람이 움직이는 경제 수단이 얼마나 잘 작동하는가에 달려 있다. 특별히 더 나올 게 없다면 사람들은 알아서 정리한다. 주택값이 정리되고 적어도 더 이상 폭등하지 않고, 임대료를 자기 소득으로 충분히 감당할 수준이면, 주택이 아니더라도 적어도 안정적으로 사회적 평균 이득 정도는 보상되는 투자·저축 유인(정상 이자율)이 가능하면, 굳이 이 주택 소유의 복마전에 끼어들 이유가 없다. 주택 역모기지(逆mortgage)가 유행하는 시대다. 인생 얼마나 사나. 주택이 일확천금의 재산권이 아니라 살 때까지 충분히 살다 가는 인생의 동반자, 주거서비스[62] 개념으로 돌아선다면, 굳이 많은 세

---

62 주거서비스 임대차: 재산권으로 주택 소유보다 생활필수재 임대 방식 주거서

금과 대출로 점철된 주택을 소유할 필요가 있을까. 선택은 물론 당사자 몫이다. 내 집이 꼭 필요하다면 그것도 훌륭한 삶의 한 방법이다. 능력만 된다면 별장도 나쁘지 않다. 별장 없는 나는, 별장을 가진 사람을 친구로 두면 되니까. 아마도 민주주의 시대는 당사자 간 자유로운 의사 결정, 얼마간의 시행착오에도 불구하고 일방적 규제의 불합리성보다 알아서 하는 자유계약이 중요하고 다양한 상대방 사정을 들어보는 소통의 자세가 해법이 아닐까. 가장 나쁜 방향은 신호등이 없어 무질서와 다툼이 빈번해지는 것이다. 거울이 없어 뒤돌아보지 않으며, 헨리 조지를 사칭하는 근본주의 편향 조류가 대책 없이 유행하는 것이다. 과거 경험을 살펴보고 우리나라 토지 소유 문제가 어느 쪽으로 방향 틀어야 좋을지를 생각해보자.

비스가 더 높은 경제실익을 형성하는 것이 요점이며, 민간임대 및 공공임대의 이원 구조로 시장이 분리된다. ①시장가치 이하 임대료: 사회적 약자 처리 기준에 따른 장기·영구 공공임대 영역, ②시장가치 임대료: 민간임대와 공공시장임대의 공존 시장. 공공시장임대료는 적정 이자율(사회적 평균이윤 개념 도입, 3~5년 정도의 평균이자율)과 유지·관리비를 더한 적정 임대료로 민간시장가치 임대료와 다툴 것이다. 정책 성패의 단기 초점은 적정 임대료 책정 수준과 시장 수요에 호응하는 다양한 공공임대 주거서비스 공급 능력에 따른다. 기존 한국의 단기 공공임대, 후분양 방식과의 차이는 ①분양재산권 축소, 주택임대시장 구조 개편(민간임대와 장기공공임대의 시장 공존 체계 도입), ②사회적 평균이윤 보상 적정 이자율(합리적 민간임대를 유인하는 기준 신호) 도입. ③공공 주거서비스 운영 권리 거래 체계 도입 등 3가지이다.

3. 디지털 가상공간의 경제학 – 달을 팝니다

　1967년 유엔이 우주 공간의 사적 소유권을 금지하는 조약을 발표하자, 데니스 호프(D. Hope)라는 미국인이 개인이나 기업을 명시하지 않았다는 이유를 들이대고 달나라 토지 분양을 시작했다. 그런데 이 말도 안 되는 엉터리 토지 판매에 톰 크루즈, 스티븐 스필버그 같은 유명 인사들도 구매했다는 소문이 돌면서 사태가 달라졌다. 현재 달나라 대사관은 체코에 본거지를 두고 금성, 화성까지 영역을 넓히기에 이르렀단다. 도대체 봉이 김선달도 울고 갈 이런 일이 어떻게 일어날 수 있는 것일까.

디지털 가상공간의 경제학

　달이나 지구의 대지란 우주와 자연 공간의 일부다. 물론 사람 역시 자연의 일부다. 인간이 자연을 소유한다고 해봤자 사실은 수백억 년 억겁의 세월인 우주의 나이로 보면 찰나에 불과한 소리다. 그나마 지구는 그렇다 치고, 우주선도 없는 자들이(달착륙선 제작비 1000억 달러,

NASA) 이런 최열등지에 소유권을 주장한다고 해서 도대체 무슨 소용이 있을까. 그러니까 달 토지 소유권 주장은 공상과학영화깨나 본 인간들이 억년, 만년 소유를 환상하고 만들어낸 공상과 망상의 극치인 것이다. 그런데 현실 세계에서는 황당하기는커녕 이와 비슷한 사례가 버젓이 통용되는 공간이 있다. 디지털 가상공간[63]이다. 먼저 소유권이란 어떻게 실재하는지를 생각해보자. 토지란 자연의 일부이고 한곳에 붙박여 있으므로 볼펜이나 가방처럼 들고 다닐 수 없기에 재산상으로 부동산이라 부르며, 대신 등기소나 법원 같은 공공기관에 등재하는 제도를 통해서 소유관계가 정리된다. 즉 부동산 권리란 보고 만질 수 있는 실물(realty)이지만 실제 소유 방법이 없어 공인된 문서로 소유관계를 대신한 인간 사회의 약속에 불과한 것이다. 반면 인터넷[64] 가상공간이란 사실은 수많은 전기 회선과 컴퓨터망(네트워크)으로

---

[63] 디지털 가상공간(digital virtual space): 디지털이란 0과 1로 조합되는 숫자 혹은 기계어의 세계를 가리키며 숫자를 뜻하는 'digit'라는 단어에서 유래. 음파나 바람 같은 자연현상을 가리키는 아날로그와 대비되는 개념이다. 사람의 생각이나 문장, 소리 영상을 디지털 숫자로 자동 변환시키는 기계장치를 통해서 사람과 기계 간, 사람과 사람 간 정보 및 의사소통을 항상 가능하게 한다. 빛과 전파의 전달 속도만큼 빨리 의사소통을 할 수 있기 때문에 마치 새로운 공간이 출현한 거나 마찬가지여서 디지털 가상공간으로 부른다. 모든 정보가 0과 1로 표현되기 때문에 소리와 영상 문장이 하나의 컴퓨터로 소화되는 디지털 융합 현상으로 발전했다.

[64] 인터넷(Internet): 'international network'의 약어. 1960년대 미국 국방부가 군사정보의 보안을 위해 제작한 컴퓨터 간 연결프로그램(알파넷)으로 시작하여 현재는 전 세계 수십억 대 컴퓨터가 연결, 하나의 가상공간을 구성하고 있다. 인터넷 기반 기술이 정보의 디지털화라면 이를 화상에서 쓰고 읽는 언어는 'HTML', 'XML', 연결하는 기술은 익스플로러, 크롬 같은 웹브라우저이고, 정보탐색 기술은 포털사

이루어진 기계장치(hardware)에 불과하기 때문에 원래는 공간이라고 말할 수 없고 따라서 소유할 수도 없다. 그러나 이를 심지어 현존하는 (가상)공간처럼 대접하는 이유는 이 네트워크 장치가 현실 공간처럼 실감나는 그래픽(CG, software)으로 인간의 많은 사회생활을 실제로 대체하고 있기 때문이다. 이제 우리는 인터넷을 이용하여 도서관에 가지 않아도 도서를 검색하며, 편지와 은행거래를 한다. 인터넷 가상공간이란 기능 면에서 천연의 자연 공간과 다를 바 없다는 점에서 같고, 다만 인간의 노력과 기술로 구축된 인공 공간이라는 점에서 다르다. 이어도 세종기지, 혹은 영화 〈메트릭스〉처럼 각종 네트워크 기계장치에 의해 최열등지가 개척된 것과 마찬가지로 생각하면 된다. 그러면 이 가상공간을 개인적으로 사유화할 수 있을까. 인터넷 가상공간은 여러 사람이 컴퓨터 네트워크로 얽혀 있어서 원래는 사적으로 소유할 수 없다. 왜냐하면 의사소통이란 반드시 둘 이상 여럿이 함께 연결되어야만 하는데 이를 가르려면 합의가 필요하기 때문이다. 즉 인터넷은 일종의 도로와 같다. 다른 사람이 거절하면 연결이 끊긴다. '연결'이란 이처럼 인터넷 가상공간을 이해하는 데 있어서 대단히 중요한 개념이다. 그런데 인터넷이 공유 개념이라면, 인터넷 사용료는 왜 지불되는 것인가. 이것은 고속도로 이용료를 지불하는 것과 같다. 인터

이트인 네이버, 구글 등이 제공한다. 인터넷 1세대가 무작위적 연결이라면, 1996년 미국의 클린턴 정부는 대학의 정보화 수준을 높이는 2차 초고속 인터넷을 계획하고. 이를 '인터넷 II'라고 불렀다. 현재의 인터넷은 1세대와 각국의 계획적 연결망인 2세대 네트워크가 복합되어 있는 구조이다.

넷은 수많은 정보교통로로 구성되는데, 그를 제공하는 회선업체(KT, SK 등등)들에게 정보도로 사용료를 지불하는 것이다. 이 회선을 공공도로처럼 국가가 관리하면 사회간접자본 유지·관리 비용, 영리기업체들이 관리하면 유료 회선 비용이 된다. 또한 인터넷의 관문(gate)인 포털사이트업체들에게도 이용료를 내야 한다. 물론 우리는 네이버나 다음, 구글 같은 포털사이트들을 무료로 이용하는 것처럼 보인다. 그러나 이를 관리하는 업체들의 장비와 고용된 노동자들에 지불되는 비용은 결국 최종 소비자가 지불한다. 다만 이 관계는 무료 서비스처럼 은폐되는 것뿐이고, 사실은 포털업체들이 광고, 인터넷 쇼핑몰 관리 등등을 통해서 비용을 뽑아내는 것이다. 관리 회원이 많을수록 네트워크 효과가 크고 광고효과가 좋기 때문에 포털사이트들은 각종 서비스(무료 이메일, 카페, 블로그 등등)를 제공하고 회원을 늘리려 한다. 이 단계부터는 현실 공간과 똑같은 일이 일어난다. 예를 들어 인터넷 공간은 실제로 사유화할 수 없지만, 사이트마다 주소 또는 아이피(IP)를 부여하여 공간을 등기하고 사유화하며, 지하철 환승역 교차로 교통요지처럼 검색엔진을 가동하는 포털사이트들의 공간 가치는 그렇지 않은 사이트들보다 우등지이기 때문에, 회원 수가 많은 사이트를 이용하려면 높은 차액지대(광고료 또는 이용료)를 내야 한다. 자연 폭포와 다른 것은 이 차액지대는 자연이 아닌 인간에 의해 건설된 입지(立地)이기 때문에 말을 좀 바꾸어 '차액지대 2'[65]라고 부르며, 이 업계에

---

65 차액지대 2: 같은 공간에 인위적 투자를 더해 더 나은 소득이 발생할 때 나오

서 누구나 거쳐가는 핵심적인 환승역을 구축한 사이트를 일러 요즈음에는 플랫폼(경제)이란 타이틀을 부친다.

정보공유와 네트워크 효과

그러나 이러한 인터넷 정보서비스가 모두 유료이고 자본주의 법칙대로 돈을 내고 사용해야 한다면, 인터넷의 폭발적 발전은 일어나지 않았을 것이다. 예를 들어 우리가 인터넷에서 거의 공짜로 내려받는 정보들에 대해 그때마다 사용료로 지대를 내야 한다면 인터넷을 활발하게 사용할 수 있을까. 이처럼 인터넷 이용의 3번째 단계는 정보 내용(contents)과 관련된 것이다. 정보의 공유야말로 인터넷 생산성을 폭발시킨 가장 중요한 요소다. 한 사람은 하나의 정보를 가지고 있을 뿐이지만, 두 사람이 서로 네트워크로 연결되어 있다면 그들은 각각 상대방의 정보를 함께 가지는 정보의 배가 현상을 경험한다. 세 사람이면 정보 공유 효과는 배의 배가 된다. 즉 정보 공유의 가치는 사람 수의 제곱(n^2)으로 증가하며 이를 네트워크 효과라고 부른다. 물론 내가 돈을 안 받기 때문에 너도 돈을 받지 않는다. 온라인상에서 '개인 간 거래(P2P)' 방식의 인터넷 정보 공유 사이트, 혹은 '카피레프트'에 대해서 들어보았거나 이미 사용해보았을 것이다. 그러나 모든 정보 이용에 저작권료를 내야 한다면 어떻게 되는가. 비용을 따져보아

는 차액.

야 한다. 가령 이메일 비용이 재래식 우편 비용보다 적게 든다면 이메일을 사용할 것이고 그 반대라면 인터넷 사용을 줄일 것이다. 인터넷 공간의 사유화가 커지고 인터넷 저작권이 강화된다면 인터넷이 설 땅은 점점 더 좁아진다. 즉 이제까지 인터넷의 본질적인 경제적 가치인 정보 공유와 정보 소통의 자유가 사라진다면 인터넷의 존립 자체가 위험해지는 것이다. 그러면 이렇게 물어보자. 대가 없이 아무나 음악을 내려받는다면 누가 음악을 창작하겠는가. 물론 음악가의 저작권은 당연히 보호받아야 한다. 그러나 오래전에 생성된 정보 유산까지 무한대로 저작권을 보호할 수 없기 때문에 유효기간 설정이라는 문제가 등장한다. 얼마 전부터는 전 세계적으로 유행하는 자유무역협정(FTA)에서 저작권이 50년, 심지어 한미 FTA에서는 70년으로 연장되어 저작권을 통한 부의 축적이 너무 강화되고 있다. 이런 경우 저작권이 많은 나라는 엄청난 로열티와 함께 계속 부자가 되고 그 반대 나라는 계속 가난뱅이가 되는 정보격차가 심화될 것이다. 우리나라는 세계적 저작권이 결코 적은 나라는 아니지만, 그래봐야 미국의 10분의 1, 일본의 3.5분의 1, 독일의 2.5분의 1 정도의 특허출원에 불과하기 때문에 결국 정보 약소 국가에 속한다. 이 시장에서 미·일·독 저작권 3강의 점유율은 세계의 60%를 넘으며, 특히 미국은 전 세계 저작권의 30~40%를 가지고 있다. 50년 전에 죽은 헤밍웨이의 『노인과 바다』의 저작료를 앞으로도 오래도록 그의 손자의 손자에게까지 지불할 용의가 없다면 우리는 저작권 기한 축소 운동이라도 벌여야 할 판이다.

생/각/해/보/기

저작권소송, 합리적 해결책은 있는가

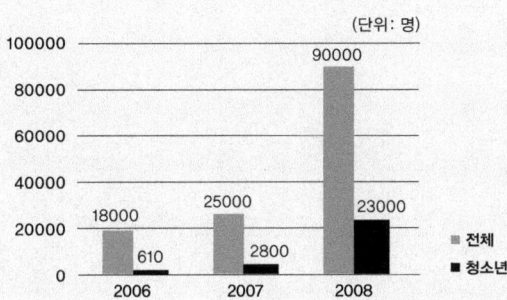

그림 32) 연도별 저작권 위반 건수 (대검찰청 형사부)

저작권은 보호하지 않으면 창작 동기가 약해지고 강화하면 소비위축이라는 동전의 양면 성향 때문에 그 적정선의 처리가 중요하다. 아무리 그렇다고 해도 청소년 위반 사례가 2년 만에 50배가량 폭증하는 것은 누가 봐도 지나치다. 청소년들의 불법 복사에 대한 낮은 문제의식도 문제지만, 아직 법을 잘 모르는 청소년들의 비상업적인 복제까지 대거 기소하는 소송권 남용 사례는 더 큰 문제다. 디지털 콘텐츠는 복제가 쉬어 이런 문제가 발생하는 만큼, 그 생리적 요인을 무시하고 무차별적으로 디지털 범법자를 양산하는 일벌백계주의가 과연 능사일까. 청소년들에게 합당한 낮은 이중가격으로 정보 콘텐츠를 공급해서 저작권도 보호하고 합법적 소비도 늘리는 양성화 정책을 생각해보자.

Unexperienced Post Corona Principle of Economics

9장 임금과 노동

1. 소득과 소득격차 – 누가, 얼마나 버나

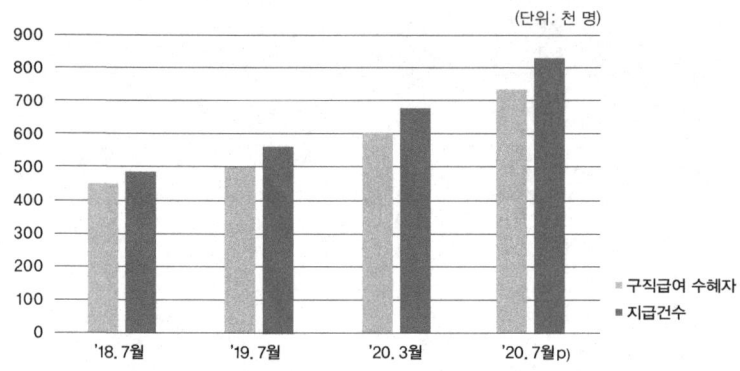

그림 33) 연도별 구직급여 수급자 변동
(「고용행정 통계로 본 노동시장 동향」, 고용노동부, 2020)

경영 위기가 닥치면 기업들은 흔히 인건비부터 줄인다. 회사를 구하기 위해 뭐든 팔아치우고 줄이는 행위를 비난할 수는 없다. 그런데 왜 하필 인건비부터 제물이 되어야 하나. 기업들은 왜 경영 위기를 맞게 되었는가. 내수가 없느니 소비가 살아나지 않느니 하는데, 그것은 소비해줄 사람, 즉 해고된 노동자들의 주머니 사정이 심각해진 악순환, 부메랑이 원인 아닌가. 자본주의 불황의 가장 기본적인 원인, 소득격차로 인한 소비력 하락에 대처하는 법, 그게 진짜 경쟁력인 포스트 코로나 시대가 도래했다.

소득격차

우리나라의 소득 대비 공적 이전 비율(공공을 위한 소득 2차 배분)은 3.6%로 경제협력기구(OECD) 국가 평균 21%의 6분의 1에 불과하며, 소득격차를 가리키는 대표 지수인 지니계수[66]는 1997년 0.26에서 2008년 0.325, 2018년 3.55로 평균 3을 넘는 단계로 악화되었다.

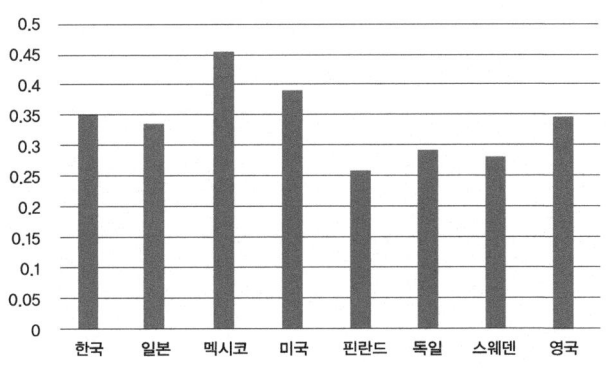

그림 34) OECD 주요국 지니계수 (OECD, 통계청, 2018)

---

66 지니계수(Gini's coefficient): 소득분포 불평등도를 측량하는 지수. 인구가 증가할 때 소득이 배분되는 비율을 그린 로렌츠곡선을 계수화했다. 그림의 (배불뚝 면적)/(삼각형 면적)=A/(A+B) 비율이 지니계수이다. 값이 0이면 완전 평등, 1이면 완전불평등 배분이고, 일반적으로 가처분소득으로 측정한 계수가 0.3을 넘으면

소득 5분위 배율은 5.54(2016년)~5.75(2009년)로 고공 행진 중이다.

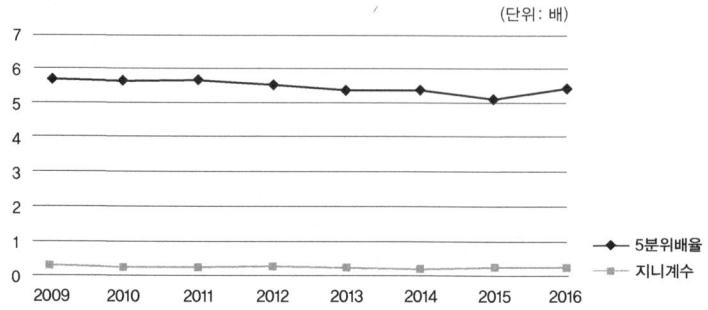

주 소득 5분위 배율=최상위 20% 계층 소득 점유율/최하위 20% 계층 소득 점유율
가처분소득: 개인이 마음대로 처분할 수 있는 소득. 자신의 소득에서 세금 등을 빼고 정부보조금은 더해서 계산한다.

그림 35) 연도별 가구당 소득격차 (『가계동향조사』, 통계청)

    소득을 분배의 차원에서 분류하면 자신이 직접 번 소득을 1차 배분, 국가나 사회가 조세 등의 수단으로 소득격차를 완화하고 재분배하는 것을 2차 배분이라고 하는데, 1차, 2차 배분이 동시에 악화된 1998~2020년 추세는 세계 최상위 빈부격차 국가 대열에 우리나라가 당당히 들어섰음을 가리킨다. 도대체 소득격차는 왜 생기는 걸까.

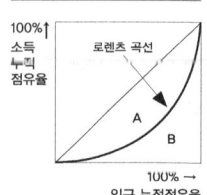

극심한 불평등도를 가리킨다. OECD 국가 중에 미국(0.335), 영국(0.303), 아일랜드(0.328), 한국(0.310) 등이 여기에 해당한다. 사회학자들은 0.4가 넘으면 혁명의 전조로 간주하며, 중국(0.47) 등을 요주의 국가로 꼽는다.

놀고먹는 사람이 많아서일까. 문제는 대부분의 사람들은 더 열심히 일하는데도 소득 차이가 벌어진다는 것이다. 우리나라의 경우 1인당 평균 노동시간은 주 52시간 실시(2018년)로 연간 2000시간 이하로 다소 줄었는데도 불구하고 여전히 세계 최장 노동시간 국가에 속하며, OECD 국가 평균(1700시간)보다 연간 37일가량을 더 일하는데도 소득격차가 더 악화되고 있다. 우리나라 소득격차를 일반적 요인과 특수한 요인으로 분류해보자. 일반적 소득격차란 이윤소득과 노동소득의 차이, 자산소득과 노동소득, 자산소득 간, 노동소득 간 차이를 가리키며 자본주의경제에서는 일반적으로 발생하는 요인이다, 특수 소득격차란 우리나라 특유의 지연·혈연·학연, 비정규직법과 사회복지제도 수준 등에 따른 차이를 말한다.

일반적 소득격차

기업 이윤소득과 노동소득의 차이

기업 이윤소득과 노동소득의 차이란 말 그대로 고용한 사장님과 고용노동자의 소득 차이를 말한다. 피고용자인 노동자는 자신이 직접 생산한 가치가 아니라 계약된 임금으로 보수를 받으며, 나머지 잉여는 자본가에게 귀속되기 때문에 발생하는 자본주의경제의 가장 기본적인 소득격차다. 주의해야 할 것은 사장님은 계약대로 임금을 주면 그만인 것 아니냐는 법리적 판단을 개입시키는 일이다. 물론 자본주의경제에서 이 관계는 틀리지 않다. 사장님이 벌어들인 소득을 종업원에게 다 나누어 준다면 누가 내 돈 내고 위험을 무릅써가며 창업할 것인가. 문제는 아무리 자본주의라도 그 차가 너무 벌어지면, 즉 노동소득 비율, 혹은 이윤율(=노동착취율=잉여가치/총자본)의 상대 개념인 노동소득 분배율이 너무 떨어지면 사장님도 위험하다는 것이다.

(단위: 10억 원)

	2017	2018	2019	비중
국내총생산	1835698	1898193	1919040	100%
피용자보수	824416.3	868145.1	897734.1	47%
영업잉여	494643.9	489156.1	455647.9	24%
고정자본소모	339676.1	359140	381482.3	20%
생산 및 수입세	186723.1	194182.7	196895.1	10%

표 14) 국내총생산과 지출 (통계청)

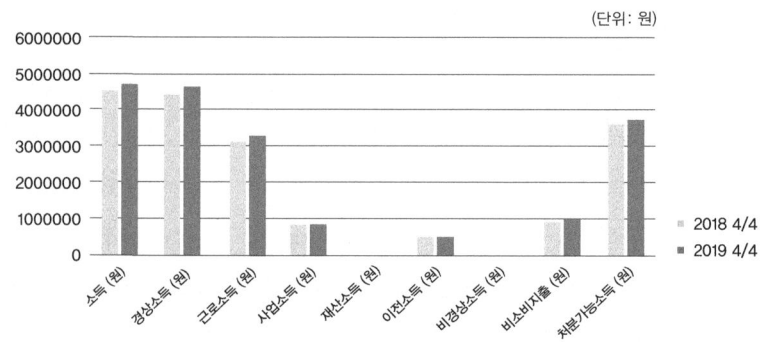

그림 36) 가구딩 월평균 소득 (「가구딩 월평균 가세수시」에서 발췌, 통계청)

실감이 안 나면 계산기를 두들겨보자. 예를 들어 2019년 우리나라의 국내총생산(GDP) 1919조 원 중 노동자소득인 피용자보수는 897조 원으로 47%, 자본가 몫인 영업잉여는 24%로 455조 원이다. 1인당으로 계산하면 노동자 평균 연봉은 3200만 원(취업자 2700만 명, 2019년 현재), 자본가 평균 잉여금 16억8000만 원(상위 1%, 27만 명을 자본가 수로 계산), 소득 차이는 200배가 되며, 실제로 소득 상위 5분위 20% 대(對) 하위 20%의 소득격차는 9.32배(시장소득, 통계청, 2019)로 조사되고 있어, 계층 구분에 따라 다르지만 노동소득과 이윤소득은 대략 10배에서 200배까지도 차이가 난다. 그 결과 저축률은 상위 10%가 49%, 하위 10%가 -309%(2019년 1/4분기)로 360% 격차라는 엄청난 결과가 발생한다. 부자는 소득이 많아 다 쓰지 못하는 대신, 가난한 사람은 쓰고 싶어도 구조적으로 쓸 수 없어 소비가 부족하게 된다는 뜻이다. 이처럼 소비가 살지 않는다는 말은 쓸 소득이 한군데로 너무 집중된 상대적 빈곤의 사정을 가리키는 것이다. 사태가 더 심각해지면 어떻게 될까. 공장은 재고가 넘쳐 불황이 깊어갈 것이고, 사회 갈등은 나날이 흉흉해갈 것이다. 즉 분배가 잘못되면 당장 경제가 험악해진다.

자산소득과 노동소득 차이

자산소득은 금융·토지(혹은 부동산)소득을 말한다. 금융자산소득은 그 평가만으로도 오래전에 기업이윤 규모를 넘어섰으며, 오늘날 소득격차의 실질적인 초점은 자산소득과 노동소득 격차라고 해도 과언이 아니다. 2007년부터 2019년까지 13년간 토지 가격은 2.25배 증가, 동 기간 동안 국민 총피용자보수는 2019년 897조 원으로 2배 증가하여서 증가율은 엇비슷해 보이지만, 규모의 차이 때문에 결과는 사상 최대의 천문학적 액수인 노동소득 451조 원 대 자산소득 5400조 원, 즉 12배가 차이 나는 것이다. 땀 흘려 일해봐야 황새, 뱁새 꼴이라니 기가 찰 일이다.

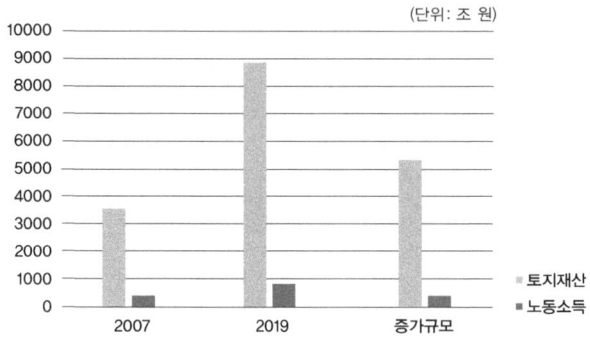

표 15) 토지 가격 및 피용자보수 소득 변화 (재정부와 통계청 자료에서 합성)

자산소득 간 차이

자산소득 간 차이는 금융자산(주식, 채권)과 토지자산 등 보유 자산의 수익률 차이 때문에 발생한다. 금융자산과 토지자산을 구별하는 전통적인 구분법은 요즘음 별 의미가 없어졌는데, 이유는 토지자산 역시 다양한 파생 금융 기법(주택담보증권 등)과 증권화 현상에 의해 마치 하나의 금융자산처럼 거래되는 경향이 늘었기 때문이다. 그러므로 현대의 자산소득 격차는 실물자산과 비실물자산이라는 엄연한 존재 형식의 차이에도 불구하고 동종의 금융 수익 자산으로 취급되어 주로 수익률 차이에 의해서만 각 자산소득이 비교되는 경지에 이르렀다. 그 서열은 자산 총액의 규모에 따라 부동산자산(토지 및 건물), 채권(가계 부채와 기업 부채), 주식의 순서이며, 덩치는 부동산이 증권(주식, 채권)자산을 2배 이상 능가한다. 더 큰 문제는 이 자산소득은 부의 세습, 즉 상속과 증여를 통해서 일어난다는 데 있다. 귀족과 노예가 없는 현대 민주주의사회라는 말이 무색하게 부의 세습이 영원히 계속된다면 날 때부터 왕후장상의 씨가 정해졌다고 믿는 노예제나 봉건제 사회와 다를 것이 뭐가 있을까. 옆 사람에게 물어보자. 당신 집은 언제부터 부자(가난뱅이)였는지를.

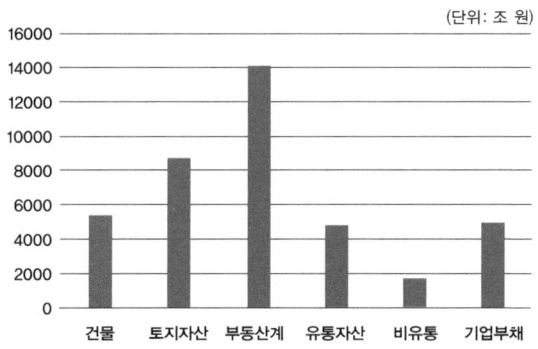

그림 37) 자산별 현황 (「국민대차대조표」, 한국은행, 2020)

노동소득 간 차이

노동소득 간 차이는 소득격차의 중심이다. 위에서 살펴본 자산소득과 노동소득 간의 차이가 너무 커서 잘못 생각할 수 있지만, 미국에서 최고경영자(CEO)와 평균적인 노동자의 임금격차[67]는 수백 배 차이로 벌어졌으며, 한국의 정규직과 비정규직의 임금격차만 해도 2~4배의 차이가 난다. 노동귀족이니 하는 말은 노동자 간의 갈등을 야기하는 좋지 않은 의도로도 해석될 수 있지만, 실제로 노동소득 격차는 중세의 귀족과 하인 신분처럼 최고경영자와 일반 노동자, 관리직과 생산직, 정규직과 비정규직, 성별 차이 등등 또 하나의 고질적인 차이라고 할 만큼 고착화되고 있다. 노동소득 격차는 왜 일어날까.

 노동소득 간 차이는 노동조건의 차이, 양적 차이와 질적 차이로 우선 구분된다. 노동조건 차이란 주야간 업무 환경, 3D 업종이나 탄광, 전쟁 같은 위험 환경처럼 특별한 노동조건을 말하며, 이 경우는 야근수당, 위험수당 등 특별 소득이 더해져 노동소득 격차가 발생한다. 한편 같은 조건에서 갑보다 을이 더 많은 시간 동안 일하면 노동의 양적 차이, 같은 시간 조건에서 내가 일한 것과 네가 일한 것의 생산량 차이는 노동의 질적 차이라고 부른다. 더 숙련된 기술노동은 낮은 숙련노동보다 더 많이 생산하기 때문에 통상 더 많은 임금을 받는다. 이런 노동의

---

67 사장님의 적정 월급 가치는 얼마인가. 미국 500대 기업 최고경영자(CEO)의 평균 연봉은 1054만 달러(2008년)이며, 평균적인 노동자와 임금격차는 10여 년 만에 344배(미국 정책연구협회 통계)로 벌어졌다. 이러한 임금격차는 왜 생길까. 기본적으로 직급 차이이지만 요즈음은 경영 실적 인센티브 강조로 성과급 요인이 결정적이다. 그러나 경영 능력이 아무리 중요한들 기업이란 수많은 직원들로 이루어진 복합체인데, 과연 CEO의 일이 판단에 도움을 주는 수많은 자료를 정리, 분석하는 비서직 말단 직원보다 300배나 더 가치가 있을까. 노동의 질적 차이를 객관화하는 기준에 대해서는 아직도 많은 논란이 있다. 다만 현대 CEO의 임금이 지나치게 높으며, 이는 CEO들이 자신에게 유리한 방향으로 이끈 결과라는 사실만은 분명하다. 이러한 현대 기업경영의 불합리를 비판하는 학자들은 이를 일러 '경영자지배'라는 말로 일축한다.

질적, 양적 차이는 성실함이나 육체 및 지적 능력 같은 개인 능력에 의해서 좌우되기도 하고, 교육 및 경험, 훈련 기회 같은 사회적 여건에 의해서 결정되기도 한다. 문제가 되는 것은 후자, 즉 사회적 여건의 차이에 따른 노동소득 격차다. 예컨대 우리나라의 상위 10%와 하위 10% 간의 사교육비 지출 차이는 10.2배(통계청, 2019)이며 비정규직 노동자의 70%가 고졸 이하 학력이다. 이런 상태라면 노동의 질적 차이란 개인 능력 차이가 아니라 부모의 신분과 경제력 차이라고 해야 할 것이다.

(단위: 천 원)

고용 형태	전체	정규	비정규	재택/ 가내	파견/ 용역	일일 근로	단시간	기간제	한시 근로
월 급여액	2866	3286	1588	1533	2062	1487	943	2405	1323

표 16) **노동소득 격차** (『고용형태별 임금』, 통계청, 2020)

특수 요인 임금격차

우리나라는 유럽에 비해 조세 규모는 2분의 1, 사회복지제도는 10분의 1 정도 수준이다. 여기에 OECD 국가 중 최하위 수준의 2차 배분 제도라는 사정이 오늘날의 우리나라 분배 수준의 현주소다. 특수 요인 소득격차는 이처럼 경제 요인이라기보다는 대부분 사회적 혹은 제도적 요인으로부터 발생하며 분배 조건에 따라 1, 2차 요인으로 구분할 수 있다. 혈연·지연·학연, 성별, 법적 차이가 1차 배분 요인이라면, 사회복지 수준, 실업 구제 제도 등은 2차 배분에 따른 소득격차 요인이다. 1970년대의 경부축과 동남권 지역을 중심으로 시행되었던 지역 불균등발전 정책은 수도권·영남권과 기타 지역 간의 소득격차를 낳게 한 배경이다. 여기에 2006년 비정규직법이 제정되면서 정리해고제와 파견근로제에 의한 비정규직은 더욱 양산되었다.

중졸 이하	고졸	전문대	대학
79	100	111	139

표 17) 학력별 임금격차 지수
(『Education at a Glance』, OECD, 각 연도, e-나라지표, 2018)

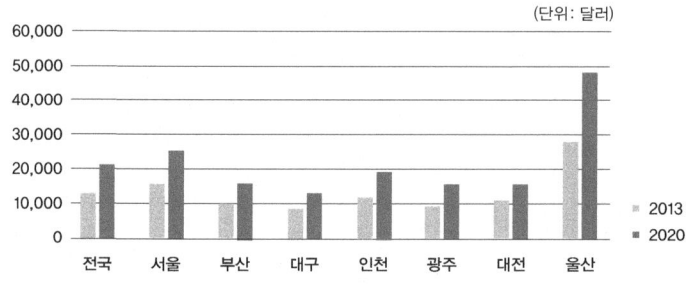

그림 38) 지역별 1인당 지역총생산(GRP) (『국민계정』, 한국은행)

이러한 소득격차를 해소하는 가장 간단한 길은 가령 인종, 학연, 지연 차이에 따른 격차 등 사회문화적 차별을 폐지하거나 완화하는 제도를 만들고, 노동조합법 정비, 금융자산소득에 대한 조세(양도소득세 등) 강화 등등 격차의 원인을 없애고, 구제하고 재분배하는 조치를 취하는 길로 거의 해결할 수 있다. 그러나 이러한 소득격차 완화

조치들의 반대편에는 예컨대 특정 지역 집중성장론, 또는 임금 감축, 기업 규제 및 법인세 완화 등을 통해서 기업경쟁력을 강화해야 한다는 기업활동 자유 주장이 가로놓여 있다. 즉 대책을 놓고 의견이 갈리며, 여기에도 이해관계가 여지없이 개입된다. 어찌하오리까.

생/각/해/보/기

동일노동동일임금제와 임금격차 상한제

'동일노동 동일임금'이라는 말이 있다. 1956년 스웨덴의 사회 연대 임금 정책에서 시작된 말로, 같은 일을 하면 직위에 관계없이 같은 임금을 주는 제도를 말한다. 우리나라 비정규직 신세로는 꿈도 못 꿀 일이지만, 이런 제도를 실제 시행하는 나라도 지구상에는 있는 것이다. 임금격차 상한제를 실시하는 기업도 있다. 스페인의 몬드라곤(Mondragon) 협동체는 최고 임금자와 최저 임금자 간 임금격차는 3~4배를 초과할 수 없는 제도를 마련해놓고 있다. 우리나라는 100배, 미국은 수백 배의 임금격차가 나는 사정에 따르면 이런 제도가 있다는 사실 자체가 믿기지 않을 정도다. 그러나 CEO의 고임금과 부도덕한 행위의 원조 격인 미국에서도 CEO 제재가 다루어지는 등 세계의 임금격차 해소 노력이 뒤늦게나마 진행되고 있다. 사실 하는 일이 다르고 근무연한, 숙련도, 교육 정도 등등이 다르기 때문에, 임금격차를 완전히 해소하기란 간단한 일도 아니고, 심지어 동일노동이더라도 하루짜리가 있고 계속 노동이 있어 그 대우에 따라 어느 정도의 임금격차는 불가피하다. 그러나 문제는 그 격차 수준이다. 동일노동에서 수배, 직위와 질적 차이로 수백 배 차이 나는 임금제도란, 뭔가 단단히 잘못된 것이다. 이런 사태가 계속되면 정규직과 비정규직, 생산직과 사무직, 임원과 평사원 간 반목의 골이 깊어지는 것은 물론 고임금자들의 기득권 행사로 임금격차는 발생해도 총임금은 하락하지 않아, 결국 임금 효율과 기업 분위기가 같이 나빠지는 문제가 발생할 수 있다. 스웨덴에서는 연대 임금 정책이 오히려 지나친 임금 상승을 막아 기업경쟁력을 높인 것을 정책의 최대 기여로 꼽을 정도다. 각국의 임금격차를 조사해보고 그 사회적 영향을 논의해보자.

소득격차 대안 사상

자유주의와 기회의 평등

　소득격차에 대해서 일전에 소개한 힉스(J. Hicks) 같은 자유주의자들이라면 당연히 시장의 자유와 기업 편에 손을 든다. 시장법칙이 곧 정의이기 때문에 성장에는 소득격차가 불가피하며 재분배할 이유가 전혀 없다. 물론 현실은 소득 약자가 훨씬 많기 때문에 이 주장을 탐탁하게 여기지 않는 사람이 월등히 많다. 그러나 이 자유주의 주장은 경제위기 상황에 설득력을 가지고 종종 등장하는데, 파이를 키워야 나누어 먹을 게 있다던가, 노동비용을 줄여 기업부터 살려야 한다는 소리에 힘이 실리기 때문이다. 경영자의 입장에서는 그럴 법한 얘기지만, 앞에서 잠깐 예시한 대로 그렇게 해서 기업이 되살아나는가, 쫓겨난 사람들은 어떻게 하는가라는 두 가지 관점으로 접근해보자. 권투영화의 영웅, 로키 발보아는 우연히 세계 챔피언 도전의 기회를 잡고 감격한다. 기회의 나라 미국의 경제학 교과서에 수시로 등장하는 기회의 평등이라는 바로 그 주제어대로, 쫓겨난 사람들은 구제받기 위해 재분배를 기다리지 말고 로키처럼 기회를 잡으면 된다. 물론 이 말에 꼭 색안경을 쓰고 볼 필요는 없다. 예컨대 교육 평등의 기회, 학력·인종·지역 등 차별이 없고, 공정한 경쟁의 기회가 주어진다면, 그래도 이것은 괜찮은 환경인 것이다. 그러나 문제는 실제로 대부문의 보통 사람들에게 기회의 평등이란 일종의 립서비스, 입바른 소리로 나타나는 현실에 있다. 로키의 미국을 예로 들면, 대표적인 부호 록펠러가의 후손들은 100여 년이 지난 오늘날에도 여전히 부호이며, 몇몇 연구에서는 일반 서민들조차 65~70%가량이 부모 세대의 부를 그대로 세습하는 것으로 나타난다. 결론적으로 말하자면 자유주의란 재분배를 불신하고, 임금 삭감을 통한 성장 시나리오를 신봉하지만, 그에 의해 양산되는 부의 세습과 소득격차와 소비 부족을 방조하는 문제점을 내포한다. 물론 자유주의는 항상 망하는 것이 아니라 경기부양을 일으켜 성장을 이끌기도 한다. 문제는 이 부양법은 성장의 대가로 거의 반드시 대략 10년의 큰 경기침체와 더 양극화된 빈부격차를 생산한다는 것이다. 어때, 이 체제가 맘에 드는가. 부모님 재산 많아? 행운의 사나이 로키라면 혹시….

사회주의

자유주의의 가장 반대편에 서는 소득격차 완화론은 마르크스이론에 뿌리를 두고 있는 사회주의다. 사회주의는 그 종류에 따라 다양한 편차를 가지나, 대체로 생산수단 공유 사상에 뿌리를 두기 때문에 이윤소득과 자산소득은 태생적으로 적고, 임금격차 역시 노동에 따른 분배원칙에 따라 최소한의 격차만 허용한다. 예컨대 사회주의경제를 자본주의 체제로 대거 바꾼 오늘의 중국 경제에서도 토지만큼은 소유하는 것이 아니라 조차(임대)하는 전통으로 남아 있어 우리처럼 토지 소득 격차가 심각하지 않은 것이다. 한편 현실사회주의의 소득 문제점으로는 하향평준화한 소득 평등이 꼽힌다. 어떤 식으로든 소득에 대한 유인이 없으면 어느 누가 최선을 다해 일하려고 하겠는가.

공리주의

또 다른 소득격차 극복 사상으로 유명한 것은 최대 다수의 최대 행복, 혹은 벤담으로 상징되는 공리주의이다. 공리주의는 전체의 효용(utility) 극대가 모두를 행복하게 한다고 생각한다. 가령 부자의 만 원보다는 가난뱅이의 1만 원이 훨씬 효용이 크므로, 부자의 소득 일부를 가난뱅이에게 이전하면 전체의 효용이 높아진다고 생각한다. 분배 측면으로만 보면 공리주의도 사회주의사상과 일맥상통한다. 그러나 부자의 소득 중 얼마를 재분배하는 것이 적정선인가를 찾을 수 있을까. 가령 사회 모든 구성원의 소득이 균등해지는 완전 재분배를 시행하면 어떻게 되나. 그리되면 결과의 평등이 달성되었을지는 몰라도, 구태여 더 열심히 일할 동기는 사라지고 노는 사람이 증가할 것이다. 실제로 사회보장이 잘 발달한 유럽의 복지국가들에서는 사회보장에 의존하여 놀고먹는 세대 증가라는 사회문제가 등장하거나, 노인은 많고 일할 젊은이들은 부족해서 회색자본주의, 혹은 세대 차 착취라는 말이 유행하기도 하였다. 공리주의 경향의 문제점은 원인보다 결과의 평등에 치우친다는 점, 즉 자신이 직접 버는 소득인 1차 분배에서 소득격차 문제를 개선하지 않고 결과의 평등인 재분배에 지나치게 집중한다는 점을 들 수 있다.

웰컴 투 동막골

장애인이나 노약자, 실업자 등 사회적 약자는 어느 사회나 존재하기 때문에 1차 분배가 아무리 잘되어도 2차 분배의 필요성은 항상 존재한다. 그러나 소득 발생의 출발점인 1차 분배에 근원적인 문제가 있다면, 재분배로 이를 교정하는 데는 한계가 있다는 점 또한 잊지 말아야 할 수순이다. 잘된 분배란 1차 분배가 근원이고 재분배가 이를 보조하는 구조란 뜻이다. 이렇게 모든 나라가 분배 구조 설계에 신경을 쓰는 것은 잘못된 분배 구조가 나라 망치는 경험을 여러 번 겪었기 때문이다. 경제에는 여러 변수가 있기 때문에 분배 구조 개선, 혹은 분배 형평만이 나라의 모든 운명을 결정짓는다고 쉽게 단정해서는 안 된다. 그러나 분배란 당장의 이익에 급한 기업들의 근시안적 시각에 맡겨서만 될 일이 아니다. 누군가는 기업 밖에서 전체 소득을 조정하고 분배 구조의 형평에 신경을 쓸 때 사회적 합의가 잘되고, 경제가 원만하게 순환되는 역사적 경험은 얼마든지 있다. 물고기는 물이 없으면 살 수 없는 것처럼, 소득이 잘 분배되어야 기업도 있는 것이다. 영화 〈웰컴 투 동막골〉의 촌장님이 생각난다. 마을 사람들이 이리 잘 따르는 비법이 뭡니까? 일단, 든든하게 먹여놓아야지요.

2. 미래 직업과 임금 – 미래는 이런 직업이 뜬다

'805 대 1'을 아시나요. 9급 공무원 시험 경쟁률이랍니다. '삼초땡'은 들어보았나요. '이태백'(이십 대 태반이 백수)과 아우형제 하는 관계로 삼십 대 초반에 명예퇴직하는 사람들을 가리킵니다.

미래 직업과 전문가

한국고용정보원은 미래에 잘나갈 4가지 산업, 55종 직업을 선정했다. 첫째는 태양광발전, 풍력발전, 하이브리드 동력 등 친환경 에너지 녹색산업이고 둘째는 통신공학 기술자, 인터넷텔레비전(IPTV) 영상처리 전문가, 전자태그(RFID) 기술자, 나노산업, 인공지능(AI)로봇, 자율주행차 등 첨단 정보기술(IT) 융합산업 관련, 셋째는 의료관광 유비쿼터스 학습(U-Learning), 국제마케팅 등 고부가가치서비스산업, 넷째는 그린빌딩 설계자, 기후관리자, 생태학자 등 환경 관련 해외 녹색일자리가 그것이다. 너무 많은 직종이 나열되고 유행에 따라 용어가 달라져서 헛갈리지만 정리하자면, 친환경에너지산업과 정보기술(IT)산업, 흔한 말로 4차 산업 관련 직종과 의료 및 인터넷 교육서비스와 이를 총괄 설계해주는 네트워크 컨설턴트 직종에 높은 점수를 주고 있음을 알 수 있다. 고용정보원의 전망을 틀렸다고 말할 수 없다. 그런데 왜 직장을 준비하는 청년들은 공무원 시험에 열을 올리고 대학마다 고시 준비생들이 줄을 이을까. 고용정보원은 미래에 그런 산업이 발전할 것이라고 전망했을 뿐이지, 현실적인 직업 안정성과 임금 서열을 간과했기 때문이다.

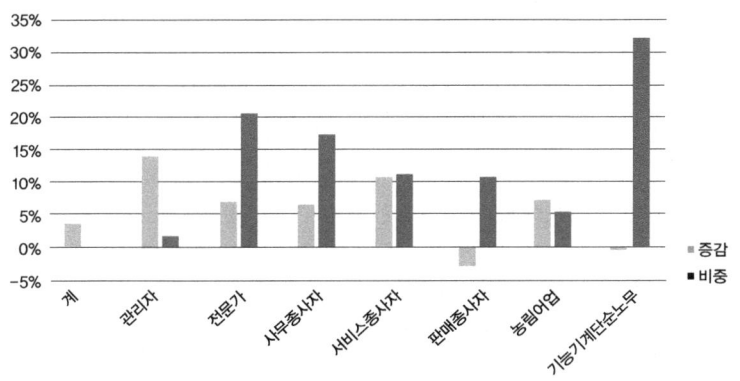

그림 39) 직업별 취업자 비중과 증감 (통계청, 2020)

최근 5년간 직업별 취업자 증감 추이에 따르면 관리자가 14%로 가장 크게 증가했고, 이어서 서비스 종사자 11%, 변호사, 의사, 회계사 등 전문가층과 사무 종사자가 7% 가까운 증가를 보여 높은 취업률 증가를 보였다. 한편 판매 종사자와 기능·기계 단순노무는 -3%와 0%로 고용 정체를 보인다. 판매 종사자와 기능·기계 단순노무자의 취업 열위는 저소득층의 비정규직화, 즉 불특정한 시간제·일용 고용 증가 등 고용불안정과 사회 양극화 현상으로 풀이할 수 있다. 산업기술의 변화가 너무 빨라서 취업 탐색자라면 누구나 미래산업 동향을 항상 예의주시해야 하지만, 서비스 종사자 그룹(디지털 서비스, 고부가가치 서비스 포함)은 높은 성장률(11% 증가)에도 불구하고 전 고용 인원의 10% 남짓에 불과하고 여전히 전문가 그룹 취업 비중 아래에 있다. 미래고 뭐고 현실은 냉정한 것이다. 그렇다고 너무 실망할 필요는 없다. 전문가 그룹(의사, 변호사 등)의 성장은 예전만 못한데, 직업 점유율 비중이 여전히 높다는 것을 달리 해석하면 이 부문이 공급과잉으로 예전 같은 영화와 고소득을 보장 못 한다는 것을 의미한다.

생/각/해/보/기

'막변'과 '파리'를 아시나요?

영화 속 변호사들은 법정에서 열변을 토하는 멋진 모습으로 등장한다. 그러나 실제도 그럴까. 미국의 고소득 변호사들은 명문대 로스쿨을 나온 몇몇 엘리트에 불과하다. 대부분은 주민의 개인 상담사이거나, 부동산 중개를 마다하지 않는 동네 변호사들이다. 변호사 과잉 배출이 낳은 풍경이다. 언제부턴가 우리도 미국식 로스쿨을 지향하고 연간 수천 명의 변호사가 쏟아져 나온다. 최근에 판검사로 임용되지 못한 신임 변호사들을 비하하는 '막변'(막일 변호사, 혹은 막장 개업)이라는 말이 유행한다. 막변은 학원, 대학 강사, 인터넷 무료 법률 상담을 막론하고 마치 갓 입사한 영업 사원같이 발바닥 땀 나게 뛰어다닌다. 의사도 사정이 전만 못하다. 폐업이나 파산 의원('파리')이 매년 4000여 건에 달하고, 총부채 10억을 넘는 회생신청 의원은 56%나 된다. 졸속 입법 시비가 끊이지 않던 의학전문대학원 도입은 우여곡절 끝에 원위치 되어 유명무실하다. 의사가 쏟아지니 이제는 이 직업도 영화를 보장한다고 장담할 수 없다. 포스트 코로나 비접촉 시대. 원격 비대면 의료가 다가온다. 밥줄 끊기고 싶지 않은 의학도라면 의술에 앞서 미래 의료 서비스의 방향에 대해 고민하고 경쟁력을 높일 대책을 수립해야 할 때가 아닐까.

임금은 어떻게 결정되는가

임금의 시장 결정

임금이란 기본적으로 능력과 노동의 질적, 양적 차이, 그 밖의 교육과 훈련, 인종, 민족, 성별 등 여러 가지 사회적 제약에 의해서 결정된다. 그러나 이는 개인별 차이(공급 요인)만을 강조한 것이고, 실제 시장에서 임금 결정은 좀 더 생각해봐야 한다. 배운 바대로 하자면, 변호사 공급이 수요보다 많으면 변호사 임금(소득)이 떨어질 것이고, 반대면 올라간다. 그런데 이렇게 수요공급의 법칙만 읊조리는 것은 사실 아무런 말도 하지 않은 것과 같다. 중요한 것은 변호사 공급이나 수요가 왜 증가 또는 감소하며 앞으로는 어떻게 될까를 맞히는 일이다. 변호사 공급은 왜 증가할까. 변호사 배출 제도(사회적 요인)가 변했기 때문이다. 시험제도는 왜 바뀌었을까. 지원자가 많기 때문이다. 왜 많은가. 다른 직종 소득보다 높기 때문이다. 왜 높은가. 변호사 수요가 많기 때문이다. 왜 수요가 많은가. 범죄와 이해 다툼이 많기 때문이다. 왜 범죄가 많은가. 먹고살기 힘들기 때문이다. 왜 먹고살기 힘든가. 일이 없거나 임금이 낮기 때문이다. 왜 임금을 낮게 받는가. 널린 게 인력이라서 그렇다. 왜 인력이 많아졌는가. 인구 증가와 기계의 발명 때문이다. 출산율 조정은 마음대로 안 되니까 기계를 부수자, 이것이 그 유명한 영국의 기계파괴운동(1811~1817년)의 발단이다.

임금기금설

신고전파 경제학 교과서에서 임금은, 일(노동)과 놀이(여가)를 선택하는 노동력 공급자(노동자)와 다른 편의 노동력 수요자(자본가)가 시장에서 만나 서로가 만족할 수 있도록 합리적으로 결정하는 것으로 소개된다. 그러나 사실 임금이란 고용관계상 우위의 입장에서 주로 결정되기 때문에 고용주 의사가 더 결정적이다. 즉 임금은 이처럼 고용주에 의해서 이미 주어진 것으로 생각하는 주장을 임금기금설(밀 J. S. Mill)이라고 한다. 이에 따르면 임금이란, 고용주가 자기자본의 일부를 노동자에게 '선불로 지급하는 것'으로 정의하는데, 따라서 임금이란 고용주가 선불로 투자하려는 자본량(임금기금)을 고용하려는 노동자 수(인구수)로 나눈 것(임금기금/노동자 수)이지, 경쟁과 같은 어떤 다른 요인이 개입되지 않는다고 생각한다. 이해가 안 가면 숫자로 해보자. 선불 1000만 원을 가지고 10명을 고용하면 1인당 임금은 100만 원이 되는 식이다. 우습게 보일지 모르지만 실제로 이처럼 주먹구구식으로 임금을 결정하는 사례는 주변에서 얼마든지 있다. 그럼 조금 어렵게 물어보자. 임금기금설의 단점을 끄집어내보라. 쉽지 않을 것이다. 이 설대로 임금이 자본과 노동자 수에 따라 결정된다면, 임금을 높이려면 어떻게 해야 하는가. 고용주의 자본, 즉 임금기금이 감소하면 결국 임금 삭감 요인이므로, 고용주의 자본축적을 방해해서는 안 된다. 노동조합은 어림없고, 조세 증가는 물론 임금인상 요구도 안 된다. 또 노동자 수를 낮추어야 임금이 증가하니까, 출산을 적게 해서 인구수를 조정해야 한다. 그럴듯합니까. 무언가 이상하지요. 원인은 한쪽 편,

즉 노동력 수요자(자본가)의 입장에서만 생각한 제 논에 물 대기 식 사고 때문이다. 다른 요인, 예컨대 노동 공급을 개입시키면 사태가 달라진다. 옆 가게가 150만 원의 임금을 준다면 노동자들이 그쪽으로 몰려갈 것이기 때문에 임금을 안 올릴 수가 없다. 또 그 사회의 최저생계비가 120만 원인데 100만 원만 준다면 노동자들은 다른 살길을 찾아봐야 한다 등등. 시장의 여러 요인 중 한쪽(노동력 수요자=자본가) 생각에 치중한 것이 임금기금설의 약점임을 알 수 있다.

임금생존비설과 한계생산력설

또 다른 유명 임금학설은 임금생존비설과 한계생산력설이다. 요점만 말하자면 생존비설은 노동력 재생에 필요한 최소 생존 비용(노동력 공급 조건)으로 임금이 결정된다는 주장이고, 한계생산력설은 노동 한 단위를 더 공급할 때 발생하는 추가 생산물이 임금이라는 것이다. 전자가 먹고사는 행위, 즉 노동 공급 원리를 잘 설명한다면, 후자는 노동생산성의 변화를 임금결정에 반영한다는 장점이 있다. 그러면 어려운 질문 또 하나. 이 설들의 단점은 무엇일까요. 생존비설은 임금이 생존비에 머무르는 이유를 인구 증가 요인으로 단순화시키는 문제, 한계생산력설은 임금기금설처럼 주로 자본가 입장에 서기 때문에 실제 경제에서는 임금이 생산성 증가에 따르지 않고 생존비에 머무는 이유를 설명하지 못하며, 다른 한편 자본 공급도 노동 공급과 마찬가지로 자본 한 단위 더 추가할 때 벌어들이는 소득으로 간주하므로 자본 스스로가 돈을 버는 유기체로 생각한다는 문제가 있다. 예를 들어보자. 기계를 하나 더 들이는 이유는 단순히 한 대보다 두 대가 낫기 때문이 아니라 그만큼 인건비가 절약되는 것으로 계산되기 때문이다. 즉 기계란 이미 정해진 가격으로 인간이 갖추는 장비에 불과하고 따라서 이를 갖춘 인간의 노동생산성이 얼마나 좋아졌는가로 환원(포클레인과 삽의 비교)해서 계산해야 하는데, 그러지 아니하고 마치 기계 고유의 생산성(자본의 한계생산력)이 있는 것처럼 슬쩍 넘어간다는 말이다. 더 부연 설명해야 될 어려운 의미들이 많아서 이렇게 축약된 설명으로 임금의 실체를 완벽하게 이해하기란 쉽지 않은 일이다. 잘 이해가 안 되더라도 이 정도로 넘어가자. 단 한 가지 꼭 기억해둘 것은, 임금이란 우리가 시장에서 물건을 살 때처럼 자유로운 가격 흥정, 혹은 노동자 맘먹은 대로 일과 놀이의 선택으로 결정되는 것이 아니라, 사실은 이미 사회적 요인(주로 노동력 재생산비, 또는 최저생계비[68])가 반영되어서 일정 기간 동안은 주어진 상태로 노동자에게 제시된다는 사실이다. 이 기간은 통상 임금 재협상 기간(대개 1년)과 일치하는데,

---

68 최저생계비와 표준생계비: 최저생계비란 말 그대로 근근이 먹고사는 데 필요한 최저생활비를 이르며, 표준생계비란 건강하고 정상적이며 표준적인 삶을 사는 데 필요한 생활 비용을 말한다. 민주노총과 한국노총은 1995년부터 표준생계비를, 보건복지부는 최저생계비를 발표했는데 그 차이가 무려 3.5배(4인 가족 생계비 기준 480만 원 대 136만 원)여서 사회적 논란이 되고 있다. 2022년 최저생계비는 9160원(전년 대비 5.1% 인상)으로 결정되었다. 이 결정은 언제나 소란스러운데, 갈등의 논지란 노총 측은 보편적으로 충분한 생계비 조건을, 사용자 측은 직장마다 차별적 조건을 적용하자는 것이다. 각 주장은 나름의 논리를 가지고 있다. 그러나 승패의 실질적 관건은 각각의 이해 관철 여부가 아니라 전 사회적 피해자(가령 자영업과 그로부터 실직자)를 누가 얼마나 포용하는가에 달려 있지 않을까.

현실 경제에서는 노동조합이 있고 없고의 차이가 임금 등락을 결정하는 중요 요인으로 나타난다.

효율적 임금 결정은 어떻게 해야 할까

어려운 질문 한 가지. 높은 임금이 지급되면 이 기업은 망할까 흥할까. 사장님은 '망한다', 노동자는 '망하지 않는다'가 정답일까요. '그때그때 달라요'라고 하면 어떨까요. 경영하는 입장에서는 임금 비용이 비싸니까 무조건 손해 본다고 생각하지만, 사실은 다른 기업보다 평균적으로 생산성이 높은 고급 인력을 쓰는 것일 뿐이므로 이 기업은 쉽게 망하지 않는다. 남보다 두 배의 일을 해도 한 사람분의 임금만 지급하고 싶은 게 인지상정이겠지만, 그렇게 부려먹는 것은 도둑놈 심보인 것이다. 좀 똑똑한 경영자라면 두 배의 일을 시키고 1.5배의 임금을 지불해서 고급 인력도 확보하고 돈도 더 번다. 고급 인력은 모두 점차 똑똑한 경영체로 이직하고, 심보 고약한 업체는 경쟁력 퇴보로 시장에서 결국 퇴출된다. 경제사에는 1910년대 미국의 포드자동차 회사가 이런 타협적 고임금 전략으로 고급 인력과 고성장이라는 두 마리 토끼를 잡은 전형이 소개되고 있다. 노동자는 높은 임금을 받아서 좋고, 회사는 이 노동자들이 자동차를 구매하는 고객이 되어서 좋은 것이다. 오늘날에는 이를 포드주의라고 부르며, 업종과 시대는 달라도 포드주의는 여전히 기업 경영의 중요한 축을 담당한다. 아직도 배가 고프다면 평균적인 노동력이 필요한 업종과, 고급 노동력이 필요한 업종을 구분할 수 있어야 한다. 평균적 노동력 업종은 사탕(성과급)과 채찍(관리감독)으로 노동강도를 끌어올리고, 고급 업종은 자발적 참여도를 높이는 인센티브(독립채산제, 스톡옵션, 수평경영 팀제도 운영 등등)를 도입해 노동의 질과 잠재력을 최고로 끌어올린다. 중요한 것은 살아도 같이 살고 죽어도 같이 죽어 결속력을 달구어야지, 임금 몇 푼 아끼겠다고 아무나 고용하고 아무나 해고하는 임시직 패턴만 바라보는 정도로는 진정한 기업충성도와 지속적 생산성 향상을 기대할 수 없다는 것이다. 평생 고용으로 유명한 일본의 자동차 기업 도요타의 오랜 생산성 유지 비결이 그러한 예이다. 정말로 임금 비용을 줄이고 싶다면 사회적 최저생계비를 줄여 이 값에도 노동자들이 노동력을 공급할 수 있어야 한다. 고임금이 고물가를 발생시킨다고 탓할 것이 아니라, 반대로 저물가가 임금을 낮추는 비결이라는 뜻이다. 스웨덴, 핀란드 등 북유럽 국가들은 세금이 높지만 주거, 의료, 교육비 등 기초생활은 대부분 사회보장비로 편성되어, 기업의 고임금 부담이 상대적으로 낮다. 반면 우리는 사회보장이 열악하고 주거와 교육 비용이 높아 가계마다 생활비로 죽을 지경이고, 낮에는 직장, 밤에는 대리기사로 일하는 '투잡족'이 늘어가고 있다. 어느 쪽이 좋은가. 가장 어리석은 바보는 좀 양보해서 다 같이 살려 하지 않고 하늘만큼 가진 것도 모자라 더 가지려 하고 제 자식만 위하다 결국 사회적 지탄과 구속감이 되어서야 눈물을 흘리는 놀부 심보, 바보 아버지다.

3. 합리적 노사관계 – 쟁의와 협상의 예술

노동문제는 가장 많은 사람들이 부딪히는 자본주의의 관문이다. 사업이든 취업이든 직장 생활의 첫 시련은 대개 노동쟁의로부터 온다.

노동절과 헤이마켓사건(Haymarket affair)
1886년 5월 1일 미국 일리노이주 시카고에서 8시간 노동 쟁취를 위한 총파업 사건. 6명이 죽고 5명의 노조 지도자에게 사형이 집행되었다. 전 세계적 8시간 노동 확립 운동의 효시가 되어 노동절인 메이데이의 기원이 되었다. 오늘날 모든 나라의 공통 규약이나 마찬가지인 1일 8시간 노동제는 그냥 얻어진 것이 아니다.

노동법 입법 원리

근대 시민사회의 입법 원리는 당사자 간의 자유로운 합의에 의한 계약 관계를 기초로 한다. 고용관계도 마찬가지여서 고용이란, 고용주와 피고용인 간의 자유로운 의사에 따른 계약관계를 의미한다. 그런데 알다시피 칼자루를 잡은 쪽은 누구일까. 말이 좋아 자유로운 합의지, 사실 나가라면 나가야 하는 일방적인 관계인 것이다. 노동법은 이와 같은 고용관계의 종속적 성질에 대항하고 노동자를 보호할 필요에 의해서 만들어졌으며, 노동법에 따른 단결권, 단체교섭권, 단체행동권을 합쳐 노동삼권이라고 부른다.

단결권이란 말 그대로 뭉치면 살고 흩어지면 죽는 권리를 말한다. 법적으로 해석하자면 자유로운 계약 원리의 시민법적 권리와 대항되는 노동자의 생존권 개념인데, 이것이 근대 시민사회의 국가 질서 내로 수용되기 시작한 것은 최근 100여 년 전에 불과하다. 대체로 아직도 불안해서 오늘날에도 확실한 하나의 노동자 보호 권리로서 존립을 끊임없이 위협받는 실정이다. 노동쟁의만 일어나면 나오는 불법파업이니 하는 말은 진짜 불법이 아니라, 시민법적 권리가 단결권보다 우선이니까 너희 쪽이 불법이라는 일종의 (사용자)법 대 (노동자)법 간의 힘겨루기인 셈이다.

단결권은 다시 개별적인 것과 집단적인 것으로 구분된다. 개별적 노동법이란 개인 노동자와 사용자 간의 관계를 국가가 직접 개입해서 이를 따로 규정한 것으로 임금, 근로시간, 해고제한 등 최저 근로 기준을 정한 '근로기준법', 그리고 이를 보조하는 특별법인 '산업재해보상법', '고용보장법(직업안정법)', '고용보험법', '최저임금법' 등으로 구성된다. 반면 집단적인 것은 노동자 단체 조직에 관한 법률인 '노동조합법'과 '노동쟁의법'이 있다. 노동삼권 중 노동 조직 및 파업과 관련된 단체교섭권과 단체행동권이 모두 여기에 걸려 있다. 그러나 이는 1997년 전면 개편되어 '노동조합 및 노동관계조정법'으로 통합되었으며, 복수노조의 교섭창구 단일화와 노조 전임자 임금 지급 문제를 놓고 재개정이 추진되는 등, 개정 과정의 힘겨루기와 계속된 사회갈등 요인이 되고 있다. 전문가가 아니라면 노동법의 복잡한 전환 과정을 다 이해할 필요는 물론 없다. 그러나 노동법이 사회의 기초법으로 자리 잡게 된 배경은 소득격차와 경제 파탄 완화라는 경제 살리기 원리와 시민법적 권리에 대항하는 단결권으로서 법 원리라는 양측 면에서 비롯했다는 사실만큼은 적어도 숙지해두어야 하는 것이다. 우리가 직장을 잡고자 할 때는 누구나 안정적이고 화려한 직업생활을 꿈꾸지만 현실은 각종 이해관계로 점철되어 있고, 해고, 산재, 체불임금 등등 언젠가 어디선가 내 문제가 될 노동문제는 바로 문밖에서 헐떡이며 대기 중이다.

노동법 개정의 갈등

현행 노동법 개정의 초점은 단연 '비정규직법'과, '노동조합 및 노동관계조정법'이다. 비정규직법은 비정규직의 근속연수(현행 2년)를 연장·축소하는 문제, 노동조합법은 복수노조 허용 여부가 쟁점이다. 민주노총 등 노동계의 입장은 노조가 없었던 삼성그룹 혹은 유명무실한 포스코, 엘지(LG) 등 때문에 복수노조 허용을 주장하고 전경련(전국경제인연합회) 소속 관련 재벌 그룹은 대체로 이를 반대(교섭창구 단일화)한다. 비정규직법 개정 요구는 현행법상 2년 이상 계속 고용 시 정규직으로 전환해야 하나 실제 기업들은 법망을 교묘하게 피해 2년이 되기 직전에 해고하는 사례가 늘어나서 발생한 갈등이다. 자본주의 기업 생리인 최소 비용 원칙대로 행동한다는데야 이를 탓하기란 쉽지 않다. 그러나 법대로 되는 것도 아니고, 잔꾀를 부린다고 갈등이 사라지는 것도 아니다. 모르긴 몰라도 비정규직 문제 때문에 발생하는 노사 갈등과 조업 손실 비용을 따지면, 온갖 비난과 성토를 감수하고도 지키고자 했던 노동비용 절감 효과를 상쇄하고 남을 것이다. 어느 사업 하시는 아버지는 해고를 마음대로 해서 노무관리 비용을 줄이고 싶은 것과 자신의 아들이 취업을 해야 하는데 맨 비정규직이라서 마땅치 않은 것이 고민이란다. 우리 사회의 이중성이 잘 배어 있는 이야기다. 이 아버님의 고민을 해결할 방법은 정말 없는지를 생각해보자.

노동조합 현황과 합리적 노사관계

우리나라 노동조합 조합원 수는 233만1000명(2019년 현재)이며, 전 노동자(1600만 명)의 11.5%의 조직률(1980년대 19% 조직률에 비해 절반 가까이 감소)로 직장인 10명 중 겨우 1명만 가입한 꼴이며, 세계 평균의 절반 정도로 노동조직 환경이 열악하다.

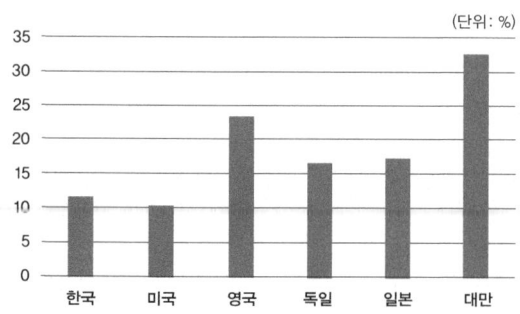

그림 40) 국가별 노동조합 조직률 (통계청, 국가통계포탈)

1987년 노동자대투쟁 이래 노동환경이 많이 좋아졌다고 하는데 결과는 거꾸로 가고 있는 실정이다. 어찌 된 일인가. 둘 중의 하나, 즉 노동환경이 정말로 좋아져서 노동조합에 가입할 필요가 없어졌거나 그 반대, 노조에 가입하지 못할 정도로 '노동조합법'과 노동환경이 더 나빠졌음을 반영한다. 어느 쪽일까. 노사분규는 2004년을 정점으로 감소하여 연간 100여 건의 쟁의가 있으며, 쟁의의 주력은 민주노총(88.7%), 대기업(34.8%), 제조업 중 기계금속(28.6%), 운수창고(14.7%), 금융(14%) 등의 업종 노조가 주로 담당하고 있다. 조직 구성별로 보면 기업별노조(47.1%)와 산별노조(47.2%), 상급 단체별로 보면 한국노총(40%)과 민주노총(42%) 계열로 양분된다.

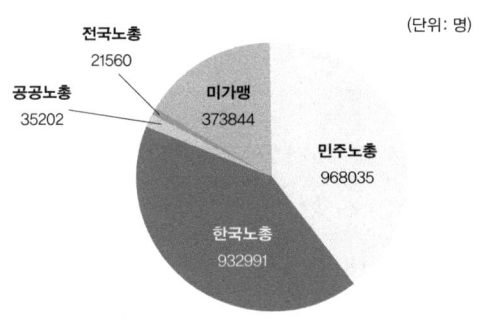

그림 41) 조직별 노동조합 가입 현황 (통계청·노동부, 2019)

조직 특성으로 보면 한국노총과 미가맹 노동조합(상급 단체가 없음)은 조합 수(34.5%)에 비해 조합원 수(16.9%)가 적어 중소기업 위주의 노동조합이 주류를 이루고, 반대로 민주노총 산하 조합은 조합 수에 비해 조합원이 많아 대기업 중심의 노조가 많이 편성되어 있음을 가리킨다. 직장에 들어가면 누구나 처음에 부딪히는 문제가 노동조합에 가입하는 일이다. 노동조합은 도대체 왜 가입하는가. 가입하지 않아도 되는가. 또 가입하려면 어떤 조직에 가입해야 하는가. 노동조합 가입, 직장생활의 첫발 떼기가 쉽지 않다.

쟁의 현황으로 보면 솔직히 쌈을 많이 하는 민주노총 관련 노조는 별로 가고 싶지 않다. 격투기 선수도 아닌데 기왕이면 싸움 없는 편한 직장에 다니고 싶은 게 사람 마음이다. 그렇다면 색안경을 한번 쓰고 보자. 싸움이 없다는 것은 고분고분 말을 잘 따르거나 싸움할 필요 없게 직장환경이 좋다는 말인데, 그런 직장은 얼마나 될까. 갈등이 생기면 하고 싶은 말이 생기는 것이고, 할 말을 하려면 힘이 필요한데 쟁의가 있다는 것은 누군가 이런 일들을 조직한다는 뜻, 쟁의가 없다면 할 말을 못 하고 있다는 뜻은 아닌가. 사용자 쪽에서 보면 노동조합은 성가신 불순세력쯤으로 생각할 수도 있지만, 노동자를 전근대 사회의 노예쯤으로 취급할 수 없는 것이라면 오히려 노동자 입장에서 그들의 목소리를 모아 전해줄 책임 있는 누군가가 있어야 차라리 협상이 쉽고 일이 진척된다. 노동조합 상급 단체란 노동조합이 나아갈 바 등 생각을 같이하는 각각의 노동조합들이 모여서 하나의 단체를 이룬 조직을 말한다. 대개의 직장은 하나의 노동조합을 가지고 있기 때문에 선택의 여지가 별로 없다. 그러나 복수노조 쟁점처럼 한 직장에 두 개의 조합이 있을 수도 있고, 직장마다 단체협약에 따라 조합 가입이 의무적이거나 가입·탈퇴의 자유가 있기 때문에, 적어도 가맹

상급 단체의 성격과 역사쯤은 기본적으로 알아야 할 필요가 있다.

군이 쟁의 통계를 들먹일 필요 없이 일상의 노동 관련 소식을 귀동 냥만 해도 민주노총(전국민주노동조합총연맹)은 보다 적극적 자기주 장형 노동 권익 성향, 한국노총(한국노동조합총연맹)은 노사화합형에 가깝다는 사실을 알 수 있다.

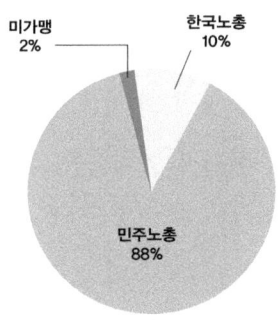

그림 42) 조직별 노사분규 비율 (통계청, 2019)

양대 노총이 이런 성향을 띠게 된 사정은 역사를 거슬러 올라간다. 한국노총의 전신은 대한노총(대한노동총연맹)으로 1946년 결성된 대한독립촉성노동총연맹에서 기원한다. 대한노총은 당시 노동 조직의 중심인 전평(조선노동조합전국평의회)에 대항하는 우익 노선을 기치로 출범하였다. 이 시기는 모든 것을 좌우로만 판별하는 미소 냉전이 판치는 시절이고, 당시 정세를 따라 전평이 미군정으로부터 배척당하고 해체된 결과, 1948년부터 대한노총은 유일한 노동단체 지위를 차지하였다. 이후 1960년 전국노협(전국노동조합협의회)과 통합해 한국노총이 결성되었다. 1950~1960년대 한국노총 중심의 조합 활동은 부분적인 임금 조정 수준의 최소 노동자 권익 활동이 거의 전부였던 시기였다. 노동삼권이란 상상만 해도 불경한 암흑시대에 작은 불을 다시 밝힌 것은 1970년대 평화시장 전태일의 청계피복노조가 등장하면서부터였다. 산발적으로 벌어지던 자연발생적 노동운동은 1979년의 YH무역 사건, 동일방직 사건, 1987년 노동자대투쟁과 1990년 전노협(전국노동조합협의회)을 거쳐 대규모 조직 운동으로 전환하였고, 1995년 민주노총이 출범하면서 양대 노총의 시대를 열었다. 민주노총은 출범사에서 자주·민주·통일의 정치 강령을 노동기본권 회복과 동시에 놓는 등, 한국노총의 설립 목적(노사관계 근대화 등)과 차별성을 갖는다. 그러나 민주노총의 출범은 한국노총의 보수적 성향에도 영향을 미쳐 변화시키기에 이르렀으며, 기본적인 출발의 차이에도 불구하고 양 노총은 사안에 따라 협력 또는 반목하는 단계로 진척하였다.

다른 나라도 마찬가지지만 노동조합이 말을 한마디 하려면 수많은 역사적 상흔을 앉아야 한다. 노동조합이란 결국 협상과 쟁의를 통해 노동자 이익을 달성하려는 집단이다. 실제로 많은 경우에 협상이 결렬되어 쟁의가 발생한다. 어떤 경우에는 종종 노동조합이 너무 많은 권익을 요구해 기업 운영이 방만해지는 도덕적 해이가 일어나는 수도 있다. 노동조합도 하나의 이해 기관인 한 부정적인 측면도 분명히 존재하는 것이다. 그러나 일반적으로 자본의 원리상 힘은 기업주 쪽이 더 많이 가지기 때문에, 노동쟁의란 그 반대의 노동자 권익 보호 차원의 필요 불가결한 수단일 뿐이라는 점에 주의해야 한다. 또 노동조합이 사회 전체의 한 구성원으로서 필요한 이야기. 혹은 다른 사회적 약자와 공공의 이해를 거들지 않으면, 이익단체 수준으로 떨어진다는 점도 기억해두어야 한다. 어려운 질문 하나. 무노조를 유지하는 데 천문학적 노무관리비를 지출했던 삼성그룹과 강력한 노동조합의 상징인 현대자동차그룹 중 결과적으로 어느 쪽 비용이 더 들고, 더 기업경쟁력이 높으며, 소득격차 완화와 경제 활성화에 도움이 될까. 대답하기 어려우면 다른 나라는 어떻게 하고 있을지 둘러보자. 조합이 일찍부터 발달한 유럽 등지에서 노조의 역할은 과거보다는 훨씬 적극적이고 진취적인 경영 참여와 생산성 향상에 기여하는 쪽으로 발전했다. 기업의 첫 번째 성공 비결은 무엇일까를 생각해보자. 기업을 흥하게 하는 산업 전사도, 기업을 팔아먹는 산업스파이도 결국은 사람이다. 구성원을 먼저 챙기고 스스로가 열의를 가지도록 만드는 일과 나중에 뒤통수 맞는 일 중 어느 쪽이 나은지는 경영학 교과서 맨 앞장에 쓰여 있다. 노동쟁의를 탓하기 전에 오히려 노동자 참여를 높여 기업을 살리는 이러한 취지의 연구는 이미 세계 곳곳에서 치열하게 추진 중이다. 노사관계에서 미래의 경쟁력은 단체교섭을 전투하듯 치러내는 과거 관행에서 벗어나 요즈음의 기업은 가급적 쟁의 비용을 줄이고, 노동자 참여를 높여 새로운 생산성을 다지는 흐름으로 달린다는 점을 기억해두자. 세상 이치란 혼자 다 먹으면 체하는 법이고, 길가의 질경이는 아무리 밟아도 또 살아난다는 점을 기억한다면, 줄 건 주고 할 일은 하게 하는 합리적 노사관계 관리란 결코 부러운 남의 나라 얘기가 아니다.

4. 시민권과 파업권 – 공무원 중립은 어떻게 가능한가

파업권은 신성불가침인가

우리나라 공무원노조는 2005년 공무원노조법('공무원의 노동조합 설립 및 운영 등에 관한 법률')이 제정되면서부터 합법화되었다.('교원의 노동조합설립 및 운영 등에 관한법률' 약칭 '교원노조법'은 1999년 제정) 1960년 5·16군사쿠데타로 공무원노조가 강제 와해된 이후 45년 만의 일이다. 공무원이나 교사 노조가 없어도 되는 명분은 공익을 위해 공무원은 중립을 유지해야 한다는 말이다. 여러분들은 이 명분을 어떻게 생각하는가. 군부 통치 시절부터 수십 년간 관행처럼 지켜온 이 명분을 깨트린 계기는 밖으로는 1996년 경제협력개발기구(OECD) 가입의 부수 조건으로 국제노동기구(ILO)의 수준에 노동자 단결권을 갖추어야 하는 사회환경 변화, 안으로는 그때까지 불법단체였던 공무원노조의 끈질긴 정상화운동이었다.

그렇다고 해서 공무원노조가 맘먹은 대로 결사의 자유를 누리는 것은 아니다. 우리나라 공무원노조법 수준은 다른 나라보다 훨씬 엄격해서 단체교섭권은 주되, 단체행동권과 정치활동은 전면 금지한다. 공무원이 정치적으로 중립하지 않고 이 당, 저 당으로 휘둘리면 사실

국가 기강이 흔들리는 문제가 분명히 있다. 모든 파업은 신성불가침이 아닌 것이다. 그러나 어떤 경우에도 공무원이 중립하고 상부의 명령만 따라야 하는가를 생각해보자. 까놓고 말하자면 공무원 단체행동 금지 논란은 그 또한 크게 보면 시민권(고용자로서 정부 공권력)과 노동자 단결권의 힘겨루기의 한 종류이며 우리나라 공무원노조의 단결권이 세계 수준보다 더 취약한 사정을 말하는 것에 불과하다. 가령 우리나라에서 공적 부문 파업은 무조건 불법이지만 세계가 전부 그런 것은 아니다. 불법이거나 말거나 2007년 프랑스 공무원은 사르코지 정부의 공무원 인원 감축과 연금법 개정에 항의해 70만 명이 참여하는 총파업을 감행했으며, 2009년 미국 캘리포니아주의 교사 및 공무원들의 인력 감축 항의 파업, 우리나라의 2004년 공무원노조 파업 및 2008~2009년 쇠고기 수입 반대 및 시국선언 등등 공무원노조의 파업 및 정치활동은 세계 도처에서 활발하다.

그런데 명분 논란은 무슨, 내 코가 석자다. 공무원 되기가 얼마나 힘든데 신변상 불이익을 감수하면서까지 고생스러운 파업을 해야 할까. 물론 파업한다고 해서 누구나 무조건 불이익을 받거나 구속되는 것은 아니다. 노동조합법에 따르면 사용자는 정당한 쟁의행위로 받은 손해에 대해 배상을 청구할 수 없으며, 불이익을 주는 것은 부당노동행위로 금지한다. 노동조합원의 쟁의권은 법으로 보호받는 것이다. 그러므로 사업자는 보통 쟁의행위 자체가 아니라, 기체결된 단체교섭을 근거로 뺑 돌아 쟁의의 '정당성'을 걸고넘어지며 상황에 따라 여러 가지 제재 수단(직장폐쇄, 손해배상 등)을 선택한다. 결국 공무원 단체행동권 논란은 정치적 중립의 명분을 증명하는 문제가 아니라 기본적으로 사용자와 피고용인 간 쟁의권 다툼의 범주에 있는 것이다. 다툼에 있어서 물리적 동원력(단체행동권)이 없다면, 앙꼬 없는 찐빵 격으로 싸움은커녕 시키는 대로 할 수밖에 없다. 공무원의 입장에서 단체행동권이란 실질적인 노조 활동을 하느냐 못 하느냐의 기로가 되는 것이다. 그렇다면 이번에는 실정법을 떠나서 노동자 혹은 공무원노동자들은 파업 혹은 정치활동을 정말로 해서는 안 되는가 하는 단체행동권의 근원에 대해서 생각해보자. 나치의 히틀러가 정치적 중립을 핑계 삼아 전쟁에 무조건 종사하고 유대인을 학살하라거나 일제하 조선총독부가 생체실험 마루타를 명령한다면, 따를 것인가 반대할 것인가. 공무원에게 모든 정부 명령은 절대 선인가.

파업, 그 선악을 고민하기

어렵지요. 내용이 특별히 어려운 것이 아니라 인간 사회의 쟁점이란 이해관계가 포함된 진짜 속내를 숨겨두기 때문에 본질이 쉽게 드러나지 않아 어려운 것이다. 정부와 공무원 관계에서 각각이 주장하는 바의 선악을 나름대로 판정하려면 사실은 두 가지 논점을 준비하고 있어야 한다. 첫째는 공공부문 파업이 경제적 해악인가 아닌가, 둘째는 정부(혹은 기업)가 모든 명령 행위를 독차지하는 중앙집중식 집권형인지, 노동 조직 혹은 각종 비정부시민단체(NGO)에 부분 권력을 이양하는 분권형 의사결정 과정을 존중하는지이다. 2007년 프랑스의 파업을 예로 들자면, 정부부문 감축(공무원 감축)을 통해서 정부 재정을 줄이겠다는 사르코지 정부의 신자유주의식 경기대책이 발단이었다. 1980년대 후반부터 프랑스는 전통적으로 강세였던 국가 통제 계획 부문 축소, 사유화와 재정 확대 경기부양 등등으로 전환했고, 공무원 감축 또한 이러한 정책 사조의 일환이었다. 그러는 중에 2008년 초, 50억 유로(약 7조 원)대의 프랑스 사상 최대의 금융 사고가 발생하였다. 이 사고는 당시 프랑스 2위 은행인 소시에테제네랄(SG)의 선물 딜러 케르비엘이라는 직원이 저지른 것으로, 단일 사고로는 미국의 서브프라임모기지 사건을 능가하는 것이었는데 원인은 금융자유화 경향에 따른 금융 감시 체계 완화 때문인 것으로 밝혀졌다. 한편 2008~2009년 세계 금융공황 사태에도 불구하고 프랑스는 유럽의 다른 나라보다 비교적 양호한 성적(-3%의 성장)을 거두었는데, 여기에 도움을 준 것은 타국보다 상대적으로 강한 국가통제경제 부문(GDP의 52% 수준) 덕택이었다. 전자는 금융자유화가 국가를 흔들 만큼 대형 금융 사기를, 후자는 프랑스 노조와 시민단체의 사유화와 신자유주의화 저지 운동이 오히려 프랑스 경제의 상대적 경쟁력을 강화시킨 사례다. 어떤 정부든 권력이 주어지면 이렇게 저렇게 휘둘러보고 싶은 것이 권력자의 인지상정이다. 그러나 국가나 정부가 모든 사항에 대해 올바른 판단을 내릴 수 없다는 사실을 전제로 하면, 권력과 정책의 모든 것을 국가가 가져서는 안 된다는 것은 오랜 사회제도 흥망사가 전해주는 교훈이다. 어디까지가 좋은 권력 분권화인지, 그 기준을 가르고 명백한 선을 긋는 일은 더 많은 연구를 필요로 하는 것이지만,

프랑스 혁명 이후 적어도 국가권력과 정책 집행력의 일부가 노동조합 또는 시민단체에 양도된 것은 권력 집중과 정책 실패의 피해를 줄이고자 하는 사회운동의 산물인 것이다. 권력이 여러 핵으로 분산되는 다원주의(多元主義, pluralism)는 현대 정치를 구성하는 또 하나의 중요 부문이며, 국가의 개입 정도에 따라서 최소한의 치안만 개입하는 경찰국가로부터 정부 자체를 부정하는 무정부주의까지 무수한 스펙트럼으로 존재한다. 한국전쟁 이후 1980년대까지 우리나라의 유명무실한 노동조합 제도는 유럽으로 따지자면 왕당파, 혹은 비스마르크 재상의 절대군주형 권력 집중 시절에 해당되며, 국제 정세상으로는 세계적 냉전의 산물, 국내 정세상으로는 과도기 군사통치형, 경제적으로는 자본주의 초창기 가혹한 원시축적 유형에 속하는 것이다. 중앙집중식 일괄 통치가 식민지로부터 갓 벗어난 개발도상국의 자본집중력과 성장에 기여하는 측면을 전연 부정할 수는 없겠지만, 그 반대 측면으로 노동 부문의 과도한 희생과 지나친 빈부격차, 경기 파동에 취약한 현재의 한국형 불안정 경제구조의 기틀이 되었다는 반대 측면을 잊어서는 안 된다. 말하자면 우리 경제가 지금처럼 버티는 이면에는 노조가 무력화되어서 임금이 낮고, 기업과 고용주들의 돈 벌 기회가 좋았던 그 옛날의 임금기금설의 논법대로를 따라서만이 아니라, 노동자들 권익 보호 투쟁과, 정부 정책의 일방 독주에 대한 견제, 금융자본 횡포와 자본의 독점화에 대한 저항이, 경제침체기에 더 많은 파괴를 막고 경제구조의 안정화에 기여한 측면을 읽을 수 있어야 하는 것이다. 이제 정리를 해보자. 공무원의 정치적 중립과 단체행동의 제약 또는 허용의 기준선은 어디까지일까.

노동자 저항 수단, 파업의 종류

노동자 파업은 양면성을 가지고 있다. 임금협상, 해고 등을 원인으로 파업이 발생하는데, 부정적 측면이란 파업이 경영 악화를 불러와 기업을 회생 불가능으로 빠져들게 하는 수순을 말하고, 긍정적 측면이란 파업이 결국 단체교섭을 성사시키는 수단이 되어, 교섭 기간 단축, 기업의 정상화와 안정화에 따른 생산성 향상, 소득격차 완화가 기대되는 측면을 말한다. 쟁의권이란 단체행동권을 말하는데, 노동자는 동맹파업(strike)과 태업, 사용자에게는 직장폐쇄권이 주어진다. 쟁의권이란 노동자가 근로조건 개선을 목적으로 쟁의를 할 때 국가는 이를 빌미로 손해배상(민사법)과 형벌에 처할 수 없는 권리를 말하는 것으로 1919년 독일 바이마르헌법에 의해 규정된 뒤 전 세계 대부분의 나라가 채택하고 있다. 그런데 실제로는 쟁의가 발생하면 손해배상이 청구되고 많은 노동자들이 구속된다. 어찌 된 것일까. 그것은 쟁의권이 아직 완전한 쟁의의 자유로 성립되어 있지 않기 때문이다. '노동조합 및 노동관계조정법'에 따르면 사용자는 정당한 단체교섭 또는 쟁의행위로 받은 손해에 대해 배상을 청구할 수 없으며, 근로자가 단체행위에 참가한 것을 이유로 해고 또는 그 밖에 불이익을 주는 것은 부당노동행위로 금지하고 있지만, 그 부대 조건인 '정당성'이 문제가 되는 것이다. 이를테면 기본적 인권을 침해하는 행위, 사용자의 재산권을 부정하는 행위, 정치동맹파업과 동정동맹파업(同情同盟罷業) 등은 정당한 쟁의행위에서 벗어나며, 공장 점거나 기물 파괴, 조업 손해 등 재산상의 손해를 이유로 손해배상을 청구하는 것이다. 따라서 파업은 극단적인 경우 또는 최후의 수단으로 결정되며, 대개는 그 전 단계로 작업능률을 떨어뜨리거나(태업), 시간을 정한 부분파업, 혹은 준법투쟁[69]이 선행되고, 기업주들 역시 단체행동권을 직접 건드리지는 못하고, 주로 단체교섭 위반을 들어 재판을 건다. 실제 결말은 순수 법적 판정에 따른다기보다는, 시대 분위기 또는 사회 동정에 따라 좌우되는 경우가 많은데, 협상이 재개되면 서로 고소했던 부문까지도 단체교섭 대상으로 다시 포함되어 실제로 손해배상이 진행되는 경우는 많지 않다. 대신 쟁의행위 과열 시, 정치적 판단에 따라 노동조합 집행단체에 책임을 묻는 구속 행위를 종종 보게 된다.

지하철노조가 준법투쟁을 하면 열차가 정해진 규칙대로 또박또박 정차를 하는데, 이때 지하철노조 때문에 피해를 본다고 생각했던 적이 있을지도 모른다. 노동자의 파업은 당장은 불편할 수도 있지만 사회 전체적으로는 노동자 권익과 관련되어 있다. 경제 현실, 쟁의 현상은 바로 내 주변에 있다.

---

[69] 태업(sabotage)과 준법투쟁(law-abiding policy) : 태업이란 작업은 하되 일의 능률을 떨어트리는 쟁의 수단을 말한다. 프랑스에서 사보(sabot, 나막신)를 기계에 집어넣은 데서 유래했다. 기계 파괴, 불량률 증가, 업주 및 제품 비방, 작업능률 저하 등이 있다. 준법투쟁이란 법과 규정을 또박또박 잘 지키는 합법적 작업능률 저하 행위를 뜻한다. 안전 운전 규정 준수, 정시 출퇴근, 잔업 거부, 동시 휴가 등이 있다.

5. 일터에서 권리(비정규직과 사회보장) — **우리를 기억하라**

2007년이 저물어가는 세밑. 코스콤(옛 증권전산) 비정규직 노조원 황 모 씨 등은 서울 종로 보신각 옆 교통관제탑에 올랐다가 경찰에 연행됐다. 주장은 간단하다. "오죽하면 이 꼭대기에 올라왔는가. 우리를 기억해달라"는 외침이다. 국회에서 비정규직법 개정에 대한 이야기가 오고 가지만 아마도 또 고쳐야 할 것이다. 한편 전경련(전국경제인연합)은 시간당 임금은 비슷하기 때문에 비정규직을 무조건 악으로 생각해서는 안 된다는 보고서를 발표하였다. 전경련 말대로라면 일용직들은 세상에 엄청 감사해야 할 것이다. 한 달에 하루 이틀 일 나가는 것을 황송해하면서.

비정규직 현황과 구조적 실업

해고라는 관점에서 보면 비정규직이란 정규직과 달리 잘려도 사측에 아무 소리 못 하는 노동자들을 일컫는 총칭이다. 정규직들은 국민연금 등 4대보험 혜택도 받고 해고도 함부로 할 수 없게 노동법의 보호를 받지만, 시간제 아르바이트나 파트타임 등등의 비정규직은 대부분 그렇지 못한 신세다. 임금이 싸서 기업으로 보면 좋고 노동자 당사자로 보면 좋지 않다. 임금 차이는 얼마나 될까. 노동부에 따르면 비정규직 평균임금(161만 원)은 정규직 임금 수준(318만 원, 2019년)의 절반을 조금 웃돈다(2019년). 그러나 비정규직 숫자의 절반가량 되는 비기간제, 시간제 고용 인력 임금은 더 취약해서 정규직의 3분의 1 수준(92만 원), 즉 최저임금 수준으로 떨어진다. 비정규직은 743만 명(임시 450만, 일용 140만, 2020년, 통계청)가량으로 전체 고용 인원 중 36%를 차지한다. 그러나 정규직이더라도 사실상 비정규직인 '정규' 임시직과 일용직을 더하면 비정규직의 숫자는 전 임금노동자 중 53%, 840만 명으로 상승한다. 둘 중 하나 이상이 비정규직이니까 오늘의 노동문제의 초점은 비정규직으로 옮아갔다고 해도 과언이 아니다.

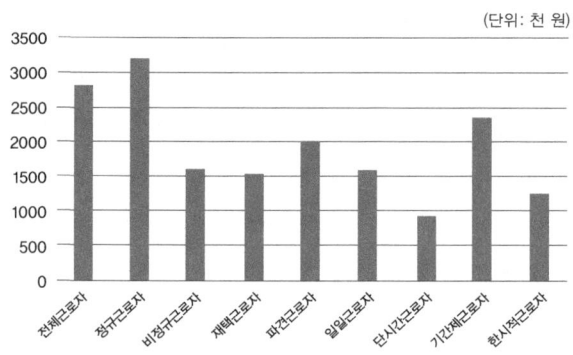

그림 43) 월 급여액 (경제활동인구조사, 통계청, 2019)

재미있는 이야기는 아니지요. 그러나 알 건 알아야 하고, 너 아니면 내가 될 수 있는 답답하지만 피해갈 수 없는 얘기입니다.

모든 직종을 정규직으로 채운다는 것은 어려운 얘기다. 그러나 비정규직이 점점 늘어 대부분의 직종을 채운다는 것은 더 심각한 문제다. 비정규직은 고용 시간에 따라 기간별 고용 인력(한시적 노동자)과 시간제 노동자, 비전형 노동자로 구분할 수 있다. '비전형'은 시간 단위로 구분되지 않는 여러 가지 고용 형태를 종합 분류한 것으로 파견, 용역, 특수 형태, 일일 근로 등이 있으며 이 중 용역, 특수, 일일 근로가 거의 90%를 차지한다. 용역회사 소속의 백화점 주차요원, 청소 직원, 일일 도우미들이 여기에 속한다.

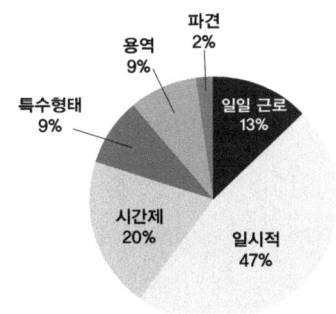

그림 44) 비정규직 구성 (경제활동인구조사, 통계청, 2019)

전체 고용의 50%를 넘는 인력이 비정규직종이기 때문에 기업들의 노동비용은 원하는 대로 절감되었는지 모른다. 그러나 반대급부로 비정규직 전 직종의 72%, 400여만 명의 서비스 판매직과 단순노무직들은 생계의 위험에 처하고 사회가 이를 다시 구제해야 하는 딜레마에 빠진다. 고용불안정은 경제활동인구와 취업자를 줄이고 반대급부로 비경제활동인구를 증가시키는데, 즉 하고 싶어도 일하지 못하는 사람(비자발적 실업[70]), 일해도 제대로 벌어먹을 수 없는 사람들이 많아서 누군가가 그들을 부양해야 하는 부양살이가 점점 늘고 비생산적 경제구조가 정착되는 문제를 말한다.

들어보았습니까. 이제는 자식들 시집, 장가를 보낼 때 최소한 수억짜리 전세 밑천을 못 해주면 부모 자격도 없다는 한탄의 소리를. 서른이 넘어도 제 밥그릇 못 챙기는 사회구조적 마마보이들이 넘쳐나는 세상입니다.

사회보장제도

사회가 경제 능력이 없는 사람을 먹여 살리는 일을 공적부조라고 한다. 인간 사회는 실제로 아이나 노인 같은 일할 능력이 없는 구성원이 발생하기 때문에 공적부조는 필연적이다. 문제는 노동능력 있는 사람들도 먹고살기 어려운 환경, 즉 사회제도적 요인으로 공적부조가 증가하는 경우다. 혹시 소득격차나 직업 격차가 아무리 커도 사회보장제도, 혹은 재분배 시스템이 잘 보조한다면, 기업은 노동비용이 절감되어서 좋고, 고용불안정은 사회보장으로 해소해서 괜찮다고 생각해본 적 없는가. 그러나 사회 재분배 시스템에 의존하는 사람이 지나치게 많을 경우, 부양살이에 뒷돈을 대야 하는 납세자(기업 또는 일

---

70 실업의 종류: 학자마다 분류법이 다르나 대체로 실업 의지로 구분하여 자발적 실업과 비자발적 실업으로 나눈다. 자발적 실업은 마찰적 실업(일시적 실업)과 탐색적 실업(직업 탐색 기간), 비자발적 실업은 구조적 실업(산업예비군 증가 경향에 따른 사회구조적 실업)과 제도적, 경기적, 계절적 실업 등이 속한다.

하는 사람)들은 세금 부담과 소득 박탈감에 허덕일 것이고, 구태여 일할 필요를 느끼지 않는 '도덕무감증족'이 점점 더 증가하는 일이 발생한다. 따라서 자본주의경제에서 재분배, 혹은 사회보장제도는 그 자체로 소득분배 문제를 해소하는 완결된 시스템이 아니라, 사회불안정 요소를 보조하는 일종의 사회안전망으로 개념화하게 된다. 그러나 사회안전망도 안전망 나름이며, 가뜩이나 직장이 불안해서 스트레스가 쌓이는데, 그 보조 장치까지 불안하다면 사회적 약자들의 스트레스는 폭발할 지경에 이를 것이다. 우리나라의 사회안전망 수준과 불만도는 어디쯤에 있을까.

보편적 복지와 선별적 복지

우리나라 사회보장제도는 자유방임형이라고 할 수 있는데, 다른 말로는 '잔여적(residual) 모델'[71]이라고도 부른다. '잔여'란 모든 소득활동은 개인에게 맡기되, 여기에 포괄되지 못하고 잔류하는 계층을 의미하며, 국가는 이들을 대상으로 최소한만 개입하는 복지제도를 말한다. 말이 좋아 복지이지 사실은 사회복지 수준이 형편없기 때문에 이 모델은 가장 적극적인 국가개입형 모델인 북유럽 사민주의 복지제도와 종종 비교된다. 그나마 한국형 복지 모델은 솔직히 모델이라고

---

[71] 윌렌스키(H. Wilensky)와 르보(C. Lebeaux)가 저술한 『산업사회와 사회복지』(*Industrial Society and Social Welfare*, 1958)에서 정의한 개념.

거론하기조차 변변치 않은 부끄러운 수준으로 최극빈 계층만을 주요 대상으로 하기 때문에 잔류 모델의 원조 격인 영국, 미국 수준에도 훨씬 못 미치는 세계 최열위 복지제도를 구성하고 있다. 사회복지제도는 이처럼 누구를 대상으로 하는가에 따라 분류된다. 통상 북유럽처럼 전 국민을 대상으로 하면 보편적 복지, 미국이나 우리나라처럼 사회적 약자를 주요 대상으로 하면 선별적 복지라고 부른다.

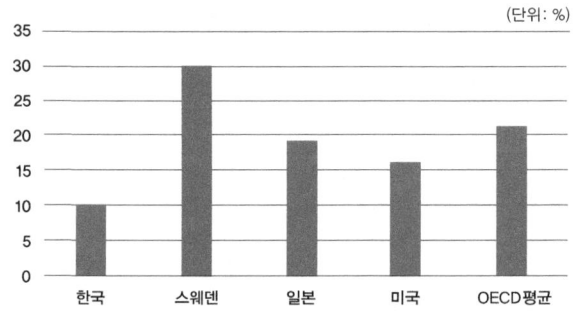

그림 45) GDP 대비 사회복지 지출 비교
(OECD, 통계청, KOSIS 국가통계포탈, 2018)

그러나 한국의 복지제도는 OECD 가입 조건 때문에 2000년대 들어서 조금씩 향상되었고 종류도 비교적 다양해져가고 있어서 그나마 다행이다. 이제 조금이나마 바뀐 복지제도로 신세대 비정규직 마마보이, 혹은 실업자들이 얼마나 구제될 수 있는지를 살펴보자. 우리나라 복지제도는 크게 사회보험과 공적부조, 사회보장급여의 3부문으로 나누어진다.

	사회보장제도	비고	대상
사회보험	국민연금	1차 안전망	보험료 지불 능력자
	건강보험		
	고용보험		
	산재보험		
공적부조	실업부조	2차 안전망	노동능력자 중 장기 실업자, 청년 실업자
	사회부조		
	공공근로		
사회보장급여	가족급여	3차 안전망	소득 보전 필요 취약계층
	장애급여		
	주택급여		
	공공서비스/긴급구제		

표 18) 한국의 사회보장제도 비교

사회보험은 국민연금, 건강보험, 고용보험, 산재보험의 4대보험으로 구성되며, 보험료를 부담할 수 있는 노동능력 소지자만이 혜택을 받는다는 점에서 2차 배분으로 보면 최하위 복지제도라는 특징이 있다. 즉 본격적인 소득재분배 효과와는 관계가 조금 멀다. 보험이란 미래에 지급되는 저축이라고 정의될 수 있는데, 현재의 자기 소득의 일부를 미래의 위험에 대비하여 미리 저축한다는 점에서 합리적이다. 반대로 그 주요 재원은 현재의 자기 소득의 일부(10%, 4대보험 요율[72] 합

---

[72] 표 19) 4대보험 요율표 (2020년 현재)

	보험 요율		
	근로자	사용자	계(%)
국민연금	기준소득×4.5%	4.5%	9
건강보험	보수월액×3.335%	3.335%	6.67
고용보험	임금총액×0.8%	0.80%	1.60
산재보험	0.7~3.5% 산업별로 다름	0.7~3.5% 산업별로 다름	1.5
합계	9.4%	9.4%	18.77

계)이기 때문에 소득이 없거나 적으면 보험도 없거나 부담이 크다는 문제가 있다. 당장 먹고살기에 급급한 저소득층이 보험을 기피하거나 체납 사례가 증가하는 것도 비슷한 맥락이다.

(단위: 천 명, %)

고용형태	근로자 수	고용보험	건강보험	국민연금	산재보험	상여금	퇴직연금	노조가입
전체 근로자 (특수형태 제외)	20045	90.3	91.1	91.3	97.8	51.6	50.2	10
실업자	1108							
정규 근로자	13431	94.4	98.5	98.3	97.9	61.5	58.9	13
비정규 근로자 (특수형태 제외)	6614	74.4	64.9	61.7	97.5	21.4	23.8	0.7
재택/가내 근로자	2071	76.2	78.7	80.2	100	30.6	30.2	2.5
파견/용역 근로자	164/552	96.2	96.1	94.9	99.7	23.3	43.4	2.2
일일 근로자	2709	55.8	20.2	20.5	97.7	1.8	2.1	0
단시간 근로자		81.1	79	77.6	95.7	19.7	20.3	0.4
기간제 근로자		86.2	93.1	86.6	99	43.7	44.9	1.2
한시적 근로자	3823	43.9	41.4	39.5	85.4	16.2	7.6	0

표 20) 4대보험 가입 및 사각지대 현황 (통계청 「근로 형태별 취업자」에서 합성, 2020)

비정규직 대부분은 그나마 대상에도 못 낀다. 억울하면 비정규직이 되지 말라. 둘째, 4대보험 설계 당시, 보험 혜택을 더 많이 받는 설계 실패, 수급 불균형 구조 덕택에 시간이 갈수록 보험기금이 고갈되는 문제를 안고 있다. 은퇴 후 미래에 받게 될 연금은 그나마 껌값(월 평균 25~35만 원 추정)이라는 뜻이다. 나머지 3대보험 역시 비슷한 문제를 안고 있다. 없는 것보다야 낫겠지만 이런저런 사정을 따져보면 사회보험이 복지제도 역할을 제대로 수행할 수 없음을 가리키는데, 이러한 문제가 발생한 것은 우리나라 복지제도의 개념이 '있는 사람한테 더 거두고 없는 사람에게 나누는 재분배 개념'으로 설계되지 않고, '자기 소득을 현재와 미래로 나누고 분배한다는 평생 소득 보험 개념'을 중심으로 설계되었기 때문이다. 국가는 간섭하기 싫으니까. 당신의 평생 밥그릇은 자기 소득을 이렇게 저렇게 잘라 챙기라, 그런데 자꾸 문제가 생겨서 골치 아프니까, 적당히 효과를 축소하는 선에서 덮어두는 형상이라는 말이다. 없는 사람은 알아서 기고.

생/각/해/보/기

국민연금과 재벌

연간 소득만 수백억 원을 올리는 재계 회장들은 수백억, 수천억 원을 벌어도 월 22만 3000원의 국민연금을 낸다. 국민연금은 소득에 따라 납부 요율에 차등을 두는 소득 형평 제도를 실시하지만 상한액(월 소득 503만 원일 경우 본인부담금 22만3000원, 건강보험 상한 월 318만 원, 2020년)을 제한하는 불완전한 누진제도가 빚어놓은 산물이다. 한편 연금 고갈 위험 때문에 납부 요율 상승과 급여 수령액 하락이 교차하는 불합리가 계속되고 있다. 현재의 청년들이 수령 대상이 되는 2028년(급여율 40%, 공식명칭 소득대체율로 대체) 이후부터는 월평균 25만 원이 지급될 예정이다.

(단위: 만 원)

가입 기간 \ 등급	최하소득자 34	1/2소득자 68	평균소득자 136	2배소득자 272	최상소득자 360
20년	21	25	34	51	62
40년	34	50	67	101	123

표 21) 국민연금 급여율 50% 시, 가입 기간과 소득 수준에 따른 급여액
(『국민연금 재정 안정화 방안』, 국민연금발전위원회, 2003)

실업급여와 실업부조

공적부조란 사회보험과 관계없이 지급되는 보조금 제도를 말한다. 종류는 실업부조와 사회부조, 공공근로 프로그램으로 구성된다. 원래 우리나라 사회보장제도에서 실업부조는 예산편성이 미미하여 큰 의미가 없었지만 2000년대 들어 잦은 경제침체의 여파로 실질 실업이 급증하는 추세이기 때문에 중요도에 변화 요인이 생겼다.

먼저 실업급여와 실업부조를 구분할 수 있어야 한다. 실업급여란 전술한 사회보험 중에 고용보험의 결과물로서, 기축적된 고용보험(기금)을 재원 삼아 실직자들에 일정 기간 급여를 지원하는 제도이고, 실업부조는 보험과 관계없이 정부 재정으로 실업자를 돕는 공적부조의 한 가지다. 실업급여 수여 대상은 누구고 얼마나 받는가.

	한국	프랑스	덴마크
지급 기간	3~8개월	23개월	최대 4년
피보험기간 요건	6~18개월 보험 가입	6~22개월 가입	최소 12개월 기금 가입
대상	자발적 실업 제외		전일제·시간제 노동자, 자영업자
수급액	퇴직 전 3개월간의 1일 평균임금의 60%	92.1%	실업 전 소득 90%

주) 피보험기간 : 근로자가 고용되어 있는 모든 기간. 질병·출산·육아 휴직 등 포함.

표 22) **실업급여 기준 국제 비교** (OECD, 고용노동부에서 발췌 작성)

우리나라의 경우 요약하자면 6개월 이상 고용보험을 가입했다는 자격 조건하에 스스로 회사를 나오면 자격 미달이고, 상황에 따라 3~8개월간 지급, 퇴직 전 3개월간의 1일 평균임금의 60%(2019년 10월 1일 이후부터)를 받는데(상한 1일 6만6000원), 실제 사정은 대개 근무 기간이 짧아 평균 4개월, 수당을 포함해 실제 받았던 임금의 30% 이하를 받는 것이 실업급여의 현실이다. 200만 원 월급쟁이라면 60만 원씩 4개월 받으면 끝이라는 소리고, 여기에 15시간 미만 근로자, 고용보험 비적용 대상자(특수 형태 근로자, 가정 근로자[73]), 신규 실업자, 실업자 중 구직급여 제외자 등을 뺀 실제 수급률은 40% 이하니까, 실업급여로 오래 버틸 꿈은 일찌감치 접는 것이 좋다는 말이다. 실업보험제도를 가장 확실하게 실시하는 국가는 겐트 시스템(Ghent system)을 도입한 덴마크, 스웨덴, 핀란드 등 북유럽 국가들이다. 자유가입제이지만 국가가 실업기금 재정을 대부분 보조하기 때문에 보험료가 싸고 혜택이 높아 가입률과 수혜율(85%)이 우리와 차원이 다르다. 한편 진정한 공적부조인 실업부조는 실업수당이란 말로 달리 표현하며, 이를 가장 적극적으로 실시하는 국가는 호주다. 호주의 실업자는 개인의 소득과 자산 검사를 바탕으로 보험과 관계없이 평균임금의 25%를 실업수당으로 받는다. 1945년부터 실시되어 호주가 경기침체 영향을 적게 받는 기초가 되었다. 물론 호주나 덴마크 등은 남의 나라 얘기고, 안타깝지만 우리나라는 해당 사항이 없다.

---

[73] 근로자: 행정 법률 관행상 쓰이는 노동자의 다른 한자어.

6. 청년실업 – '이구백' 구하기

'십장생'이란 10대도 장차 백수를 생각해야 한다는 말이고, '이구백'은 20대의 90%가 백수, '삼일절'은 31세가 되면 절망이란 뜻이다.

청년실업 현황

2019년 실업급여는 9조 원으로 전년 대비 10% 이상 급증했다. 개인당 50만 원 안팎의 평균 4개월 치 수령인데도 이렇다. 그나마 이는 대부분 이미 취업했다가 실직한 기성세대를 위한 혜택이다.

(단위: 천 명, %)

연령	인구	경제활동인구	취업자	실업자	비경제활동인구	경제활동참가율	실업률
15 ~ 29	9040	4263	3950	313	4776	47.2	7.3
30 ~ 39	7248	5705	5544	161	1543	78.7	2.8
40 ~ 49	8279	6627	6484	143	1652	80	2.2
50 ~ 59	8554	6647	6494	153	1908	77.7	2.3
60세 이상	11451	5045	4931	114	6406	44.1	2.3
계	44572	28287	27403	884	16285	65.54	3.38

표 23) 경제활동인구 추이 (통계청, 2020)

2020년 아직 직장에 입문도 못 해본 청년실업자 수는 31만여 명, 실업률은 7.3%로 성인 실업률(2.3%)의 3배를 넘는다. 여기에 구직 포기자 및 군 입대자 등 비경제활동 편입 인구, 고용불안 대상인 청년 비정규직(전체 비정규직 중 20%)을 더하면 실질적인 청년실업률은 기하급수로 상승한다.

반면 신규 고용촉진장려금 예산은 해마다 삭감되어 청년실업에 대한 사회부조는 근본적인 대책이 되지 못하는 실정이다. 어릴 때 고생은 억만금으로도 못 산다고 하지만, 실업자로 10년쯤 보낸 청년에게 이런 소리를 내뱉고도 무사하다면 그 청년, 성질 다 죽은 것이다.

2006년 프랑스에서 '최초고용계약'[74] 입법에 반대해 150만 명이 시위에 참가했다. 프랑스 청년실업률은 23%로 전 세계 최고 수준이었다.

---

[74] 최초고용계약(Contrat première embauche): 고용유연화를 더 확대한다는 취지로 20~26세 청년들은 최초 고용 시 2년 내에 정당한 사유 없이도 자유 해고가 가능하다는 내용의 법안.

청년실업 대책의 현재

청년실업 대책으로 거론되는 정책들은 크게 일자리 창출과 교육훈련 프로그램의 두 가지로 구분된다. 일자리 창출이란 정식 자리라기보다는 대개 3개월~1년의 시한제 보조 혹은 수습 일자리인 인턴제 사원을, 교육 프로그램이란 대학 등에서 수행하는 취업 지원 훈련 프로그램을 뜻한다. 인턴사원은 무슨 일을 하며 정식 채용자가 얼마나 되는지 궁금하다면 별거 없다. 특출한 몇몇 사례를 제외하면 대개 인턴은 잔심부름이나 하며 시간을 때운다. 곧 그만둘 친구한테 책임 있는 일을 맡길 수 없는 구조인 것이다. 그러나 인턴의 정규직 전환도 일종의 공적부조 프로그램에 의해 전혀 불가능하지는 않으니깐 인턴 시절의 역할을 결코 가볍게 경시해서는 안 된다. 잔심부름으로 개개인의 능력을 판단할 수는 없지만, 인사관리자들은 궂은일도 마다하지 않는 성실성과 미래의 자질을 사실은 지켜보는 것이다. 냉정하게 잘라 말하자면, 인턴 제도의 확산은 실제 일자리 증가가 아니라 정부 보조로 나오는 인턴 제도를 활용하는 기업들의 인건비 절약, 좋게 봐줘야 미리 간을 본 후 고용을 결정하는 고용 방법 변신(임시직 활용)을 의미할 뿐이다. 구조적으로 일자리가 만들어지는 경제활력이 뒷받침되지 못하면 고용 촉진 예산을 아무리 보조해도 잠깐 효과일 뿐, 실업률은 결코 감소할 수 없는 원리를 알았다면 우리는 사회로 나갈 필수품, 고용 상식을 하나 더 챙긴 것이다.

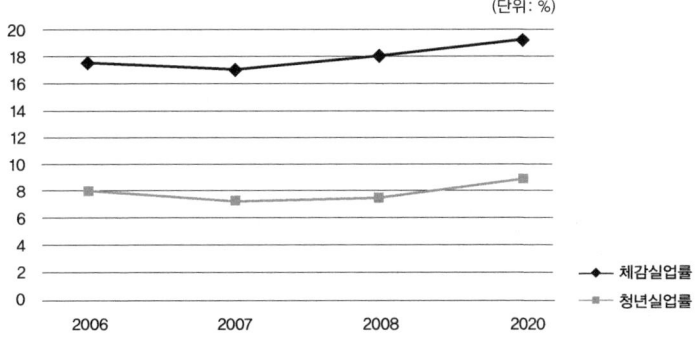

주 체감실업률: 불완전 실업자(비경제활동인구, 주 35시간 미만 근로자, 취업 준비 인구) 포함 청년실업률

그림 46) 청년실업률과 체감실업률 변화 (노동부, 국회예산정책처)

　　청년실업 대책의 현실성은 어떤지 조금 더 파고 들어가보자. '청년실업 대책 가이드북'(고용노동부, 2008~2015년)에 따르면 청년실업 대책은 8개 분야 49개 사업으로 분류되는데, 직장 체험 활성화, 해외 취업 인턴, 중소기업 충원, 직업교육훈련 프로그램 등을 주 내용으로 하고 있다. 취업 보조 지원 제도에 해당하는 이런 보조 프로그램은 프랑스(취업 보조금 지원, 사회보험 기업 부담분 한시 면제), 영국(강제 직업훈련, 취업 보조금 지원) 등등의 국가들에서도 시행하고 있는데, 이 사업의 초점은 결국 원인 제공자인 비정규직법의 수준과 그 피해를 보완하는 예산 규모(혹은 국가 재정 사정)에 달려 있다. 우리나라 인턴제 예산은 최대 연 10만 명 혜택으로 청년실업자의 4분의 1 수준이며, 그래 봐야 1인당 월 보조금 지원은 약 15~40만 원 안팎, 최저임금의 5분의

1에서 2분의 1 사이의 규모, 예산 규모는 점점 더 삭감되는 경향이다. 이 정도 가지고 실업 청년들이 만족할지는 시중 물가를 감안해서 스스로 판단해보자.

진보적 실업 대책과 실업 해소의 경제 원리

우리나라 수준과 대비되는 강력한 취업 보조 제도는 벨기에의 청년의무고용제 로제타 플랜(Rosetta plan, 2000년)이다. 50명 이상 고용 사업자는 의무적으로 고용 인원의 3% 이상을 청년으로 채워야 한다는 내용을 골자로 하는 이 제도는 강제 취업 할당제라고 할 수 있다.

실업 사정이 더 나빠져 최악으로 가지 않는 한 우리나라가 청년고용의무할당제 같은 강력한 실업 대책을 수용할 거라고는 아예 기대하지 않는 편이 속 편할지 모른다. 설령 더 강력한 실업구제제도가 시행된다고 해도, 제도상의 실업 원인인 비정규직법과 경기침체가 나아지지 않으면 결국 병 주고 약 주는 실업의 악순환 구조는 사라지지 않는다. 또 비정규직법이 철회되거나 실업 예산이 왕창 오르면 속 시원하겠지만 당장 기업 사정 악화와 국가 재정 부담이 엇물려서 걱정이 앞선다. 어쩌면 좋을까. 원론적으로 말하자면 이런 문제는 멀리까지 내다보는 장기 경제 전망과 관련되어 있다. 기업들이 고용을 늘리지 않는 원리는 팔리지 않는 구조가 장기화되고 있기 때문이다. 해외 사정이 나쁘면 내수라도 받쳐주어야 하는데 주 소비처인 노동소득이 줄어 자체 구매력은 점점 더 악화된다. 그 많은 돈은 어디로 갔나. 은행과, 주택 담보에 묶여 있고, 증권시장을 휘젓고 있다. 어려운 말로 금융자본이 산업자본을 압박, 즉 금융자본주의가 고용을 말아먹고 있다는 말이다. 우리가 지금까지 추적해온 기업이윤과 금융이윤, 부동산소득과 노동소득 관계를 연결 지으면 '모든 소득의 뿌리는 노동소득인데, 분배는 금융부동산소득으로 너무 편중되는 전 사회경제의 불균등 소득분배 구조'가 그려진다. 국가 경제와 실업 사태의 장기 전망 변화란 해외만 바라보는 신자유주의로부터 해외 사정의 어려움에 대비해 내수와 소득능력을 늘리는 자구책, 풀이하자면, '노동비용이 높아서 경제가 어렵고 비정규직이 필요하다'로부터 '밑 빠진 독에 물 붓기 식 부실 금융 구제 지원을 그만하고, 금융이윤을 통제하고 소비의 밑바탕인 소득 대책, 즉 고용안정과 임금소득을 보전해 생산을 재개하자'로 바꿀 준비가 되어 있는가라는 경제구조 전환을 말한다.

간단한 수치계산으로 해봅시다. 1998년 IMF 사태부터 2020년 코로나19 사태까지 주요 불황 시기에 들어간 나랏돈 구제금융은 수백조 원인 반면, 고용안정화에 들어간 예산은 그 10분의 1도 안 된다. 망한 것은 무분별한 투자와 여기에 물밀듯이 들어와 밑돈을 댄 금융자본(즉 해외자본 등 과잉자본화 현상) 때문인데 덤터기는 노동자들이 쓰고 있다는 말이다. 어려울 것 없다. 상황을 바꾸려면 과도하게 집적되어 있는 금융 구조조정 자금 보태기를 그만하고 그 여력을 고용안정화로 돌리면 그 전환의 크기에 따라 비정규직법 소동과 실업률이 감소할 것은 당연하지 않나. 그 크기와 비율을 어떻게 결정할 것인가는 더 따져봐야겠지만, 문제는 그 크기가 아니라 우리 경제가 지향할 방향을 그렇게 바꿀 각오가 되어 있는가 하는 점이다. 실업 대책이 사후 약방문이라면, 경제 전망의 변화는 원인규명론에 해당한다. 방향 변경이 헛갈리면 지금까지 금융소득이 크고 노동소득이 주로 피해 보는 결과, 세상의 경제는 어떤 변화를 겪어왔는지를 따져보라. 세계 최강국 미국은 왜 서브프라임발 경기침체를 주도하고 세계 최대 코로나19 감염국이라는 처량한 신세가 되었을까. 세계의 기술 강국이라는 일본 신화를 자빠뜨린 부동산 복합불황이란 무엇인가. 사민주의로부터 신자유주의까지 두루 전전했던 스웨덴, 강력한 실업수당제를 반세기 이상 진행해온 호주는 어떻게 됐을까 등등, 남들의 성공과 실패에 조금만 관심을 가져본다면 우리가 어디로 가야 하는지, 그 실체와 윤곽이 잡히고, 적어도 장님 코끼리 만지기 수준은 넘어서는 것이다. 이 시대 미래를 예단하고 한 발자국 더 진보하는 경제의 이상향을 찾고 싶다면, 모든 것을 의심해보라는 철학자 데카르트의 생각을 추천한다.

7. 인공지능(AI)과 기본소득 – 고용 없는 성장의 대안인가

　재난소득이란 걸 써본 사람은 안다. 큰돈은 아니더라도 퍽 요긴하게 쓸데가 많다. 정부가 주는 돈이라니. 사람마다 사정이 다르겠지만, 딱한 사정이 아닌 처지라도 굳이 싫다고 마다할 사람은 없다. 하물며 봉쇄경제고 실직된 처지에야 말할 것도 없다. 비상사태가 아니어도, 일이 없어도 항상 일상적으로 얼마라도 소득이 생긴다면 어떤가. 불감청일지언정 고소원이라, 찬동할 사람 많다. 다만 얼마라도 밑밥을 깔아놓고 시작하는 판, 이걸 사람들은 기본소득(basic income)이라고 부른다.

　기본소득이란 '한 사회의 가치의 총합은 구성원들이 함께 누려야 한다'는 토머스 모어(T. More)의 『유토피아』(Utopia, 1516)로부터 기원했다고 알려져 있다. 절대 틀린 말은 아니고, 언제라도 기꺼이 환영하는 바이다. 그런데 2016년 스위스에서 1인당 매월 300달러씩 주자는 취지의 기본소득안이 국민투표에서 부결되었다. 반대를 한 국민의 70%는 재원의 문제를 꼽았고, 국가 재정의 부실화를 우려했다는 후문이다. 취지는 좋으나 생산력이 문제라 뭐 뾰족한 방법이 없을까.

　돈이 하늘에서 헬리콥터로 뿌려지는 게 아니라면, 세금으로 거둬들이면 되는 것 아닌가. 빈부격차가 문제라니까 '있는 분' 거 좀 받아

다가 '없는 님'께 나눠 주면 문제 될 거 없다. 어차피 재정적자 각축 시 댄데, GDP 대비 100% 적자나, 150% 적자나 거기서 거기니까. 적자 좀 더 늘리면 되는 거 아닌가. 마이너스 금리 시대라고 아직 어떤 나라가 결딴났다는 소리는 들리지 않으니까, 이참에 금리를 더 내리고 돈도 더 찍어내고, 아예 은행 지불준비금도 0으로 만들면 까짓 상상만 해도 재원은 넉넉하고 돈 나올 구멍은 많다.

갈 데까지 가보자. 어떻게 되겠지, 하다가 나라 말아먹는다. 이게 그 유명한 대중추수주의(populism)이다. 아르헨티나고 브라질이고 이거 하다 쫄딱 망했다는 소문이 괜한 헛소리가 아니다. 이 사태는 당대에 세금으로 걷어 쓸 돈을 충당하든, 다음 세대가 메꿀 숙제로 남기든, 급기야 파산해서 모라토리엄(moratorium, 지급유예)을 선언하든, 언젠가 누군가는 책임을 져야 끝나는 일이다. 그러므로 있는 것 모두 풀어놓고 나누자는 기본소득 취지가 아무리 좋다고 해도, 있는 것만큼 쓰는 게 아니라, 새로 더 벌어 쓰는 것도 아니고, 있는 것보다 더 쓰거나, 빚을 내 쓰거나, 내놓기 싫다는 놈 억지로 내놓게 하면 마지막에 꼭 쌈 난다. 스위스 국민들이 걱정했던 사태가 꼭 이것이다.

한국의 경우 코로나 사태로 재난기금 등에 들어간 돈만 해도 애초의 예산보다 110조 원(2020년 1~6월 누계, 기획재정부) 적자로 전반기 집행 총재정(316조 원)의 40%에 달한다. 시기가 비상시국이니만큼 다른 나라 사정이라고 다를 바 없겠시만, 님들과 똑같이 따라 하다가는 뱁새 다리 찢어지듯 사달이 날지 모를 일이다. 그럼 기본소득을 하지 말자는 건가. 그건 아니다. 어차피 기본소득 시도는 앞선 세기에 논란이 된 적 있고, 브라질이나 스위스, 일본, 핀란드 등에서 시도되었거나, 시범 중이어서 결국은 우리도 곧 이 논란을 마주할 것이다. 그러니까 초점은 '취지는 이해하나 재원이 머리 아프다'는 아까 그 소린데, 골치 아픈 돈 이야기는 잠시 놔두고, 도대체 기본소득을 실시하면 뭐가 좋다는 건지부터 따져보자. 그렇게 좋다면 남 먹기 전에 숨겨놓고라도 먼저 먹어야 하는 것 아닌가.

기본소득의 현재 시점 재림 취지란 누구나 '최소한의 인간다운 삶을 누리도록 하기 위해' 노동을 하지 않아도 아무 조건 없이 소득을 지급한다는 것이다. 재산의 과다나 근로 능력 여부에 상관없다. 꿈같은 얘기다. 재원은 '공동체 모든 구성원의 생존을 위해 먼저 할당하는 특정한 최소치'(존 스튜어트 밀, 『정치경제학의 원리』, 1849년), '공공재인 토지의 지대 수입'(토머스 페인) 등등 여러 아이디어가 있다. 재원의 현실성을 잠시 뒤로 미루면 그렇게 세금이든 지대든 미리 떼어놓아 사람들에게 노동과 관계없이 생활 기금으로 지불하면 뭐가 좋아지는가.

경기 선순환 효과

첫째, 경기가 선순환하는 효과가 있다. 케인스(John M. Keynes)식으로 말하면 소비를 독려하기 위해 재정적자든 뭐든 돈을 더 찍거나, 미리 빼내 쓰거나 관계없이 일단 소득이 늘면 소비가 늘고 공장이 돌아가며, 고용도 늘어 경기가 활성화된다는 것이다. 이제까지 많은 나라가 이 수법을 애용했으니 뭐 그럴 수 있다. 뉴딜이니 뭐니 하며 댐 만들고 공공 취로 어쩌고 하면서 일 복잡하게 만들지 말고 그냥 단순하게 전 국민에게 다만 얼마라도 일정 소득을 지급하면 아픈 사람 수혈하듯 경제에 피가 돌 거 아닌가에 한 표, 찬성이다. 남은 것은 누구한테 얼마를 지급할 것인가인데, 이 문제도 골치 아프니까 순서를 바꿔 뒤에서 설명하자. 다만 지급 수준을 결정하는 재원에 대한 고민은 간단하게라도 짚고 넘어갈 필요가 있다. 기본소득에 경제 선순환 기능을 넘어 너무 과하게 의미를 부여하고 불황 유예, 급속한 경기부양 용도로까지 확대할 때 발생할 위험에 대한 경고다. 사실 맘만 먹으면 기본소득이란 소재 하나 더 추가한들 걱정 붙들어 맬 정도로 재원은 다양하고 충분하다. 무한 적자 재정 등등. 그런데 '무한 ○○○'이 아무리 전가의 보도이더라도 이를 기본소득의 재원으로 삼아 전격 실시한 경험은 세계 어느 나라도 경험하지 않았으니까 잘못하면 속도위반이고, 먼저 튀다가 걸리면 폭삭 망한다.

고용효과

그래서 고용이 는다고? 거 좋은 소리네. 두 번째는 고용 증대에 효과가 있다는 것이다. 경제에 피가 돌면 고용이 증가하는 것은 당연한 수순이다. 그런데 얼마나 늘 것인가. 특히 기본소득으로 인한 고용 증대 효과가 얼마인지 알 수 없을싸. 정책집행자들은 이런 걸 좋아한다. 만약 효과가 미미하다면 어쩌지. 불행하게도 그런 경우의 수가 없지 않다. 누구나에게 소득을 줄 건데 이왕이면 놀고먹지 뭐 하러 일하러 가나. 그러니까 이 경우 일을 더 할 사람은 거기서 만족하지 않고 더 벌어야 할 사정이 있는 사람들이다. 즉 이 소득으로 생계가 충분하지 않거나 수영장이라도 딸린 더 큰 집이 필요한 사람들은 고용·사업 전선에 나설 것이다. 소득에 만족한다면 일하지 않는다. 그러니까 문제는 지급 소득 수준의 문제이고 기왕이면 마치 족집게 도사처럼 딱 하면 효과가 똑 하고 나오는 표적 선정의 문제다. 자 어떤 게 좋으려나.

사회복지 대체 효과

기본소득 실증 효과로 자주 거론되는 사례는 핀란드와 알래스카다. 핀란드는 2017년 2000여 명의 주민에게 2년간 월 560유로(약 70만 원)를 지급했고, 알래스카는 1982년부터 석유 판매 대금으로 기금을 만들어 30여 년을 넘게 1인당 연간 400~2000달러(미국 1인당 GDP의 3~5%)를 지급했다. 텔레비전을 본 사람은 안다. 만화 주인공 심슨 가족이 알래스카로 이주하자마자 돈 받으면서 기뻐하던 장면을. 기본소득을 지급하자는 세계의 주장은 지급 규모 면에서도 다양한데, 제안 액수로는 월 200~3000달러, GDP 대비 5~60%(스위스 기본소득안)이 최대이다. 실제 지급된 최고 기록은 핀란드의 월 70만 원이고 전 국민에게 지급된 사례는 아직 없다. 누구에게나 지급되는 보편적 복지냐 경제적 약자에게만 지급하는 선별적 복지냐에 따라 다르며, 기존의 복지제도를 대체하는가 거기에 더하는가에 따라서도 천차만별의 스펙트럼으로 다양하다. 각자 주장하기 나름의 이유가 있을 터이겠지만, 세상 이치란 게 쓰기는 쉬워도 벌기가 어려운 법이다. 가장 짜증 나는 일은 쓰는 놈 따로 있고 버는 놈 따로 있을 때다. 일해도 그만 안 해도 그만이면 도대체 어느 님이 일하겠는가.

일례로 과잉복지 논란이 심심치 않게 발생하는 복지선진국 유럽의 몇몇 나라에서는 높은 실업수당을 이유로 일할 능력이 있는데도 실업자로 남아 있는 유한 계층이 증가해서 골치란다. 핀란드의 기본소득 실험이 이런 유휴 계층을 지원하는 정부 주도 사회복지에 골머리를 앓느니, 기본소득으로 사회복지를 대체해 그 소득으로 알아서 살고 나머지는 취업해서 먹고살 것을 유도하는 자기주도형 복지정책 실험인데, 고용효과가 의문이라서 실험을 중단한다나 뭐라나. 그러니까 엔간한 기본소득으로 사회복지 대체 효과는 꽝이란 소리다.

인공지능(AI), 고용 없는 성장의 대안

그런데 기본소득을 지원할 시대의 명분, 희대의 물건이 발견되었단다. 인공지능(AI)이다. 우리에게는 세계 최고의 바둑기사 이세돌과의 대국으로도 유명한 인공지능 기사 알파고, 그가 문제의 주인공이다. 스스로 자가 학습 기능이 있고, 슈퍼컴퓨터 수준의 연산 능력으로 무장한 인공지능 로봇이 인간을 대체해서 노동한다면 인간은 더 이상 고된 노동으로부터 해방되어 여가를 즐기면서 기본소득의 자유를 누리면 되지 않을까. 이른바 완전자동화 무인공장 시대로 들어서면 드디어 꿈이 이루어지나? 안타깝게도 그럴 일은 절대 없다는 게 문제다. 왜? 왜 안 된다는 거지? 불손하게 현대 과학의 잠재력을 훼손하는 음모의 발동인가. 그게 아니다. 인간은 단 1국을 승리하고 적지 않은 대국료를 손에 넣었을 뿐이지만, 알파고는 그 명성으로 인해 수십, 수천 배도 넘을 기업 가치를 손에 넣었다. 그런데 그 알파고 수익의 최종 귀착지는 무생명체 알파고가 아니라 알파고를 탄생시킨 회사 구글의 주인, 곧 인간이고 투자자 집합 금융자본이다. 이럴 때 꼭 맞는 격언이 있다. 재주는 곰이 넘고 돈은 왕 서방이 번다는.

빈부격차 완화 효과 : 로봇세

세계 최고의 부자, 마이크로소프트 창업자 빌 게이츠가 이런 빈부격차 문제에 대한 대안으로 로봇세를 거두어 보편적 인간에게 유용한 자금으로 사용하자고 주장했다. 나름 참신하고 최고 부자가 발언했다는 점에서 세계의 이목을 끈다. 그러나 완전히 새로운 주장은 아니다. 크게 보아 기본소득 초기 주창자들의 총가치 중 선납세, 기본소득 재원으로 토지 임대차 중 지대의 그것과 유사하다. 자연 지대냐 사회적 지대에 대한 과세냐, 그것이 문제일 뿐이다. 실현가능성은 둘째 치고, 이런 유의 주장은 인공지능이 등장한 최첨단 21세기가 아니고 그로부터 200년(기계파괴운동Luddite Movement, 1811~1817년)은 거꾸로 거슬러 올라가야 할 정도로 오래되었다. 기계파괴운동이란 기계로 인해 실업이 만연하니까 기계를 없애야 인간의 일자리가 생긴다는 '모

아니면 도' 식의 단순무지한 방법론에 기원한다. 그래서 기계가 파괴되면 고용이 증가해서 빈부격차가 완화될까. 혹시 일시적으로 고용이 증가할지 모르지만 소득 증가까지 갈지는 의문이다. 첫째, 이런 식이라면 생산성 상승 경로가 사라진다. 둘째, 더 싼 노동력을 구하는 게 자본의 목적인 한, 기계를 들이지 못하면 이번에는 다른 데서 더 싼 노동력(노예)을 조달할 것이다. 우리는 그 증거로 가까운 근대인 18~20세기에 성행한 노예노동의 역사를 알고 있다. 자, 이번에는 고용을 사수하기 위해서 해외노동력을 파괴해야 하는 과제가 주어졌다. 어떻게 할 것인가. 심지어 우리는 이 비슷한 사례가 21세기에도 이주노동 문제로 다시 발생하고 있음을 잘 안다. 그래서 이주노동을 모두 몰아내면 문제가 해결되는가. 이것이 원리적으로 해결되려면 첫째, 이해관계자인 노동자들이 굉장한 의지로 일치단결하는 집중력을 보여야 한다. 그 지속성은 얼마나 될까. 그러니까 시간의 문제일 뿐이다. 기계파괴운동이란 일시적일 수는 있어도 인간이 스스로 생산성 발전을 자기 부정하는 차원에서 영원한 해결책은 될 수 없다. 둘째, 로봇세, 기계세, 사회적 지대 등등 명목을 어떻게 붙이든 인간노동력을 제외한 다른 생산요소가치(이윤, 지대) 중 얼마를 떼어 다시 인간에게로 재분배(빈부격차 완화)하자는 주장도 생각을 좀 해보아야 한다. 죽기 살기로 싸우면 안 될 것도 없다. 다만 오랜 시간과 적지 않은 희생을 생각해야 한다. 셋째, 상부상조도 방법이다. 씨 터지도록 싸우는 방법만 있는 건 아니다. 다만 상대방에게 나눔의 도리를 설파하는 다소 복잡한 작업을 필요로 한다. 그런데 이는 기본소득의 영역이라기보다 상승

된 노동생산성분을 1차 분배인 자본과 노동 몫(성과급)으로 해당 일터에서 먼저 처리할 일이다. 만약 고용주가 다 가져가면 노동자는 열심히 할 유인이 사라진다. 노동자가 다 가져가면 사장님은 굳이 생산을 더 잘할 이유가 없다. 세금으로 다 가져가면 둘 다 더 일할 일이 없을 것이다. 협상이 필요한 일이다. 성질 급한 노동자라면 직접 소유권에 개입하여 이익 배분 처리권을 획득하든가, 또는 생산성을 유인할 종목(특허, 지적재산권, 영업이익, 숙련도, 매출원가 절감 등)에 특별이익을 거는 경영 참여 방식(책임경영제, 독립채산제, 스톡옵션 등)이라도 동원할지 모른다. 여기까지는 일급비밀이랄 것도 없이 일반적으로 잘 알려진 성과에 대한 나눔, 다양한 성과 배분 처리 과정이다. 이걸 전문용어로 '노나 먹기'(일명 '노나 메기')라고 한다. 더 성능 좋은 기계가 등장했다고 달라질 건 없다. 생산성 높은 기계의 출현이 문제가 아니라, 증가한 생산성을 누가 얼마나 가져가는가 하는 적정한 사회적 필요 노동시간 따위를 다시 정리하는 문제일 뿐이다. 이것을 반드시 먼저 정리해야 로봇세든 뭐든 다음 단계, 즉 전 사회적 배분 할당이라는 문제로 넘어갈 수 있다. 1차 배분(당사자)이 먼저고 다음 2차 배분(사회적 배분)으로 넘어가는 차례, 지켜야 할 순서가 중요하다는 소리다. 가령 과거 100명의 땅파기 삽질 능력이란 시간이 지남에 따라 평균적으로 굴삭기 노동력 1인의 생산성으로 대체되는 과정에 불과하다. 나머지 99인의 땅파기 노동력은 사회적으로 더 이상 불필요한 노동력이며, 실업수당을 받든, 구성 인원 간 노동시간을 조정하고 고용을 지속하든 그것은 배분 방법론의 영역이며, 삽질 일자리는 역사적으로 결국 사라지는 것이다. 그러니까 개별 당사자 계약 관계에서 노동생산성 상승 여부에 기본소득이 당장 끼어들 여지는 없다. 문제의 기본소득이란 이와 같은 개별 기업 내 자본/노동 몫의 배분이 아니라 2차의 전 사회적 배분을 다루기 때문이다. 여기까지 왔다면 왜 기본소득이 그렇게 고용효과를 단기간에 직접 만들어내지 못하는지 원리적으로 이해될 것이다.

경기부양과 소득재분배 효과

빈부격차 완화가 그 정도라면 작게라도 소득재분배 효과는 어떤가. 왜 기본소득용으로 세금을 걷는 가란, 왜 정부가 세금을 걷는가라는 말과 같으면서도 다른 문제다. 기본소득은 실험적이고 유토피아적이기 때문에 '꿈 깨'라는 소릴 듣지 않으려면 당장에 눈에 보이는 실체가 필요하다. 소소하지만 유력한 검증 후보의 하나가 바로 소득재분배 효과다. 그런데 왜 일반 세금이 아니라 굳이 기본소득이라는 항목으로 정부가 그 재원을 애써 만들고 재배분하는 작업을 해야 할까. 가령 일반 세금 중 법인세를 더 걷어도 되는 거 아닌가. 그렇잖아도 죽겠는데, 더 죽겠다고 기업들이 난리 칠 거다. 기존 세수는 다른 데 쓰기도 바쁘다. 그러니까 어깨에 힘 좀 빼고 소소하게 일부 소득재분배용으로 쓸래도 새로운 재원이 필요하다는 소리다. 다행히도 기본소득과 관련해서는 적어도 소득분배효과에서는 과거보단 훨씬 긍정적 반응으로 돌아서는 경향이다.

생/각/해/보/기

재난기본소득 소득분배 효과 실증

우리나라는 기본소득 경험이 없어 재난기본소득 데이터로 소득분배 효과를 간접 추계(오차 감안)하는 정도다. 통계청은 재난기본소득 지급기(2020년 2/4분기)에 소득 5분위 배율이 4.23으로 전년 대비 0.35배 감소하는 소득재분배 효과를 발표했다. 단 한 번의 재난기본소득 지출로 이 정도 효과라면 꽤 긍정적이라고 할 수 있다. 그러나 유리한 부문만 특별 강조한 생색내기 정책 홍보용이라는 의문도 함께 붙어 있다. 통계에 따르면 정부로부터 이전소득(재난기본소득) 효과로 보이는데, 소득분위별로 같은 금액(가구당 약 100만 원)이 지불되면 저분위는 높고, 고분위는 낮은 소득 증가율을 당연히 기록할 것이기 때문이다. 둘째, 분위별 가구수가 반영되지 않았으며 셋째, 근로소득에는 거의 영향 없다는 점은 생략되었다. 통계청 발표대로 그렇게 분배 효과가 좋으면 재원 상관 말고 계속하면 될 건데, 왜 단발성에 머물까. 이 정도라면 좀 더 분발해서 명분을 더 찾아야 하지 않을까.

(단위: 천 원, %)

	1분위	%	2분위	%	3분위	%	4분위	%	5분위	%
가구원 수(명)	2.34		2.78		3.12		3.36		3.52	
소득	1,777	8.9	3,437	6.5	4,791	5.6	6,309	5.6	10,038	2.6
경상 소득	1,770	9.3	3,407	6.3	4,753	5.4	6,261	6.2	9,709	1.0
근로 소득	485	-18.0	1,693	-12.8	2,857	-4.3	4,158	-2.9	6,902	-4.0
사업 소득	263	-15.9	709	11.0	902	-8.2	1,076	-10.2	1,759	-2.4
재산 소득	25	-9.4	24	-20.5	22	-3.7	30	114.5	67	-29.9
이전 소득	996	44.9	981	64.7	973	86.8	997	148.1	981	88.4
공적 이전	833	70.1	800	106.0	763	134.2	739	223.7	750	175.3
사적 이전	163	-17.4	181	-12.8	210	7.6	258	48.5	231	-6.8

표 24) 소득 5분위의 가계수지 (2020 2/4분기, 통계청)

솔직히 기본소득의 현재는 다양하게 실험 중이고 논쟁 중이기에 이런 정도의 긍정적 반응만 해도 나쁘지 않다. 그러나 좀 더 명분을 세우려면 기존 세수를 헐지 말고 새로운 재원을 개척하는 쪽이 더 낫지 않을까. 원래 정부란 명분만 좋다면 다양한 재원으로부터 세금을 환수하며, 다양한 정부 사업을 통해서 정부 소득을 늘린다. 담배, 인삼 같은 전매사업이든, 통신이나 전기 같은 사회 기간산업이든, 석유 같은 기초 에너지 사업이든 막론한다. 이것을 어떻게 사용하는가는 그 재원의 성격이 아니라 그 정부가 무엇을 지향하는가에 따라 결정된다. 세금 외 관점에서 기본소득의 재원이 꼭 필요하다면 정부 공익사업 형식이라도 거침없이 할당을 요구할 수 있다는 소리다. 전 국민적 차원의 배급이 목표라면, 국민연금기금의 민간 주식 지분 참여와 이익배당 중 일정 지분을 허용하는 것도 제법 괜찮은 아이디어다. 초창기 기본소득 재원 아이디어는 불로소득으로 지대라든가, 아니면 일종의 등록세나 소비세(=부가세) 같은 간접세 형식에 초점이 갔지만 거기에 안주하는 것은 구시대적 발상이다. 시대가 바뀌었다. 로봇세든 뭐든 털 곳간을 새로 지정할 필요가 생겼다. 어차피 소득재분배라는 착한 명분이 기본소득론의 뒷배경인 한, 이른바 재원이란 눈을 돌려 개발하기 나름이고, 결과적으로 달성할 목표가 초점이면 모로 가든 뒤로 가든 서울만 가면 되는 것 아닌가.

소비 기금 효과와 간접 사회보장 효과

한편 노동력에 상관없는 기본소득의 목표란 사회보장과 다르다. 일반적으로 사회보장이란, 생활필수재나 사회적 약자를 보호할 특정 목적으로 보통 누진적 조세와 정부 지출로 처리하는 방식이고, 기본소득이란 일반적 교환 수단인 화폐로 전 국민 구성원에게 지급하는 소비 기금이라는 차원에서 성격이 다르다. 이 소비 기금을 의료, 주거 등 기초 생활필수재에 사용하지 말라는 법은 없기 때문에 사회보장으로 말하면 그 활용의 여지를 남긴 간접 접근이라 할 수 있다. 기본소득에 실험적이라는 이름표가 따라붙는 것은 기본소득이 실제의 소비 기금으로 연결되지 않을 수도 있어서 어느 정도 직접 효과로 나타날지 막연하고, 생활수준 100% 보장의 기본소득이 지급된 실전 경험이 전무하기 때문이다[75]. 그런데도 기본소득을 각 나라에서 다양하게 추진하려는 이유는 무엇인가.

시장을 전제로 하면 시장과 정부는 각각의 다른 분배 방식으로 자기 역할을 수행한다. 보통 시장은 상품교환 관계를 정부는 국방과 치안, 행정 및 비상품성 공공 분배를 주로 담당한다. 자본주의 후기로

---

[75] 물론 전혀 없지는 않다. 정부가 전 국민 생활비 100%를 보장한 유일한 경험은 냉전시대 국가사회주의 형식, 단일 기업화를 최초로 적용한 소련 및 동구권 몇몇 나라의 실험이 그것이다. 그러나 냉전시대 계획사회주의가 사라진 지금, 이것은 그 성패를 떠나서 일종의 기본소득의 한 실험 사례, 전 국가적 실험 경험에 해당한다.

갈수록 감염과 천재지변, 불가항력 등 빈번한 재난과 빈부격차, 노약자, 노동 무능력자, 실업 등등 사회적 약자의 양산, 불황과 공황의 짧은 주기화에 따라 시장보다 정부 역할이 점점 더 증가했다는 것은 주지의 사실이다. 사회보장이 보건, 의료, 교육 등 주로 생활필수재 부문에 집중되어 있다면, 체제를 막론하고 일반 경제활동을 정부가 개입할 것인가에 대해 현대 정부의 고민이 있고, 잘 알려진바, 통화 재정에 대한 적극 개입이 수정자본주의 시대 정부 활동의 본말인 한, 일반 시장경제에 정부가 개입하지 않는다는 불문율은 더 이상 유효하지 않게 된 지 오래다. 그렇다면 사회보장을 넘는 일반 시장경제 분야에서조차 부족한 소비 기금을 목표로 소득을 직접 보조하는 방식이 고안되지 않을 이유란 더 이상 없다. 댐을 만들거나 토건 개발을 추진해 고용을 늘리고 소득을 지급하느니, 그냥 소득을 지급하면 어차피 소비로 연결될 것, 경기를 자극하는 취지를 충족하는 것 아닌가에 현대판 기본소득론 실체가 담기기 시작한 것이다.

누구한테 얼마나 지급할 것인가가 기본소득 논란의 2탄이다. 사실 이 논란은 기본소득이 하나의 정의로 정형화하기 곤란할 정도로 다양하게 분포되어 있다는 결과로부터 기인한다. 지급 대상(전 국민 또는 특정 계층), 지급 소득수준(일시 소비 기금, 지속적 생활 기금 또는 최저생계비 수준 등등), 지급 품목(사회보장과 중복)과 기본소득 재원 등등에서 너무 많은 제안들이 쏟아져 나와 도대체 기본소득의 기준이란 무엇인가 하는 정의부터 다시 재정립해야 할 정도다. 나라마다 사정이 다를 것이기 때문에 무엇이 정통한가를 따질 여유는 없다. 다만 소비

기금 역할이라면 사회적 약자 등 특정 계층을 콕 집어낼 필요는 없고, 한편 민주주의에서 정치적 지지층을 다양하게 포진시키는 데도 필요하고, 누구는 되니 안 되니 하는 계층 분리에 따른 사회적 비용의 처리를 고민하지 않아도 되기에, '누구나에게 지급하는 소득'이라는 범용성에 집중한다면, 기본소득이란 이 시대에 필요한 대강의 소비 기금으로 필요 요소를 고루 갖춘 타이밍상 마침 적절한 소재의 자격으로 우대되고 있을 뿐이다.

불황 유예와 금융독점 완화 효과

그런데 아직도 배가 고프다. 그럴듯한 다른 명분은 또 없을까. 현대 금융자본의 고질인 지나친 폭주의 문제를 기본소득으로 해결할 수 없는가. 이 문제는 마이너스 금리에 의존하지 않고 새로운 생산 재원을 찾아 실물경기와 금융 독주의 격차를 줄이는 효과라고 말할 수 있다. 적자재정 말고 실물경제에서 덜어낼 만만한 다른 재원은 어디에 있는가. 4차 산업 빌 게이츠의 로봇세는 솔직히 아직 시기상조다. 영화 〈아이, 로봇〉처럼 로봇이 온 세상을 펄펄 날아다녀야 세금을 거둘 명분이 설 텐데 우리가 아는 로봇이란 아주 큰 무인공장 산업용 로봇 몇 대이거나, 실험용, 기껏해야 청소로봇이다. 지대는 어떤가. 어떤 지대? 월세, 전세? 어디에다 붙이든 얼마를 붙이든 자본주의 지대는 워낙 다종다양해서 일괄 적용하기 어렵다. 특히 지대는 태초의 자연 불로소득이 아니라 각종 유지·관리비에 세금과 이자와 벌과금의 만만한 대상물, 도시 지대로 변신한 지 오래다. 더 들어가 하나 남은 주택 재산권이라도 건드리면 금방이라도 폭발할 지뢰 신세나 다름없다. 그들을 기본소득 재원의 대상으로 다시 소환하고 걸러내고 싸워 일망타진할 자신은 있는가. 남은 재원, 마지막 신의 영역은 증권 관련 세금이다. 세계 최고의 부자들의 자산가치는 대부분 증권이고, 창업자 이득이다. 빌 게이츠, 스티브 잡스, 제프 베이조스(아마존 대표)가 얼마나 대단한 기업 가치를 만들어냈기에 십수 년 만에 재산이 수십 조, 수백 조 원이 된다는 것인가. 이것은 금융독점자본화한 현대자본주의의 기형적 소득구조, 증권 자산가치 때문이 아닌가. 푼돈밖에 안 되는 자선사업 운운하지 말고, 정당하게 보유세, 거래세로 주기적으로 세금 내면 그 돈으로 좋은 일 많이 할 수 있다. 그걸 못 하는 건 혹시 현대 금융자본주의와 정치권이 협잡하는 정치경제학 때문이 아닌가.

부(자산)의 재분배 효과

부의 재분배란 여러 소득 중 주로 자산소득 재분배 효과를 말한다. 관건은 기본소득의 재원으로 이 효과를 기획할 수 있는가 여부이다. 그러니까 우리나라 연간 예산이 5백 수십조 원(2020년 예산 540조 원)쯤 되니까 1%면 5조 원, 4%면 20조 원쯤 된다. 이걸 전 가계 수 2000만 가구(2050만 가구, 2018년 통계청)로 나누면, 가구당 연간 100만 원, 딱 2020년 재난소득 규모다. 이 정도는 너무 작아 이를 소득재분배, 기본소득으로 간주할 건가 말 건가는 오히려 별로 중요한 쟁점이 아니다. 빈 곳간에서 마른 수건 쥐어짠들 나올 게 없기 때문이다. 그렇다면 과연 우리나라 모든 부의 창고는 비어 있을까. 다음의 자산 변동 흐름은 꼭 눈여겨볼 만한 대목이다.

우리나라 총유동성(M3)은 3000조 원(2020년)으로 GDP의 약 2배이며. 주요 30대 기업의 사내유보금(기업의 비용, 배당, 상여금 등을 제하고 남은 이익잉여금)은 1000조 원에 달한다. 이걸 놀리느니 생산적 투자로 유인할 방법은 뭘까. 2019년 국민 순자산 중 비금융자산(토지, 건물)은 1경6000조 원이고, 금융자산은 1경7213조 원이다. 성장률은 각각 6.4%, 7.9%로 금융자산이 1.5%로 더 높고, 순 금융자산 성장률은 무려 18.9%이다. 비금융자산의 거래세 최고율은 42%(2019년)이나 60%(2021년, 주택 3채 이상 보유 시)로 치솟는데, 금융자산 거래세는 최고 세율이 20%에 불과한데도, 그나마도 높네 마네 말이 많다. 다음은 2019년 국민대차대조표이다.

(단위: 조 원, %)

	2017	2018p	증감액	증감률	2019p	증감액	증감률
국민순자산	14314	15563	1249	8.7	16621	1057	6.8
비금융자산	14033.6	15076.1	1042.5	7.4	16041.5	965.4	6.4
순금융자산	280.4	487.7	207.3	73.9	580	92.3	18.9
금융자산	15237.5	15951.2	713.7	4.7	17213.1	1261.9	7.9
금융부채	14957.1	15463.5	506.4	3.4	16633.1	1169.6	7.6

표 25) 국민대차대조표 (한국은행, 2019)

연간 국가 예산이 500조 원이고 기본소득 최소 실현 가능 수준이 20조 원인데, 유동성이 예산의 약 6배, 사내유보금이 2배, 비금융자산이 32배, 금융자산이 35배이고, 조세부담률이 비금융자산은 60%, 금융자산은 20%라면, 비록 순 탁상머리 행정 초짜라도 어디가 털 만한 곳간인지 방향이 보이는 것 아닐까. 물론 현장 경제는 더 복잡한 사정이 개입될 것이고, 탁상의 수치만으로 모든 걸 판정하지 못한다. 그러나 기본소득이 인간다운 기초생활 수준을 꼭 목표로 한다면, 빈 곳간에서 헛다리 짚지 말고, 유명무실한 금액으로 찔끔 생색내기보다는 최소한 부의 집중처를 탐색하고, 실생활에 살짝이라도 도움 줄 정도의 액수는 되어야, 부의 재분배 운운하는 효과가 나지 않을까.

사회경제 활력소 : 사회적 노동비용 절하 효과

기본소득의 시작이자 종착지, 인간다운 최저 생활을 위한 선납금 개념의 취지가 그나마 빛을 보려면 선납금 수준이 경제를 망칠 정도로 너무 크면 곤란하다. 계속 순환하는 매개체, 활력소로 역할을 하는 단순재생산 구조라도 만들어지거나 차라리 그를 능가하는 확대재생산을 목표로 해야 그 아래 언저리 어디라도 기웃할 것이다. 그것은 생활비 100%가 아니라 조금 부족하더라도 지속성 있는 생활 보조금으로 역할을 할 때, 사회적 필요노동력 재생산비의 일부가 뇌어 기업의 임금 부담을 낮춘다. 이 단계에 이르면 이제 기본소득이 사회경제의 활력이 되는 마지막 퍼즐, 선순환 공식이 완성된다. 이것이라면 숨겨놓고라도 먹을 만하다. 기본소득은 더 이상 아무렇게나 퍼 주는 일회성 낭비 기금이 아니며 경제순환에 기여한다. 기본소득은 무엇보다 누구나 만족할 만한 생활비 수준이 아니라, 그보다 다소 부족한, 나라마다 실현 가능한 수준에서 시작하여 점차 필요노동을 대체하는 방향으로 진화할 것이다. 그것은 연말연시 때만 되면 강요받는 강제 기부금처럼, 털어낸 빈 곳간에서 한 방울 더 쥐어짜는 빌어먹을 불편한 세금 징수 방식이 꼭 아니어도 된다. 가령 기본소득을 위한 신개념 공공사업이거나, 안정적 이자율의 공적 채권이나 투자 배당금, 이른바 4차 산업 자율주행차 등의 특허나, 전파, 통신채널, 드론 항공권 인허가, 환경세 같은 새롭게 부상하는 사회적 지대에 대한 지입료, 선납세, 또는 과잉 재정 시대 최고 수혜자인 금융자본에 대한 일종의 과징금(토빈세처럼)으로, 조금 덜어내도 많이 벌었기에 기꺼이 기부해도 아깝지 않은 넉넉한 호수 같은 물일 수 있다. 받을 건 받되 미래를 위한 유인, 선도 투자의 길을 준다면 누가 기부를 마다하는가.

포퓰리즘 효과, 혹은 인류의 마지막 꿈

그런데 잘못하면 엉뚱하게 퍼 주기 논란이 붙을 수 있다. 기본소득은 무엇보다 천천히 움직이는 나무늘보와 같으며, 지속성이 생명이기에 처음에는 그 규모가 작고 그 느림에 따라 당장의 효과를 장담할 수 없다는 게 단점이다. 검토할 게 그만큼 많다는 소리다. 그런데도 제 돈 아니라고 국민 세금인 정부예산이 마치 '공짜점심'이라도 되듯이 규모에 대한 설전으로, 누가 더 많이 지르나 하는 포퓰리즘 경쟁, 소모전으로 비화하기 쉽다. 이런 걸 제재하지 못하면 위험하다. 나라 곳간을 훌쩍 넘는 과잉 기대는 파국을 불러올 수 있을 만큼 위협적이다. 기본소득은 검증된 신의 한 수도 아니고 만능도 아니다. 불완전하고 아직도 실험 중이다. 당장에 성과를 못 낼 수도 있고 때로는 심각한 도전에 부딪히거나 만만치 않은 비용을 지불할 수도 있다. 당장에 급한 다른 정책 과제와 순위를 다투거나 험난한 시행착오와 수정 단계를 거쳐야 하고 심지어 먼저 실험한 다른 나라처럼 철회해야 할지도 모른다. 설계의 보완은 불가피하고, 숨 고르기, 조정이 필요하다. 그럼에도 불구하고 이 불완전한 실험을 끊임없이 시도하는 이유는 뭔가. 생산력만 뒷받침되면, 기본소득, 그것은 사회 구성원 모두가 함께 행복한 미래로 가는 인류의 꿈, 노동에 관계없이 유토피아로 가는 최초의 한 걸음이기 때문이다. 언제나 그렇듯이 인류는 확신보다는 불확실성으로부터 진보해간다.

Unexperienced Post Corona Principle of Economics

10장 국민경제와 환경

1. 대안 국내총생산(GDP)과 국민경제
— 국민행복지수 높이기

    2007년 태안 앞바다 기름 유출 사건이 우리나라 최악의 환경 재앙이었다면, 2010년 멕시코만 기름 유출, 2020년 인도양 모리셔스 해안 일본 상선 기름 유출은 태안의 수백 배 비용이 들지 모르는 21세기 최악의 기름 재앙이다. 그럼에도 불구하고, 2010년 미국은 2009년 불황을 훌쩍 넘는 3~4%대의 성장, 2007년 한국은 전년 대비 국내총생산(GDP) 증가라는 역시 최고의 경제성장률을 기록했다. 그래서 그런가. 태안 사고 주역인 삼성중공업과 홍콩계 허베이스피리트호는 수천만 원의 경미한 벌금만 지불했다. 환경오염으로 경제가 발전했다고 감사패라도 돌려야 하나.

국민총생산(GNP)이란 무엇인가

    흔히 한 나라 경제의 성과는 국민총생산(Gross National Product, GNP)의 등락으로 표현한다. 그런데 태안 사태로 보면 GNP는 경제의 성과를 가리키는 절대 지표가 아니며 낭비와 경제 실패까지도 덧셈하는 한심한 측면이 존재함을 알 수 있다. 이런 문제 때문에 요즈음에는 기존의 GNP를 대신해서, 새로운 대안 GNP 개념을 사용하자는 제안이 늘고 있다. 컬럼비아대학교 스티글리츠(Joseph Stiglitz) 교수가 고안한 '행복 GDP', 환경을 감안한 '녹색(Green) GDP', 유엔개발계획(UNDP)의 인간개발지수(HDI), 심리적 웰빙 또는 문화 및 행복 같은 척도를 더 중시하는 국민총행복지수(GNH) 등이 그러한 예이다.

이른바 대안 GNP란, 경제 수치와 실적으로만 발표되는 기존의 GNP의 맹점을 꼬집고 삶의 질의 실질적인 등락을 가리키는 새로운 부의 척도를 개발하려는 노력의 산물이다. 그러면 이번 기회에 논란의 여지가 많은 GNP 개념을 아예 퇴출시키면 어떨까. 그런데 이것은 그리 간단한 문제가 아니다. 먼저 GNP를 무슨 이유로 개발했는지 생각해보자. 가령 가정주부가 총주머니 사정을 생각하지 않고 펑펑 돈을 써대면 어떻게 될까. 여기서 총량(gross)이라는 개념은 단순히 개별적인 수치의 '합'이라는 의미에 국한되지 않고 전체 경제생활을 계획하고 조절해나가는 중요한 기준으로서 역할 한다는 사실을 알 수 있다. 국민총생산(GNP)이란, 이처럼 나라 부(富)의 총집계이자 동시에 총량이라는 이름하에 산업의 각 부문을 조정하는 경제의 기준 지표라는 두 가지 의미를 담고 있다. 좀 더 세밀히 말하자면 GNP란, '1년간 그 나라의 모든 국민이 생산한 재화와 용역, 즉 부가가치를 시장에서 평가한 최종 합계'로 정의된다. 부가가치[76]란 말 그대로 새로 일을 더해

---

[76] 부가가치(added value)와 부가가치세: 부가가치란 새로 생산해서 추가되는 가치를 말한다. 가령 농부가 맨땅에서 벼를 100원어치 생산하면, 농부의 부가가치 생산량은 100원이다. 도정업자가 이 벼로 쌀을 만들어 120원에 팔면 새로 생산한

서 추가되는 가치를 의미하는데, 따라서 총부가가치란 곧 총국민생산물을 가리킨다. 이제 우리는 이 총량을 가지고 이렇게 저렇게 쓸 것을 계획할 수 있고, 작년에 비하면 올해는 어떤지, 각각의 산업부문 중 어느 쪽이 잘되고 안 되는지를 가늠하고 방향을 세울 수 있다. 또 이를 이해한다면 다양한 GNP 계산법을 응용할 수 있다. 가령 중간 단계를 모두 생략한 채 최종 소비자의 지출만을 합계하는 방식으로도 GNP가 계산되며(지출접근법), 각 생산단계에서 각각의 소득으로 분배되는 임금, 이자, 이윤 등을 합계해도 같은 결과의 GNP(소득접근법)가 산출된다. 즉 생산, 분배, 지출 차원에서 각각 측정한 GNP가 모두 같다는 것을 일러 국민소득의 '삼면등가의 법칙'이라고 부른다. 가령 누구에게 얼마의 소득이 들어가는지 소득의 흐름을 알고 싶다면 한국은행에서 발표하는 국민 계정의 흐름을 파악하는 것만으로도 그 윤곽을 알 수 있는 것이다. 이처럼 전체 경제 규모의 잘잘못과 흐름을 파악하는 데는 GNP 개념이 더없이 훌륭한 역할을 수행하기 때문에 일부 문제가 있다고 해도, 이 방법을 함부로 무시해서는 안 되는 것이다.

대안 국내총생산(GDP)란 무엇인가

그러나 GNP 개념이 경제적으로 그럭저럭 쓸모가 있다고 할지라

부가가치는 20원(120원-100원)이다. 즉 '부가가치=판매가-구매가'의 수식이 성립한다. 국민 각각이 생산한 부가가치를 모두 더하면 총부가가치, 곧 국민총생산(GNP)이며, 부가가치에 대해 일정 비율(한국의 경우 10%)의 세금을 매기는 것이 부가가치세이다.

도 잘못이 있는 한 그 잘못을 마냥 방치할 수는 없는 것이다. 가령 태안 사태의 문제점이란 파괴된 환경가치가 완전히 복구된 것처럼 보이도록 한 착시현상임에도 불구하고 경제가 성장한 것으로 집계된다는 데 있다. 굳이 이를 문제 삼는다면 마이너스 요인을 빼고 계산하면 될 거 아니냐고 반문할지 모른다. 안타깝게도 이것은 여러분의 독창적인 생각이 아니다. 아하! 눈치챘을 것이다. 이른바 녹색(Green) GNP[77]가 벌써 개발되었으며 이는 파괴된 환경가치는 물론 석유나 석탄 같은 재생 불가능한 자원까지도 소모된 만큼을 GNP 개념에서 삭제할 것을 요구한다. 물론 이렇게 GNP를 다시 계산한다면 현재 발표되는 GNP 수치는 절반 이상 깎아야 할지도 모른다. 그러면 왜 이와 같은 대안 GNP들을 모든 나라에서 사용하지 않을까. 첫째, 측정할 때 똑같은 기준을 적용하기가 쉽지 않기 때문이다. 아무리 GNP 측정 방법의 문제점을 지적하더라도, GNP는 각 단계에서 생산된 가치를 단순하게 모두 더하면 된다. 즉 무엇보다도 측정이 간단하다는 집계 방법에서 최고의 효율성을 가지고 있다. 반면 대안 GNP들은 측정 기준이 가지각색이기 때문에 그 기준을 일치시키기가 어렵다. 가령 봄철 황사는 동아시아 일대에 막대한 피해를 가져오지만 나라마다 이를

---

[77] 녹색 GDP: 환경피해, 자원 고갈 등을 감안한 GDP. 1993년 유엔통계국은 「환경경제통합계정(SEEA)」을 발간했다. 이는 기존의 시장경제 활동 위주의 「국민계정(SNA)」과는 달리 환경보호 활동, 자원 투입과 오염물질 배출, 자연자산의 총량과 그 변화량을 포함한다. 한국은행은 2009년 「SEEA」를 본떠 「환경보호 지출계정(EPEA)」을 만든 적이 있는데, 연간 GDP의 3.1%인 27조 원의 환경비용이 발생한 것으로 추정된다.

어떻게 객관화된 경제적 가치로 환산하는가는 쉬운 일이 아닌 것이다. 둘째, 인간의 행복지수란 사람마다 생각이 다른 것인데 이를 과연 적정 수치로 전환시키는 것이 가능할까. 이처럼 모두를 더하기는 쉬운 반면, 좋은지 어떤지, 얼마만 한 영향을 주는지를 객관적으로 측정한다는 것은 대단히 어려운 과제인 것이다. 즉 대안 GNP 개념들은 그 훌륭한 취지에도 불구하고 아직도 더 연구되어야 할 미완성 과제인 것이다. 물론 그렇다고 해서 GNP 개념의 한계[78]를 지적하는 대안 GNP의 의미를 과소평가하는 것은 좋은 태도가 아니다. 따라서 이 문제는 다른 더 좋은 방법론이 등장할 때까지는 전체 경제 윤곽을 잡는 과도기적 총계 개념으로 GNP를 평가하되, 이를 현실에 맞게 재평가, 혹은 수정하는 보조 방법의 개발이라는 문제로 압축된다고 할 것이다. 가령 환경파괴 등이 발생할 때 그 부정적 측면을 GNP로부터 얼마만큼 차감할 것인가라는 경계지표 설정, 둘째 GNP를 적정하게 수정하는 보조 지표로 무엇을 사용할 것인가 등등이다. 예를 들면 GNP 개념의 마지막 항목에는 반드시 시장가치로 평가한다는 기준이 있다. 그러나 1인당 GNP가 한국의 100분의 1 수준인 백 달러 미만의 아프리카 오지나 방글라데시 주민들은 여전히 생계를 유지하며 살고 있다. 그 이유는 시장을 거칠 필요가 없는 생산방식, 즉 주부들의 가사노동 같은

---

[78] GNP 개념의 한계: 1인낭 GNP가 2만 달러라는 말은 평균국민소득임을 뜻할 뿐 누구나 2만 달러를 번다는 소리는 아니다. 즉 소득격차에 취약하다는 것이 GNP 개념의 제1 한계이고 그 밖에 물가와 환율변동에 둔감, 환경파괴 및 비시장 가치(주부 노동, 암시장 등)를 반영하지 못하는 점 등을 꼽을 수 있다.

비시장 방식인 자가 노동이 상대적으로 더 많기 때문이다. 따라서 이는 비시장 부문을 현재의 시장가치로 환산하는 비율 개발이 관건이 된다. 한편 2009년 한국의 1인당 GNP는 1만7175달러로 2007년에 비하면 무려 20% 하락한 반면, 2010년은 2만700달러로 전년 대비 30% 성장하였다. 2년간 경제성장률은 1~7%의 변동에 불구한데 어떻게 된 일일까. 이는 실제 부가가치 등락이 그 외적 조건에 의해 왜곡되는 것, 즉 경기변동기에는 연간 30~40%를 넘나드는 과도한 환율 조정 때문이다. 이 문제를 해결하려면 지금과 같은 자유변동환율이 아니라 기준(고정, 혹은 달러 연동 등등 수정된)환율에 의한 GNP 평가와 같은 객관적 방법의 개발이 요청되는 것이다. 이런 지수의 개발은 사실 국내 상황에서 그치지 않는다. 예컨대 세계 각 나라의 임금수준, 땅값 수준 등등 또한 천차만별인데 이를 교정하려면 노동생산성 격차나 성장률 등을 감안한 노동가치 수정 GNP[79] 등도 개발할 필요가 있는 것이다.

---

[79] 대안 GDP: 히말라야의 부탄왕국은 세계 GDP 하위권 국가이지만 영국 신경제재단(NEF)의 국민총행복(GNH) 지수로는 세계 8위의 행복 선진국이다. 2009년 부산에서 열린 OECD 세계 포럼에서 스티글리츠 교수가 발제한 '행복 GDP'는 보건, 교육, 범죄, 실업 등 8개 항목으로 구성되었는데, 이는 미국의 범죄 재정지출이 교육 지출보다 많아 삶의 질이 악화되었음에도 불구하고, 공공지출 및 GDP가 오르는 문제를 반영한 것이다. 한편 한국의 2000년대 GDP 성장률은 평균 3~4%이지만 실질 가처분소득 증가율은 그 4분의 1인 1%에 불과하다. GDP가 높아도 정작 쓸 돈은 별로 없다는 GDP 개념의 한계를 생각하게 하는 대목이다. 그러나 이들 대안 GDP의 약점은 생활수준이나 심리적 만족도를 객관적 수치로 집계하기가 어렵다는 데 있다. 가령 주부의 가사노동가치를 추가한다면 GDP는 무조건 인구수에 비례하는 맹점이 발생한다. 따라서 대안 GDP가 현실 경제에 실제 응용되려면 우선 시장과 비시장 부문을 구분하고 비시장 부문에 대한 평가 방식을 따로 개발

물론 이런 다양한 대안 GNP를 만들어내는 것은 쉬운 작업이 아니다. 무엇보다도, 세계 각 나라는 저마다 이해에 따라 각각의 경제지표를 사용하기 때문인데, 아주 훌륭한 GNP 추계 방식을 개발한다고 하더라도 서로 다른 이해관계가 한꺼번에 해결되지 않는 한 그 기준을 채택할지 의문인 것이다. 그러므로 우리의 GNP에 대한 현 단계 이해 수준은 세계에 가장 훌륭한 GNP 개념의 개발에 있다기보다는, GNP 개념 및 문제점의 이해, 그리고 여러 가지 GNP 개념을 우리 경제에 맞게 어떻게 잘 적용하고 사용할 것인가에 대한 응용 방법에 초점이 맞추어진다고 할 것이다.

국내총생산(GDP)과 가처분소득

GNP가 그 나라 국민이 생산한 부가가치의 합계라면, 국내총생산(Gross Domestic Products, GDP)은 국경 내 생산을 강조하고 이를 지리적으로 재합성한 부가가치의 합계이다. 요즈음은 GDP(혹은 국내총소득GDI) 개념이 사실상 GNP 개념을 대체하고 있다. 이유는 나라 간 교역이 활발하지 않았던 이전 시대에는 GNP 개념이 중요했지만, 국제교역이 활발한 요즈음 시대에는 그 나라 국민이 얼마나 생산했느냐 보다, 한 나라 안에서 얼마의 생산이 발생하느냐가 더 중요한 기준이

해야 하는 숙제 등이 남는다. 브라질은 2005년부터 조사 품목을 3~4배 확장한 새로운 GDP를, 중국은 환경을 감안한 녹색 GDP를 개발하기 시작하였다.

되고 있기 때문이다. 정리하자면 GDP란 내외국인을 불문하고 한 국경 내에서 발생한 부가가치의 합계, GNP란 국경을 불문하고 그 나라 국민이 생산한 부가가치의 합계를 뜻한다.

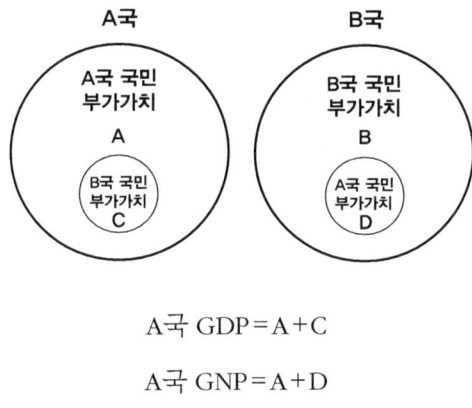

A국 GDP = A + C

A국 GNP = A + D

그림 47) GDP, GNP 개념 구분도

GDP = 민간 소비 + 기업 투자 + 정부 소비 + (수출 - 수입)

즉 GDP를 지출 차원에서 정리하면 민간에서 이루어지는 모든 소비에다 기업 투자 및 정부 소비를 더하고 국경 밖의 거래인 수출에서 수입을 뺀 순수출을 더한 것이다. 한편 2000년대 우리나라 경제성장률 대비 평균 가처분소득의 성장률은 그 4분의 1 규모에 불과해 OECD 국가 중 최저를 기록하였다. 이는 성장에 비해서 실제 쓸 수 있는 가계소득이 대단히 열악했다는 것, 즉 실속 없는 성장임을 가리키는 것이다. 이때 말하는 가처분소득[80]이란 개인소득에서 개인의 세금과 세외부담, 즉 이자 지급, 사회보험료 등등 비소비지출을 공제하고 이전소득(사회보장금, 연금 등)을 보탠 것으로 실제 소득 및 소득격차 수준을 가리키는 지표로 사용된다. 즉 GDP에서 감가상각비 및 조세(간접세, 직접세, 비소비지출)를 빼고 정부보조금 및 국민연금 등을 더해 개인이 최종적으로 실제 쓸 수 있는 소득을 말한다. 우리나라 2019년 국민소득(1.6조 달러) 대비 가처분소득의 비중은 54%, 즉 자기 소득의 46%는 세금 및 이자비용 등으로 빠져나가서 그 부담이 심각하며, 이는 OECD 국가 중 최고 수준에 이른다.

연간지표	2007	2008	2009	2010	2012	2017	2018	2019	2020
GDP(억 달러)	11726	10468	9443	11438	12779	16233	17251	16510	16382
GNP(천억 원)	10868	11545	12034	13245	14551	18431	19058	19411	19480
GNP(억 달러)	11697	10470	9428	11455	12913	16299	17321	16606	16508
국민처분가능소득(천억 원)	9013	9466	9760	10802	11772	14970	15394	15490	15463
가계총처분가능소득(천억 원)	6171	6586	6816	7225	7938	9827	10256	10584	10849
가처분소득 비중(%)	57	57	57	55	55	53	54	54	54
1인당 GDP(달러)	24087	21339	19151	23083	25457	31605	33429	31838	31637
1인당 가계처분가능소득(달러)	13641	12178	10830	12611	14033	16919	18062	17380	17755
GDP(실질성장률 %)	5.8	3	0.8	6.8	2.4	3.2	2.9	2	-0.9

표 26) 연도별 국민계정과 성장률 (「국민계정」, 통계청)

---

80 국내순생산(NDP)=GDP-감가상각비(시간이 지나 낡아지는 가치)
국민처분가능소득(NDI)=국내순생산(NDP)-간접세+정부보조금
가처분소득(DI)=국민처분가능소득(NDI)-(직접세+비소비지출)
+이전소득(사회보장금, 연금 등)

2. 환경경제와 규제의 신기원
― 노벨경제학상은 죽었다

1972년 로마클럽보고서는 '지속가능한 개발(sustainable development)'이라는 말을 만들어냈다. 요약하자면 성장은 무한하지 않으며 석유 같은 지구의 화석자원은 2070년쯤 완전 고갈되므로 인류가 살아남기 위해서는 무한 개발이 아니라 지속가능한 개발을 해야 한다는 것이다. 이제 얼마 남지 않았다. 인류의 미래는 어떻게 될까.

환경문제와 경제문제

21세기에 발생하는 각종 환경 재앙은 확실히 인류의 미래를 불안하게 하는 첫 번째 요인이다. 지구온난화로 극지의 빙하가 다 녹으면 해수 표면이 지금보다 50m 상승한다. 남태평양의 투발루나 몰디브 같은 나라들은 벌써부터 물밑으로 점점 가라앉고 있다.

남태평양의 아름다운 산호초 섬 몰디브는 지구온난화로 해수면이 상승해
조금씩 가라앉고 있어서 앞으로 몇십 년 후에는 물속에서 이렇게 업무를 봐야 할지 모른다.
〈https://www.hani.co.kr/arti/culture/movie/531484.html〉

만인이 지탄하는 지구온난화의 주범은 화석자원의 과다 사용과 숲의 소실로 알려져 있다. 아무런 대책 없이 이 사태가 계속된다면 금세기 내에 지구 멸망으로 구원투수 독수리 오 형제라도 불러야 할지 모를 일이다. 그렇다면 화석자원의 과다 사용 금지, 생산축소, 환경자원 최대 보존 같은 극단적 환경 처방을 내리면 어찌 될까. 간단히 말해서 지구환경은 보호될지 모르지만, 지구촌 경제는 최악의 상황을 맞이할 것이다. 코로나19 사태처럼 여행이나 물류의 동결, 공장 중단, 금융 파탄, 식량 악화, 폭동 등이 예상되고, 더 견딜 수 없는 나라부터 전쟁 도발이 빗발칠지도 모른다. 지금 우리는 환경문제와 경제문제가 어떻게 충돌하는지를 보고 있는 것이다. 그린피스 같은 극단적 환경주의자들의 주장이 틀린 것은 아니지만 경제적으로는 환경보호만이 절대 대안이 아니라는 점 또한 알고 있어야 한다. 즉 환경문제란 대기

오염, 전염병 같은 환경파괴가 인류에게 미치는 영향이라면, 경제문제란 환경이든 뭐든 간에 인간이 먹고사는 데 발생하는 모든 문제를 말하기 때문에 결국 환경문제는 경제문제에 포섭된다. 이전에 인간이 그리 높지 않은 생산력으로 자연을 개척할 당시, 인간의 자연 파괴 혹은 자연에 방치하는 폐기물 정도는 자연 스스로의 정화 능력으로 충분히 감당될 수 있어서 환경오염이란 인간 능력이 통제할 수 있는 범위인 경제생활과 관계없는 외적 조건, 즉 자연현상 자체였을 뿐이다. 그러나 오늘날의 환경문제란 인간의 과도한 생산과 자연 파괴가 자연 정화 능력을 벗어나 인간의 경제활동에 거꾸로 중대한 해를 끼치는 새로운 경제문제로 등장하였음을 가리킨다. 즉 빈부격차, 불황, 공황 같은 전통적인 경제문제에 이전에는 거의 무시되었던 환경오염 축소와 그 복구 비용이 인류가 처리해야 할 새롭고 중대한 경제문제로 부상한 것이다.

환경문제에 대한 경제학적 대안

그렇다면 어떻게 하는 것이 환경도 살리고 경제난도 해결하는 대안의 길일까. 잘 알려진 이론 중 하나는 신고전학파 계열의 환경정화 비용편익분석 이론이다. '비용편익론'이란 간단히 말해서 환경오염에도 불구하고 발생하는 사회적 편익이 그를 처리하는 환경비용보다 크다면 환경오염을 선택하고, 그렇지 않다면 오염을 발생시키지 않는 편을 선택한다는 것이다. 가령 설악산의 맑은 물 같은 수질을 도시인들이 먹으려면 도시 주변에서도 환경오염이 전혀 발생하지 않거나 오염이 발생하더라도 그에 대한 완벽 정화 비용을 지출해야 한다. 그러나 그 비용이 너무 크면 오염을 허용하되, 비용보다 사회적 편익(benefit)이 큰 도시 근교의 상수도원을 개발하는 것이 해법이라는 것이다. 이 이론은 나름대로 합리적이어서 각종 개발사업에서 환경평가 방법으로 종종 사용되곤 한다. 그러나 이 방법이 정말 대안일까. 예컨대 사회적 편익이니 비용이니 하는 것을 명확하게 측정할 수 있을까. 우리는 국가나 지자체, 혹은 기업들이 시행하는 많은 개발사업에서 나쁜 환경평가로 사업이 불허된 사례를 거의 찾을 수 없으며, 대부분의 사업이 반대자들보다는 권력자나 시행자 뜻대로 진행되고 결국 환경파괴가 되는 경우를 흔히 볼 수 있다. 즉 비용편익분석이란 잣대의 공신력은 전적으로 믿을 바가 못 되며, 색안경을 쓰고 보면 사업을 통과시키기 위한 일종의 요식행위에 불과하다고 비판할 수 있는 것이다. 그러므로 이 문제의 해결은 막연한 비용·편익이라는 경제 계산의 관점보다는 환경문제에 대한 경제적 가치를 바라보는 관점, 즉 발생원인자와 피해자 처리에 대한 관점으로 방향을 돌려야 해결의 실마리가 잡힌다.

원인 제공자 문제를 제기한 대표적인 학자는 노벨경제학상을 수상한 코즈(R. Coase, *The Problem of Social Cost*, 1960)이다. 그가 제시한 방법은 협상(bargain)과 합병(merger)인데, 판정의 기준은 무엇보다도 재산권에 따라야 한다는 것이다. 가령 협상의 경우 피해자가 보상청구권을 행사할 수 있다는 전제하에, 오염 발생자는 이로 인한 편익이 손해보다 크면 오염 피해자에게 약간의 보상을 더 해주고 오염을 배출할 수 있고, 피해가 과도해서 비용이 크면 오염물질 발생의 포기를 선택한다는 것이다. 합병 사례는 예컨대, '가' 기업이 폐수배출업체이고, '나' 기업이 폐수 피해자인 경우, 둘 중 어느 한쪽이 다른 한쪽을 합병하면 결국 본인의 재산 내 문제이므로 오염 문제가 해소된다는 것이다. 이처럼 코즈의 이론은 환경문제를 피해와 보상이라는 차원에서 다루는 자본주의적 시장 질서를 바탕으로 한다. 달리 말하면, 피해보상의 주체가 불분명하거나, 한쪽이 약하다면 이 방법은 타당성이 없다는 약점을 가진다. 또 다른 문제는 대기오염처럼 오염이 광범위하게 발생하는 경우 해결 수단이 없다는 것이다. 오염 발생자가 온 세상의 재산권을 혼자 흡수합병하고 독차지할 수 없는 한, 피해는 누적적으로 계속 확산될 것이다. 설령 오염지 주변 일대를 모두 혼자 독점한다고 해도 오염 확산이라는 환경문제의 근본 원인이 여전히 남는다. 즉 환경원리주의자들이 제기하는 환경오염의 축소를 해결하는 방식이 아니다. 사실 대부분의 환경문제는 소수의 당사자가 아니라 수많은 다수 피해자로 나타나거나, 태안이나 멕시코만 석유 유출 사태처럼 복합적으로 일어나기 때문에 이를 재산권 문제로 일괄해서 해결할 거라고 나서는 것은 제국주의 시대나 써먹던 침략자의 논법이라고 해도 과언이 아니다. 즉 대부분의 환경문제란 전 사회적 문제(외부불경제)로 확산되어서 나타나기 때문에 피해와 보상이라는 당사자 간 권익 다툼이 아니라 환경오염 원인 제공에 대한 근본 해결, 즉 전 사회적인 제재 또는 규약의 문제가 되는 것이다. 이런 차원에서 코즈 같은 신고전파계열의 환경 이론은 국가적으로는 미국 계통, 즉 환경오염 축소를 근원적으로 보지 않는다는 점에서 비원리주의 경향이고, 경제제도상으로는 자본주의적 재산권 다툼에 주로 초점을 맞추는 우파 환경 이론에 속한다고 할 수 있다.

그러면 유럽이나 일본, 혹은 우리나라 같은 후발형 환경오염 국가들에서는 어떤 환경경제학 이론이 발달하고 있을까. 한국은 물론 중국 같은 후발형 자본주의국들의 환경오염물질 배출 문제가 세계적으로 관심을 받게 된 것은 이미 꽤 오래전 일이다. 그러나 환경문제란 제3세계국가들보다는 훨씬 많은 오염물질을 오래전부터 배출시켰던 자본주의 선진국들, 즉 유럽이나 미국 등 OECD 상위 국가들의 책임이 더 과중한 문제이다. 따라서 세계적인 환경규약 역시 이들 OECD 국가들이 주도가 되어 각종 협약이 체결되고 있는데, 그 대표적 규약이 이산화탄소 배출 규제를 결의한 교토의정서(Kyoto Protocol, 2005년 발효, 2020년 만료)와 파리기후변화협약(2021년 협약 효력 발휘, 2019년 미국 탈퇴)이다. 재미있는 사실은 유럽연합 27개국 및 일본 등은 8% 감축을 비준하였으나, 미국은 이를 거부하여 세계적 이산화탄소(CO_2) 규제는 아직도 강력한 공동의 세계 환경규약(한국은 2012년까지 1990년 대비 5.2% 감축)으로 자리 잡지 못하고 있다는 것이다. 유럽은 찬성하고 미국은 왜 거부하였을까. 간단히 말해서 미국은 자타가 공인하는 세계 최대 오염 배출국이기 때문이다. 교토의정서와 그 후속인 파리협약의 발효로 세계 환경이 정화되는 것이 문제가 아니라 미국의 주요 산업이 받을 타격이 더 걱정되기 때문이다. 물론 유럽의 환경 사상 뿌리가 미국과 엄연히 다르다는 점도 한몫한다. 스웨덴, 노르웨이, 덴마크 같은 북유럽 환경 선진국들은 물론이고, 프랑스, 독일 같은 발달한 자본주의국가들도 21세기를 전후한 친환경 이론의 유행에 따르는 것이 사실이다. 미국의 시장지향형 환경 이론에 비하면 유럽의 환경 이론은 환경오염에 대한 근본 제재와 최소 성장을 지향한다는 점에서 환경원리주의 계열로 분류할 수 있다. 이 같은 전통의 발달은 다양한 나라들의 결합체인 유럽연합의 등장, 자본주의 200여 년 경험의 소산인 다원주의, 사회주의, 사민주의 등등 다양한 사상의 발달과 시민참여 정치제도의 정착과 같은 유럽 의회주의 전통이 한몫하고 있는지도 모른다. 물론 그렇다고 해서 유럽이 환경원리주의 일색을 지향하는 것은 아니다. 오히려 생태주의나 환경원리주의는 환경주의 중 가장 극단적인 경향에 속하고, 대부분은 그 이하, 예를 들면 지속가능 성장 같은 중도 환경관리주의, 혹은 미국과 유사한 시장 지향 경향도 상당하다. 유럽 역시 최근에는 공격적 자유무역주의인 유럽형 FTA를 추진하거나, 주력산업인 자동차 부문에서 최소 '유로(EURO) VI'[81] 기준 환경규제 혹은 기술 사용료(로열티), 심지어 완전 무공해차(2030년 이후 내연기관차 생산 중단, 전기차로 전환)에 따를 것을 다른 나라에 요구한다. 환경에 대한 경제적 이해관계의 충돌, 이것이 오늘날 세계

---

81 유로(EURO) VI: 유럽연합(EU)이 1990년에 도입한 자동차 배기가스 규제 명칭. 1993년 '유로 I' 발표 후 6번째 개정안인 '유로 VI'까지 발효되었고, '유로 VI step D'(질소산화물 배출을 20분의 1 수준으로 절감)까지 진출, 자동차업계에서는 불가능한 규제라는 한탄이 나올 정도이나, 이보다 더 강화된 '유로 VII'을 추진 중이다.

환경경제의 본 모습이다. 이렇게 보면 '깨끗한 물, 맑은 공기' 같은 환경 구호는 이상에 그치는 것이고, 사실은 환경경제를 둘러싼 세계 경제의 암투, 따라서 이에 대한 우리의 환경규제 수준 방안과 향후 발생할 '환경전쟁'에 대비한 환경산업 및 환경 기술 개발 등 새로운 환경경제 시대의 도래에 대한 대처가 환경경제 문제의 본질이라고 말할 수 있다.

환경규제 정책

1960~1970년대 일본에서는 미나마타병 같은 심각한 공해병이 유행해서 일본 전역을 환경 공포에 몰아넣은 적이 있다. 일본의 대표적인 공해병 발생 산업들은 1970년대 우리나라로 이전되어서 1970~1980년대 한국은 공해병 수입국이라는 오명을 얻기도 하였다. 그러나 이 불행한 공해산업의 유산은 1993년 원진레이온의 중국 수출로 이전되었다.

원진레이온 사건 주요 일지

연도	주요 사건
1900년대 초반	미국 레이온사 설립 후 정신장애, 신경증 보고
1913년	미국에서 일본으로 레이온산업 이전
1964년	일본 도레이레이온사 기계 한국 수입(흥한화학섬유주식회사)
1976년	원진레이온으로 회사 명칭 변경
1987년	원진레이온 대량 직업병 사태 발생
1993년	폐업 결정, 설비 중국 이전

이렇게 해서 물고 물리는 자본주의 이윤추구와 산업 이전에 대해서 많은 사람들이 도덕적으로 경멸을 표한다. 그러나 경제적으로 그것이 누구의 살과 피가 되었는지를 따진다면 선악을 논하는 것이 쉽지 않다는 사실을 알 수 있다. 그렇다면 이와 같은 환경문제에 대한 가치 판단은 어떤 원칙에 따라 처리하는 것이 좋을까.

환경에 가장 좋은 산업 구성은 완전 무공해산업(자연정화 가능 산업 포함)만을 개발하거나 혹은 환경오염에 대한 완전 방역 비용 지불 가능 산업으로 전환하는 것이다. 물론 여기에는 당장의 경제비용이라는 조건이 따라야 한다. 따라서 전 산업을 완전무공해산업으로 구현할 수 없다면, 이것은 오염배출 규제와 처리 수준의 문제가 된다.

환경오염을 원리적으로 줄이는 대표적인 방법으로는 환경규제와 환경투자가 있다.

먼저 환경투자는 주로 정부가 각종 환경시설(환경 종말처리장, 쓰레기 소각장 등)에 투자하는 적극적 관리 방식이다. 환경투자를 시장에만 맡길 수 없음은 환경오염이란 다수에게 피해를 입히는 사회적 현상으로 나타나고 또한 환경시설은 대개 대규모 자원이 소요되어 일개 기업이 처리하기 곤란한 경우가 대부분이기 때문이다. 이를테면 기업과 소비자 규제 이전에 정부투자가 먼저 선행해야 하는 과제다.

환경규제는 직접규제와 간접규제로 구분하며, 직접규제 방식은 직접 금지와 환경기준 설정으로 다시 구분된다. 직접 금지는 디디티(DDT)나 독극물처럼 직접 피해가 큰 폐기 물질의 배출 금지 혹은 생산 중지 같은 일종의 극약처방 방식이고, 토지를 특정 목적 이외에는 사용할 수 없도록 금지, 규제하는 용도지정 등이 있다. 우리나라는 '국토이용관리법'상 용도지역제를 구사하고 있으며 이에 따르면 토지는 도시·관리·농림·자연환경보전의 4개 지역으로 구분하여 용도를 제한하고 있다. 두 번째, 환경기준 설정이란 공기나 수질에 대하여 일정한 기준을 미리 설정해두는 것을 말한다. 예컨대 여름철 대기오염 판단의 기준인 아황산가스는 상온에서 시간당 0.15ppm 이하여야 한다는 기준이 설정되어 있다. 그러나 이와 같은 환경기준은 개별 소비자나 기업이 기준을 잘 지킨다고 해도, 그 수가 많으면 전체적으로 증가하는 수가 있으므로, 환경기준이 전체적으로 잘 지켜지기 위한 처방으로 자동차 배기가스 정화 장치 의무 부착 같은 '처방적 규제'와 배기가스 배출기준 같은 '오염물질 배출허용기준 규제' 같은 적극적 규제제도가 시행되고 있다.

　간접규제란 정부가 직접 환경규제를 강제하기보다는 각종 벌과금이나 보조금을 지불하여 환경오염을 최소화하도록 유도하는 제도를 말하며, 배출부과금, 보조금, 오염배출권거래제도 등이 있다. 배출부과금이란 오염물질당 일정한 벌과금을 부과하면 오염 발생자의 비용 부담이 증가하기 때문에 결과적으로 오염물질 생산량이 축소되는 효과를 기대하며, 보조금은 오염 정화 시 일정한 보조금을 지불하는 정책이고 오염배출권거래제도는 전 사회의 적정 오염 수준과 각각의 할당량을 결정하고, 오염물질을 더 배출하고 싶으면 업체들 간에 오염 할당량을 거래하게 함으로써 전체 오염 수준을 현 상태로 유지하는 정책이다. 그러나 이 할당제도는 최초에 각각에게 어떻게 합리적인 할

당을 분배할 것인가, 또 사후에 할당량이 지켜지는가에 대한 감독 비용이 지출된다는 단점이 있다.

    이와 같은 환경오염에 대한 직간접적 규제는 각 제도 나름의 의의와는 상관없이 사후 환경 관리 정책이라는 한계를 가지고 있다는 것이 단점이다. 다시 말하자면 환경경제 문제란 사후 환경 관리 시스템에 의해서 해소되는 것이 아니며, 환경 관리 제도는 환경경제의 보조적인 요소에 불과하다. 결국 다음 세대 환경경제의 실질적인 핵심은 환경관리주의 또는 극단적인 환경원리주의가 아니라 세계적인 '환경전쟁'에 대처하는 새로운 환경경제 시스템, 환경 기술의 개발에 달려 있다고 해도 과언이 아닐 것이다.

3. 포스트 코로나 재정 준칙
- 거품왕을 구원할 신의 한 수

    2020년 벽두, 코로나19 감염 사태가 전 세계를 휩쓸자 각 나라는 방역에 집중하기보다는 너도나도 금리를 갈 데까지 내리고 어마 뜨거라, 마구 재정을 퍼붓는 조치에 집중했다. 감염으로 죽기 전에 먼저 굶어 죽는다나 뭐라나. 그래서 그런지 한국 정부는 국가재정준칙을 발효해 2025년 이후부터는 국가채무를 국내총생산(GDP) 60%로 제한해 채무를 조정한다고 공표했다. 그러니까 그때까지는 누가 뭐래도 계속 재정적자를 늘리겠다는 소린데, 근데 앞으로는 어찌하려나 이런 식으로 정부 빚이 계속 쌓이면, 코로나로 죽기 전에 과잉 재정을 감당 못해 폭망하고 굶어 죽지나 않으려나.

재정적자란 무엇인가

    재정적자란 한마디로 국가가 쓸 돈이 없어서 특정 목적(경기부양, 구휼 등)으로 국민으로부터 미리 당겨쓰는 돈을 말한다. 일단 급한 불 끄고 나중에 세금을 걷어 갚는다는 그런 내용이다. 살다 보면 별일 다 있으니까, 급하면 그럴 수도 있는 일이다. 근데 그게 도를 넘어 도저히 갚을 수 없을 정도로 커지면 어떻게 하나. 도대체 세상이 어디로 가는 겨, 소는 누가 키우나.

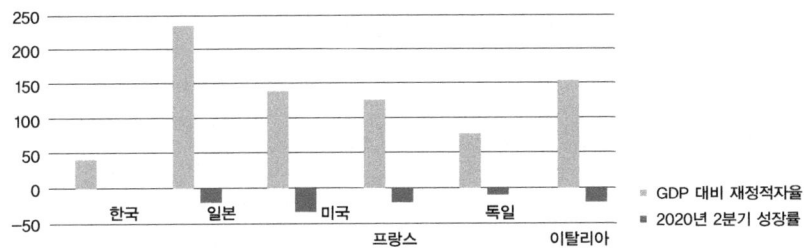

그림 48) 재정적자(GDP 대비)와 성장률(OECD)

일본의 재정적자는 GDP 대비 250%(2018년), 2008년경 세계 금융 불황 시기에 문제를 일으켰던 그리스, 이탈리아, 아일랜드, 스페인 등은 100~200%, 세계 최대 채무국 미국의 재정적자는 30조 달러(GDP 대비 140%, 대외채무 18조 달러)쯤 된다. 여기에 2020년 코로나 사태를 맞이하여 각국 정부가 지출한 적자율인 대략 GDP 대비 15%(IMF 추산)를 추가하면 35조 달러 적자가 되는 건 순식간이다. 실로 어마어마하다. 1인당 10만 달러 부채, 원화로 1.2억 원 규모다. 우리나라는 GDP 대비 45% 적자 규모(2020년 현재 840조 원, 2024년 58.8% 목표, 기획재정부)로 미국, 일본 등지에 비하면 아직 넉넉하단다. 하지만 과연 그렇게 낙관해도 될지 의문이다. 첫째, 급상승 부채 상승률이 연 10~15%이고, 둘째, 정부 부서별 오리무중 기금 및 공공부문 부채에서 정형화되지 않은 누락 수치가 깜깜인데다 국가채무 제출 공식[82]이 과연 세계 기준에 적정한 건가도 논란 중이다. 셋째, 일본, 미국, 유럽 등은 이런 막대한 국가채무를 형성하기까지 수십에서 100여 년이 걸렸지만 우리는 1998년 외환위기 이후 불과 10여 년 만에 속도전으로, 특히 코로나 사태를 맞이하여서는 불과 1년 만에 순식간에 증가율이 GDP 대비 10%를 훌쩍 넘겨 폭등했다는 것이다. 채무 대국 기성 국가인 일본, 미국이 가는 길을 그대로 밟는다면 일단 재정 능력 부실과 정부 무능화, 그리고 그렇게 퍼붓고도 마이너스 성장률(2020 2/4분기 -3.3%)을 벗어날 수 있을지 걱정되고 어지럽다. 대외 신용등급 인하, 불리한 국제 이자율 처분은 덤이다. 그나마 재정을 퍼붓기에 이 정도지 안 그랬으면 더 나빠졌을 거란 말이 대의명분으로 힘을 받는다. 정말 그랬을 거나. 미국, 일본은 우리보다 더한 수조 달러를 퍼부었는데도 성장률이 -22%, -34%란다. 재정적자 상태라면 적자 규모가 큰 나라일수록 효과가 미미해서 성장률이 더 나빠졌다는 말이고 우리는 그나마 재정 상태가 좀 나아서 덜 나빠졌다는 추론이 가능하다. 앞으

---

82 국가채무: 기획재정부는 재정을 크게 관리재정수지와 통합재정수지로 분류한다. 관리수지란 통합수지에서 각종 연기금을 제외한 것으로, 국제 비교는 주로 일반정부부채(D2)에 해당한다.

표 27) **국가채무 개념 비교표** (『한국 경제 바로 알기』, 기획재정부, 2019)

유형	규모(GDP 대비 %)	포괄 범위	활용
국가채무(D1)	2018년 680조 원(35.9), 2020년 805조 원(39.8)	중앙/지방정회계기금	국가재정운용계획
일반정부부채(D2)	2017년 735.2조 원(40.1)	D1 + 비영리공공기관	국제(IMF, OECD)
공공부문부채(D3)	2017년 1,044.6조 원(56.5)	D2 + 비금융공기업	공공부문

로 재정이 더 악화될 것을 가정하면 어마한 경기침체의 미국, 일본의 처지가 결코 남 일 같지 않다. 게다가 그네들은 세계 경제 위치에서 우리랑 처지가 전혀 다르다. 미국은 기축통화국이고, 일본의 엔화는 미국 달러만큼은 아니라도 그 말석, 5대 세계 결제 화폐[83] 중 하나다. 세계화폐란 대외 신용도가 악화되면 (세계)화폐를 더 찍어내는 것으로 대응하는 막강한 기능이 있다. 그러나 세계화폐의 변방, 딸랑 동방의 지역화폐에 그치는 우리는 뭔가 물건을 만들고 팔아서 달러를 받고 부채를 갚는 피동적인 외환교환국 신세다. 국가채무가 늘고 대외채무가 영향 받으면 국가신인도가 하락하고 국제금융비용이 불리하게 증가하는 구조라는 소리다. 재정건전화를 한다고 급하게 세금을 더 걷으면 그땐 2차 침체 더블딥이 코앞이다. 이것밖에 안 되나. 다른 길은 없을까.

---

[83] 기축통화(key currency): 전후 브레턴우즈체제(IMF, IBRD) 결성에 따라 금본위제하에서 세계통화(발행)권을 획득한 미국의 달러를 가리킨다.

결제 화폐(settlement currency): 1970년대 달러의 금태환 정지(브레턴우즈체제 해체) 이후 자유변동환율제에 의한 금 없는 외환시장의 성립, 특히 무역 결제 시 각국의 경제력을 기준으로 한 자국 통화의 결제통화화 유행에 따라 달러를 대신하여 무역 결제에 사용하기 시작한 영국 파운드화, 독일 마르크화(이후 유로 EURO), 일본의 엔화 등을 지칭한다. 2000년대 이후 중국의 급성장에 따라 중국의 위안화가 무역 결제 통화 세계 5~6위 수준으로 급성장하였다. 중국은 유로화에 이어 2030년경 위안화를 세계 3위권 내 기축통화로 상장할 계획을 수립했다.

읽/어/두/기

美 6월 재정적자 1000조 원… 1년 치 적자 한 달에 기록

미국 연방정부의 6월 재정적자가 사상 최대치를 기록했다. 신종 코로나바이러스 감염증(코로나19) 사태의 여파다. 미 재무부는 13일(현지 시간) 6월 한 달 동안 연방정부의 재정적자가 8,640억 달러(약 1,039조 원)를 기록했다고 발표했다. 이는 2019 회계연도 전체의 재정적자 9,840억 달러에 육박하는 액수이면서 한 달 기준으로 지난 4월 기록한 7,380억 달러를 넘어선 역대 최고 적자 기록이다. 6월 한 달 동안 급여보장프로그램(PPP)에 5,110억 달러가 투입되는 등 미국 정부 지출은 1조1,050억 달러를 기록했다. 전년 같은 기간 3,420억 달러 지출과 비교하면 3배가 늘어난 셈이다. 반면 세수는 전년 동기 대비 28%나 감소한 2,410억 달러다. 이는 코로나19로 인한 경제위기에다, 정부가 납세 기한을 4월에서 7월로 연기한 것이 이유로 꼽힌다. (…) 이날 의회예산국(CBO)은 오는 9월 30일에 끝나는 회계연도의 연방 재정적자가 총 3조7,000억 달러(약 4,453조 원)에 이를 것으로 전망했다. 이는 2차 세계대전 이후 연간 재정적자로는 최대 규모이다.

(김진욱, 『한국일보』, 2020년 7년 14일 자)

총수요곡선(aggregate demand curve) 의미

먼저 적자재정의 늪이란 어떻게 발생하는지부터 점검해보자. 대개 적자재정은 한번 꼬리를 물면 수렁에 빠진 것처럼 돌이킬 수 없는데, 그 뒷면에는 저금리가 풍선의 양변처럼 겹친다. 그 원리를 총수요론으로 설명하면 다음과 같다.

'총수요'란 물가가 변하면, 생산물 수요가 어떻게 바뀌는가를 가리킬 때 쓰는 말이다. '총(總, aggregate)'이라는 접두어가 붙는 것은 모든 상품의 가격, 즉 물가[84]가 변할 때 한 나라의 총수요량(총생산물)의 변화를 살펴보고자 하는 이유 때문이다. 이는 기업과 가계라는 단순 경제 관계로부터 나라(정부)라는 경제주체가 더 추가된 거시(macro)경제적 관점의 도입을 뜻한다. 물론 고대국가 또한 나라 경제에 관여한다. 그렇다면 근대국가와 전근대 국가의 나라 경제 개입의 차이는 무엇인가.

기본적인 차이는 정부개입 강도의 차이다. 18~19세기 중상·중농주의 해체 이후 1920년대까지 전근대 국가의 나라 경제 개입 정도는 치안, 국방, 조세제도 정도에 초점을 맞추는 자유방임 정부 역할 수준이었고, 이의 이론적 기반 역할을 한 것은 애덤 스미스 같은 고전학파의 자유방임시장 이론이었다. 그러나 1929년 세계 대공황은 이러한 자유방임시장론을 근본적으로 전환시키는 계기가 되었다. 즉 대공황에 놀란 정부가 다급하게 재정적자를 일으키고, 공공개발에 착수하는 등 나라 경제에 개입하는 적극적 정부론이 등장하는데, 자본주의국가에서 이를 실행에 직접 옮긴 첫 인물은 미국 대통령인 루스벨트[85]였고,

---

84 물가(prices): 물가란 여러 가지 상품의 가격을 종합 평균한 것이다. 소비재 상품 가격을 종합 평균한 것은 소비자물가(consumer prices), 생산재 상품 가격을 종합 평균한 것은 생산자물가(producer prices)이다.

85 루스벨트(Franklin D. Roosevelt): 1933~1945년 재임한 미국 대통령. 대통령 당선 후 공황 대책 긴급 입법인 뉴딜정책을 실시하였다. 주 내용은 대규모 재정적자를 발생시켜 긴급 은행대부, 관리통화제 실시, 과잉생산 농업 조정, 독점규제 공정경쟁 규약의 산업부흥법, 공공개발, 전국노동관계법, 사회보장법 등으로 구성되었다. 뉴딜은 자유방임주의 비판과 수정자본주의를 현실에 등장시킨 조치이며, 후에 경제학자 케인스와 그 후계자들에 의해 이론적으로 뒷받침되었다.

그의 정책을 '뉴딜정책'이라고 부른다. 안타깝게도 뉴딜정책은 그 부분적 성과에도 불구하고 공황을 완전히 극복하지 못했다. 반대파의 비판(주요 법 위헌 판정)을 불러일으켰고, 급기야 3~4년 후 조세 인상과 심각한 재정적자 부담으로 경제에 충격을 주었다. 오늘날에는 이 현상을 더블딥(double deep, 2차 침체)이라고도 부른다. 훗날 수정자본주의라고도 하는 루스벨트 정책은 그 불완전한 성과로 인해 (신)고전학파[86]에게 비판의 빌미를 제공했다. 대공황을 기점으로 해서 자본주의경제 이론의 초점은 미국의 진로에 맞추어졌으며, 뉴딜정책의 이론적 근거 역할을 한 케인스학파와 그 반대파인 (신)고전학파 간의 논쟁으로 압축된다. 총수요·총공급론은 이들 간의 쟁점이 무엇인지를 학습하는 기초 경제학적 소잿거리이다.

총수요함수 도출 원리는 다음과 같다.

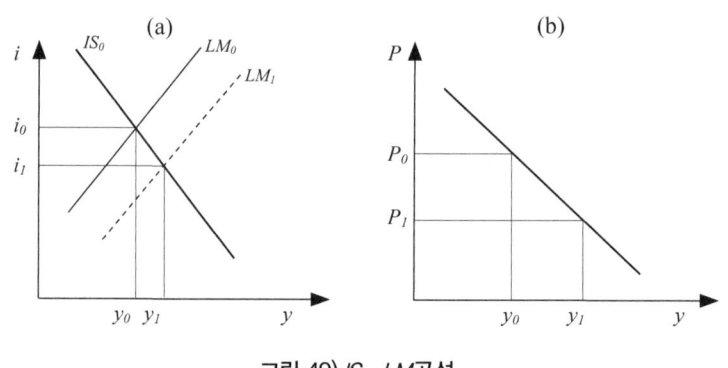

그림 49) IS-LM곡선

---

86 신고전학파(neo-classical school): 1871년 영국의 제본스(W. S. Jevons), 왈라스(L. Walras) 등은 고전학파의 노동가치설을 부정하고 개인의 주관적 만족도 극대화라는 한계효용원리를 새 가치론으로 주장하나, 시장 이론은 수용해서 신고전

그림 (a)와 (b)는 총수요함수를 도출하는 과정을 설명하는데, 이 두 그림표는 이자율(i), 국민소득(y), 물가(P)의 관계로 이루어지고 있다. 그림 (b)는 총수요곡선을 가리키며 물가가 P_0에서 P_1으로 하락할 경우, 국민소득은 y_0에서 y_1으로 증가, 즉 물가와 소득은 반비례 관계라는 것을 표현한다. 자장면값이 5000원에서 4000원으로 하락하면, 내게는 1000원의 소득이 더 생기는 미시적인 이치와 마찬가지다. 다만 모든 상품의 총가격인 물가와 국민소득으로 이를 확장한 총수요 그림으로 표시되었을 뿐이다. 한편 그림 (a)에서 이자율이 i_0에서 i_1으로 떨어지면 국민소득은 y_0에서 y_1으로 증가하는데, 이로 보면 이자율과 물가는 소득에 대해서 같은 방향으로 움직인다는 것을 알 수 있다. 그림 (a)는 금융시장, 그림 (b)는 생산물시장을 가리키며, 두 시장은 상호 영향을 주고받는 관계다.

그런데 금융시장 그림 (a)에서는 결코 이해가 쉽지 않은 IS, LM이라는 곡선이 표시되어 있다. IS란 'Invest-Saving'의 약자, '투자와 저축'을 가리킨다. 이는 투자와 저축 간의 배분 관계를 표시하는데, 예를 들어 저축보다 투자가 더 많으면, 즉 총 3000원에서 2000원을 투자하고 1000원을 저축하면 금융시장이 더 활성화되어서 생산물시장에 영

학파라 칭한다. 이 이론은 마셜(A. Marshall)에 이르러 한계효용원리를 가격결정론에 끌어들여 이상적인 시장균형을 강조하는 현대 미시이론의 기틀을 다졌다. 그러나 불완전고용의 전 사회적 발생(구조적 실업)과 공황에 대한 해결력 부족으로 케인스에 의해 비판받으며, 이후 신고전학파와 케인스학파는 미국 주류 경제학계의 양대 조류를 형성한다.

향을 준다는 소리다. *LM*이란 'Liquidity-Money'의 약자로 '유동성[87]과 화폐'를 표현한다. 즉 자본주의 시대 화폐란 금이나 불환 화폐(금으로 바꿔주지 않는 화폐)의 발행 액면가에 국한하지 않고 다양한 종류의 신용화폐의 공급량에 의해 좌우되는데 *LM*이란 이 유동성 화폐의 공급량을 가리킨다. 즉 *IS*는 금융시장의 수요를, *LM*은 금융시장의 공급을 각각 의미하며, 그 결합물인 *IS-LM*이란 이자율을 매개로 하여 소득이 어떻게 변화하는가, 즉 금융시장에서 총수요공급을 생산물시장과 화폐금융시장의 관계로 이원화한 시장 관계의 변화를 가리킨다. 가령 이자율이 낮으면 투자 부담이 줄기 때문에 투자수요 증대(저축 감소), 한편 그림 (a)에서처럼 유동성 공급 증가($LM_0 \rightarrow LM_1$)로 국민소득이 $y_0 \rightarrow y_1$으로 증가한다는 것이다. 당연한 과정을 좀 복잡하게 얘기해서 그렇지, 이자율을 낮추면 기업의 투자 부담이 줄고 금융권의 유동성 화폐 발행을 자극해 경기를 부양하고 국민소득을 증가시킬 수 있다는 소리다. 자 이제 경기부양이 왜 이자율 하락과 연관되는지가 설명된다. 그런데 이자율을 어디까지 낮출 수 있을까라는 문제가 등장한다. 가령 이자율이 충분히 낮아 고정되어 있는 그림 (c)와 같은 경우에 유동성 화폐 공급 *LM*을 아무리 증가시켜봐야 이 구간에서는 *IS* 곡선에 영향을 줄 수 없다. 국민소득이 증가하지 않는 이와 같은 (저)

---

[87] 유동성(Liquidity): 경제적 자산을 현금으로 바꾸는 정도를 나타내는 경제 용어. 가령 부동산은 유동성이 작고, 현금 자체는 유동성이 가장 크다.
  *총유동성(M3) = 현금통화 + 은행 및 비은행 금융기관 예수금 + 금융채
                + 상업어음 매출 + 양도성예금증서(CD) + 환매조건부채권(RP)

이자율 고정 구간을 유동성함정(liquidity trap)이라고 부른다.

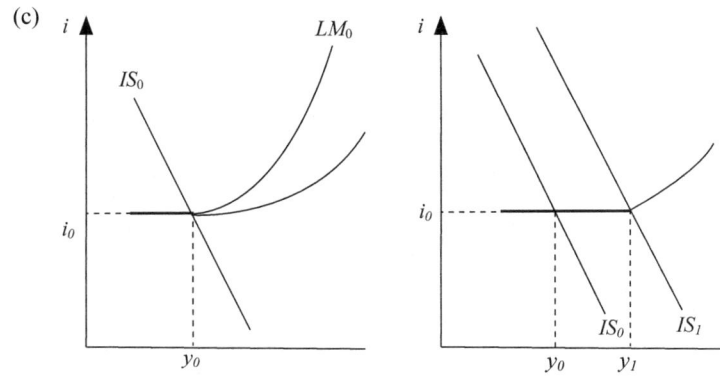

따라서 이자율과 통화량이 무기력화된 그림 (c)에서 국민소득을 증가시키는 유일한 방법은 IS곡선, 즉 투자(수요)량을 강제로 증가($IS_0 \rightarrow IS_1$)시키는 것이다. 이제 국민소득은 $y_0 \rightarrow y_1$으로 증가한다. 이것이 유명한 재정(적자) 확충 방법의 논리적 근거다. 이렇게 재정 효과와 유효수요를 주로 주장하는 사람들을 일러 케인스주의자(Keynesian)라고 부른다. 다른 한편 LM곡선이 수직에 가까운 구간에서는 생산물 시장의 수요를 늘려보아야 정책적 효과가 나타나지 않으며, 따라서 재정정책보다는 화폐 공급을 LM_0에서 LM_1으로 늘려야 국민소득이 증가한다. 이처럼 통화량 조정으로 경제를 통제할 수 있다고 주장하는 이들을 일러 신고전학파 또는 통화주의자(monetarist)라고 부른다. 한편 케인스주의자와 통화주의자는 주장이 다르지만 결국 통화 재정을 관리한다는 점에 공통점이 있으며, 이러한 범주를 관리통화주의라

고 부른다. 그러면 이것으로 모든 문제가 해결됐을까.

그렇지 못하다. 우리는 정상 상태라면 도대체 이해가 되지 않는 제로금리와 어마어마한 재정적자, 그리고 이 노선을 채택한 세계 여러 자본주의국가들의 참혹한 불황 통계 실적을 지켜본 바 있다. 사실 후기 자본주의 통화 재정 정책사로 가면 통화주의자와 케인스주의자란 구분법은 거의 무의미하다. 두 정책은 '똥 묻은 개, 겨 묻은 개' 격으로 앞서거니 뒤서거니 무차별 남발되기 때문에 논쟁이란 단어가 우습고 정책의 합리적 우위라는 개념 자체가 성립하지 않기 때문이다.

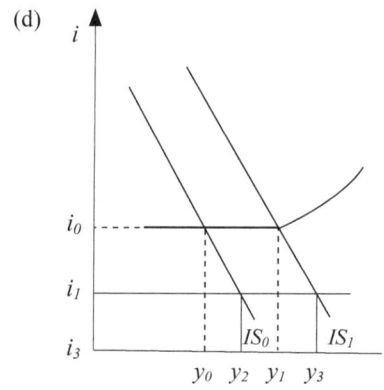

그림 (d)는 그림 (c)에서 이자율을 더 내리고($i_0 \rightarrow i_1$), 또 내린 경우($i_1 \rightarrow i_3$)를 보인 그림이다. 유동성함정 구간에서 시장이자율(고정 상태)은 여진히 무기력하다. 그러나 정부가 개입하여 이자율을 강제로 i_1으로 내리면 국민소득은 IS_0에서는 $y_0 \rightarrow y_2$으로 증가한다. 재정정책(IS_0-IS_1)까지 쓰면 국민소득은 y_3로 증가한다. 유동성함정 구간도 $y_2 \rightarrow y_3$

로 연장된다. 이자율을 내릴수록 정책효과가 무력화되는 함정 구간이 더 늘어나는 비례 관계를 보인다. 마지막 단계인 이자율 0(i_3)에 이르면 정부개입 강제 통화정책 수단은 어떤 경우도 더 이상 통용되지 않는다. 이자율 0 구간이란 사실상 시장과 정부 통화정책 모두를 무력화시키는 마(魔)의 공황(panic) 구간을 일컫는다. 갈 데까지 간 것이다. 이제 마지막으로 남은 수단은 재정적자 무한 증가뿐이다. 그런데 적자재정 증가란 차기에 갚아야 할 빚의 증가이며, 경제적 실적 없이 순 통화량의 인위적 증가로만 달성한 효과이므로 결국 물가상승 또는 환율상승 요인이다. 물가나 환율이 상승하면 실질국민소득이 감소하여 재정 효과를 상쇄한다. 모든 나라가 경쟁적으로 적자재정에 몰두한다면, 세계 물가와 환율 인상의 부메랑은 불가피하다. 마치 모든 화폐가 휴지 조각이 되는 2차대전기처럼. 처음에는 기축통화(혹은 결제통화) 수단을 가진 나라(미국, 유럽, 중국, 영국, 일본)와 갖지 못한 나라 간의 차이(기축통화국의 비기축통화국에 대한 착취)로 나타날 것이다. 그러나, 비기축통화국의 채권이 위험해지면 이들 국가의 채권을 가지고 있는 기축통화국도 함께 위험해진다. 이른바 '헬리콥터 머니', 제로 이자율에 근거한 영구 국가 채권의 신화가 무너지는 것은 순식간이다. 이 순간은 언제일까. 점쟁이가 아니라서 언제라고 딱 잘라 말할 수는 없지만 머지않은 것만은 틀림없다. 각국의 무리한 경쟁적 재정적자는 그 막대한 규모 때문에 이미 돌이키기 어려운 수준이고 가까운 시점 어느 날을 예고한다. 결국 돌려막기다. 내 대(代)는 아니고 그다음 대로, 그다음 대는 또 그다음 대로 사고가 터질 때까지 후대의 누군가에게 전가되고 전가된다. 한 세대 뒤로 미루면 세대 간 착취, 다른 나라로 전가되면 국제통화 재정 수탈, 세금 증가, 이런 현상들이 나타나면 2차 침체(더블딥)다. 딱 걸렸다. 이른바 진퇴양난, 외통수다. 코로나19 팬데믹이 주목받는 것은 각국의 살아남기 무한 적자재정 경쟁이 이를 더 촉발할 수 있기 때문이다. 투매가 시작되면 국가부도의 잠비아처럼 약한 나라부터 파괴되는 것이 수순이다. 그러므로 약한 나라들의 살아남기란 헬리콥터 머니 전쟁에 무턱대고 동참할 것이 아니라, 사태를 냉철하게 파악하는 것으로부터 시작해야 할 것이다. 첫째는 기축통화국과 그렇지 않은 형편의 분리와 자각, 둘째는 파괴가 시작되었을 때 살아남기 위한 방어적 채무 수준의 보전이 그것이다. 1998년 IMF 사태 경험자들은 해외로부터 무자비한 외환, 금융 공격에 속수무책이던 나라 경제 사정을 기억할 것이다. 세계 금융위기 때마다 정신없이 환율의 폭락과 등락을 겪는 처지로서는 자구책이나 보호막 구축을 먼저 생각해야 하며, 황새 따라 하다 다리가 찢어지는 뱁새의 경우를 가장 경계해야 하는 것이다. 셋째는 증권시장을 어떻게 처리해야 하는가라는 문제이다. 체제를 막론하고 현대 정부가 나라 경제 사정까지 떠맡기 시작한 단계로 진척한 이상, 적자재정을 꼭 탓할 수는 없다. 그러나 이런 식으로 이자율 무력화에 동참하면, 금융 배분을 조정하는 채권시장 기능을 포기하는 것이며, 돈 놓고 돈 먹기 매매차액에 눈뜬 투기시장 폭수가 그 자리를 대신한다. 소자본, 대자본을 막론하고 자본은 언제나 살아남기 위해서라면 물불 가리지 않고 수익에 동물적으로 반응한다. 생산을 해도 별로 남는 게 없는 판에, 무이자로 돈이 넘쳐나고 다른 물 좋은 시장이 지천이면 어쩌겠는가. 시장은 이윤의 종류를 결코 가리지 않는다. 관리통화제에서는 언제나 증권시장 판돈이 올라가는 경향이지만, 정부의 마지막 수단인 양적완화, 무한 적자재정은 판돈을 더 빨리 부풀리는 거품현상으로 귀속한다. 경제 교과서를 다시 써야 한다. '불황은 경제를 파탄 낸다'가 아니라, '불황은 결코 죽지 않는다, 재정적자를 낳고 금융 거품을 키운다'로. 그 금융투자의 한 끝에 무한대의 모기지로 쪼개져 채권화한 부동산이 일조하고, 저금리와 부동산(주택)금융 채무는 마침내 일본의 잃어버린 30년, 혹은 미국의 리먼 사태 같은 금융 파국, 복합불황이 닥칠 때까지 멈추지 않는다. 역사는 반복한다. 돌이켜 보면 10년 전에도 100년 전에도, 300년 전에도 같은 일이 있었다. 수법이 더 영악하고, 판돈이 더 커지고 더 화려하게 변신되었을 뿐이다. 누가 알았겠는가. 부도난 부동산 채권을 서브프라임모기지라는 이름으로 되살리는 희대의 사기꾼들, 보통 사람들의 머리 꼭대기에서 노는 천재적 그 님들이 있을 줄이야. 고전은 말한다. "금융자본이 산업자본을 침탈한다"[88]라고. 이 일련의 사태로 인해 우리는 이른바 총수요·총공급론에 입각한 수정자본주의 통화관리제도의 가설, 즉 증가된 통화가 생산적 투자로 이동한다는 선순환 기능 가설에 중대한 오류가 있고, 결과적으

---

88 힐퍼딩(R. Hilferding): 오스트리아 태생의 독일 경제학자, 재무장관. 1929년 뉴욕발 대공황으로 장관직에서 사퇴했다. 저서 『금융자본』(*Das Finanzkapital*, 1910)은 금융자본의 산업자본 침탈 경로를 밝힌 정치경제학의 고전이다. 현대 유럽의 정치경제적 기틀인 사회민주주의론의 모태에 기여했다.

로 금융 투기를 오히려 방조하는 쪽에 기여한다고 의심할 수 있다. 재정적자가 커질수록 부가 한쪽(금융시장)으로 이동한다는 증거는 명확하다.[89] 총수요·총공급론이 자유방임한 시장의 폭력성을 제어하는 어느 정도 유력한 수단이라는 점까지 부인하는 것은 지나칠지 모른다. 그러나 관리통화제 중심의 총수요·총공급론이 금융 투기화를 부추기는 혐의를 벗지 않는 한, 수정자본주의의 위기 또한 쉽게 소멸되지 않는다는 사실 또한 분명하다. 단언컨대, 제로금리에 도달하면 관리통화는 더 이상 영리한 시장 조정자도 만병통치 대안도 아니다. 파국과 적자를 끝도 없이 반복하는 금융자본의 푸들, 거품의 왕으로 기능할 뿐이다.

---

[89] 증권시장 건전화: 증권 투기를 제어하는 각국의 유명 방법으로는 증권세(토빈세 등), 소유권과 경영권의 다변화(유럽, 미국), 증권시장 이원화(중국), 금리인상(터키) 등이 있다. 소유권과 경영권의 다변화란 주로 상장기업의 소유권 다변화(사적 소유 외 선 국민 소유, 연기금, 종업원지주제, 유럽형 노동자 참여 경영 공유제 등)를 말한다. 증권시장 이원화란 1시장(내국 전용)과 2시장(내외국인 혼재)으로 증시를 분리하여 해외시장 변동에 대비, 금리인상은 금융 거품과 환율 방어용으로 채택된다.

Unexperienced Post Corona Principle of Economics

11장 한반도의 미래 - 평화와 통일경제

1. 무기시장과 군산복합체 – 동북아시아의 힘

'대포와 버터(guns and butter)'라는 말이 있다. 군사력(대포)에 돈을 쓸수록 생활수준(버터)은 낮아진다는 사실을 풍자한다. 맨큐(N. G. Mankiw)의 경제학에서는 기회비용을 경제의 1, 2원리로까지 높게 평가한다. 프로스트(R. Frost)의 시 「가지 않은 길」(*The Road Not Taken*, 1916)의 한 대목, "숲속에 두 갈래 길이 있었다/ 나는 사람이 적게 간 길을 택하였다/ 모든 것이 달라졌다"를 멋지게 인용하면서 선택이 모든 경제 원리의 기초임을 강조한다. 그런데 선택이 정말 이렇게까지 중요한 것일까. 일본 제국주의는 대포가 많아서 우리를 침략하고 대포 없는 우리는 식민지로 전락했다. 그럼, 대포가 최상의 선택인가.

군수산업 규모는 얼마쯤인가

생활수준 상승에 돈을 쓰고 비용을 충당하기 위해 대포를 팔아버리는 선택도 가능할까. 생각은 자유지만 많은 나라들은 군사력에 적지 않은 신경을 쓰기 때문에 이 거꾸로 된 선택은 쉽지 않다. 반면에 대포를 많이 사면 생활수준이 낮아지는 것이 아니라, 제국주의 시대처럼 남의 나라를 침략해서 자기 배를 오히려 불릴 수도 있다. 힘 있는 자에게 선택이란 좋은 것이지만, 힘없는 자에게 선택이란 강요된 나쁜 것이 되는 것이다. 이 경우라면 경제의 제1 원리는 선택이 아니라, 선택의 기저(基底) 원리인 침략이고 남의 것을 뺏는 것이라고 해야 할 것이다.

모든 인간은 주어진 환경에 적응하고 최선의 선택을 한다. 그러나 모든 선택이 최선의 결말로 이루어지는 것은 아니다. 그렇다면 기회비용론의 진짜 속내는 무엇일까. 그것은 주관적 선택의 자유라는 명제 속에 숨어 있는 시장 교환 관계의 정당함과 그 합리화다. 그러므로 맨큐의 경제학에서는 자유 거래란 모든 사람을 이롭게 하는 5원리이고, 일반적으로 시장이 경제활동을 조직하는 좋은 수단이라는 것이 제6원리다. 자본주의란 무조건 이익을 최고의 선으로 놓는 세계인바에야 강한 쪽에 붙어먹는 선택을 지상 최고의 명제로 간주한다고 해서 나무랄 사람은 없다. 그러나 소수 몇 명만 이익이고 다른 쪽은 계속 손해를 보는 불합리가 생겨도 선택의 자유이기 때문에 옳다고 끈질기게 우긴다면 그는 십중팔구 네 이웃을 팔아 계속 이익을 보는 기득권 부류와 한통속으로 간주해도 거의 틀림없다.

실제의 경제 세계에서 이런 불합리한 교환의 세계가 이루어지는 대표적인 분야는 군수산업이다. 2001년에 발생한 9·11 테러 사건 이후 부시 정부의 미국 국방예산은 3440억 달러, 2차 대전 이후 최대로 증가(전년 대비 18%)하였다. 이 국방비 증액 전통은 오바마 정부 출범까지 기조가 이어져 2010년 미국의 국방예산은 총예산의 18%에 이르는 6637억 달러(대테러전 비용 1300억 달러 포함), 국내총생산(GDP) 대비 4.8% 증액되기에 이르렀다. 군비 감소를 공약했던 오바마 정부조차도 대세에 밀려 겨우 2%밖에 삭감하지 못했다. 트럼프 시대 들어 미국의 군사비는 전 세계 군비 지출의 38%(7300억 달러, 2019년), 한국 GDP의 45%이다. 미국, 중국, 한국, 일본, 러시아의 군비는 전 세계의 70%, 이것이 세계 최고 무기시장의 집결체, 동북아시아의 힘, 군비 경쟁의 실체이다.

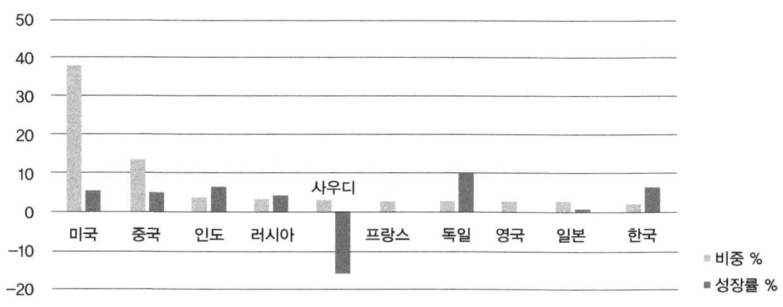

그림 50) 세계 군사비 비중 비교 (2019년 스톡홀름국제평화연구소SIPRI 연감)

2000년 이후 군사 문제의 중심에는 핵이 있다. 1950~1990년 초까지 세계 군사 문제의 초점은 미소 간 냉전과 핵을 중심으로 한 군비 경쟁이었지만 요즈음은 테러와 북한의 핵개발이 초점이다. 북한의 군비는 미국의 100분의 1도 안 되는 세계 순위 30위권, 연 20~60억 달러에 불과하지만 인생 한 방, 즉 핵이 있는 것이다. 그런데 조금 이상한 사실은 전 세계 핵무기 수는 약 1만5000기이고, 그중 80~90%(전략 핵탄두, 2019 SIPRI 연감)를 미국과 러시아가 보유하고 있어서 핵과 군사 문제는 이들 핵보유 국가, 특히 미국과 러시아의 문제여야 함에도 불구하고, 세계의 1000분의 1, 불과 20여 기의 핵탄두 보유로 추정되는 북한의 핵개발이 세계 핵의 초점이 되고 있다는 것이다. 뭔가 미심쩍은 사실이 있으면 언제나 그렇듯이 숨은 경제적 이해관계가 있지 않을까 하고 색안경을 끼고 보는 우리의 경제 산책법대로 계산기를 돌려보자. 사실 군사 문제에 얽힌 경제문제의 초점은 2001년 맨해튼 세계무역센터 테러가 아니라, 그 이듬해부터 미국의 국방비 예산이 급증하였다는 데 있다. 덩달아 동북아의 군사비도 증대하는데, 2010년까지 중국(세계 2위, 1370억 달러, 2009년), 일본(7위 463억 달러), 남한(11위 360억 달러)으로 이어지는 동아시아 3대 군사 강국의 군비 총액은 약 2150억 달러, 세계 총군사비의 11%, 미국의 4분의 1 수준으로 급성장(2001년 대비 증가율 100%)했다. 즉 2000년대의 '대포' 시장으로 보면 이라크 군비시장은 초반의 반짝 경기 이후 사양길이고, 이후에는 동북아, 미국의 군수자본으로 보면 남한이 사실상 세계에서 가장 물 좋은 신흥 군비시장[90]으로 떠오른 것이다.

---

[90] 세계의 군비시장 최대 수출국은 미국(시장점유율 68.4%, 2008)이고, 한국은 세계 3위 수입국이며 동시에 미국의 최고 군비 고객(미국 수출량의 15%)이다.

수출	2004~2007년	미국 31%	러시아 25%	독일 10%	프랑스 8%	영국 4%
	2008년	미국 68.4% (378억 달러)	이태리 6.7%	러시아 6.7%		
수입		중국 11%	인도 7%	남한 6%	아랍에미리트 6%	그리스 4%

표 28) 세계 군비시장 점유율 (2008 SIPRI 연감, 미의회조사국 연례보고서)

군산복합체와 무기시장

군사적 긴장이 증가하는 데는 여러 가지 이유가 있다. 그러나 앞뒤 잴 것 없이 군사비가 증가하면 덩달아 이를 가장 반길 사람들은 무기 관련자, 즉 군산복합체[91]들이기 때문에 군사 문제 뒤에는 꼭 무기업자가 개입한다고 보면 거의 틀림없다. 군산복합체는 왜 자꾸 생길까. 당연, 다른 산업보다 더 많은 돈이 되기 때문이다. 1차 대전 당시 독일 무기제조사 크루프의 부정부패 청문회에 출석한 무기상 헤링젠은 "유사시 필요 무기 생산 능력을 유지하려면 평화 시에 무기 회사들에게

---

[91] 군산복합체(military-industrial complex): 1961년 미국 대통령 아이젠하워의 퇴임 연설에서 거대 기업 군산복합체의 위험을 경고하면서부터 등장한 용어. 군부·기업·정치가들이 국방예산을 놓고 밀착하면서 폭리를 취하는 형태를 이른다. 전쟁 위협 등 군비 경쟁을 장사 수단으로 하는 현대적 의미의 군산복합체 뿌리는 1차 세계대전 당시 제이피모건, 골드만삭스 등이 개입한 전쟁 물자 외상 구입 조달 계약(미국 정부 총세입 30억 달러 규모)으로 거슬러 올라간다. 현재는 보잉, 제너럴다이내믹스, 제너럴일렉트릭(GE), 맥도널 더글라스, 록히드마틴 등 16개 기업이 유명하며, 이들의 평균 이익은 미국 500대 기업의 3배가 넘는다.

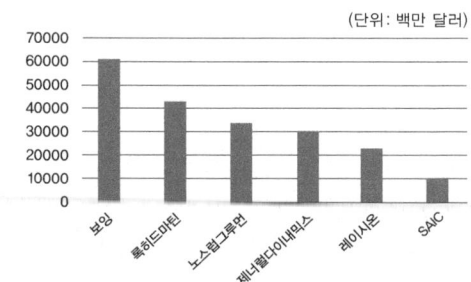

그림 51) 미국 주요 방위산업체 매출 현황 (자료: 톰슨 로이터)

수출의 자유와, 철저한 장사꾼이 되도록 두어야 하고, 공무원 같은 청렴 윤리를 강요하는 것은 넌센스"라고 진술한 유명한 일화가 있다. 그들은 양심도 필요 없고 오직 돈을 벌 수만 있다면 로비와 향응은 물론, 전쟁으로 얼마가 죽던 개의치 않는다. 그럼 유사시 나라 사랑은 되는 것일까. 경제적으로 따져보자. 군수업체 말대로 무기 팔아먹을 자유를 맘대로 부여하면 경제가 잘되는지를.

먼저 이들은 보통의 산업 이윤율보다 월등히 많은 경제적 이익을 얻는다. 그 이득의 대부분은 군수물자가 필요한 자, 즉 정부에 납품하는 구조로부터 얻는다. 정부예산은 곧 세금이기 때문에, 군수업체들에게 돌아가는 초과이윤은 결국 국민들로부터 지불되는 것이다.

둘째, 국민 세금으로 전가되지 않으려면 무기를 팔아 이윤이 남아야 하는 구조, 즉 전쟁(위협)을 필요로 하게 된다. 그러나 영원한 전쟁은 없다. 전쟁이 끝나고 더 이상 파괴할 게 없는 순간, 그 옛날 로마제국이 그랬던 것처럼 군수자본의 영화도 종말을 맞는다. 전쟁 없이 군수예산만 계속 증가해도 결과는 마찬가지다. 민간산업을 침해할수록 군수용 세금 재원이 고갈되는 것이 군수자본의 모순이다.

무기상 헤링겐이 무기 거래 자유를 주장하는 근거는, 전쟁을 막기 위해서 더 많이 무장해야 한다는 해괴한 논리임에도 불구하고, 9·11 사태 같은 일이 벌어지면 갑자기 세상의 안전 심리를 자극해서 곧잘 돈벌이가 된다는데 군수 장사의 묘미가 있다. 그러나 군수산업이란 자기 맘대로 선택의 문제가 아니라, '생산적인 것'과 '낭비적인 것' 사이의 산업 선택의 문제이며, 불행하게도 이 선택은 군수가 민간의 생산과 소비를 압박하는 문제인 것이다. 인간은 아무리 배가 고파도 대포를 뜯어 먹고 살 수 없다. 군사 위험이 고조될수록 서로를 견제하기 위해서 예비적 차원의 군사비를 지출한다면, 끝없는 군비 지출 증가 구조가 경제순환을 파괴한다. 특별히 군비가 증가하는 시기를 알아 맞히기란 오히려 쉬운데, 역사를 살펴보면 경기불황기와 군비증강 시기가 기묘하게도 딱딱 맞는다.

읽/어/두/기

스타워즈와 북한

21세기에서는 어떤 명분이 세계의 군수 수요를 촉발하는지 알아보자. 오바마 정부가 출범하자, 부시 행정부 당시 계획했던 국방예산 감소가 시도되었다. 그러자 직접 타격을 받게 된 미사일방어(MD) 분야의 기업 록히드마틴, 보잉 등의 반발이 빗발쳤다. 말인즉슨 공중 요격 프로그램의 타격은 안보에 중대한 위험이고, 전가의 보도인 고용 축소 우려를 끌고 나왔다. 공중 요격 프로그램이란 미사일 공격이 감행되었을 때 이를 인공위성으로 관측해서 레이더 또는 미사일로 요격한다는 우주전쟁, 이른바 스타워즈 계획을 말한다. 냉전이 사라진 지금, 과거 소련을 대체할 위협의 실체는 대륙간탄도탄(ICBM) 제작과, 세계 상위의 미사일 능력, 게다가 핵무기까지 두루 갖춘 북한이다. 물론 북한 미사일의 미대륙 공습과 핵탄두 장착 능력, 미국의 미사일 요격 기술의 성공 능력에 관계없이 무기상의 입장에서는 미지의 위협에 대한 방어라는 염불(명분)과 잿밥(국방예산)의 지속이 중요한 것이다. 때만 되면 북한이 미사일을 태평양 쪽으로 퐁당퐁당 쏘아대고 그때마다 외교전과 로비스트들의 고성이 시끄러운 속사정을 평범한 개인들이 알 리가 없지만, 우리는 적어도 그 내면에 이와 같은 복잡한 경제적 이해관계가 숨어 있다는 사실을 감지한 것만으로도 충분한 경제학습을 하고 있는 셈이 된다.

경제의 군사화와 군수 이윤

그렇다면 군수업체 종사자들의 고용 축소 운운은 군수산업 존속의 명분이 되는 것일까. 풍요 속의 빈곤이라는 말이 있다. 생산은 풍부한데 사람들은 가난해서 수요가 없다는 말이다. 군수자본의 기원에 대해서 바란(P. Baran)이라는 학자는 이를 경제의 군사화(militarization of economy, 경제가 군수산업에 크게 의존하는 상황)라는 개념으로 설명한다. 독점이 지속되면 경제잉여가 계속 독점기업에 머물러 소비되지 않기 때문에 결국 불황이 발생한다. 이를 해소하려면 정부 빚으로 사회보장을 증대시켜 노동자들의 생활 부담을 덜어주어야 하지만, 이번에는 독점이윤이 하락할까 봐 독점자본가들이 반대한다. 그러므로 독점자본 이해와 경기불황을 동시에 해소하는 대안은 새로운 낭비 구조, 즉 군수산업을 필요로 한다. 돈 안 되는 재고는 몽땅 전쟁에 털어넣는 군수산업이라도 돌려야 고용이 증대되고 이윤을 남기는 일이 발생한다는 소리다. 물론 이와 같은 '경제군사화론'은, 그렇다면 독점기업들은 군수산업만 하지, 왜 다른 생산적인 사업을 벌이는가를 해명하지 못한다. 사실 각종 전쟁 명분을 만들어봐야 결국 사람이 죽고 재산이 파괴된다. 군수산업이 아무리 전쟁 위협을 틈타 먹고사는 처지라고 해도 때려 부수는 것만으로 계속 이득을 볼 수는 없는 것이다. 도적질할 대상이 없으면 천하 없는 도적도 어쩔 수 없는 이치다. 그나마 군수산업의 경제적 기여라고 하는 고용 창출이란, 군수산업과 일반 재화산업 간의 일거리 분배 문제이고, 사람을 죽여(전쟁) 사람(고용)을 살린다는 해괴한 논리에 불과하다. 한 가지 분명한 사실은 전쟁과 군수산업의 발달은 경제불황의 정점에서 결과적으로 불가피한 해결책으로, 그것도 아주 빈번하게 등장한다는 것이다. 이를 음모론으로 보든, 공황 대책으로 보든, 돈을 벌기 위해 무기를 만들고 전쟁을 벌이는 일이 자행된다는 사실이 중요하다. 더 불행한 사실은 이 일이 계속되는 한, 모든 나라는 유사시를 대비해 무기를 생산하고 소비해야 하는 불가피한 잠재적 소비자로 남게 된다는 것이다. 경제 원리란 별 해괴한 소리도 다 있구나라고 생각한다면 이제 우리는 한 발짝 현실 세계로 들어온 것이다. 인류의 미래를 개척하는 이상적인 경제학이 어디엔가 존재한다면, 그것은 아마도 전쟁과 파괴 없이 상생하고 성장하는 경제 체계의 모습일 것이다. 평화체제가 발전하면 반대로 군비 생산의 명분이 약해진다. 이것은 아주 평범한 진리이면서도 대단히 중요한 원리다. 이쯤 되면 경제학의 제1 원리란 대포와 버터 간의 선택의 문제가 아니라, 대포를 무력화시키는 환경과 불가침조약 등 평화체제의 정착이라고 해야 할 것이다. 평화로운 지구를 지켜야 할 이 막중한 책임은 만화 속의 독수리 오 형제가 아니라 더 많은 세월을 살아나가야 할 청년들의 몫으로 남아 있다.

💡 생/각/해/보/기

세계를 휘젓는 군산복합체와 로비스트

미국의 군수산업 의존도는 얼마나 될까. 결과적으로 보면 1930년대 대공황의 탈출구는 루스벨트의 뉴딜정책이 아니라, 사실상 군수산업이었다. 1944년 당시 미국 군수산업의 GDP 대비 비중은 무려 37.8%였다. 그러나 한국전쟁 직후인 1950년대 16%, 베트남전 당시인 1960년대는 9.4%, 냉전이 끝난 1990년대는 2%대로 떨어져서 군수산업은 존폐의 기로에 서게 된다. 대포가 줄었으니 살림살이가 나아져야 했지만, 미국 경제는 물론 세계 경제는 오히려 더 좋아지지 않았다. 9·11테러 사건 이후 미국의 군사비는 다시 증가해서 GDP 대비 3.8~4.8%(6000~8000억 달러)로 팽창, 1990년대의 두 배를 넘어섰다. 군수산업 전성기가 재림한 것이다. 이 군수산업 세계를 지배하는 경제 원리는 검은돈(이윤)이고, 로비스트와 커미션이다. 한국전쟁 당시 애치슨(Dean Acheson) 국무 장관은 탄약제조업체 듀폰의 고문변호사였고, 베트남전쟁을 지휘한 로버트 맥너마라(Robert McNamara) 국방 장관, 딘 러스크(Dean Rusk) 국무 장관은 세계의 군수재벌 록펠러·모건[92]의 관계자이고, 부시 정부의 전 부대통령 딕 체니(Dick Cheney)는

---

[92] 록펠러와 모건: 석유왕 록펠러와 금융 황제 모건은 각각 실물과 금융 부문에서 미국을 대표하는 독점기업가이자 군산복합체의 효시다. 1870년에 창업한 록펠러의 스탠더드오일은 송유관 독점, 철도 수송망 결탁 등의 수법으로 석유 트러스트를 결성하고 전미 석유시장의 95%를 장악하는 사상 최대의 독점체였다. 반독점법인 '셔먼법' 제정 이후 34개사로 분할되었으나, 오늘날에도 그 후예들이 시티은행, 군수업체 록히드마틴, 엑슨모빌 등 각 분야에서 대그룹을 유지하고 있다. 모건은 남북전쟁 당시 군수품 조달로 거액을 벌었으며, 1901년 철강왕 카네기와 철강 독점 'US스틸'을 설립하였으며, 금융업종에 진출해 거대 금융 트러스트를 구성하고 1, 2차 대전 당시 각종 군수 조달 및 금융 지원 계약을 통해서 급성장하였다. 1933년 금융규제법(글래스·스티걸법) 제정 후 상업은행 제이피모건과, 투자은행 모건스탠리로 분할되었다. 모건 관련 산업 계열사들은 제너럴일렉트릭(GE), 제너럴다이내믹스(GM), 텍사코, 듀폰(탄약업체) 등이며 다수가 군수 관련 업체로 구성되어 있다. 록펠러가와 함께 미국 최대 은행인 시티은행을 통해서 결합하여 각종

떠오르는 군수자본 칼라일그룹의 고문 출신이다. 군수자본 주역들이 정치 최고위층에 배치되는 현상과 군비 예산 증대 현상과의 관계를 어떻게 바라봐야 할까. 이 대단한 경력의 로비스트들은 2000년 칼라일의 한미은행 합병 당시 우리나라에서도 활약했다. 이를 주도했던 칼라일 아시아 회장은 박태준 전 총리의 사위였고, 이를 승인한 당시 금융감독위원장은 퇴직 후 칼라일의 한국 자문 법무법인인 '세종'으로 이직하였다. 2004년 칼라일은 명목상 제이피모건을 앞세워 한미은행 인수에 성공하였고, 7000억 원이 넘는 시세 차익을 냈다. 칼라일이 군수산업체로서 금융자본을 사모펀드로 인수할 수 없는 처지였음에도 불구하고, 거래가 성사되는 석연치 않은 인수 과정이 이 사건의 초점이다. 그런데 아주 우연하게도 계약 성사 직전 칼라일그룹의 고문인 부시 전 미국 대통령이 한국을 방문했었다.

전쟁의 배후자라는 의혹을 사고 있다. 2000년 체이스맨해튼은행을 합병해 미국 최대 금융독점체가 되었다. 2009년 금융위기와 시티은행 국유화로 록펠러·모건 연합은 최고의 위기를 맞이하나 여전히 건재하다.

2. 한반도의 미래 – 경제연합형 통일경제

'적과의 동침'이라고 들어봤나요, 세계적 명배우 줄리아 로버츠가 매혹하던 그 영화 말입니다. 단 한 번의 유혹도 자칫 마녀사냥 함정으로 넘쳐나는 인터넷 세상이지만, 매력 없는 이성이란 '앙꼬' 없는 찐빵과 같다. 잃어버린 내 반쪽, 끊어진 지 어언 분단 100년이 지척이다. 적인가 우군일까. 솔직히 모른 채 살아도 별 지장 없다. 그러나 같이 살아온 수천 년 역사, 뛰어봐야 한동네라 가만있어도 저절로 소식이 들린다. 그래도 피는 물보다 진하다. 너는 내 운명, 남들은 다 통일하는데 다시 결합할 매력을 한 번쯤 짚고 넘어가자.

남북 경제 실태: 남북 연합경제, 그 출발점

'사색당쟁'을 들어보았나요. 조선 후기 온 나라를 병들게 만든 정치 공방, 소모전, 정쟁의 끝판왕, 바로 그거다. 이북은 동포가 아니라 군사적 주적이자 정쟁의 소재로나 취급되는 현실입니다. 필요악으로 써먹는 가치만 남았다고 할까요. 그렇다면 이 소모전을 도대체 언제까지 봐줘야 할까요. 남의 나라 가서 곤경에 처해보면 압니다. 생판 모르는 날 도와줄 사람 누군가. 핏줄도 이웃도 아니고 말 통하는 사람입니다. 피 한 방울 안 섞여도, 피부색도 상관없고 만리타향 떨어져도 마찬가지. 꼬집으면 "아!" 소리 내는 사람, 그가 바로 같은 말 쓰는 사람, 장장 5000년 동안 같은 문화, 같은 역사, 동족입니다.

물론 서슬 퍼런 이념과 전쟁으로 가슴 아픈 시대가 있었습니다. 그런데 세계적 냉전이 끝난 지 수십 년도 지난 이 마당에 무슨 원수가 그리 졌다고 우리만 백 년 전쟁을 계속해야 할까요. 국제사회에서는 영원한 적도 동지도 없다는데, 한때 총부리를 겨누었던 베트남과도 화해하고, 지긋지긋한 일제의 후손들과도 교류하는 판에 한 번쯤은 경제 실익이라도 따져볼 때가 되지 않았을까. 도대체 다른 반쪽, 남북이 이렇게까지 오랫동안 반목할 이유가 도대체 뭔가.

연합형 통일경제의 세 가지 전제

결론부터 말해서 남북이 유럽연합처럼 연합형 단일경제권으로 연결되었을 때 발휘될 가치는 양측의 경제난을 일거에 타개할 충분한 잠재력, 적어도 수천조 원의 가치를 가지고 있다. 남측의 세계 10위권 경제 규모, 북측의 세계적 자원과 북방 경제 연결 통로 가치라는 최대 결합 효과를 기대할 수 있다. 군사적 갈등만 아니라면 못 하는 게 바보다. 그러므로 이것이 실제 가능하려면 동아시아 국제 정세 갈등의 현재에 대한 냉철한 분석, 돌파할 수단, 그리고 실익에 대한 검토라는 적어도 세 가지 차원의 시건 분석이 필요하다.

남북 교류의 실익적 가치

우선 정치·군사 문제는 각국의 이해관계가 복잡하니까, 일단 이를 배제하고 순수한 남북 교류의 실익적 가치부터 점검해봅시다. 먼저 오늘날 각각은 독립적 경제구조로 발달했지만, 북쪽은 공업과 풍부한 광물자원, 남측은 교통과 금융 등으로 산업이 나뉘어 분포했던 분단 당시의 남북의 유기적 분업 구조 전통이 어디 간 것은 아니다. 남북한 경제를 절름발이 구조라고 부르는 이유는 이 때문이다. 둘째, 남북 경제의 상호 필요성이 증가하고 있다. 남측은 북측보다 50배 이상 큰 경제 규모에도 불구하고 코로나19와 세계 경기불황으로 성장의 한계에 부딪혔으며, 북측은 각종 경제특구 및 개발구의 확장으로 과거 자립경제 구조에서 탈피하려는 움직임이 두드러지나 대북 규제로 어려움을 겪고 있다. 이 동병상련이 연합형 통일경제 모색의 시발점이다. 셋째, 개성공단 시절을 훌쩍 넘는 남북 간 경제적 상호 실익을 도모해야 할 만큼 세계 경제 여건이 크게 변했다는 것이다. 미중 무역 갈등은 물론 FTA 시대 세계적 무역 갈등(장기 불황과 보호무역주의, 블록경제화)이 심화되는 현실은 무역의존도가 높은 남한 경제의 앞날에 드리운 그늘이다. 그러나 교류는 상호적인 것이고 과거 미국이나 영국과 같은 절대적 경제 패자(霸者)의 독주, 독점경제화는 불가능하다는 것이 열쇠의 단초이다. 북핵으로 상징되는 북미 갈등이 변수이나, 그게 영원할 수는 없고 그를 넘어설 수 있다면, 남북 경제 교류를 추진하지 않을 이유가 없다. 그러므로 초점은 남북 경제 교류의 당위성이 아니라 국제 정세를 보는 시각이다.

국제 정세의 변화와 남북 경제 교류의 기본 배경

　남북한 관계에 접근할 때 이와 같은 국제질서의 흐름에서부터 시작하는 관점은 한반도에 얽혀 있는 이해관계의 현재에 기초한다는 점에서 대단히 중요하다. 첫 번째로 주목할 내용은, 이라크나 리비아 등의 중동에서와 같은 미국의 선제공격, 또는 북측의 핵 전면전 시도, 센카쿠 열도(중국명 다오위다오)를 둘러싼 중일 간 영토 전쟁, 미국의 태평양 전력 유지를 위한 대중 폭격, 중국의 대만 합병을 위한 군사적 도발 등등 각 사항마다 부분 국지전의 여지에도 불구하고 동아시아 지역 전체가 전면전으로 확대될 가능성은 높지 않다는 것이다. 그 이유란 동아시아는 중동과 달리 미·중·러 등 군사 외교적 강대국이 대립하며, 각국의 막대한 핵보유 능력에 따라 사실상 전면전 실행이 불가능한 핵억지(核抑止, nuclear deterrent)력 지대이기 때문이다. 둘째, 동북아시아·태평양(중국·미국·일본·한국·홍콩) 지역은 세계 상품 교역의 32.6%(2019년), 무역 규모 연 12조 달러의 세계 최대 지역 시장이므로 교역의 중단이란 심지어 세계 경제의 파국을 의미하기 때문이다. 북핵(대략 20기, 최대 100기 이내로 추정)이라는 변수에도 불구하고 북핵은 다른 핵 강대국과 전면전 수준의 전력에 훨씬 못 미치며, 엄격히 말해서 기존 핵억지력에 일조하는 자위 방어 능력 정도의 수준을 넘지 못한다. 핵을 제외하면 북측은 전면전을 감당하기 어려운 동북아시아 최열위의 경제력에 불과하다. 이울러 북핵 문제가 지난 몇 년간 동아시아 군사 갈등의 주된 화제가 되어서 그렇지 실제 2000년대 이후 미국의 군사적 제1 잠재의 적은 중국이고 러시아라는 사실이 동아시아 군사 갈등의 초점이다. 그러나 1979년 중미 외교정상화 이후 중미 간 직접 무력도발이 감행된 사실은 없다. 즉 이른바 중미 갈등은 이러한 세계 교역의 현실과 유엔을 넘어서 직접 전화로 비화하기 어려운 구조라는 것이다.

FTA 시대, 다른 지역의 경제 확전은 어떻게 되고 있나

근대 유럽은 전쟁과 포화로 얼룩진 지역이다. 1, 2차 세계대전은 말할 것도 없고, 백년전쟁, 장미전쟁은 물론, 불타는 화약고 발칸은 여전히 한 치 앞을 내다보기 어려운 잠재적 격전지이다. 그럼에도 불구하고 독일은 통일되었으며, 오늘날 유럽의 정치는 분리주의, 경제는 'EU 27'이라는 이름으로 단일화폐, 경제통합을 이루었다. 세계 경제의 패자 미국은 독립전쟁과 남북전쟁에 1, 2차 세계대전을 거친 연방제 합중국이며, 그들의 오랜 성장의 배경으로 연합 '규모의 경제' 효과를 꼽지 않을 수 없다. 나아가 북중미 전 지역을 관세자유화 지대, 하나의 블록경제로 엮은 북미자유무역협정(NAFTA) 결성으로 지역 경제 실익을 도모한다. 중국은 1990년대 덩샤오핑(鄧小平)의 실용경제 전환 이후 이념은 뒷전이고, 세계 경제 무대에 등장하여 아시아 공동경제 지대 역내포괄적경제동반자협정(RCEP) 제안, 일대일로[93]에 이르기까지,

---

[93] 일대일로(一帶一路): 2013년 시진핑 주석이 제안한 프로젝트로, 2014~2049년 35년 동안 아시아와 유럽을 연결하는 철도노선 구축 계획. 완성되면 세계 인구의 약 63%인 44억 명, 세계 GDP 규모 24%에 달하는 30조 달러의 세계 최대 경제회랑(経済走廊)이 구축된다. 일부 시행되었으나 파키스탄 등에서 중국의 산업 지배와

아시아 지역 블록경제화를 도모하며, 일본은 환태평양경제동반자협정(TTP)으로 아시아·태평양 경제 지대를 활성화하고자 한다. 냉전은 구시대의 유물이고 각국은 경제 실익을 향해 매진 중인데, 한반도만 아직도 근 100여 년간 전시 상태(휴전 중), 그나마 근근이 유지되던 개성공단 폐쇄(2016년) 후 기약 없는 경제 단절이 계속되고 있다. 북핵, 북미 갈등, 대북 제재가 발목을 잡는다지만, 북미 갈등이란 하루아침에 만들어진 것이 아니라 한 세기가 다 지나가도록 계속되는 것이고, 정작 핵 확전의 주역인 미·중·러는 군사적으로는 현상 유지, 경제적으로는 상호 간 최대 경제 교역 상대국으로 경제 이익을 추구한다. 즉 이른바 미중 무역 갈등이란 상호 경제 영역 확장에 따른 무역역조에 대한 이해 다툼일 뿐이다. 남북한 당사자로서는 동북아시아 정치·군사 정세의 갈등 요소를 배제할 수 없다지만, 최소한 유럽처럼 정경분리 원칙을 동원해서라도 남북한 결합 경제의 실익을 모색할 때가 되었다는 것이다. 마찬가지로 미중 간 경제 전쟁의 전면전 가능성은 사실상 불가능하다. 그들은 상호 제1 교역 상대 규모이며, 이미 하나의 글로벌 생산·유통·금융 네트워크 체계로 편입되어 있기 때문에 일방적 타격은 상대국에 부메랑으로 돌아오는 구조이다. 상징적으로 화웨이 이상을 자극하면, 중국에 진출한 구글, 제너럴모터스(GM) 등 초국적 기업의 운명이 바람 앞에 등불이고, 미국 소비재 가격 폭등과 미국채 가격이 폭락할 수 있음을 상측은 잘 안다.

금융 약탈에 대한 경계가 발생하고 있다.

통일경제 결합 유인 1) : 남북한 연합 경제, 규모의 경제 효과

그러므로 이러한 동북아 군사 균형의 장기화 현상 유지를 가정하면 남측은 이른바 북방 시장으로 도약의 기회, 북으로서는 경제 고립을 탈피할 기회가 성립한다. 단적으로 말해서 북측의 수천조 원대 광물자원과 남측의 세계 10위권 경제 규모와 대외개방형 산업의 결합, 북측의 북방 경제 내륙 진출로, 통역이 필요 없는 단일 언어 문화권, 러시아 중국 등 내륙으로부터 이남으로 이루어지는 '북방 내륙-남방 대양'의 일관 경로는 동남아시아의 허브 무역항 싱가포르와 홍콩이 부럽지 않은 꿈의 조합, 내수시장 확장 등등의 유인을 가지며, 이러한 주요 긍정 요소는 남북 단일경제권 구성의 제1 경제 유인이다.

분 야		단위	북한(A)	남한(B)	비율(B/A)
인구		천 명	25,132	51,607	2.1
면적		km²	123,138	100,339	0.81
임금(월)		USD	141(개성공단), 660(중국)	2400	17
농수산업	식량 작물	천 톤	4,558	4,398	1
	쌀	천 톤	2,205	3,868	1.8
	옥수수	천 톤	1,498	78	0.1
	수산물	천 톤	705	3,791	5.4
	소	M/T	20,854	231,000	11
	돼지	M/T	96,705	891,000	9.2
광업제조업	석탄	천 톤	18,080	1,202	0.1
	철광석	천 톤	3,280	383	0.1
	조강	천 톤	810	72,464	89.5
	시멘트	천 톤	5,832	52,093	8.9
	휴대전화 가입자	천 명	3,606	61,296	17

경제 규모	국내총생산		억 원	356,705	18,934,970	53.1
	국내총소득		억 원	358,950	18,984,527	52.9
	1인당국민총소득		만 원	143	3,679	25.7
	성장률		2016	3.9	2.8	
	성장률		2018	-4.1	2.7	
대외 거래	무역 총액		백만 달러	2,843	1,140,062	401
	수출액	2016	백만 달러	2,821	495,426	175
		2018	백만 달러	243	604,860	2,489
	수입액	2016	백만 달러	3,711	406,193	109
		2018	백만 달러	2,601	535,202	205
에너지	발전설비 용량		MW	8,150	119,092	14.6
	발전전력량		억 kWh	249	5,706	22.9
사회 간접자본	철도		km	5,289	4,074	0.8
	도로		km	26,176	108,780	4.2
	선반 보유 톤 수		만 G/T	101	4,387	43.4

표 29) 남북한 주요 경제지표

(통일부 「북한의 주요 통계 지표」, 한국은행 「경제통계 시스템」, KOTRA 「국가 지역 정보」 등에서 합성, 2019)

경제 규모 현황과 주요 결합 유망 산업 분야

남북 경제 규모는 인구 2.1배, GDP 53배, 무역액은 400배, 조강 능력은 90배, 발전 에너지는 23배, 도로 4.2배, 선박톤수는 43배 정도의 차이가 있다. 그러므로 경제통합 또는 교류 전면화를 가정하면, 대외무역과 규모에 특수화되어 있는 남측의 주요 산업이 중국 또는 베트남 사례처럼 북측으로 진출하는 합작 형태(개성공단형 가공산업)로 결합할 가능성이 높다. 한편 북측의 비교우위는 임금 경쟁력 17배로 중국(3~4배)보다, 거리 이점에서는 베트남 등등 동남아 지역보다 공간활용성이 월등하다. 북측은 남측의 석탄 15배, 철광석 10배의 광물자원을 보유하며, 디지털 시대 산업의 꽃 희토류 평가액만 대략 6000조 원, 세계 최대 잠재력으로 평가되므로 양측의 최우선 합작 산업은 남측의 기술력과 자본, 북측의 임금 경쟁력과 자원이 결합하는 전자, 철강, 전력 분야로 예측된다.

생/각/해/보/기

북측 광물자원 매장량 추정

북측 주요 광물자원의 매장량 추정은 다음과 같다.

광종	구분	단위	매장량		잠재 가치(백만 달러)	
			확보(잔존)	확보+전망	확보(잔존)	확보+전망
금	금속	톤	234	698	8,084	24,134
은	금속	톤	2,587	6,357	1,594	3,917
철광석	Fe 63.5%	억 톤	14	25	137,641	243,038
동	금속	천 톤	1,475	4,235	10,048	28,855
아연	금속	천 톤	8,875	27,425	19,346	59,781
연	금속	천 톤	2,597	9,988	5,067	19,484
몰리브덴	MoO_3	톤	9,745	18,745	177	340
중석	WO_3 65%	톤	36,892	46,016	15	61
니켈	금속	톤	69,582	147,638	1,433	3,041
망간	금속	천 톤	2,989	2,989	7,840	7,840
마그네사이트	MgO 95%	억 톤	13	76	498,271	2,933,820
인회석	P_2O_5 30%	천 톤	131,748	250,738	20,695	39,385
형석	광석	천 톤	3,345	5,350	811	1,298
중정석	광석	천 톤	2,319	15,397	399	2,652
인상 흑연	FC 95%	천 톤	14,596	14,596	13,436	13,436
갈탄	각종	억 톤	15	180	192,102	2,301,406
무연탄	각종	억 톤	9	42	117,993	535,422
총계					1,034,952	6,217,910

주 1. 가격 기준 : 2005~2014년 기준(10년 평균)
   2. 2005~2014년(10년) 수입 가격(평균)

표 30) 북한 주요 지하자원 잠재 가치 (무역협회 통계 자료, 북한자원연구소)

전체 자원은 남측의 11~18배가량, 대략 1조 달러(확정 가치)~6.2조 달러(잠재 가치)로 추정된다. 단일경제권이 성사될 경우, 남한의 수입 의존 광물의 상당수를 대체할 수 있다. 가장 높은 광물 가치는 마그네사이트(2.9조 달러)와 갈탄(2.3조 달러)이며 그 밖에 4차 산업의 쌀로 불리는 희토류는 약 2000만 톤(2조 달러 이상)으로 매장 가치를 추정하고 있다.

통일경제 결합 유인 2):
동서양 꿈의 연결 통로 '북방 내륙 - 남방 대양' 연결(통합 물류 허브)

분단과 동시에 남측의 북방 육상 통로는 단절되었으며 남측의 대(對)북방(중국, 러시아 등) 무역은 주로 선박을 통해 이루어졌다. 현대의 교역은 대부분 해상을 통해 이루어지고 있으나 내륙 국가의 연결은 육상 통로가 불가피하며, 그 단절만큼 시장 축소와 유통비용의 증가를 의미한다. 목적지까지 일관(一貫) 수송을 목표로 하는 내륙 수송의 경쟁력은 대량 수송 및 환적(換積) 최소화, 그를 위한 기반시설인 철도 및 도로 연결을 통한 유통 최적화를 통해 달성된다. 그러므로 북방 교역의 새로운 시작은 철도와 도로 연결, 시설 현대화로부터 비롯한다. 북측의 철도 연결 길이는 남측보다 더 기나 시설이 낙후하였고, 도로는 4.2배의 격차가 있으므로 육상 수송이 재개되려면 막대한 기반시설 투자가 필요하다[94].

---

94 남북 철도 연결: 북측 철도 궤도는 평균 시속 30~50km(「철도-도로 북측 조사 내용 보고서」, 통일부, 2018. 11.)이다. 국제 수송용 궤도 복선화 구축 비용은 최

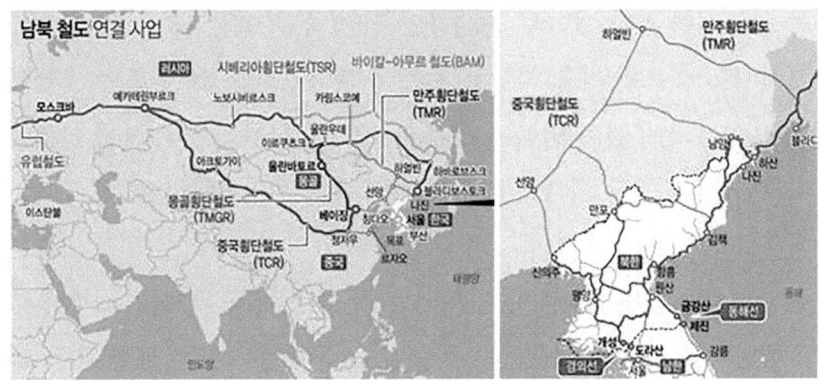

그림 52) 동아시아 철도공동체 구상

그러나 이 막대한 비용은 언젠가는 지불해야 할 필수 사회간접비용이다. 즉 대륙과 대양의 연결 효과는 물류 및 인적(교통·관광) 교류의 양 측면으로 나타날 것이며, 당연히 장기적으로 지불 비용을 초과할 것이다. 또한 북측은 북핵과 유엔 대북제재, 남측은 세계 경기불황과 코로나19 사태의 전개로 남북 모두 어려운 경기에 직면하고 있다

대 수백조 원이 예상된다. 예컨대 속초 이북의 미연결 동해남부선 구간(100km) 복구 비용은 약 2조 원으로 추산된다. 철도 건설 비용은 현대화(고속철 등) 설계 수준에 따라 다르나, 경의선과 동해남부선 연결 비용을 최소 6조 원으로 추정(국토교통부)하면 1단계 남북 연결 및 주요 철도 현대화 비용은 최소 대략 그 10배인 60~100조 원으로 추산된다. 단, 현대 철도는 해상수송과 용적 격차(선박 평균 용적 7000~1만TEU 대 철도 수송 100TEU로 70~100배 격차), 항공 수송과의 속도 격차, 자동차와 (일관 수송) 서비스 격차 등등으로 인해 인력·관광 수송 위주로 치중되는 경향이므로 화물 수송과의 적정한 관계를 설계해야 한다. 한국 정부는 한반도 신경제지도(2018년), '동아시아 철도공동체' 구상(2019년)을 통해 남북 철도 연결 의지를 보이나 중점 방향은 미정이며, UN 대북제재에 대한 소극적 접근으로 집행 실적이 전무하다.

는 공통점이 있다. 2016년 개성공단 전면 중단 이전까지 남북 교역은 그런대로 중요한 가교 역할을 하는 수준이었지만, 그 후로는 교역량이 사실상 전무하여 남북은 경제적으로 전혀 무관한 지경에 이르렀다. 이제까지 분단 경제는 남측의 전면 대외 개방의 시장경제, 북측의 부분 교역 자립경제의 독자적 분절 구조였다면, 남북 통합의 새로운 통합경제의 최대 기대치는 아시아 지역 남방 유통 허브 기능에서 부족했던 '동북아시아-태평양-유럽'을 포괄하는 새로운 통합 유통 물류 허브 축으로서 확장 기능일 것이다.

통일경제 결합 유인 3): 국방비 감축 및 군사 긴장 완화

동아시아·태평양 지역 주요국의 국방비 합계는 1.13조 달러로 세계 국방비의 약 70%를 차지한다. 한국은 440억 달러(세계 9위, 2020년)로 일본, 러시아와 비슷한 규모이며, 한국과 일본, 중국, 러시아의 국방비 합은 3780억 달러로 미국의 50%에 육박한다. 한국의 1인당 국방비는 697달러, 미국에 이어 2위이며, 일본의 2배에 달한다. 미국의 국방비가 동아시아에만 치중하지 않는 것을 감안하면 동아시아 지역에서 가장 많은 군사비(1인당 군사비 중국의 7배, 증감률은 중국에 이어 2위) 부담은 결국 남한의 몫이다.

국가	GDP (억 달러)	국방비 (억 달러)			GDP대비 (%)	병력 (천 명)	1인당국방비 (달러)
	2017	2017	2020	증감%			
한국	15,300	356	440	24	2.33	599	697

미국	194,000	6,028	7,500	24	3.11	1,348	1,845
일본	48,800	460	490	7	0.94	247	364
중국	119,000	1,505	2,370	57	1.26	2,035	108
러시아	14,700	456	480	5	3.10	900	321
북한	330	16	16		4.8	1,280	5.9

표 31) 동아시아 각국 주요국 국방비 (국방부 「국방백서」, SIPRI, GFP, 각 년도)

(단위: 억 원)

구 분		2018년 예산(A)	2019년 예산(B)	증감	증가율
국방비 계		43조 1,581	46조 6,971	3조 5,390	8.2
전력운영비	소 계	29조 6,378	31조 3,238	1조 6,860	5.7
	병력운영비	18조 4,009	18조 7,759	3,750	2.0
	전력유지비	11조 2,369	12조 5,479	1조 3,110	11.7
방위력 개선비		13조 5,203	15조 3,733	1조 8,530	13.7

표 32) 2019년 남한 국방예산 (국방부, 「국방백서」, 각 년도)

표 32)에 따르면 2019년 남한의 국방비 예산 증가는 3.5조 원(증가율 8.2%)이며 가장 많은 증가율은 방위력 개선비(13.7%) 부분에서 발생했다. 이 개선비란 결국 무기 수입, 또는 방위비 분담 증액분인 만큼 경제 부담으로 승계된다.

북한의 군사비는 2012년경부터 세계 추계 치에 누락되어 불투명하나, 대략 16억 달러(2012년) 규모로 남한의 20분의 1 수준에 불과하다. 그러나 북측의 병력이 남측의 2배(120만 명) 수준임을 감안하면, 이를 유지할 실제 군비 경제력 가치는 적어도 남한의 한참 아래 수준은 아닐 것으로 추정된다. 즉 남북이 통합 경제로 인한 군비 감축을 현재의 2분의 1 수준으로 계산하면, 남북 합계 연간 400~500억 달러, 적어도 GDP 2~3%의 잠재 가치 효과를 가정할 수 있다.

통일경제의 변수: 남북한 경제체제의 이질성과 동질화

오늘날 유럽연합을 예로 보면 경제통합은 자유무역협정(FTA), 관세동맹(customs union), 공동시장(common market), 단일시장·완전경제통합(single market)의 경로를 거친다. 물론 이 경로는 반드시 거쳐야 하는 단계가 아니므로 이를 단계적으로 일관할 필요는 없다. 그러나 어느 단계가 생략되든 최종적으로 단일통화와 단일 시장이 경제통합 효과를 극대화하는 마지막 목표임은 분명하다. 남북 통합 경제가 어느 지점을 목표로 지향할지는 현재로서는 미지수지만, 어느 단계든 남북 경제체제의 현재 수준의 진단부터 시작하는 것이 시행착오 비용을 최소화하는 길이다. 상식적으로 남측은 완전 자유시장화, 북측은 사회주의 계획경제의 구조일 것으로 생각되지만 현실은 그렇지 않다. 남북은 이미 경제적 이질성을 극복할 수 있을 정도로 체제적(systematic)으로 접근해 있다. 즉, 거꾸로 남측의 유럽 사회민주주의형 계획경제, 북측의 중국형 시장개방에 유사한 시장화 진전은 이미 상당하다. 한마디로 북한의 시장화는 1980년대부터 꾸준히 진척되어 2012년부터는 급속한 시장화 현상으로 빌딩하며, 현재는 '장마당'으로도 불리는 시장화 규모가 전 경제의 50% 수준을 훌쩍 넘은 것으로 추정된다. 북한의 시장화는 더 이상 돌이킬 수 없는 수준으로 평가된다. 남은 것은 자립형 시장에서 중국 또는 베트남의 대외개방 시장화로 언제 전환할 것인가 하는 시간의 문제일 뿐이다.

읽/어/두/기

북한 경제의 시장화 현황

김정은 체제 등장 이후 북한 경제의 두드러진 변화의 특징은 계획 위주의 산업구조를 탈피하고 시장 환경을 급속히 확장시켰다는 것이다. 50여 개 경제개발구가 신설되고 장마당(500여 개 이상)과 같은 북한 경제의 시장 환경화는 외관상 휴대전화의 급속한 증가(인구의 5분의 2)로 나타났다. 북한의 각종 경제특구와 개방구의 활성화 정도와는 별도로 6·28조치로도 불리는 2012년 이후 체제 개혁은 '우리식 경제관리'로 표명되며 개인 경작 및 사경제를 대폭 허용하는 것이 특징이다. 이는 2005~2009년 시장경제 폐쇄 조치의 부작용에 대한 반작용일 것이며 이 시기 이후부터 북한 경제의 시장화는 더 이상 돌이킬 수 없는 단계로 돌입하였다고 할 수 있다. 문제는 소위 '우리식 경제관리'가 동유럽형 시장사회주의나 베트남식, 중국식 혹은 북한 고유의 모델인지 불분명하며, 성공 가능성은 어떤가 하는 것이다. 1950년대부터 시작된 북한의 이른바 초창기 '우리식 경제'란 분조(分組) 단위까지 각 경제조직에 성과급 등으로 생산성을 유인하는 것으로 1950~1960년대의 동유럽 및 소련에서 유행하던 작업반별 독립채산제와 유사한 행태이다[95]. 시장의 발달 수준으로 보면 일국 내에서 각 경제단위(협동조합 및 공장

---

[95] 북한의 기본적인 계획경제 단위는 국영기업소와 협동농장을 중심으로 순환한다. 그러나 1980년대부터 기업 운영은 독립채산(최초 형태는 1960년대) 방식이 강조되기 시작하였으며, 급기야 국영기업소 등에 소속된 개인이 사경제를 임의로 분할할 수 있는 노동시장(이른바 '8·3노동자'와 '8·3금액'은 일종의 대체 소득세로 1984년 김정일 위원장이 지시)이 형성되어 지금에 이르고 있다. 북한의 통계는 시장이 존재하지 않는 사회주의 계획경제 특성상 자본주의 시장 가치로 환산하기 어려운 부정확성의 문제가 있지만, 국가 지정 종합시장을 넘나드는 사경제와 사설 시장 급증은 이미 대세로 파악되며 2010년 이후 전국적으로 시장은 400~450여 개 이상, 시장 배분은 대체로 전 경제의 50%를 넘는 것으로 추정된다.

소조(小組) 등)까지만 시장을 국한한 초창기 시장사회주의에 해당된다. 베트남 및 중국 모델은 과거 계획 사회주의를 경과했다는 점만 유사할 뿐, 시대적으로 1990년대 이후 전면적인 시장개방을 전제로 한다는 점에서 차원이 다른 시장 형태라고 할 수 있다. 즉 동유럽이 일국형 시장사회주의라면, 중국형은 세계개방형, 베트남은 그보다 더 확대된 시장, 즉 냉전 이후 하나의 시장으로 통합된 세계시장을 대상으로 하는 글로벌 개방시장을 전제로 한다는 점이 다르다. 북한의 2012년 6·28조치 '우리식 경제관리'가 초기 동유럽형이라면, 2014년 5·30조치는 거의 전 국가 체계로 시장이 확대된 후기 동유럽형에 가까운 모델이다.

연합형 통일 경제 가치, 한 번 더 되돌아보기

결국 많은 통일 비용과 정치·군사적 갈등이 문제다. 독일의 사례로 보면 통일 경제는 초기에 많은 비용이 소모되나, 장기로 갈수록 통합 경제 효과가 초기 비용을 훨씬 극복하는 것으로 나타난다. 오늘날 EU가 단일 시장, 단일 화폐를 지향하는 것도 지역 통합 경제 블록 구축, 규모의 경제가 필요하기 때문이었을 것이고, 각국의 체제 이질성, 수많은 이해관계에도 불구하고 이를 공동 목표로 지향한 것은 그 경제적 이익이 크고 급박한 배경 때문일 것이다. 무엇보다도 남북 단일 경제는 크게 보아 지구상에 마지막 냉전의 유산을 해소, 즉 전 지구적 평화체제 구축의 최종 과정이라는 역사적 의의를 상기해야 한다는 것이다. 그것이 쉽지 않은 것은 한반도를 둘러싼 각국의 침예한 이해관계와, 전쟁을 경험한 앙금이 1세기가 다 가도록 잔존해 또 다른 이해관계를 끊임없이 재생시키고 있기 때문일 것이다. 그럼에도 불구하고 모든 이해관계는 결국 경제적 이해관계를 따라서 재편되는 국제사회의 흐름을 우리는 되새길 필요가 있다. 중국도 러시아도 미국도 일본도 베트남도 자유롭게 오고 가는데 바로 옆에 있는 남과 북만 왕래를 못 하다니, 이것은 누구 때문인지 몰라도 불합리하다. 이를 차치하더라도 적어도 경제적 이익을 위해서는 적과도 손을 잡는다는 세상의 경제법칙에 위배되는 것이다. 정치통합이 어렵다면 우선 경제통합을 목표로 한 유럽연합(EU)의 길을 벤치마킹할 필요가 있다. 적어도 대외 발표에 따르면 믿거나 말거나 북측의 코로나19 감염자는 0명이고 남측의 방역 대처가 세계적이라니, 이 위기의 감염병 시대에 청정 남북교역 재개 구상이란, 성사만 된다면, 오랜 숙원이었던 한반도 문제를 일거에 돌파할 최고의 잠재 가치일 것이다. 언제나 그렇듯이 역사란 무사안일이 아니라 위험을 감수하고 감행하는 파격으로부터 진전한다는 말을 기억해보자.